Carmen Kramm
Semi '87

neue frau
herausgegeben von
Angela Praesent

Patricia Frazer Lamb
Kathryn Joyce Hohlwein

Freundinnen

Briefe

1953 – 1964

Herausgegeben und mit
zusätzlichem Material versehen von
Patricia Frazer Lamb

Deutsch von
Rosemarie K. Lester

rororo
Rowohlt

Die Originalausgabe erschien unter dem Titel
«Touchstones Letters Between two Women 1953–1964»
bei Harper & Row, Publishers, New York
Umschlagentwurf Isa Petrikat-Velonis
Foto der Autorinnen von Kathy Koop
Deutsche Erstausgabe

20.–23. Tausend Dezember 1986

Veröffentlicht im Rowohlt Taschenbuch Verlag GmbH,
Reinbek bei Hamburg, August 1984

Satz Garamond (Linotron 202)
Gesamtherstellung Clausen & Bosse, Leck
Printed in Germany
1280-ISBN 3 499 15404 8

Wir widmen dieses Buch
unseren fünf Kindern
in Liebe und Dankbarkeit
für ihr Verständnis

Inhalt

Einleitung 9

Erster Teil 19
Juli 1953 – August 1954
Die Leere, die eine wirklich gute Freundin hinterläßt, ist eine traurige Sache

Zweiter Teil 55
August 1954 – Dezember 1955
Er ist viel aufrichtiger als ich

Dritter Teil 101
Februar 1956 – Januar 1957
Ich habe das erschreckende Gefühl, daß Alter und Tod immer näher kommen, bevor man überhaupt gelebt hat

Vierter Teil 157
Januar 1957 – Februar 1958
Vielleicht ist das die wirkliche Herausforderung – dranbleiben am Leben, mit all seiner langweiligen Routine

Fünfter Teil 191
März 1958 – Dezember 1958
Hast du Doktor Schiwago gelesen?

Sechster Teil 233
Januar 1959 – Februar 1960
Um mich herum gehen Ehen in die Brüche

Siebter Teil 275
April 1960 – April 1961
Lehrt uns Erfahrung jemals etwas anderes,
als daß Erfahrung schmerzhaft ist?

Achter Teil 319
Mai 1961 – Dezember 1961
Eine lange Freundschaft ohne Heuchelei

Neunter Teil 347
Januar 1962 – März 1963
Ich bin eine echte Marionette meines Jahrhunderts

Zehnter Teil 401
März 1963 – Juni 1964
Ich bin ein Mensch im Werden, wie wir alle

Nachwort 453

Einleitung

Als wir beide – Joyce und Pat – 1953 von der Universität von Utah abgingen, da begannen wir diesen Briefwechsel, einfach um in Verbindung zu bleiben. Etwas anderes hatten wir nicht im Sinn. Doch bald führten uns unsere Wege immer weiter auseinander, und es fehlte uns jemand, dem wir uns anvertrauen konnten. So fingen wir an, unsere geheimsten Gefühle und Gedanken über das Leben miteinander zu teilen. Was als Dialog begann, wurde im Lauf der Jahre zur Dialektik, zu der jede von uns etwas beitrug, und aus der jede neue Einsichten und Perspektiven für das eigene Leben gewann.

Wir sprachen über Ehe, Kinder, Sex, Reisen, Politik und Gesellschaft und unsere Liebesbeziehungen. Jetzt möchten wir eine Auswahl dieser Briefe mit anderen Frauen und Männern teilen. Die Probleme und Gefühle, von denen wir einander schrieben, sind die gleichen, die alle Freunde und Freundinnen miteinander teilen und über die sie endlose Gespräche führen. Gerade weil wir ganz «gewöhnliche» Menschen sind und keine Prominenten, konnten wir mit einer Unbefangenheit miteinander reden, die im Glanz eines öffentlichen Lebens meist verlorengeht.

Freilich, in den ersten paar Jahren lebten wir in ziemlich exotischen Gegenden. Vor zwei Dekaden, als dieser Briefwechsel einen gewissen Höhepunkt erreichte, da waren wir immer ganz aufgeregt, wenn die dicken Pakete ankamen, über und über mit exotischen Briefmarken beklebt und randvoll mit langen Briefen, Zeitungsausschnitten, Karikaturen, Schnappschüssen. Mal kamen sie aus dem tiefsten afrikanischen Busch, mal aus dem weltstädtischen Beirut, dann wieder aus einem winzigen Fischerdorf in Schottland, aus Iowa oder aus der ruhigen, gepflegten englischen Provinz. Aber wenn wir auch durch Tausende von Meilen (und viele Jahre hindurch) voneinander getrennt waren – unseren Briefwechsel hielten wir aufrecht.

Gelegentlich konnten wir der Versuchung einfach nicht widerstehen, ein paar, wie uns schien, besonders interessante Briefstellen Bekannten vorzulesen. Dabei erwähnten wir manchmal, wie lange wir uns schon schrieben, was für Themen wir berührten, wie tief unsere Freundschaft war. Die Reaktion war meist Verwunderung. «Na ja, es ist natürlich sehr nett, wenn man Post von Familie und Freunden bekommt», hieß es dann, «aber ist das nicht schrecklich viel Aufwand? Warum schreibt ihr euch so viel? Also, das weiß ich, so ein großer Briefeschreiber wäre ich nicht!» Und so weiter. Wir hatten damals wirklich keine Antwort auf diese Fragen, besonders, da wir ja die persönlichsten Briefstellen niemand vorlasen. Heute sind wir uns darüber einig, daß wir damals weder den inneren Zwang noch die Leidenschaften verstanden, die uns dazu trieben, dies unbeabsichtigte Dokument unserer Jugend zu verfassen.

Aber unsere Ausdrucksmöglichkeiten sind durch die Frauenbewegung und unsere eigenen Erfahrungen erweitert und bereichert worden, und so können wir heute sagen: was uns damals motivierte, war vor allem die Einsamkeit. Die Briefe entsprangen einem verzweifelten Bedürfnis nach Liebe und Verstehen. So wuchs unsere Bereitschaft, einander (wenigstens auf dem Papier) die Herzen zu öffnen, aus den geheimsten Bereichen der Seele heraus Fragen zu stellen und sich dann auch hinzusetzen, ernsthaft nach einer Antwort auf die quälenden Fragen der anderen zu suchen. Wir konnten mit unserer Vereinsamung und unseren Sehnsüchten einfach nicht allein fertig werden. Es gab zu viele Fragen, die nach Antwort verlangten, oder wenigstens nach der liebevollen Aufmerksamkeit eines anderen Menschen, und so wandten wir uns einander zu, da diese Art von Kommunikation mit unseren Ehemännern nicht möglich war. Außerdem waren wir ja weit weg von engen Freunden, unseren Familien, Therapeuten – von den Bezugspersonen also, an die man sich normalerweise wendet, um über die in unseren Briefen behandelten Themen zu reden.

Wir sind in jenen Jahren zu oft umgezogen, als daß sich beständige, enge Freundschaften hätten entwickeln können. Wir waren weit weg von unseren Familien. Geographisch waren wir weit entfernt von unserem eigenen Kulturbereich – Pat während der gesamten elf Jahre unserer Korrespondenz, Joyce während der ersten vier. Und wir waren mit recht zugeknöpften Ausländern verheiratet und hatten genug damit zu tun, unsere amerikanische Perspektive ihren für uns oft unverständlichen Anforderungen anzupassen. Aber Anpassung gehört nun mal zur Ehe, und in den altmodischen Ehen, die wir führten, war es von jeher üblich, daß es die Frauen sind, die sich anpassen. Und doch versuchten wir immer wieder hartnäckig, Beziehungen und Lebensstil so zu einem Ganzen zu schmieden, daß jeder eine gewisse Befriedigung finden konnte. Die Briefe halten unsere Teilerfolge fest – und unsere vielen Mißerfolge.

Der springende Punkt war, daß wir unsere Zweifel und Zwickmühlen den Menschen unserer Umgebung nicht mitteilen konnten. So wurden die Briefe, die zunächst nur Neuigkeiten aus aller Welt bringen sollten, bald zu unserem einzigen Ventil. Vielleicht spielte auch die Tatsache eine Rolle, daß es für manche Menschen leichter ist, persönliche Dinge aus zeitlicher und räumlicher Entfernung heraus auf dem Papier auszudrücken, als von Angesicht zu Angesicht oder auch nur übers Telefon.

Da die Briefe allein den Lesern kein vollständiges Bild der beiden Freundinnen vermitteln können, müssen wir zunächst ein bißchen mehr über uns selbst erzählen. Von Haus aus gehört Joyce ganz und gar zur soliden Mittelschicht. Sie wurde im gleichen Haus geboren, in dem ihre Eltern, fast fünfzig Jahre später, starben. Warner und Helen Jerrel waren zwei gütige, liebenswürdige Menschen, deren weichem Tonfall man die Herkunft aus dem Mittleren Westen anhörte. Sie waren dem Fundamentalismus der Methodisten in Kansas entflohen, um sich fortan in Salt Lake City für den Unitarianismus und die gute Sache der Liberalen zu engagieren. Sie verabscheuten Gewalttätigkeit und jedes offene Zurschaustellen von Gefühlen. Joyce erinnerte sich nicht, zu Hause jemals eine Auseinandersetzung oder gar einen Streit erlebt zu haben.

Das Haus der Jerrells hallte wider von Musik. Joyce und ihr begabter Bruder Bob lernten Klavierspielen, und außerdem bekam Joyce jahrelang Gesangsunterricht. Ihren Eltern war eine Hochschulbildung versagt geblieben, und nun setzten sie alles dran, ihren Kindern eine zu ermöglichen. Bezeichnenderweise wurde Bob schon als frühreifer Sechzehnjähriger auf eine Prestige-Universität geschickt, während Joyce daheim blieb und an der Universität von

Utah studierte. Fast die ganzen Studienjahre hindurch war sie mit einem jungen Mann verlobt, der im letzten Jahr zum Präsidenten der Studentenvereinigung gewählt wurde; im gleichen Jahr ging die Verlobung in die Brüche. Sie gehörte einer Frauenverbindung an, war beliebt, respektiert, hübsch, eine der aufgewecktesten Studentinnen auf dem Campus.

Joyce war zu einem tiefen Glauben an die höheren Werte des Familienlebens erzogen worden, an die traditionelle Rolle der Frau innerhalb einer Ehe, die ein Leben lang währt. Doch sie strebte auch nach anderen Dingen, wollte Schriftstellerin werden, Dichterin, Wissenschaftlerin, Lehrerin. Sie sehnte sich danach, zu reisen, die angeblich so viel höhere Kultur Europas zu erleben – was ja alle Möchtegern-Intellektuellen unserer Generation zur «wirklichen Reife» eines Menschen für unerläßlich hielten. All diese widersprüchlichen Wünsche und Vorstellungen führten unausweichlich zu einem Fulbright-Jahr in Frankreich und von da zur Ehe mit einem deutschen Maler. Es waren die gleichen Wünsche und Vorstellungen, die Pat zur Ehe mit einem britischen Arzt (und vermutlich auch unsere Altersgenossin Sylvia Plath zu ihrer Ehe mit einem nicht-amerikanischen Schriftsteller) und jenem heiß ersehnten Leben in Europa führten.

Pat kommt aus der Arbeiterschicht von Los Angeles, und ihr Familienleben, mit vielen Scheidungen und ständigen Umzügen von einem gemieteten pastellfarbigen Bungalow zum anderen, war das genaue Gegenteil von Joyces familiärer Umgebung. In deren Familie hatte es nie eine Scheidung gegeben. Die Menschen blieben in ihren Häusern und Nachbarschaften fest verwurzelt. Respektabilität war die Losung. «Überleben» wäre dagegen das passende Wort, mit dem man ein Wappen für Pats Familie zieren könnte. Ihre Verwandten mütterlicherseits definierten «Respektabilität» ganz anders als Joyces. Es bedeutete, daß eine Frau mit dem Mann, mit dem sie lebte, auch verheiratet war. Es bedeutete, daß man nicht von der «Wohlfahrt», dieser ungeliebten Sozialhilfe aus der Zeit der Depression, leben mußte. Und es bedeutete, daß man selbst fähig war, einen Job zu finden, wenn die Nachbarn das nicht fertigbrachten.

Die Verwandten, von denen Pat als Kind umgeben war, konstituierten eine Art matriarchaler Großfamilie. Stiefväter und Onkel kamen und gingen, aber die Tanten, Großtanten, Kusinen und Geschwister blieben Fixpunkte auf dem ständig wechselnden kalifornischen Panorama. Die Frauen arbeiteten alle, die meisten als Kellnerinnen, Köchinnen, Maniküren, Verkäuferinnen – alle in irgendwelchen peripheren Dienstleistungsjobs, die man leicht finden, aber ebenso leicht wieder aufgeben konnte, wenn sich etwas Interessantes ergab, sei das eine spontan unternommene Reise oder ein neuer Ehemann.

Pat erinnert sich an diese Frauen als redegewandt, witzig, immer zu Späßen aufgelegt, immer hilfsbereit und durchdrungen von einem ganz starken Gefühl der Loyalität zur Familie. Eine Schulbildung über die High School hinaus wurde weder für möglich noch für besonders wünschenswert gehalten, denn wo sollte das schon hinführen, was würde es schon ausmachen in einer Welt, die von den Reichen und Mächtigen beherrscht wurde? Wenn Pat heute an sich selbst als Teen denkt, dann sieht sie ein junges Mädchen, das den verzweifelten Wunsch hat, sich aus seinem Milieu (wenn es dort auch liebevoll umsorgt ist) buchstäblich herauszustudieren, in eine ganz andere Welt hinein. Ganz anders lagen die Dinge bei Joyce. Deren gutbürgerliche Eltern betrachteten ihre Hochschulbildung zwar als einen Weg, auf dem sie weiterkommen konnte, aber doch mehr oder weniger im gleichen Lebensstil, den sie für sich selbst strukturiert hatten.

Mit fünfzehn sich selbst überlassen, arbeitete Pat, während sie die High School besuchte, wohnte in gemieteten Zimmern, verdiente ihren Unterhalt als Kellnerin, Babysitter oder Haustochter. Ihre Gesangsstunden bezahlte sie mit dem Geld, das sie bei ihrem Lehrer verdiente – als Babysitter und dafür, daß sie seine Magisterarbeit tippte. Sie wußte schon, daß sie aufgeweckt, begabt und belesen war, aber es war ihr noch nicht ganz klar, wie sie aufs College kommen sollte. Nach Utah ging sie schließlich aus dem einfachen Grund, daß Freunde aus Los Angeles dorthin gezogen waren. Sie wollte ein neues Leben beginnen, weit weg von Südkalifornien, weit weg auch von dem, was sie mit achtzehn als das schäbige Chaos ihrer Umwelt betrachtete.

Nach dem ersten Studienjahr folgte sie jedoch prompt dem vertrauten Familienmuster und heiratete (jenen «Jones», den Joyce zu Beginn der Korrespondenz erwähnt). Die Ehe hielt nur ein paar Monate. Mitten im zweiten, dem sogenannten «Sophomore»-Jahr, starb Pats damaliger Stiefvater. Sie fuhr zum Begräbnis nach Hause, wo man sie (wie zu erwarten) überredete, noch drei Monate dazubleiben und für ihre jüngeren Geschwister zu sorgen. Ihre Mutter war den Anforderungen, die das Familiengeschäft, die drei kleinen Kinder und ihre Witwenschaft an sie stellten, einfach nicht gewachsen. Sie war aber durch den Tod ihres (dritten) Mannes finanziell unabhängig geworden, und so versprach sie Pat genug Geld für einen Sommer in Europa, wenn sie diese drei Monate bleiben würde. Es war mehr oder weniger Bestechung. Natürlich würde es das Europa der Studententarife und Jugendherbergen sein, aber egal, wie man dort hinkam oder wie man dort lebte – Europa war Europa.

Und so kam Pat ein Jahr früher nach Frankreich als Joyce und lernte dort den jungen britischen Medizinstudenten kennen, den sie im folgenden Jahr heiraten sollte. Sie ging noch einmal in die USA zurück, um weitere zwei Semester zu studieren. Und obwohl sie nur ein paar Monate jünger als Joyce war, hatte sie gerade erst zwei Jahre ihres Studiums absolviert, als Joyce bereits ihren B. A. und M. A. [Baccalaureat und Magister] in der Tasche hatte.

Wir hatten uns kurz nach Pats Immatrikulation an der Universität von Utah kennengelernt, durch Joyces damaligen Verlobten, der mit Pat zusammen in einem Französischkurs saß. Wir waren uns sofort sympathisch und entdeckten viele Gemeinsamkeiten: Musik (obwohl keine Mormonen, sangen wir beide im *Mormon Tabernacle Choir*), Bücher, Filme und einen ähnlichen Sinn für Humor, vor allem aber eine etwas nebulöse Sehnsucht, große Ziele zu erreichen – Ziele, die wir freilich nicht deutlich artikulieren konnten.

Eine Zeitlang waren die Jerrels etwas beunruhigt über Pats Freundschaft mit ihrer Tochter. Sie wirkte so «bohemien», wie man das in den fünfziger Jahren nannte – ein bißchen verrucht, geschieden, ohne erkennbare Wurzeln oder solide Vorfahren. Aber das ging vorüber, und bald stellte sich heraus, daß es in unseren Zukunftsplänen viel mehr Ähnlichkeiten als Gegensätze gab. Wir wollten beide «schreiben». Wir wollten reisen, die Welt sehen, unseren Horizont erweitern, an jenem großen Festmahl des Intellekts teilnehmen, für das die Universität uns vorzubereiten schien. Aber wir waren auch gehorsame Töchter unserer Zeit, das heißt Ehe und Mutterschaft war unsere (heiß ersehnte) Bestimmung. Wir lösten diesen Konflikt zwischen persönlichem Ehrgeiz und gesellschaftlicher Verpflichtung dadurch, daß wir beide Ehemänner wählten, die die Reisen, die aufregenden Karrieren, die Horizonte, ja den ganzen Lebensstil für ihre Frauen gestalten würden.

Zwei Fragen sind uns oft gestellt worden: Warum habt ihr beide die Briefe aufgehoben? Und: Habt ihr nicht doch die ganze Zeit in Gedanken mit der Möglichkeit einer Veröffentlichung gespielt? Auf die erste Frage haben wir eine komplizierte und einfache Antwort. Wir waren junge Literaturstudentinnen, und wir achteten das geschriebene Wort hoch; wenn wir einander schrieben, versuchten wir, uns aufrichtig, schwungvoll, ja sogar auch elegant auszudrükken; und aus diesem Grund respektierte jede, was die andere geschrieben hatte und bewahrte, Jahr für Jahr, die ständig wachsenden Briefberge auf. Unsere einfache, ehrliche Antwort lautet: wir liebten und schätzten einander, und die Briefe waren ein Teil von uns, wie es auch Fotografien oder Geschenke sind, die man austauscht. Auf die zweite Frage können wir nur mit einem eindeutigen Nein antworten.

Viel ist ausgelassen worden in dem nun folgenden Text. Der gesamte Briefwechsel würde das Buch dreimal so umfangreich machen, und soviel würde nun doch niemand lesen wollen. Was bleibt, ist ein getreues Abbild unseres Lebens, es zeigt uns, wie wir waren und – im Lauf der Jahre – geworden sind.

Wie das im Leben nicht selten der Fall ist (wenn auch in Büchern nicht oft zugegeben), machen wir manchmal von einem Jahr zum anderen zu bestimmten Themen völlig widersprüchliche Aussagen. So scheint man zum Beispiel zunächst in fröhlichem, geradezu lyrisch verklärtem Ton von sexuellen Dingen zu reden, die sich dann in späteren Briefen wesentlich anders anhören; oder man schiebt mangelnde Kompetenz vor, wenn man in Wirklichkeit die selbstauferlegten, unmöglich hochgeschraubten Ansprüche an die eigenen Fähigkeiten nicht erfüllen konnte. Was wir zu solchen Zeiten schrieben und glauben wollten, das haben wir so gelassen, wie es dastand, ohne Kommentar.

Der Briefwechsel beginnt im Sommer 1953. Joyce, damals dreiundzwanzig, hatte im Vorjahr ihr Studium an der Universität von Utah abgeschlossen und war im Begriff, am Middlebury College in Breadloaf, Vermont, ihren Magister im Fach «Kreatives Schreiben» zu machen. Im Frühjahr hatte sie sich um ein Stipendium als Austauschlehrerin in Frankreich beworben und wartete auf Bescheid. In Breadloaf verliebte sie sich in einen walisischen Dichter. Schon nach kurzer Bekanntschaft verlobten sie sich und machten Heiratspläne für das kommende Jahr.

Pat, zweiundzwanzig, lebte in Los Angeles mit ihrem Mann, einem englischen Arzt, der dort sein praktisches Jahr absolvierte. Sie hatten sich im vergangenen Sommer in einer Jugendherberge in Frankreich kennengelernt, verlobten sich bereits nach zehn Tagen und gingen drei Wochen später ihrer getrennten Wege – Philip nach England, um sein Medizinstudium abzuschließen, und Pat nach Utah, um dort ihr Sophomore-Jahr an der Universität zu beenden. Ein paar Tage nach Philips Ankunft in den Vereinigten Staaten heirateten sie. Auf dem Weg von New York nach Los Angeles machten sie kurz in Salt Lake City halt, und Pat vertraute Joyce ihre Zweifel an der «Weisheit ihrer Entscheidung» an.

Es war eine Zeit, in der Frauen, die mit zweiundzwanzig oder dreiundzwanzig noch nicht verheiratet waren, als Mauerblümchen galten. Alles, was einer Heirat im Wege stehen konnte – sei das Begabung oder ein selbstgestecktes Ziel – wurde entweder ignoriert oder schnell beiseite gelegt. Die Frau, die sich ganz den Künsten oder einer Karriere widmete, wurde bemitleidet oder gar verachtet, statt bewundert oder beneidet. Es war eine Zeit des Konformismus – politisch, gesellschaftlich, künstlerisch. Wer 1953 zweiundzwanzig war, kam eine Dekade zu spät für die dramatische Selbstaufopferung und das Engagement des Zweiten Weltkrieges und eine Dekade zu früh für die politische und sexuelle Befreiung der sechziger Jahre. Wir wurden die «schweigende Generation» genannt, in den frühen Fünfzigern. Es gab genug, worüber man hätte Lärm schlagen können, aber die Paranoia und Hysterie, mit der unsere Eltern unsere Welt manipulierten, ernüchterte und verängstigte uns; man hat uns damals die rauhen Kanten viel zu früh und allzu gründlich abgeschliffen. Vielleicht haben wir auch das «offizielle» Weltbild, das man uns präsentierte, allzu bereitwillig akzeptiert. Unsere fast immer aussichtslosen Revolten gingen immer hübsch der Reihe nach und ganz individualistisch über die Bühne, niemals etwa als gemeinschaftliches Bemühen, die Verhältnisse in unserer Welt zu verbessern.

Im Juli 1953 kamen die jungen Männer unserer Generation gerade aus Korea zurück, aus dieser verwirrenden (und von uns nicht genau untersuchten) frühen Version des späteren Vietnam. Joseph McCarthy war immer noch damit beschäftigt, Leben und Ruf anständiger Menschen zu ruinieren. Joan Crawford spielte weiterhin die kalkulierende Geschäftsfrau, die leichtsinnig Liebe (lies: Ehe, Haus, Kinder) für beruflichen Erfolg aufgibt. Und Simultanorgasmus als natürlicher Höhepunkt romantischer Liebe war das Ziel aller Jungvermählten.

Was den Rest der Welt betraf, da war das ehemalige Nazi-Deutschland, jedenfalls der westliche Teil, geschäftig dabei, sich in eine neue Respektabilität hineinzuregenerieren. Frankreich schien immer noch das heißersehnte kulturelle Milieu für expatriierte amerikanische Möchtegern-Intellektuelle, die wohl den Zweiten Weltkrieg als bedauerliche Zeitspanne betrachten mußten, in der die Häfen geschlossen waren. Britannia beherrschte immer noch ihr Imperium, das freilich nach dem Verlust von Indien und Burma ein wenig gestutzt war. Deutschland, Frankreich, England und das Empire – sie alle sollten in unserem Leben eine Rolle spielen. Wir sollten mit Deutschen und Engländern engste Verbindungen eingehen; und die Straßen deutscher und englischer Städte sollten vertrautes Pflaster für uns werden. Unser Leben sollte von Einflüssen und Kräften jenseits des Atlantik gestaltet und geformt werden, aber am Ende würden wir doch im innersten Wesen amerikanische Frauen bleiben.

Erster Teil

Juli 1953 – August 1954

Die Leere, die eine wirklich gute Freundin hinterläßt, ist eine traurige Sache

‹Freundinnen› beschreibt unser Leben in Afrika, Europa und den Vereinigten Staaten wahrheitsgetreu. Wir haben jedoch die Namen von Personen, die an unserem Leben teilhatten, geändert, um ihre Privatsphäre zu schützen. Ausnahmen sind nur unsere eigenen Namen, die Namen von Prominenten und die einiger von Joyces Familienmitgliedern. Die Beschreibung gewisser individueller Eigenheiten und die Lokalitäten bestimmter Ereignisse sind ebenfalls verändert worden.

P. F. L. und K. J. H.

(Postkarte)

Breadloaf, Vermont,
den 23. Juli 1953

Liebe domestizierte Pat,
es steht also in meinen Sternen, daß ich ewig die Nachfolgerin sein soll. Du hast es mir völlig unmöglich gemacht, meine eigenen Horizonte abzustecken. Da es offensichtlich für junge Existentialisten Mode ist, sich in einen Engländer zu verlieben, habe ich mich dem allgemeinen Trend angepaßt und mich in einen Waliser verliebt. Ja, liebe Freundin, das hab ich gemacht. Er heißt Lloyd James und ist zum erstenmal hier. Er hat ein Commonwealth-Stipendium, und ich fürchte, ich bin Dir treulos geworden in unserer Anti-Poeten-Liga. Er wird dieses Jahr über (moderne) Dichtung promovieren. Siebenundzwanzig Jahre alt, mager wie ein Spatz und ein Gesicht wie Jean-Louis Barrault. Er ist furchtbar witzig und behält seine ernsthafte Veranlagung ziemlich für sich. Er ist ganz wundervoll, und ich liebe ihn schrecklich. Leider ist er jedoch verlobt, mit einer Lehrerin in Cambridge. Was kann ich also tun – außer

im harten Sophokleischen Licht zu stehen
und freudig [meine] Wunden davon zu empfangen.

Ich hab große Angst. Arbeit ist überwältigend. Am 9. August werde ich graduieren. Wenn ich die Chance bekomme, brenne ich bei nächster Gelegenheit durch. Anfang Oktober geht mein Schiff ab.

Joyce

(Postkarte)

New York City,
den 24. September 1953

Liebe Pat, lieber Philip,
Ihr seid mir ein paar Sphinxe! Wenn Ihr mir nicht bald schreibt, werde ich Paris keine Grüße von Euch ausrichten. Ich fahre am 30. mit der «Queen Elizabeth». Bin im Herzen ja immer schon Royalistin gewesen. Das muß das englische Blut in mir sein. Ist es nicht großartig, daß wir alle dem Commonwealth so treu sind? Bin wirklich sehr verliebt. Kann's kaum ertragen, ihn zurückzulassen, egal aus welchem Grund. Wünscht mir Glück. Ich kann vor Angst kaum schlucken.

Alles Liebe,
Joyce

(Grußkarte mit Brief)

Los Angeles,
den 7. November 1953

Text der Karte:
«Ich hab eine Geschichte für Euch! Es waren einmal zwei kleine Vögel, die mitten auf einem Eichenblatt wohnten. Eines Tages flog einer der Vögel weit über den Waldrand hinaus, wo er viele, viele Dinge sah und hörte. Als die beiden kleinen Vögel wieder zusammenkamen, redeten sie und redeten sie und redeten sie und redeten sie und redeten sie und redeten sie miteinander.»

Eure ergebene Dienerin,
Pat, ein abgerichtetes
Aschenputtel (ehemalige
Jones, Lamb, usw.)

(Brief)
Noch eine Geschichte (aber s. traurig)
Liebste:
Es war einmal eine frischgebackene Ehefrau, die lebte mit ihrem Mann (einem jungen Arzt) in einer schrecklichen Stadt, wo sie keine Freunde hatte, noch die Umgebung oder auch die Beschäftigung, die ihr so lieb und teuer waren. Sie fand sich in «anderen Umständen», nachdem sie gerade erst ein paar Monate verheiratet war und obgleich es ihr ziemlich schlecht ging und sie in der Bibliothek arbeiten mußte, wo sie den ganzen Tag blödsinnige kleine Sachen tippte, um zum Lebensunterhalt für sich und den Doktor beizutragen – trotz all dieser Dinge war sie sehr glücklich und verbrachte ihre knapp bemessene Freizeit damit, winzig kleine Sächelchen zu stricken und an das kleine Leben zu denken, das sich bald zeigen würde. Aber ach! Es sollte nicht sein, und (erst vor einer Woche) sie verlor sie das Kleine.

FINIS

So, meine Liebe, ich weiß, ich habe ewig nicht mehr geschrieben, aber tatsächlich habe ich nichts weiter getan, als immer kränker zu werden. Im Augenblick geht's mir großartig, aber ich hoffe, daß es mir nächsten Monat wieder schlechter geht. Wir versuchen es schon so bald wieder aus irgendeinem obskuren medizinischen Grund, den P. ausgebuddelt hat.

Bist Du glücklich? Machst Du Riesenfortschritte mit Deinem Französisch? Vermißt Du Deinen Waliser sehr? Ich wünschte mir so, daß wir mal wieder ausgiebig miteinander schwatzen könnten bis früh um fünf. Die Flitterwochen sind vorüber, und obwohl ich P. sehr liebe, vermisse ich doch all meine Freunde und die fröhlichen Besäufnisse und sorglosen Zeiten und die Uni und all das.

Ich lese pausenlos, besonders seitdem ich in der Bibliothek arbeite. Als ich schwanger war, habe ich das Studium und meinen Teilzeitjob aufgegeben und habe bei der Bücherbestellung in der Hauptstelle der Bibliothek hier in L. A. angefangen, mit einem Ganztagsjob. Ich arbeite mit einer sehr netten Frau und 10 Narren zusammen. Das Gehalt ist aber gut und die Arbeit auf keinen Fall anstrengend. Und da wir diesen Smog-Hafen ohnehin in 8 Monaten verlassen werden, bleibe ich schon am besten dabei.

Vor ungefähr drei Monaten haben wir ganz spontan an Albert Schweitzer geschrieben, ob er in seinem Krankenhaus in Lambaréné zwei oder drei befristete Stellen zu besetzen hätte, und letzten Freitag haben wir tatsächlich eine persönliche, handschriftliche Antwort erhalten! (Sie lautete non, non!) Vor allem, weil er nicht gerne Ehepaare nimmt, wegen der Gesundheitsprobleme mit Kindern. Aber es war ein sehr freundlicher Brief. Ich glaube, wir werden ihn einrahmen.

Viel, viel Liebe. In meiner armseligen Prosa kann ich Dir gar nicht sagen, wie sehr Du mir fehlst.

Alles Liebe,
Pat

Los Angeles,
den 16. November 1953

Liebste Freundin Joyce,
es gibt absolut keine Entschuldigung; ich liebe und vermisse Dich sehr und hoffe, Du wirst mir mein langes Schweigen verzeihen. Wie Du sehen kannst, hatte ich Dir die beiliegende Karte vor einigen Tagen schon geschickt, sie wurde mir aber zurückgesandt, weil ich sie – nachlässig wie üblich – nicht richtig frankiert hatte. Soll ich Dir eine kurze Chronik der Ereignisse geben?

Den Sommer über bin ich zum State College von Los Angeles gegangen und hab zwei abscheuliche Kurse belegt. Ich wollte mich im September voll an der UCLA immatrikulieren und hab daher meinen Teilzeitjob in einem Krankenhaus in Hollywood beibehalten – ein außerordentlich interessanter Job, der mir viel Freude machte. Kurz vor Semesterbeginn merkte ich, daß ich schwanger war. Also habe ich meinen Job aufgegeben und einen Ganztagsjob in der Stadtbücherei von Los Angeles angenommen, einen Civil Service Job. In meinem ganzen Leben habe ich noch keine so grauenhaften zwei Monate verbracht. Die Leute im Civil Service sind unglaublich stumpfsinnig und öde, und genauso war auch die Arbeit.

Also habe ich letzte Woche dort aufgehört und bin wieder auf Arbeitssuche gegangen. Jetzt habe ich was bei Studebaker gefunden, mit außerordentlich gutem Gehalt und – was zum Teufel soll's – bis nächsten Juni. Übermorgen fang ich an.

Ich habe den ganzen Sommer lang alle möglichen Bücher verschlungen, zum Beispiel auch diese wundervolle Sand-Biographie von Maurois, ‹*Lélia*›. Die mußt Du lesen, wenn Du sie nicht schon kennst. Und dabei wirst Du schon bald das französische Original lesen können, Du Hund Du! Das Buch geht mir ganz schön an die Nieren, denn die Sand war eine Frau mit einem unheimlichen Gespür für die Dringlichkeiten des Augenblicks, eine Frau mit dem unwiderstehlichen Drang, immer das auch zu *sein*, was die jeweilige Situation verlangte und jedes Segment ihres Lebens bis zum Äußersten auszuleben. Maurois bringt das sehr schön heraus.

Ich möchte hier gern in einem Chor mitsingen, habe aber eigentlich gar keine Zeit dafür und außerdem, da ich nun schon mal damit angefangen habe, hoffe ich doch, daß ich ganz schnell wieder schwanger werde. Drück mir die Daumen. Vielleicht liegt das Erfolgsgeheimnis bei vier Versuchen; dreimal hat's ja nicht geklappt. Es war alles sehr traurig und blutrünstig. Mein Gott, zehn Stunden Wehen für so ein kleines Ding, das man kaum sehen konnte. Was für eine Verschwendung, hm, hm.

Die Ehe ist schon ganz angenehm, aber in einer vertrackten Weise nimmt es einem doch viel von der eigenen Privatsphäre. Ich meine damit gar nicht mal, daß der Partner etwas verkehrt macht; es ist ganz einfach so, daß Du Dein Leben jetzt mit einer anderen Person teilen mußt. Dabei könnte sich niemand weniger einmischen als Philip, aber man muß eben doch seine Impulse zügeln (den letzten Dollar ausgeben, zum Beispiel, oder ganz allein einen langen Spaziergang machen usw.), weil irgendwas gemacht werden muß, was eben nicht warten kann, bis es Dir paßt. Kochen, Bügeln und andere langweilige Sachen. Aber man wird dafür natürlich auch wieder entschädigt; vermutlich würde ich das alles letztlich doch nicht eintauschen für das äußerst zweifelhafte Privileg, wieder ledig zu sein.

P. und ich trinken sehr selten, höchstens mal ein Glas Wein, wenn wir ein- oder zweimal in der Woche bei meiner Mutter essen. Aber zu Hause nie, und nie, niemals in Bars. Vor allem, weil wir es uns gar nicht leisten können; das bißchen Geld, was wir haben, brauchen wir für wichtigere Dinge. Überhaupt, während ich schwanger war, habe ich ganz aufgehört, Alkohol zu trinken, Kaffee und Tee auch, und das Rauchen habe ich fast gänzlich aufgegeben, und ich hab gerade genug gegessen, um ein kleines Vögelchen am Leben zu erhalten, und alles, weil ich es wirklich wollte! Oder vielleicht sollte ich sagen, nicht wollte. Aber ein Baby, das will ich sehr. Davon bin ich schon fast besessen. Ich hatte schon zwei Jäckchen fertiggestrickt und mit der Babyausstattung angefangen. Ich glaube, in der ganzen Sache steckt eine Herausforderung für mich. Es gibt eigentlich so wenig Anforderungen in meinem jetzigen Leben, außer, daß ich morgens aufstehen muß. Warum heiratest Du nicht auch, und wir jammern uns gegenseitig etwas vor?

Alles Liebe,
Pat

Laval,
den 20. November 1953

Liebe Pat,
Ich freue mich so, daß Du es endlich über Dich gebracht hast zu schreiben, aber ich wünschte, der Anlaß wäre ein glücklicherer gewesen. Es macht mich ganz krank, daß Du immer wieder diese Schwierigkeiten hast. Hoffentlich klappt es diesmal. Deine mütterlichen Instinkte scheinen mir ungefähr so reif zu sein wie meine. Es ist ganz komisch, daß auch mir, ganz ernsthaft, der Gedanke an Mutterschaft viel mehr bedeutet als alle anderen Ablenkungen. Ich wüßte gern, ob ich mich so verheiratet fühlen würde oder ob das Damokleschwert zu sehr über meiner Freiheit schwingen würde.

Geh nicht weg – ich muß mich jetzt in die Dolmetscherrolle zwängen, für meine Klasse. Die verstehn nämlich bloß «Katze», wenn ich ihnen eine «chat» an die Tafel male. Bin bald wieder da.

Und nach diesem letzten Kommentar bin ich wieder hier, fast zu Tränen gerührt von den süßen kleinen élèves – und im Begriff, mich in den sentimentalen Niederungen der Gefühlsduselei fast aufzulösen. Aber was macht das schon? All meine Klassenzimmer waren heute für mich dekoriert, und die Lehrerpulte waren mit Geschenken beladen oder die Tafeln waren so gestellt, daß sie sie halbwegs verdeckten. Wirklich, und all das nur, weil es St. Cathérinentag war, in Frankreich, und mein Vorname ist Catherine. Ich glaube, sie sind wirklich zu weit gegangen. Die Süßigkeiten, Nüsse und Röstkastanien waren ja noch dezent. Aber als diese wonnigen, schmuddeligen, kleinen Bilingualisten mit zwei in handgestrickte Taschentücher eingewickelten Flaschen Parfum und einem wunderschönen ledernen Fotoalbum ankamen – vom zusammengekratzten «Eiergeld» gekauft –, da war ich doch sehr und sichtbarlich gerührt. Ich meine, das war schon toll.

Aber ich bin wirklich reichlich versehen mit all den Annnehmlichkeiten, die das zeitgenössische Frankreich zu bieten hat – frisches *kaltes* fließendes Wasser, Camping-Kocher, heiße Ziegelsteine für kalte Füße und die Wahl zwischen Nachttopf und Feldweg. Ganz reizend. Versteh mich nicht falsch; wir haben heißes Wasser – jeden Mittwoch von 8 bis 8.10 Uhr – und es macht einen Heidenspaß, sich für die Schnellsäuberung anzustellen und dabei in der Hosentasche möglichst noch genug für die wöchentliche Wäsche mitgehen zu lassen.

Natürlich habt ihr recht, Du und die Klischees, wenn ihr meint, Paris sei schön. Das stimmt. Es ist so überwältigend am Abend, daß ich das Gefühl habe, in einem grandiosen Theater zu sein und daß ich mich, wenn ich die Tuilerien verlasse, vor irgendeiner schäbigen Bühnentür befinde, als ob das die Ice Follies wären oder so was.

Aber Laval ist auch wunderschön, in einer ganz unpariserischen Weise. Alle Leute behaupten, es sei tot, und ich müßte ihnen sogar zustimmen, wenn ich nicht glücklicherweise eine unheimliche Freude daran hätte, mittelalterliche *chateaux* und Vorurteile und alte Gassen und Gerüche und schiefe Schornsteine und Obstkarren in mich aufzunehmen. Wenn es nicht irgendwie aufregend für mich wäre, die schönen Silhouetten zu betrachten ,in die sich die klerikalen Gewänder der Nonnen und Priester auffächern, wenn sie auf ihren Fahrrädern über das Kopfsteinpflaster holpern. (Übrigens, ich hab mir ein Fahrrad gekauft, drei Tage später habe ich mir den Fuß gebrochen.) Und bei alledem vermodere ich hier ganz still und leise in meinem gehobenen Lebensstil. Also tue ich alles, was ich kann, um jedesmal, wenn der Namenstag eines Heiligen mit dem Zahltag zusammenfällt, nach Paris zu kommen. Morgen, beispielsweise.

Einzelheiten: Ich habe meinen Magister gemacht. Jeden Donnerstag gehe ich zur Universität Rennes in der Hoffnung, bis Juni auch noch mein «certificat d'Études Française» zu schaffen.

Ich bin immer noch verliebt in den Dünnsten von allen, meinen dürren und großartigen Lloyd. Er ist wirklich meine ganze Freude und genau so ein erstaunlicher «Fang» (was für ein schlimmer Ausdruck) für mich wie Philip für Dich. Ich hätte so gern, daß Du ihn kennenlernst, und ich weiß, Du würdest das auch mögen. Ich bin wirklich abgebrannt. Großer Gott, ich bin zwei Tage lang mit 100 Franc durch Paris gewandert. Ich werde immer gewandter.

Also, Du fehlst mir. Die Hälfte der Bevölkerung von Laval würde ich in die Mayenne werfen, wenn nur Du dafür hier wärst. Jetzt schreib aber, Pat. Du kannst Dir gar nicht vorstellen, wieviel mir das bedeutet. Das Vakuum, das eine wirklich gute Freundin hinterläßt, ist eine traurige Sache.

Meine Liebe,
Joyce

Los Angeles,
den 30. November 1953

Liebste Freundin J. –
ich freue mich so, daß wir beide dem gleichen Geschlecht angehören. Ich kann mein Leben lang dankbar sein für das immerwährende Verständnis und diese tiefe Freundschaft zwischen zwei Frauen. Mein Gesangslehrer sagte mir einmal, daß eine wirklich enge Freundschaft zwischen zwei Frauen unmöglich wäre, weil sie früher oder später durch sexuelle Eifersucht kaputtgemacht würde. Ich glaube, jede von uns hat diese Erfahrung ein paarmal mit der anderen gemacht, aber ich hoffe, unser eigenes Selbstverständnis hat es uns ermöglicht, die Motive und Gefühle der anderen so gut zu verstehen, daß wir erkannten, wie bedeutungslos dies im Grunde war. Ich habe Dich sehr lieb, ganz kurz gesagt, es gibt kaum einen Menschen, dessen Liebe und Respekt mir so teuer sind wie Deine. Ich wünschte nur, ich könnte uns beide in, na, sagen wir 50 Jahren sehen!

Ein anderer Aspekt desselben Themas – ich glaube wirklich, daß ein Mann und eine Frau eine Empathie erreichen können, die für

Menschen gleichen Geschlechts unmöglich ist (ausgenommen Homosexuelle); das heißt, Liebespaare finden etwas, was Freunde nicht finden können.

Ich bin mal wieder in mein altes Fahrwasser geraten – aber diesmal à la Francais. Ich arbeite in einem kleinen französischen Restaurant mitten in der Stadt. Eigentlich macht es Spaß; ich habe Arbeitszeiten wie die Banken (d. h. von 9 bis etwa 14.30 Uhr), verdiene ganz gut und habe die Absicht, im Februar aufzuhören und wieder zur Uni zu gehen, denn immer nur arbeiten ist doch langweilig.

O ja, jetzt weiß ich, was ich oben noch sagen wollte – den Gedanken weiterführend – aber *Freunde* können ein Stadium wechselseitigen Verhaltens auf dem gleichen Niveau und mit der gleichen Motivation und tiefen Sympathie von einer Intensität erreichen, die zwischen Liebenden unmöglich ist. Das wäre also der Vorteil einer großen Liebe plus einer großen Freundschaft (oder zwei oder drei, aber ich glaube kaum, daß das möglich ist).

Wir sind so furchtbar, furchtbar allein, Joyce. Du, ich, alle, wir alle. Vermutlich ist das die offensichtlichste und simpelste Tatsache der Welt, aber mir wird das gerade erst so langsam klar. Ich glaube, man erkennt das deutlicher, wenn man ganz bewußt nach diesem vollkommenen Verstehen sucht, das man doch in der Ehe finden sollte. Vielleicht ist das der Grund, warum meine Einsamkeit (und damit auch die Einsamkeit aller Menschen) mir neuerdings so grell vor Augen steht. Weil ich nämlich wirklich glaube, ich habe eine wundervolle Ehe, die so lange Bestand haben wird wie Philip und ich, aber sie bedeutet mir bestimmt nicht alles im Leben, denn diese Ehe (und das bedeutet Philip, unser gesellschaftliches Leben zusammen, glaube ich) kann einfach nicht jedes kleinste bißchen von jeder Komplexität meines Ego, meines Lebens, meiner Persönlichkeit ausfüllen. Es gibt zu viele Teile meiner selbst, die sich mit anderen Orten, anderen Menschen befassen wollen. Ich höre jetzt auf mit diesem Gedankengang und rede von etwas anderem.

Da wir ja nun nicht mehr schwanger sind, denken Philip und ich ernsthaft daran, uns nächstes Jahr irgendwo ins «Hinterland» abzusetzen, Afrika oder Südamerika oder sonstwohin, und eine weitere Kerbe in die Gewehre unserer «Selbstfindung» zu schneiden.

Wir möchten gern eine kleine Mission oder eine Regierungssiedlung im Busch (oder auf einem Plateau) finden, und dann würden wir Seelen und Körper retten und eine Diamantenmine entdecken, so daß wir nicht mehr zu arbeiten brauchten, sondern herumreisen könnten und Bücher und Gedichte schreiben und Philosophie lesen – alles nur dank unserem Vermögen. Wäre das nicht hübsch? Aber nicht wahrscheinlich. Statt dessen, nehme ich an, wenn wir uns wirklich nächstes Jahr an einem passenden Ort befinden (höchstwahrscheinlich Kanada), dann werde ich allen Ernstes wieder zur Uni gehen, mich mit einem B. A. ausrüsten und all die Strohköpfe aus dem Hinterland in Englisch I unterrichten. Wenn ich nur etwas Wesentliches zu sagen hätte, und die Zeit dazu, dann würde ich den Großen Amerikanischen Roman schreiben.

Ich denke so oft über meine letzten Jahre nach, und ich wüßte gern, ob irgend etwas in der Zukunft jemals soviel Nervenkitzel und gespannte Erwartung des unbekannten «Morgen» enthalten wird, wie das in den letzten paar Jahren für mich der Fall war. Irgendwie kann ein ganz großer Abend mit dem geliebten Partner des Augenblicks nie so ganz von einem Kino- oder Partybesuch mit Ehemännchen übertroffen werden. Versteh mich nicht falsch, ich will damit nicht sagen, daß ich wirklich unbefriedigt bin. Ich hab nur das Gefühl, daß diese Phase meines Lebens, unwiederbringlich wie sie nun mal ist, nie wiederholt werden kann, und ich bin ein bißchen traurig darüber, daß sie vorübergeht. Aber irgendeine neue Erfahrung muß ja greifbar nahe sein – eine Erfahrung, die mich trunken machen wird von ganz neuen Eindrücken und Vitalität und lebenspendender Originalität.

Als meine erste große Liebe und ich (mit 18) uns verkrachten, habe ich übrigens genauso lange diese Gefühle gehabt. Vermutlich muß irgend etwas Neues immer gerade um die Ecke sein, sonst wäre das Leben wirklich unerträglich. Wenn ich daran denke, komme ich mir vor wie die Heroine eines schlechten Roma aus dem 19. Jahrhundert. Wenn das Abenteuer des Lebens mir nicht zuerst über wird, vielleicht werde ich dem Leben über, und dann sitze ich da mit einer Katze und einem Papagei und existiere den Rest meines Lebens im schäbigen Abglanz dessen, was einmal war. Aber das glaube ich doch nicht. So viele Kleinigkeiten *sind* wirklich die meiste Zeit furchtbar aufregend, die Skyline der Stadt, von unserem Fenster aus gesehen, im leuchtenden Sonnenuntergang, alle möglichen, ulkigen Kunden, die morgens hier ihren Kaffee trinken, Bennet Cerfs Kolumne im SRL, Erinnerungen ans Schilaufen, der gute alte Gallo Zinfandel, eine ausländische Briefmarke auf einem ungeöffneten Brief (Banal! Ach, so viele Dinge!!).

Ich glaube, letzten Endes genieße ich mein Leben doch sehr und würde es kaum für ein anderes eintauschen. Vor allem, weil ich heute nicht weiß, was morgen geschehen wird, und das ist so ungefähr das Großartigste an meinem Leben. Komisch, nicht? Weil die meisten Menschen ganz glücklich sind, gerade weil sie *genau* wissen, was geschehen wird.

Na ja, ich trockne langsam aus, also –

Meine größte Zuneigung und Liebe,
Pat

Laval,
den 21. Dezember 1953

Liebe Freundin in Freud und Schmerz,
also, ich stecke hier mal Fröhliche Weihnachten und all diese alljährlich verbreiteten Optimismen hinein. Sicher kommt dieser Brief zu spät, aber ebenso sicher würde Dein Weihnachten auch nicht viel fröhlicher sein, wenn er früher angekommen wäre. Der springende Punkt ist, ich hoffe wirklich, daß Weihnachten in diesem Jahr all das für Dich ist, was es sein sollte und niemals ist. Außerdem hoffe ich, daß wir uns wiedersehen können, an irgendeiner weit abgelegenen algerischen Küste vielleicht.

Morgen, mit dem Frühzug, breche ich auf nach Spanien und den Balearen, via Paris. Ich komme mir ein bißchen wie George Sand vor, mit meiner Flucht auf die Insel. Schade nur, daß ich nicht auch in solcher Gesellschaft bin.

Es sieht ganz so aus, als ob ich das nächste Jahr in Paris verbringen werde, wenn das menschenmöglich ist. Nach zwei Jahren Frankreich sollte man doch wohl annehmen, daß ich mich in einem Café verständlich machen kann. Gott! Frühreif kann man mich ja nicht gerade nennen. Ich kann immer noch nicht übers Wetter reden und sicher sein, daß man die Thematik auch versteht.

Es gibt so vieles, worüber ich mit Dir reden möchte, dabei müßten wir aber auf dem Fußboden sitzen und rauchen oder Deine mexikanischen Spezialitäten essen und um 4 Uhr 19 nachmittags feststellen, wer von uns beiden die dunkelsten Augenränder bekommt. Ich vermisse das alles genauso wie Du.

Mir ist gar nicht nach Weihnachten, und den Franzosen sind ihre Wahlen völlig schnuppe. Ich weiß mehr darüber als sie, und nicht einmal ich weiß, wie viele Kandidaten es gibt.

Ich schreibe bald mehr. Du auch. Fröhliche, fröhliche Weihnachten.

Ich hab Dich lieb,
Joyce

Aber ich glaube, selbst wenn ich mit unserem göttlichen Adlai verheiratet wäre, würde ich mich beklagen. Ich wollte Dir eigentlich einen sehr, sehr langen Brief schreiben und recht schön und ausgiebig über die Seele, das Universum, die moderne Gesellschaft und ähnliches philosophieren, aber diesen Monat bin ich nicht so ganz auf der Höhe.

Am schönsten sind vermutlich immer die Träume, die nicht in Erfüllung gehen. Yeats: «Mein ganzes Leben erscheint mir wie eine Vorbereitung auf etwas, was nie geschehen ist.» Liebe Seele, wann werden wir zwei wieder durchs Herbstlaub wandern, unschuldig, jung, gescheit und ungeduldig auf den Winter wartend, auf unser nächstes Rendezvous, aufs Skilaufen –

Viel von meinem Herzen ist bei Dir,
Pat

Laval, Mayenne, Frankreich,
den 24. November 1953

Liebe alte Pat,
warum verschwindest Du nicht einfach eine Weile aus der Stadt? Ich fälsch Dir einen Seemannspaß, und wir klappern zusammen die *chateaux* ab. Du fehlst mir so, verdammt noch mal, daß es mich schon ganz schön wütend macht. Außerdem könnte ich Dich als Dolmet-

scherin gebrauchen. Ich werd von Glück sagen können, wenn ich bis zum Juni die Cinzano-Werbung lesen kann. Ehrlich, ich muß ganz einfach diese Sprache lernen. Sie scheint hier große Mode zu sein, wenigstens in Laval. Englisch sprechen kann ich hier nur, wenn ich meiner angeborenen Schwäche für dramatische Selbstgespräche nachgebe. Und was mein Französisch betrifft, da fehlen mir bereits die Worte, wenn mich irgend so ein wackliger Fischer mit Bonjour! anspricht.

Los Angeles,
den 22. Dezember 1953

Liebste Joyce,
es ist alles sehr still hier. Bloß Arbeit und Haushalt und Kochen und Kino und Sonntag morgens die Rundfunksendungen aus der Metropolitan Opera und Weihnachtskarten schicken und welche bekommen.

Ich weiß nicht, ob ich Dir schon erzählt habe, daß P. jedes Jahr zwei Wochen bezahlten Urlaub bekommt, wann immer er will, und daß ich zum Frühjahrssemester wieder aufs State College gehe. Zwei Wochen vor Semesterbeginn gebe ich also meinen Job auf, und wir fahren zum Schilaufen, in der Nähe von Reno oder Yosemite.

28. Dezember: Wie die Zeit vergeht. Aber jetzt kann ich Dir alles über Weihnachten berichten. Philip hat mir – (dramatische Pause) – eine Blockflöte geschenkt! Eine deutsche. Alt, etc. Einfach herrlich. Und ich kann schon «Three Blind Mice» und «Merrily We Roll Along» spielen. Nächste Woche fange ich mit Unterricht an, in USC [University of Southern California]. Wir hatten wirklich ein wunderschönes Familienweihnachten. Haben das Wochenende mit Mutter verbracht. Scrabble gespielt (ein tolles neues Wortspiel), Wein getrunken und ganz einfach gefaulenzt.

Ich hab mich jetzt entschlossen, nächstes Semester statt zum State College auf die Universität von Southern California zu gehen (was soll's), wir können es uns sowieso nicht leisten, mich auf die Uni gehen zu lassen, warum dann nicht gleich die teuerste! Wenigstens ist die Hälfte dieses armseligen Jahres vorüber. Gestern waren P. und ich sieben Monate lang verheiratet, und wir lernen uns immer besser kennen und lieben.

Alles Liebe,
Pat

Laval,
den 12. Januar 1954

Liebe Freundin,
ich habe keine Ahnung, welche Form dieser Brief annehmen wird. Du sollst wissen, daß ich Deinen Brief zu einem Zeitpunkt erhielt, da ich ihn in ganz eigenartiger Weise brauchte. Zu einer Zeit, in der ich dringend das Gefühl brauchte, daß wenigstens ein Mensch noch nicht die Verbindung mit Hawthornes «magnetischer Kette» verloren hat, versichert zu sein, daß es irgendwie und irgendwo, selbst auf der anderen Seite des Ozeans und der vertrauten Umgebung einen Menschen gibt, der die eigenen Bedürfnisse und Gründe versteht und auch erwidert, aus denen heraus man idiosynkratische Dinge benötigt (wie die Lust am Leben).

In den letzten drei Wochen habe ich unter der schlimmsten Schlaflosigkeit gelitten und unter Träumen, die fast wie in Fortsetzungen wiederkehrten. Gestern nacht habe ich geträumt, daß ich gestorben war und nicht nur das, sondern der ganze Traum ging darum, was mit mir geschah, als ich tot war. Ich atmete an ein von Musik erfülltes Fenster, um zu sehen, ob man den Hauch sehen konnte. Das geschah, aber man sagte mir, daß dies kein Anzeichen dafür sei, daß ich lebte. Ich erzähle Dir das ohne besonderen Grund. Es ging mir nur durch den Kopf.

Die Schule ist am 1. Juli aus. Dann mache ich im Juli eine Fahrradtour durch das Tal der Loire und im August eine durch England. Wie es dann weitergeht, hängt davon ab, ob ich mein Stipendium für Paris bekomme (überraschenderweise sieht das ziemlich vielversprechend aus) und wann ich Lloyd heirate. Das wird bald sein. (Denk schon mal dran zu kommen. Ich möchte, daß Du dabei bist.) Es gibt so vieles, was ich mit Dir bereden möchte, aber alles scheint sich dagegen verschworen zu haben. Es ist fast ein Verrat an unserer

Freundschaft, wenn wir in diesem Resümeestil falscher Zusammenfassungen reden, wie das in Briefen so unumgänglich ist. Ich muß mit Dir über meine bevorstehende Heirat sprechen, über all die Zweifel und Gewißheiten und Probleme. Ich kenne ein nettes irisches Mädchen hier, aber ich würde einen Monat voller Gespräche mit ihr für *eine* lange Aussprache mit Dir eintauschen. Ich werde Lloyd heiraten; ich will's. Und er wird wahrscheinlich in England lehren. Im Augenblick bedrückt mich die Trennung von der Familie, angesichts einer internationalen Ehe. Du kennst mich zu gut, um anzunehmen, ich könnte mich nicht ganz vernünftig von der Mutterbindung lösen. Es ist nur, daß bei uns zu Hause im letzten Frühjahr die Angst vor einem möglichen «letzten Mal» umging, und jetzt, wo Daddy krank ist, steht das noch deutlicher im Raum.

Ich bin viel zu quecksilbrig. Wenn's wieder hoch geht, schreibe ich Dir von Ereignissen und weniger von Stimmungen (obgleich Du Gott sei Dank eine Freundin für letzteres bist). Ich werde Dir schreiben, wie man in Spanien von den berühmten $ 5 pro Tag leben kann, mit ein bißchen Energie. Ich will Dir auch mehr über Lloyd und die mit ihm zusammenhängenden Probleme schreiben, über die Schule und über meine Schriftstellerei. Denn endlich schreibe ich wirklich. Und lese. Habe gerade den ganzen Faulkner durchgeakkert. Werde Deine *‹Lélia›* bald lesen. Vieles andere. Ich brauche Dich hier, komm schnell.

Meine schönste Liebe,
Joyce

*(Geburtstagskarte
mit gedrucktem Text)*

Laval,
den 15. Januar 1954

Were I a disciple of Sartre
Reflecting on life in Montmartre
I would simply exist
Not attempting a new twist
To *Wishing You A Happy Birthday*

(Wär ich ein Schüler von Sartre / Dächt nach übers Leben in Montmartre / Würd ich einfach existieren / nichts Neues probieren / und Dir einfach «Happy Birthday» wünschen.)
Ich habe diese Karte vor sechs Monaten in New York gekauft, speziell für Dich, und jetzt schicke ich sie zu spät ab. Aber hier hast Du all meine *meilleurs voeux* für ein phantastisches Jahr, liebe Freundin. Du scheinst ja alle nur erdenklichen Chancen zu haben. Und ich hoffe, daß wir uns irgendwie einmal wiedersehen, vielleicht bei der Arbeit für den Mau Mau im Untergrund, bevor wir beide uns in jenem miserablen Zustand der Senilität wiederfinden, in welchem wir unsere Erinnerungen nur dadurch heraufbeschwören können, indem wir unsere Schaukelstühle mit atemberaubender Geschwindigkeit in Bewegung setzen. Und ich fürchte, daß dieser Zustand so bald auf uns zukommt, daß ich schwören könnte, wir hätten uns erst vor ein paar Jahren in Salt Lake voneinander verabschiedet, denn das Leben hat so ein ärgerliches Talent, an uns «vorüberzuhuschen wie eine Feldmaus, die kaum das Gras in Bewegung setzt».

Alles Liebe,
Joyce

Los Angeles,
den 30. Januar 1954

Geliebte Freundin,
ich werde immer älter und trauriger, aber weniger weise als je zuvor, glaube ich. Ich habe die Absicht, für «nur noch ein» Semester aufs College zurückzugehen und bin neulich hingegangen, um mich nach einem Job in der Englischabteilung umzusehen, damit ich wenigstens ein paar extra Drachmen pro Woche zusammenkratzen kann, und hinterher war ich stundenlang deprimiert wegen der Jugend, wegen der grausamen Herzlosigkeit der Tatsache, daß ich nie wieder 17 sein werde, nie wieder die erste (oder zweite oder dritte) triumphierende, sichere, übermütige Liebe zu einem Jungen empfinden werde, daß ich nie wieder ganz allein moderne Dichtung entdecken werde und dabei denken kann: «Was für ein Genie ich doch bin!»

Das Wetter ist hier augenblicklich wie Frühling, und der Frühling, so prahlerisch mit seiner viel zu hell leuchtenden Sonne und Buntheit (in Los Angeles, meine ich), hat mich schon immer sehr deprimiert. Ich habe das Gefühl, daß mein Leben wie von selbst unaufhörlich, schmerzlos hinwegfließt – nicht weiter, verstehst Du, sondern weg, weg von mir. Ich habe neulich in einem kleinen Café gleich bei der Uni gesessen und ganz bewußt Visionen meiner Jugend heraufbeschworen (denn ich hab der Tatsache ins Auge geschaut und glaube es jetzt wirklich – ich bin eine erwachsene Frau).

Gestern jedoch habe ich wie einen plötzlichen Schmerz etwas von meinem alten Selbst verspürt, und mir kamen die Tränen, Tränen der Dankbarkeit, weil ich noch gerührt werden kann – wovon? Es waren die Worte «Thermopylas, Salamis, Marathon». Ich hatte Edith Hamiltons ‹*The Greek Way*› gelesen und nichts, aber auch gar nichts in diesem ganzen wundervollen Buch hat mich so erregt wie ihre ganz einfache Beschreibung dieser glorreichen Schlachten. Ach Gott, Joyce, ich fühle so eine entsetzliche Leere um mich herum. Immer nur kleine Gefühle – leichte Irritationen, angenehme Sekunden – niemals Wut, tragischer Schmerz, Hochgefühle, ein Bauchgelächter, ein richtiger Weinkrampf. Ich hab das Gefühl, ich sterbe innerlich ab, und wenn mich nicht irgend etwas davon abhält, dann wird bald mein ganzes *Ich*, das Ich, das ich kenne und bleiben will – das wird bald ganz tot und verschwunden sein, und alles, was übrigbleibt, wird nur noch eine trockene Hülle sein, die mechanisch reagieren und nur in einem behavioristischen Universum leben, existieren kann. Mein Gott, habe ich jetzt nur auf eine schrecklich langatmige Weise sagen wollen «ich langweile mich zu Tode?» Ich glaube nicht; es geht doch wohl viel tiefer.

Hat das schlimme Auswirkungen, wenn man weit entfernt ist von allen und allem, was einem lieb und vertraut ist? Es ist jetzt das erste Mal, soweit ich mich erinnern kann, daß ich mich so lange so einsam, so bitter einsam fühle. Ich glaube, im Lauf der Jahre wird es einfach schwieriger, sich neuen Menschen zu öffnen. Es ist furchtbar komisch, daß ein oder zwei oder drei Jahre so viel ausmachen können, aber vielleicht ist es nur so, weil ich erst in den letzten drei oder vier Jahren gelernt habe, tief in mich hineinzuhorchen.

Wir Armen, Joyce, Du und ich. Wir sind so mitteilsam in den Dingen der Seele, so schnell bereit zu lieben, uns zu ärgern, zu geben. Und ich wette, daß Lloyd ganz genauso reserviert und schwierig sein wird wie Philip, wenn Du erst sechs oder acht Monate verheiratet bist (oder sogar Jahre, obgleich ich das jetzt noch nicht beweisen kann). Ich liebe P. zutiefst, und ein anderer Mann würde mich geradezu abstoßen, und doch habe ich immer noch Sehnsucht nach diesem gewissen elektrischen Knistern, diesem schnellen Verstehen, *simpatico*, die ich mit anderen erlebt habe, wenn das auch verdammt wenige andere waren. Wenn ich mich nur genug öffnen könnte, um zu schreiben, dann würde ich mich schon besser fühlen, glaube ich; Therapie, vermutlich – Nähen, Kochen, Stricken, Lesen, Hausarbeit, das alles füllt diese entsetzliche Leere einfach nicht aus.

Ich glaube, ich bin wieder schwanger, aber ich werd in Gedanken jetzt noch keine Luftsprünge machen, bis ein weiterer Monat vergangen ist. Ich hoffe zu Gott, hoffe zu Gott, daß es stimmt. P. und ich waren eine Woche zum Schilaufen in Yosemite, sind letzten Sonntag zurückgekommen, beide braungebrannt, ich mit einigen blauen Flecken und sehr traurig, weil ich wieder in diese scheußliche Stadt zurück mußte. Es scheint, daß ich neuerdings von Selbstmitleid geradezu triefe. Na ja.

Wenn wir wirklich nach Afrika gehen sollten, warum kommst Du nicht und jagst Tiger und heiratest Ernest Hemingway?

Ich versuch's in ein paar Tagen noch mal mit einem etwas fröhlicheren Brief.

Liebe,
Pat

Los Angeles,
den 2. Februar 1954

Liebste Joyce,
ich habe diesen morbiden, deprimierten Brief von neulich abend noch nicht abgeschickt, aber ich schicke ihn jetzt per Luftpost, und diesen regulär. Ich hatte einen langen Monolog [sic] mit Philip, neulich abend, und er sympathisierte und stimmte mir zu und war sehr logisch und, ach ich weiß nicht, es geht mir einfach besser. Weißt Du was? Ich schreibe einen Roman! Wahrscheinlich wird er lausig, aber es macht viel Spaß. Im Geiste arbeite ich tatsächlich schon seit ein

paar Monaten daran, und heute habe ich endlich die ersten Worte zu Papier gebracht. Und rate mal, wovon er handelt? Uns!! Also, all die Lehrer für kreatives Schreiben sagen, schreib über das, was Du kennst und liebst, und was kennen wir beide schließlich besser als das Studentenleben! Wenn Du willst, mache ich Dich zu meiner Kritikerin. Willst Du die ersten paar Kapitel lesen, wenn ich sie fertig habe? Ich habe noch niemandem davon erzählt, nicht einmal Philip oder meiner Mutter. Und ich werde wohl auch nichts sagen, bis ich ein gutes Stück vorangekommen bin. Ich hoffe nur, meine alten Freunde verklagen mich nicht wegen übler Nachrede. Natürlich werde ich vermutlich nie damit fertig werden, und wenn, dann wird der Roman bis an mein Lebensende in irgendeinem Schubfach liegen! Ich denke an den Titel «The Island No Man Is», [Die Insel, die niemand ist] nach Donne. Tiefschürfender Titel, nicht? Jetzt habe ich also einen Titel und ein halbes Kapitel. Eigentlich weiß ich nicht genau, wie es weitergeht, einfach unser Leben, unsere Liebesgeschichten und unsere Kämpfe um Wissen und Anerkennung und unsere fröhlichen Zeiten und betrunkenen Parties und all die kleinen Intrigen, Affairen und politischen Kämpfe, unsere Seminare und die fröhliche Hochstimmung, wenn eine Vorlesung wirklich gut war, und all das Kaffeetrinken und die guten Freunde, die wir hinter uns gelassen haben und niemals wiedersehen werden. Vielleicht schaffe ich es doch, ich könnte damit ein für allemal meine Adoleszenz aus dem Herzen und dem Kopf reißen. Warum *will* man eigentlich schreiben?

Strickst Du immer noch? Ich habe gerade Schisocken für P. und mich gestrickt und bin jetzt beim dritten Babyjäckchen. Du weißt ja, ich übertreibe immer. Diesmal fühle ich mich so viel besser, es scheint ein gutes Omen zu sein. Ich wünschte, ich hätte das alte angelsächsische Buch der Zaubersprüche und Beschwörungsformeln aus der Uni-Bibliothek, das ich Dir mal gezeigt hatte. Die könnten mir jetzt bestimmt helfen.

Alles Liebe,
Pat

Los Angeles,
den 15. Februar 1954

Liebe Joyce,
ich hab das Gefühl, dies wird einer meiner Jammerbriefe, aber ich werde mein Bestes tun, um das zu vermeiden. Ich glaube, mein Hauptproblem ist, daß mir dauernd übel ist und ich mich beim geringsten Anlaß übergeben muß. Wieder mal schwanger, natürlich, und wir beide drücken alle Daumen. Eine ausgebliebene Periode habe ich glücklich hinter mir und die nächste würde nächsten Freitag beginnen. Danach nur noch eine, dann kann ich mich einigermaßen sicher fühlen. Am Immatrikulationstag fühlte ich mich so hundeelend, daß ich erst mittags mühsam aus dem Bett kriechen konnte und es gerade eben schaffte, um 15.30 Uhr im Krankenhaus zur Arbeit da zu sein. Vermutlich sind also meine Studententage gezählt. Ich kann das nicht schaffen – drei Tage in der Woche eine Achtstundenschicht *und* Studium, außerdem haben wir mein Gehalt verzweifelt nötig, denn während seines praktischen Jahres bekommt P. ja nur den üblichen Hungerlohn.

Ich habe neulich mittags mal beim County Museum reingeschaut und mir die langweiligste Vorlesung, die ich je gehört habe, angehört; und ab morgen gehe ich zu einer Serie von sechs Philosophievorlesungen, einen Nachmittag pro Woche, an der Universität von Southern California (USC); ich glaube, ich mach das, weil ich nichts Besseres zu tun habe. Noch nie im Leben habe ich so viel Freizeit gehabt. Da wir total pleite sind, gehen wir fast überhaupt nicht aus, und im Krankenhaus arbeite ich nur dreimal die Woche von 15.30 bis 23.00 Uhr. An den übrigen vier Tagen stehe ich gewöhnlich so gegen 10 Uhr auf, trödle ungefähr eine Stunde rum, trinke eine Tasse Kaffee und esse ein bißchen Frühstücksbrei, kotze das prompt wieder raus, lese und rauche einige Stunden, nehme eine gebackene Kartoffel oder Suppe und ein Glas Milch zu mir, kotze das wieder aus, tu mal ein paar Minuten lang so, als ob ich die Wohnung saubermache, nehme meine Pillen ein, putze mir die Zähne, löse Kreuzworträtsel, sitz am Fenster und schau hinaus, und wenn's dann spät genug ist, gehe ich einkaufen und besorge etwas für P.s Abendessen, mach es, er kommt nach Hause, wir essen, ich kotze, wir lesen ein paar Stunden und gehen schlafen. Aufregendes Leben, nicht?

Meistens gehe ich noch nicht mal runter, um die Post zu holen, bis ich einkaufen gehe. Ich habe so wenig Energie. So ungefähr das einzige, was ich mit einigem Gusto tue, ist, daß ich mich gründlich verabscheue. Aber es geschieht einfach überhaupt nichts, und ich sehe dieses Leben sich endlos hinziehen, bis ich eines Tages einfach ganz ruhig sterbe.

Wir fahren sonntags noch nicht mal in die Berge zum Schilaufen, denn das ist jetzt für mich zu gefährlich, und wenn ich nicht schilaufen kann, fahre ich nicht, und allein will P. auch nicht. Wir sind vielleicht ein reizendes Pärchen! Ich glaube, ich bin einfach «fatal» für Männer, die mich lieben, oder so, aber er scheint wirklich noch weniger Initiative als ein Regenwurm zu haben. Nie schlägt er irgend etwas vor, nie beginnt er ein Gespräch, nie schließt er neue Freundschaften. Mir kommt es vor, als existiere er leise und ängstlich in seiner eigenen kleinen Welt. Er ist schrecklich nervös, dauernd zuckt er zusammen oder windet sich so verlegen oder trommelt mit den Fingern oder Füßen oder er schluckt laut, auf eine (für mich) merkwürdig unappetitliche Weise. Ich möchte bloß wissen, was ich für ein Biest bin, das aus anderen Menschen immer das Schlechteste herausholt. Vielleicht trägt auch meine eigene Unzufriedenheit dazu bei. Aber wenn ich nicht so faul wäre, wäre ich natürlich auch nicht so unzufrieden.

Hier bin ich also wieder mal in einem verdammten Teufelskreis. Am liebsten möchte ich mir ein Bein brechen oder irgend so was, bloß für ein bißchen Veränderung und Aufregung. Mein Gott, was sind wir öde. Ich hasse es geradezu, mir jeden Morgen in derselben Haltung übers Waschbecken gebeugt die Zähne zu putzen und die Betten genauso gekonnt wie am Vortag zu machen, und ach, ich geb's auf – aber Du weißt ganz bestimmt genau, was ich meine. Wie können Menschen das nur durchhalten, Joyce, ein nervtötendes Jahr nach dem anderen? Wenn ich nur jemanden hätte, mit dem ich reden könnte. Dich meine ich vor allem. Ich werde mal mit meinem Zweizeiler Schluß machen:

So about Los Angeles I will jog,
To see the palm tree draped in smog.

So werde ich durch Los Angeles joggen,
um die Palmen zu sehen – verhüllt in Smog.

Wenn Du bis August oder September noch dort bleibst, könnten wir es vielleicht schaffen. Allerdings sind unsere Pläne für nächsten Sommer noch ziemlich verschwommen. Ich hoffe, daß dieser Brief Dich mächtig aufheitert. Gott, wie ich Dich vermisse.

Liebe,
Pat

Laval,
den 16. Februar 1954

Meine liebe alte Stütze – wundervolle, aber viel zu weit entfernte Pat,

zut! wie sie hier sagen. Oder *merde*!, in meiner total niedergeschlagenen Stimmung. Jetzt schleppe ich einen Briefumschlag mit Deiner Adresse schon eine *quinzaine* mit mir herum und hab doch noch kein Wort, keinen der Gedanken und Gefühle, die ich für Dich hege, niedergeschrieben. Dein Brief hat mir ganz stark wieder das Gefühl des Zusammenseins mit Dir gegeben. Seltsam, wie Deine Worte von so weit her kommen können und mir doch näher gehen, als meine eigenen Gedanken, manchmal – Gedanken, die sich zur Zeit allzuoft ziellos in Trivialitäten ergehen. Dein Brief hat mir das fast überdeutlich gemacht. Das war schon allerhand.

Laval ist wirklich ein gefährliches Pflaster für jemanden, der auf dem schmalen Grat des Selbstmitleids oder der Nostalgie balanciert. Ich betrachte es manchmal als nichts anderes als einen Brutkasten für verlorene Gefühle (die leider nicht erfolgreich ersetzt worden sind). Bill Wanless verfolgt mich im Traum, so als ob ich gerade erst letzte Nacht mit ihm geschlafen hätte. Und der Schock ist sogar noch größer, wenn mir klar wird, daß es erst genau zwei Jahre her ist, seitdem wir einen so sauberen und totalen Bruch vollzogen haben, und doch legt sich der aufgewirbelte Staub so langsam, daß irgendein ganz leiser Lufthauch immer noch Teilchen davon in Bewegung setzen kann – plötzlich schmerzhafte Erinnerungen an das Leben von damals.

Ich kenne die Stimmung Deines letzten Briefes so gut. Wir sind beide in einem Alter, wo diese Stimmung anfängt, bedeutsam zu werden. Es kam mir in den Sinn, wie gerne ich mit Dir einen Mitternachtsspaziergang machen würde in jener Stille, die Dich – und vielleicht zwei oder drei andere – zum Reden bringt. Leider ist es verdammt schwierig, Stille per Post zu vermitteln. Ach zum Teufel, wir haben ja immer behauptet, einen gewissen Respekt vor dem geschriebenen Wort zu haben. (Übrigens, ich schreibe jetzt. Das ist das wenigste – und das meiste –, was ich tun kann. Wenn Du Interesse hast, werde ich Dich damit belästigen.)

Der springende Punkt ist nämlich, weißt Du – ich habe Lloyd verloren – oder er hat mich verloren (als Belohnung dafür, daß er mich dazu gebracht hat, ihn zu lieben) – und folglich geb ich im Augenblick keinen gottverdammten Heller für irgend etwas. Wahrscheinlich würde ich mich betrogen fühlen, wenn ich überhaupt etwas fühlen könnte, aber ich fühle mich nur ein bißchen tot (ich nehme an, selbst das ist eine Übertreibung. Kann ein Mensch sich tot «fühlen»?). Auf jeden Fall kommt es mir so vor, als ob irgendein kosmischer Iago die Dinge in die Hand genommen und sein Spielchen gewonnen hätte. Aber so ist das mit der Trauer, nicht? Und mit dem Tod? Die gewinnen immer! Eines Tages werde ich Dir erklären, was wirklich geschehen ist, wenn ich es je selbst herausfinde. Irgendwie besteht ein Teil meines Selbst immer auf einer Überausgewogenheit.

Das Problem war, daß er schon verlobt war, als ich ihn kennenlernte, und all die Leidenschaft, die Poesie und die kindlichen Schwüre (mit ‹erwachsenen› Konsequenzen) konnten das Defizit, mit dem wir begonnen hatten, nicht ausgleichen. Und ich sage bewußt «wir», denn wenn er zu ihr zurückgeht, dann tut er das vom Verstand her und nicht vom Gefühl. Soviel weiß ich. Er hat es mir gesagt. Aber Frosts Worte sind so treffend –

Oh when to the heart of man
Was it ever less than a treason
To go with the drift of things
And yield with a grace to reason,
To bow and accept the end
Of a love – or a season?

[Oh, wann war es für das Menschenherz / jemals weniger als Verrat / sich den Umständen anzupassen / und mit Anmut der Vernunft nachzugehen, / sich zu verneigen und das Ende einer Liebe – oder einer Jahreszeit – zu akzeptieren? Übers. vkl]

Die Tatsache, daß ich einen Kommentar zu meiner eigenen Misere zitieren kann, beweist freilich, daß es wieder aufwärts geht und daß die Zeit doch schnell vergangen ist, seitdem ich vor dreieinhalb Wochen von Lloyd gehört habe. Ich war wirklich physisch krank, aber jetzt stehe ich wieder auf zwei Beinen, und meine Lebensgeister sind wenigstens zur Hälfte auch wieder da. Ach zum Teufel, ich weiß nicht, ob es wirklich ganz und gar vorbei ist. Wenigstens eine kleine Wartezeit habe ich noch vor mir, bis ich sicher bin. Aber mein Gott, Pat, was für Welten sind da zerborsten! Ich erwarte nichts, ich will auch gar nichts, ich habe das Gefühl, es wird sehr lange dauern, bis ich wieder etwas geben kann.

Ich wünschte, Du wärst hier. Allein der Versuch, das herauszuschreiben, ist qualvoll, und es ist mir nicht gelungen. Ich fühle mich aller Hoffnung beraubt, aber vermutlich ist das eine der Qualen.

Meine beste Liebe,
Joyce

Los Angeles,
den 23. März 1954

Liebe Joyce,
dies wird jetzt zweifellos ein sehr langweiliger Brief, denn ich habe inzwischen absolut gar nichts gemacht. Ich bin wieder schwanger, weißt Du, fast schon in der 14. Woche, und so lange habe ich es bisher noch nie geschafft. Abgesehen von der Übelkeit am Morgen ging es mir sehr gut, wenigstens bis vor drei Wochen, da hatten Philip und ich uns nämlich einen Wagen geliehen und waren übers Wochenende nach Mexiko gefahren. Philip hat keinen Führerschein, also mußte ich die ganze Zeit fahren, und als wir nach Hause zurückkamen, bekam ich Blutungen, mußte zum Arzt und wurde prompt zu Bett geschickt.

Ich war fast eine ganze Woche bei meiner Mutter, lag brav im Bett und wurde von allen um mich herum von Kopf bis Fuß bedient, während der arme P. die endlosen Los Angeles-Meilen zum Krankenhaus pendeln mußte. Ich fühlte mich sehr wohl, aber nach ein paar Tagen wurde mir das doch verdammt langweilig. Meinen Job bin ich natürlich los; das war so eine Stelle, wo Du entweder da bist – oder Du brauchst nicht wiederzukommen, und eine andere Arbeit darf ich noch nicht wieder annehmen. Ich kann noch nicht mal fegen oder bügeln oder irgend so etwas. Einmal am Tag darf ich aus dem Haus, so ein Zehn-Minuten-Spaziergang zum Lebensmittelgeschäft hin und zurück, und meine einzige Arbeit jeden Tag ist das Essenkochen für P. Ich kann noch nicht einmal stricken oder nähen, weil ich dazu sitzen müßte, und ich soll möglichst die ganze Zeit liegen. Also lese, lese, lese ich – was natürlich zu rasenden Kopfschmerzen und heftiger Übelkeit führt. So ein Aufwand, dieses Kinderkriegen! Ich bin jedoch sehr brav, denn ich möchte dieses Baby so schrecklich gern bekommen.

Es sieht so aus, als ob Philip von hier aus in den britischen Kolonialdienst eintreten kann; er kann sein Einstellungsgespräch wahrscheinlich hier in den Staaten haben, dann brauchen wir nicht erst nach England, wie wir gedacht hatten. Wenn der Kolonialdienst uns von hier direkt nach Afrika schickt und unsere Überfahrt bezahlt, dann braucht Philip hier nicht noch mal so einen unterbezahlten vorübergehenden Krankenhausjob anzunehmen, nur um das Geld für die Reise nach England zusammenzusparen. Alles sehr unbestimmt und unbefriedigend. Abgesehen von unserem Sexualleben, das zwangsweise in den letzten drei Monaten einfach Null war, kommen wir überraschend gut miteinander aus für Leute, die immerhin schon fast ein Jahr verheiratet sind.

Es ist wirklich kaum zu glauben, wie unentwegt zärtlich und verständnisvoll er zu mir ist, in diesen letzten Monaten. Ich fühle mich absolut lausig, physisch und seelisch, wegen dieser mir auferlegten Tatenlosigkeit, und ich weiß, daß ich manchmal unerträglich bin, aber P. und meine Mutter sind meine Hauptstützen. Wenn ich Weinkrämpfe bekomme, bringt er mir ein Taschentuch, ein Aspirin, ein Glas Wasser, einen Kuß und geht dann zurück zu seiner Zeitung, und das ist wirklich das allerbeste, was er tun kann. Ich komme mir schrecklich unattraktiv vor; meine Kleider passen nicht, denn ich habe zwar nicht zugenommen, aber meine Taille hat schon einen

Zoll zugelegt, mein Teint ist grauenhaft und meine Haare zum Angstmachen, lauter Büschel, die über den ganzen Kopf rausssprießen.

Natürlich haben wir auch Zeiten, in denen wir uns anfauchen (meistens fange ich damit an). Aber gewöhnlich sind wir ganz einfach ruhig und warm beieinander in unseren vier Wänden. Im Augenblick konzentriert sich mein ganzes Dasein einzig und allein darauf, dieses Baby auszutragen. Der nächste Monat wird entscheidend sein (noch ein Monat, dann werden wir's wissen), obgleich ich natürlich die ganze Zeit äußerst vorsichtig sein muß. Wenn alles klappt, entbinde ich so um den 15. September. Wenn's ein Mädchen ist, heißt sie Deirdre, und ein Junge soll Trevor heißen.

Liebe Joyce – warum kommst Du nicht zu uns, nächstes Jahr, und wohnst bei uns und schreibst einen Roman oder so was? Könnte Dir Afrique gefallen? Entschuldige diesen langweiligen Brief. Das nächste Mal wird's hoffentlich besser.

Meine tiefste Liebe,
Pat

Los Angeles,
den 6. Mai 1954

Liebe Joyce,
ich hoffe zu Gott, daß dieser Brief Dich irgendwo in Europa erreicht, falls Du Deine Schule verlassen hast. Dies ist buchstäblich der erste Brief, den ich seit Monaten schreibe! Ich bin nämlich sehr schwanger, weißt Du, und diesmal endlich ‹mit Erfolg›, und ich habe jetzt sogar angefangen, meine Umstandskleider zu tragen. Ich seh aus wie der letzte Schrei in Zeltmode.

Ich arbeite seit 6 oder 7 Wochen in der Stadt, als Tippse, und so um den 15. Juni höre ich auf. Bis ganz vor kurzem habe ich mich noch ziemlich lausig gefühlt, bloß halb lebendig, und jetzt bin ich so richtig obenauf, physisch und seelisch. Es ist ganz komisch, aber ich habe etwa seit dem zweiten Schwangerschaftsmonat so eine merkwürdige Neigung zum Sich-gehen-Lassen in mir entdeckt. Wenn ich nicht in der Arbeit bin, liege ich von morgens bis abends einfach so rum, ohne auch nur das Geringste zu tun oder zu denken. Ich lese noch nicht mal besonders viel. Du würdest mich kaum wiedererkennen, so mütterlich und häuslich bin ich geworden. Stell Dir vor, ich mache sogar eine Steppdecke! Fürs Baby. Und das unübersehbarste Zeichen, ich habe sogar meine angeschimmelten Geschichten fein säuberlich weggepackt, und das kleine Notizbuch, in dem ich sie immer aufgeschrieben hatte, habe ich zum Kochbuch umfunktioniert. Na ja.

Es schaut ganz so aus, als ob wir für den Sommer nach Saskatchewan gehen werden, und im September kommen wir dann für das große Ereignis hierher zurück. P. hat ein Angebot als sehr gut bezahlte Vertretung für einen Arzt, der im Juli und August Urlaub macht. Und danach, wer weiß das schon? Eine andere Stelle irgendwo, bis wir genug Geld zusammen haben, um entweder nach England oder nach Afrika zu gehen. Der Colonial Medical Service, bei dem P. sich beworben hat, bewegt sich so schwerfällig, und ein fabelhaftes Angebot für eine zweijährige Reise nach Afrika, alles inklusive, hat man uns noch nicht gemacht.

Hier dreht sich im Augenblick alles um die Armee-Mc-Carthy-Anhörung. P. und ich hocken jeden Abend vor unserem etwas angeschlagenen kleinen Radio und hören uns diese unglaublichen Anpöbeleien an, und ich zumindest habe das Gefühl, daß der Verfolgungswahn, den wir damals in unserer *Forum*-Gruppe auf unseren radikalen kleinen Buckeln mit uns rumgeschleppt haben – daß der durchaus gerechtfertigt war.

All meine Liebe,
Pat

Laval,
den 18. Mai 1954

Liebste Pat,
heute habe ich Geburtstag, und das paßt mir gar nicht. Dieses Älterwerden erinnert mich daran, daß Du das auch gar nicht magst und das wiederum erinnert mich daran, wie sehr Du mir fehlst und wie gern ich mit Dir darüber reden würde, was mich darauf brachte, daß es höchste Zeit ist, daß eine von uns endlich dieses Schweigen bricht. Wenn Du nicht schreibst, dann seh ich Dich in Gedanken

schon wieder über eine weitere Fehlgeburt trauern, und das macht mir soviel Angst, daß ich darüber schreiben muß.

Meine Telepathie funktioniert im Augenblick aber nicht. Hat sicher mit der Explosion der H-Bombe zu tun. Verstaubte Atmosphäre. Verlaß mich nicht, Freundin. Ich brauch Deine gelegentlichen Beleidigungen, damit ich weiterstrampele. Und ich habe dieses Jahr auch nicht die Spur einer möglichen Freundschaft entdecken können. Keine Beziehung, die auch nur den Namen wert wäre, den Henry James ihr geben würde. Geradezu widerwärtig, ein ganzes Jahr damit zu verbringen, daß man sich von der schlagartigen Erkenntnis einer Treulosigkeit erholt. Genesung – das ist es, was dieses Jahr mir eigentlich gebracht hat. Und all das bloß, weil ich einmal Shakespeare gelesen und etwas von «Merrie England» gelernt habe und mir dabei dachte, «auch Du kannst einen Engländer lieben». Hast Du Joyce Carys *‹The Horses Mouth›* gelesen – und damit will ich sagen, hast Du gelernt, «hinauszugehen und zu lieben, ganz ohne Hilfe von irgend etwas auf der Welt?»

Ist das wirklich die Antwort, Pat? Du bist die beste Freundin der Welt, zu der ich kommen kann, wenn ich traurig bin und wenn's auch nur wäre, weil Du mir Gründe finden hilfst, um noch trauriger zu werden. Ich glaube, Du bist ebensogut, wenn die Sonne scheint. Vielleicht irre ich mich auch, es ist schon so lange her.

Nein, das klingt jetzt viel mehr nach Philip Wylie als es wirklich ist. Meine Bitterkeit Lloyd gegenüber ist nur Mundfäule, kein Krebs. Aber sie hat mich zu einer Art Murmeltier gemacht, und ich sollte jetzt lieber aus meinem Erdloch herauskommen und die Schönheiten des Mittelalters um mich herum genießen.

Aber verdammt noch mal, es ist schwer, selbst die Bayeux-Gobelins ernst zu nehmen, so zu tun, als ob die wirklich etwas mit unseren Erfahrungen und Gefühlen und Desillusionen zu tun haben könnten, wenn einem gerade der Boden unter den Füßen weggerutscht ist. Selbst wenn sie wesentlich wären, die Gobelins, wäre es für uns egoistische kleine Kreaturen doch schwer, uns damit aufzuhalten. Dahinter steckt eine Menge Weltekel. Da laufen wir nun die alten, ausgefahrenen Gleise entlang, kicken die Zukunft wie einen Fußball, der in unsere idealistische Rinne rollt, und dabei achten wir darauf, wohin wir unsere Füße setzen, oder wohin wir uns einbilden, daß wir sie setzen werden. Und wenn wir plötzlich entdecken, daß der Ball ganz von selbst in eine komische Seitenstraße gerollt ist, die wir nie erwartet haben, dann wollen wir in die Gasse zurück, um all das zu sehen, was wir längst hätten sehen können, aber dann ist es natürlich zu spät, um überhaupt zu sehen, wo der Weg sich geändert hat. Jetzt bilde ich mir also ein, ich müßte in sechs Wochen mit offenen Augen das wettmachen, was ich in neun Monaten verpaßt habe.

Das ist, als ob man auf Kredit lebt. Dauernd ist das Konto überzogen, und man bezahlt für etwas, was man nie besaß, oder genießt es in den einzigen wenigen Minuten, die einem je zur Verfügung stehen werden. Zum Teufel – ich will einen sauberen Wind, der einen so richtig durchbläst, und klare Gefühle. Vielleicht ist unsere Art der Heuchelei die allerschlimmste, dieses nicht wirklich leben, sondern nur ans Leben glauben; nicht wirklich sehen, sondern nur eine «Vision» nach der anderen verteidigen – Visionen, die uns alle gar nicht gehören; nicht selbst fühlen, sondern nur zu behaupten, daß Leben gleich Fühlen sei; nicht einmal lieben, sondern nur davon überzeugt sein, daß Lieben allein gültig ist; keine wirkliche Fürsorge für andere, nur der Wunsch danach.

Ach Gott, und nun ist's Zeit, diesen Brief mit jenen köstlichen, immer brauchbaren, wundervollen «Details» abzuschließen. Ich bin letztes Wochenende 50 Meilen zu Fuß nach Chartres gepilgert, mit 10000 Studenten aus Paris, und wunderschönen Blasen, wie Luftballons. Eine überaus pflichtbewußte junge Amerikanerin meinte, ich sollte mich schämen, als ich vor Müdigkeit umfiel, denn immerhin – «Du solltest immer daran denken, daß Du eine Botschafterin Amerikas bist!» Reizend, nicht? Ich hab mich halb totgelacht.

Dann habe ich ein Stipendium erhalten, womit ich im Sommer in Santander studieren kann. Das ist in der Nähe von San Sebastian, in Spanien. Ich bleibe also nächstes Jahr in Europa, denn ich kann mir gut vorstellen, wie schwierig es sein würde, zurückzurudern.

Also, ich laß Dich jetzt mal von der Strippe. Hab schon viel zuviel von Dir verlangt. Aber es ist wirklich abscheulich, 24 zu sein, besonders wenn man noch nie so alt gewesen ist. Ich hab Dich lieb, um all Deiner Fehler willen. Trotzdem wünschte ich, Du wärst ein bißchen ‹ansprechender›.

Joyce (oder ein Faksimile derselben)

P. S. Dein Brief ist gekommen – also das ist Intuition! Am gleichen Tag! Freu mich schrecklich, daß Du schwanger, häuslich und glücklich bist. Kanada klingt gut. Ich *habe* doch konkret geschrieben. Außerdem, das einzig Wichtige ist im Augenblick doch, daß Lloyd und ich auseinander sind, und daß er im Begriff ist, zu heiraten, nicht ich. Pläne für nächstes Jahr sind noch unbestimmt! Noch ein verschwiegenes Wort – ich schreibe viel. Wie geht's – oder geht es – mit Deinem Roman? Ich spreche jetzt Französisch wie ein einheimischer Analphabet. Und Deine Flöte?

Laval,
den 31. Mai 1954

Liebe Pat,
gute Neuigkeiten! Ich freu mich so über die Fortschritte in Deiner Schwangerschaft, und ich beneide Dich so, wie mein verhinderter Mutterinstinkt mir das eben gestattet. Es ist eine Ewigkeit her, seitdem ich von irgend jemand, selbst von Dir, einen langen Brief bekommen habe. Ich liebe Dich aber trotzdem.

Wem, außer Dir, würde ich diesen Brief schreiben? Und Du hast schuld, daß ich ihn überhaupt schreiben kann. Du bist nämlich diejenige, die mich überredet hat, einen Irrigator zu kaufen. Jedenfalls kann man hier keinen *contraceptive douche powder* (Verhütungswirkstoff in Pulverform) kaufen, Himmelherrgott noch mal, und deshalb schreibe ich an Dich mit der Bitte, mir welchen zu schicken. Per Luftpost. Allerdings leider nicht etwa deshalb, weil ich ihn hier in Laval brauche, sondern weil ich diesen unromantischen Ort ziemlich bald hinter mir lassen werde und noch keine andere Adresse habe. Und in Fats Wallers unsterblichen Worten, «man kann ja nie nich wissen!» Ich weiß, daß Du das für 'n alten Kumpel tun wirst. Und schick diesen Brief nicht an meine hiesige Adresse.

Im September werde ich nämlich ein Chalet in Österreich oder in der Schweiz mieten, zusammen mit einem Jungen, den ich auf dem Schiff kennengelernt habe. Wir haben das alles per Post arrangiert, und so unglaublich es klingt – nur durchs Briefeschreiben ist unsere ganze Beziehung ganz schön sinnlich geworden. Wir schreiben uns zwei- oder dreimal in der Woche, und man hat mir sogar eine Stelle als Lehrerin in Beirut angeboten. Vielleicht akzeptiere ich sogar, da lebt er nämlich. Ganz so unverwüstlich wie das klingt, bin ich freilich nicht, nach Lloyd. Meine Stimmung ist ausgezeichnet, aber im Grunde bin ich so skeptisch wie man nur sein kann gegenüber jeder Beziehung, die fälschlich Liebe genannt werden könnte.

Aber ich habe zu lange im Zölibat gelebt und – Du verstehst schon. Über Lloyd kann ich nicht schreiben – unmöglich. Ich muß jetzt unterrichten gehen. Ich hoffe, Du kannst die Tiefgründigkeiten dieses Briefes ausschöpfen. Nichts als Ideen, immer wieder Ideen. Manchmal bin ich total erschöpft von dieser ständigen Tiefe. Bald schreibe ich Dir mehr als so einen zerstreuten Brief.

Meine Liebe,
Joyce

Santander, Spanien,
den 28. Juli 1954

Liebe (nehme ich an) Pat,
eine bessere Briefpartnerin als Du bin ich allemal, und dabei bin ich keine Madame de Sévigné. Verdammt noch mal, Pat, Mutterschaft ist ja eine feine Sache, aber Freundschaft ist Freundschaft, und verwandte Seelen findet man nun mal nicht jeden Tag im Annex-Kaffeehaus!

Trotzdem nehme ich immer noch lieber Dein gleichgültiges Schweigen in Kauf als einen Rückfall in Deiner Schwangerschaft, und so hoffe ich wirklich, daß Du jetzt bloß ein Dummkopf, ein Faulpelz und eine verdammt lausige Freundin bist.

Ich wollte Dir natürlich für das Päckchen danken, das Du mir geschickt hast – Verhütungscreme. Wenn es sich auch als nutzlos herausgestellt hat, da ich noch niemanden kennengelernt habe, mit dem ich Seelen oder Ideen oder irgend etwas anderes als Hände schütteln konnte, seitdem ich von Breadloaf weg bin. Mit Ausnahme des Philosophieprofessors in Rennes, der mir ein wunderbarer Freund geworden ist. Aber, NEIN, er ist katholisch und entschiedener *célibataire*.

Wir sollten mal ein Treffen in Belgisch-Kongo unter einem 40 Fuß hohen Farn ins Auge fassen, und zwar bald. Stimmt es – ja oder nein –, daß Du und Philip nächstes Jahr in Afrika sein werdet? Mutter sagt, Du hättest sie angerufen, als Du unterwegs nach Kanada warst, per Anhalter, lieber Himmel! und daß Eure Pläne in Richtung Kenya deuteten oder auf so einen vorgeschobenen Posten (wie Amerikaner sich das vorstellen).

Ich gehe nächstes Jahr in den Libanon, wo ich im College für Frauen in Beirut Literatur unterrichten werde – für Griechinnen, Araberinnen, Engländerinnen, Französinnen, Italienerinnen, Libanesinnen, Amerikanerinnen und Iranerinnen. Es ist schon ein Skandal, dieses Herumhopsen von einer Hemisphäre in die andere wie eine Art Barbara Hutton in der Westentasche – und all dies auf Kosten von irgend jemand anderem –, aber ich denke nicht daran, darüber zu moralisieren. Schreib mir umgehend nach Santander, denn ich bleibe nur einen Monat hier, dann hüpfe ich wieder los, nimm mich also bitte ernst.

Nach Abschluß des Schuljahres bin ich per Anhalter nach Biarritz gefahren und dann nach Pamplone, um mir anzusehen, wie die Stiere um 7 Uhr morgens die jungen Männer die barrikadierten Straßen hinunterjagen. Lady Brett spazierte immer noch durch die Straßen, wenn auch die Sonne nicht ebenfalls aufging und immer noch nicht aufgegangen ist. Was für ein Dreckswetter. Alle Ausländer machen natürlich die Atombombe dafür verantwortlich, weißt Du. Ich habe mich in einen geradezu blutrünstigen Stierkampf-Fan verwandelt – sadistische Spanier und ich schreien gemeinsam Holà! – und dabei kann ich gewöhnlich nicht mal den Anblick von Hansaplast ertragen. Ich sag's lieber gleich ehrlich: ich war wirklich begeistert.

Von dort aus weiter nach Madrid, zwei Wochen in der teuflischen Julihitze. Bin ganz allein durch den Prado gewandert, durch die Museen von Sorolla, auf und ab durch die engen gewundenen Straßen von Toledo und dann zurück zu El Greco.

Mein Santander-Stipendium wird phantastisch. Brahms-Zyklus, Lope de Vega, Shakespeare, Helsinki Ballett, Beethoven-Zyklus und die griechische Tragödie. Und was für eine schöne Stadt. Wasser, Wasser – was das ausmacht für eine Stadt. Jeden Tag zum Strand hinunter und schwimmen gehen. Ich spreche Spanisch schon so gut, daß ich über mich selbst erstaunt bin. Wie leicht das ist nach dem Französischen. Man kann es tatsächlich aussprechen!

Malgré tout – ich liebe Dich
und hoffe, Du schreibst,
Joyce

Walton, Saskatchewan,
den 5. August 1954

Liebste Joyce,
also, ich weiß, ich bin eine ganz elende Briefpartnerin, aber dies hier ist das gottverdammteste Nest, in dem ich je gelebt habe (was man so leben nennt), das ich je gesehen oder mir überhaupt vorgestellt habe. Wir sind also bis nach Kanada gekommen, per Anhalter, ich fast schon im siebten Monat, wenn Du Dir das vorstellen kannst. Ich hab eines von Philips Hemden über meinen Jeans getragen, von einer Kette aus Sicherheitsnadeln zusammengehalten. Wie ein Gänseblümchenkranz. Und wir haben noch drei Wochen hier. Eigentlich wollten wir nach L. A. zurück, sobald P. mit seinem Job hier fertig war, aber dann hat er beim Übergang über die kanadische Grenze sein US-Visum verloren, und die Mühlen der Bürokratie mahlen so langsam, daß er es vermutlich nicht rechtzeitig bis zur Ankunft des Babys zurückbekommen wird. Dann wollte ich zurück nach L. A., um bei meiner Familie zu sein (besonders bei meiner Mutter – Herrgott, wie ich sie jetzt brauche! Du wirst schon sehen, was ich meine, wenn Du Dein erstes bekommst) und weil ich gern von unserem Hausarzt entbunden werden wollte. Aber Philip wollte mich bei sich haben, ganz gleich wo er sein würde, und ich sehe schon ein, daß es meine Pflicht ist, mich vom Schürzenband zu lösen und an *uns* zu denken, P. und mich, die Familieneinheit, und nicht wie ein Baby zu schniefen. Das wichtigste ist ja schließlich gute ärztliche Versorgung, und die bekomme ich auch dort, wo wir hingehen, nämlich in England.

Philip dachte, er könnte noch einen Job hier in Kanada bekommen, während wir darauf warten, daß uns der Kolonialdienst einstellt und nach Afrika schickt, aber es gibt hier nur langfristige Kontrakte. So werden wir uns also am 1. September nach England einschiffen.

Auf jeden Fall geht's los. Philips Tante Sallie, die auch Ärztin ist, wird uns abholen, und dann bleiben wir bei ihr, bis das Baby geboren ist. Dann eine Stellung irgendwo, am liebsten in oder in der Nähe von London, bis wir dem Kolonialdienst genug Dampf machen können und nach Afrika kommen (Ost, hoffentlich).

Das sind also meine Neuigkeiten. Wie Du siehst, bin ich immer noch sehr schwanger; Baby spielt ganz wild in mir herum. So langsam fange ich an, einer alten Schulkameradin zuzustimmen, die mich überrundet hat – sie hat drei – und sie sagt, bis auf das Baby ist die ganze Angelegenheit eine ausgesprochene Nervenprobe. Wenn mir nur nicht so verdammt heiß wäre, und außerdem bin ich übersät von kanadischen Mückenstichen. Und langweilen tue ich mich furchtbar. Es gibt wirklich nichts, was man hier tun kann. Außer Lesen und Bücher gibt's hier nichts. Und da wir ja per Anhalter reisen, haben wir nur einen Rucksack und einen Koffer bei uns, und ich habe ein einziges Buch mitgenommen, Cellinis Autobiographie, die ich jetzt auswendig kann.

Wie ich mich auf das Leben in Ostafrika freue, jedenfalls auf das, was er mir davon erzählt. Sonne, Bedienstete! Komisch, nicht wahr, wenn man bedenkt, daß Mädchen in meinem Alter jetzt vielleicht auf demselben Schiff wie ich, die schwangere Hausfrau, nach England fahren, um dort ihr einjähriges Auslandsstudium anzutreten.

Schreib und erzähl mir, wo Du bist und was Du machst. Gehst Du wirklich in den Libanon? Vielleicht können wir uns in Timbuktu treffen. Wie ich Dich um Deinen Sommer beneide. Ich würde all und jedes für Saskatchewan eintauschen. Entschuldige bitte diesen stupiden, wehleidigen Jammerbrief, aber so bin ich augenblicklich, dumm, wehleidig, jammervoll. Du fehlst mir. Ich muß dringend mit jemandem reden, am liebsten mit Dir.

Viel Liebe,
Pat

Zweiter Teil

August 1954–Dezember 1955

Er ist so viel aufrichtiger als ich

(Postkarte)

Santander, Spanien,
den 15. August 1954

Hoppla! Was für eine Wonne, von Dir zu hören, und immer noch schwanger! Wie ich Dich beneide. Du Glückspilz. Es klingt aber beängstigend so, als ob wir uns verpassen würden – meine ich. Reise von Cherbourg am 9. ab, und Du kommst wahrscheinlich in Southampton am 10. an. Zum Teufel! Aber nächstes Jahr bin ich vielleicht in Paris anstatt in Beirut. Neuer Job, mehr Geld – PARIS! Und wenn das klappt, dann ist ja London nur ein Katzensprung. Wir werden also doch nicht verzweifeln. Schreib sofort, *wann* Du in Southampton sein wirst. Und sei bloß vorsichtig. Wenn ich zurückkomme, wird es vielleicht leichter sein, Dich zu sehen. Ich spüre Dich und Deine Freundschaft ständig und ganz intensiv. Brauchst Du vielleicht eine Reservepatentante?

Liebe,
Joyce

Kurz bevor diese Postkarte geschrieben wurde (15. August), lernte Joyce in Spanien Hans Hohlwein kennen. Sie verliebten sich und entschlossen sich sehr schnell zu heiraten. Joyces Lehrauftrag schloß die Rückfahrkarte in die USA ein, und ihr zukünftiger Job in Beirut sicherte ihr, als expatriierter amerikanischer Lehrerin, das Reisegeld vom «Ursprungsland» aus zu. Sie nutzte also diese günstige Gelegenheit – zwei bezahlte Fahrten –, um eine kurze Reise nach Hause, nach Salt Lake City, zu machen, wo sie ihre Eltern über die bevorste-

hende Heirat informierte. Diese nahmen die erstaunliche Nachricht mit Haltung auf, informierten die Salt Lake City-Zeitungen und ließen die nachstehende Hochzeitsanzeige drucken. Datum und Ort änderten sich freilich, wie man aus den Briefen ersehen kann. Joyce packte ihre Aussteuer zusammen, jenes Emblem solider Respektabilität, um das sie Pat immer so beneidet hatte, und machte sich wieder auf den Weg nach Europa und zu Hans. In Paris hatte er es inzwischen auch geschafft, einen Lehrauftrag in Beirut zu erhalten.

(gedruckte Anzeige)

den 18. September 1954

Herr und Frau Warner Phillips Jerrell
geben sich die Ehre
die Vermählung ihrer Tochter
Kathryn Joyce
mit
Herrn Hans-Jürgen Hohlwein
am Donnerstag, den siebten Oktober
Neunzehnhundertfünfundfünfzig
Paris, Frankreich
bekanntzugeben.

Salt Lake City,
den 25. September 1954

Sehr geliebte Pat,
ich habe tatsächlich nur eine einzige Minute Zeit. Entschuldige, daß ich nicht eher geschrieben habe.

Aber Du weißt, daß meine Gedanken bei Dir waren während der Zeit Deiner Mutterschaft. Am 7. Oktober heirate ich in Paris Hans-Jürgen Hohlwein, einen deutschen Maler, den ich in Spanien kennengelernt habe. Wir werden uns nur drei Tage dort aufhalten, ehe wir nach Beirut fliegen, wo er Kunst lehren wird und ich Literatur und Englisch für Anfänger. Es ist ein so unglaubliches Glück wie das Deinige, und ich habe mich von dem Schrecken noch gar nicht erholt.

Das Beirut-College für Frauen zahlt für meinen Flug nach New York am 4. und den nach Paris am 5. September, wo ich Hans heiraten werde. Und dann fliegen wir zusammen nach Beirut, wo wir am 11. Oktober mit dem Unterricht beginnen. Wir bekommen eine Dienstwohnung, 3 Zimmer, Bad und ein Atelier für Hans, Waschfrau, Verpflegung und medizinische Versorgung. Und dazu verdient jeder von uns $ 1100; nicht viel, aber es gehört uns ganz allein, bestimmt genug, um Damaskus, Jerusalem, Kairo, Istanbul usw. besuchen zu können.

Jedenfalls, wenn Du nicht nach Paris kommen kannst, und ich weiß, daß das jetzt nicht geht, schreibe mir nach Beirut. Und vergiß nicht, daß ich Dich liebhabe, in allen diesen fremden Ländern. Ich bin sehr glücklich. Er ist der Richtige!

Joyce

Evesham, England,
den 26. September 1954

Liebste Joyce,
ich schicke dies nach Salt Lake in der Hoffnung, daß es Dir nach Paris nachgeschickt wird, falls Du noch da bist vor Deiner Abreise nach Beirut. Du Glückliche! Wie wundervoll für Dich – und wenn ich nicht selbst am 7. Oktober mein winzig kleines Baby stolz und dankbar auf dem Schoß zu schaukeln gedenke, würde ich durch den Ärmelkanal schwimmen, um als «Braut-Matrone» an Deiner Hochzeit teilzunehmen. Ich bin natürlich wahnsinnig neugierig zu erfahren, wie Ihr Euch kennengelernt und verliebt habt, was für ein Mensch er ist, wie Ihr zusammenpaßt usw. Und Beirut! Ebenso romantisch wie Afrika. Haben wir nicht wirklich ganz großes Glück gehabt, daß wir so tolle, ungewöhnliche Ehemänner gefunden haben und in so aufregenden Ländern leben werden, anstatt in irgendeiner langweiligen Vorstadt zu versauern!

Wie Du siehst, habe ich sowohl Saskatchewan als auch die Bahn- und Schiffsreisen überlebt, und seitdem sitze ich hier in den *Midlands*, in dieser stumpfsinnigen Teppichfabrik-Stadt, und drehe

Däumchen. Philip darf das natürlich auf gar keinen Fall merken, aber ich habe eine Heidenangst vor seiner Tante Sallie, und ich bin nun mal so ein Baby. Und so entzückt ich auch darüber bin, in England zu sein – ich hab schrecklich Heimweh, und meine Mutter fehlt mir, und ich habe doch ziemliche Angst vor dem großen Ereignis, je näher es kommt. Gesundheitlich geht es mir sehr gut, mache auch ganz brav meine Atemübungen und nehme die Vitaminpillen und so weiter – aber ... Dann ging zum Beispiel die ganze Babyausstattung in Montreal verloren, in den Gedärmen des Eisenbahn-Expreß, und ich war nahezu hysterisch. Philip hat sich ziemlich darüber geärgert, aber ich konnte einfach nichts dafür. Ich kam mir vor wie ein armenischer Flüchtling, und das war wirklich das letzte. Ausgerechnet *Cunard* stellte Nachforschungen an und fand die Sachen für uns und hat sie umsonst herübergeschickt. Vor ein paar Tagen ist alles angekommen – Gott sei Dank, daß es noch tüchtige britische Firmen gibt.

Philip war unheimlich lieb während der Schiffsreise, sehr fürsorglich und rücksichtsvoll. Ich erinnere mich noch an Los Angeles, da hatte mir das gar nicht gepaßt, daß er alles bestimmen wollte und mich herumkommandiert hat; aber vielleicht gewöhne ich mich langsam daran oder vielleicht ist es doch auch schön, wenn jemand so dein Leben in die Hand nimmt während der Schwangerschaft.

Wie kann ich nur Tante Sallie beschreiben? Sie ist unglaublich fett, hat winzig kleine Schweinsaugen, ist eine gräßliche Schlampe, schminkt sich überhaupt nicht (noch nicht mal Lippenstift), trägt ihr Haar in der Mitte gescheitelt und läßt es zu beiden Seiten ihres fetten, purpurroten Gesichts strähnig herunterhängen. Bereits in ihren Begrüßungssätzen, als wir am 10. dort vom Schiff kamen, ermahnte sie uns, daß wir nun unsere Verpflichtungen ernst zu nehmen hätten und nicht etwa selbstsüchtig im Land herumreisen dürften, wo wir doch ein Baby erwarteten. Um es kurz zu machen, wir haben also nicht den Umweg von 20 Meilen gemacht, der uns über London geführt hätte. Philip hat ein bißchen gemekkert, aber das hat natürlich nichts genützt. Ich hab einfach meinen Mund gehalten. Sie ist wirklich ein alter Drachen. Ich komme mir undankbar vor, weil ich ja unter ihrem Dach schlafe und bei ihr esse, aber ich empfinde es nun einmal so. Ich hoffe, das Baby kommt pünktlich. Selbst drei Wochen werden mir wie eine Ewigkeit vorkommen.

Ich fühle mich momentan so hilflos, aber das ist wohl ganz natürlich. Dauernd kommen mir die Tränen, worüber sich Philip dann ärgert, also versuche ich, sie zu verbergen oder ich gehe ins Badezimmer (mein Gott, sind englische Badezimmer kalt!), um mich allein auszuheulen. Mein Gesicht ist von der Kälte so gerötet und so geschwollen in dieser letzten Schwangerschaftsphase, daß ein paar Tränen da gar nicht auffallen.

Philip ist dauernd unterwegs auf der Suche nach einem Krankenhausjob, der uns eine Weile ernährt, bis der Imperialismus seine Pflicht an uns erfüllt und uns nach Ostafrika schickt. Philip kann es hier auch nicht aushalten, bei Tante Sallie. Ich habe ihm gesagt, ich glaube, er hätte mich nur geheiratet, weil sie dagegen war. Vermutlich entbehrt die Situation nicht einer gewissen Komik, wenn ich mich nur überwinden könnte, das so zu sehen.

Später: Und das ist ja alles gut und schön, hier in diesem exquisiten Land, aber ich bin manchmal so einsam und deprimiert und heimwehkrank, daß ich sterben könnte, und von meinen zwanzig Briefpartnern habe ich noch nicht mal eine Postkarte erhalten. Wenn Du mir nicht schreibst, schicke ich Dir nicht einmal eine Anzeige! Ich meine einen richtigen Brief, nicht nur eine Adresse, an die ich dann Briefe schicke, die wieder nicht beantwortet werden. Komm jetzt, mach mal Pause in den Flitterwochen und sei ein Kumpel.

Ich glaube, dies hier ist der eintönigste Ort in Europa, nein, in der ganzen Welt! Und Sallie ist der langweiligste Mensch, die meiste Zeit über.

Ich fühle mich so fremd hier. Das größte, das intimste Ereignis meines Lebens steht unmittelbar bevor, eine Zeit, in der ich praktisch hilflos bin, von anderen abhängig, und ausgerechnet da bin ich von Fremden umgeben, die aber auch nicht das geringste Interesse daran haben. Na ja, wenn das Baby erst hier ist und wir von hier wegkommen, werde ich keine Zeit mehr haben, mich einsam zu fühlen, Heimweh zu haben und nach Briefen zu lechzen. Ich hab schreckliche Angst vor dem verdammten Krankenhaus; nicht so sehr wegen der Entbindung, das macht mir nichts aus, aber weil dort alles so fremd und anders ist. Die sollen sehr altmodisch und autoritär sein, in englischen Krankenhäusern, und einen dauernd befummeln und einen Riesenbetrieb machen, was ich nicht ausstehen kann. Wenn die Wehen wirklich anfangen – also Philip hat mir versprechen müssen, daß er nichts sagt oder tut, bis es fast soweit ist, und erst dann fahren wir zum Krankenhaus. Ich weiß, das klingt ziemlich deprimiert, verzeih, daß ich Dir das alles auflade, aber mit Philip kann ich nicht reden; er ist eben Engländer, und ihm kommt das nicht im geringsten fremd und unheimlich vor, und es gefällt ihm hier bei Tante Sallie auch nicht besser als mir. Er tut für mich, was er kann, und mehr kann ich nicht verlangen. Er liebt mich, er ist fürsorglich und durchaus mitfühlend, und er ist genauso entzückt und aufgeregt in Erwartung des Babys wie ich. Aber trotzdem hätte ich so gern meine Mutter hier, sie fehlt mir so, und eine Freundin wie Du fehlt mir auch. Also verdammt noch mal, schreib mir! Es hilft.

Sehr viel Liebe – und all unsere
Glückwünsche zu Eurer bevorstehenden
Vermählung. Ich wünschte,
wir könnten uns sehen!
Pat

Meadowfields Hospital,
den 2. Oktober 1954

Liebste Joyce,
ein sehr, sehr trauriger Brief. Unser armes kleines Baby ist vor etwa einer Woche gestorben, vor vier Tagen habe ich entbunden. Der Arzt und Philip hatten es mir nicht gesagt, weil sie meinten, es würde die Wehen um so schlimmer machen. Es kam mir schon so vor, als ob ich in den letzten paar Tagen kein Leben mehr spürte, aber Philip beruhigte mich immer wieder und erklärte, alles sei in Ordnung, das Kleine hätte nur nicht genug Platz, um sich zu bewegen. Ich will Dir die Einzelheiten der Entbindung ersparen. Als ich aus der Narkose aufwachte, nahm der Arzt meine Hand und sagte, daß ich gesund wäre und noch viele Babies haben könnte, aber daß dieses tot sei. Es war ein kleiner Junge, siebeneinhalb Pfund. Er ist so lebendig für mich, daß mir immer wieder Tränen kommen über den kleinen Trevor, der all diese langen Monate in mir gelebt hat, in

Kalifornien und Saskatchewan und auf dem Atlantischen Ozean und in England, und dabei hatte er nicht mal eine Lebenschance. Nachdem der Arzt mir alles gesagt hatte, kam Philip ins Zimmer, und wir weinten und weinten und hielten einander umschlungen, und die ganze Zeit konnte ich es einfach nicht glauben.

Alle sind sehr lieb und rücksichtsvoll, und Philip und ich haben uns gegenseitig enorm viel Trost gegeben. Eins kann man wohl sagen, diese Tragödie (und ich weiß natürlich, daß es nur eine «kleine» Tragödie ist) hat uns in einer Weise zusammengebracht und uns mehr Liebe, Verständnis und Mitgefühl füreinander gegeben, als ich je für möglich gehalten habe.

Nach der ersten normalen Periode will ich versuchen, wieder schwanger zu werden und all die Schwierigkeiten und die Enttäuschungen zu vergessen. In den letzten drei, vier Monaten hatte ich eine wundervolle Schwangerschaft. Und die Wehen und die Entbindung verliefen unglaublich leicht und gut und schnell. Offensichtlich bin ich, genau wie Du, zum Kinderkriegen prädestiniert. Wir werden unsere Familien schon noch kriegen. Niemand hätte auch nur irgend etwas tun können. Das Baby ist ganz still gestorben, ohne daß es einem von uns überhaupt bewußt wurde, und das war's. Ich zwinge mich jetzt, nicht mehr darüber nachzudenken und mit dem Weinen aufzuhören.

Beinah das allerschlimmste war, als Philip und ich zusammen ein Begräbnis für das leblose kleine Ding bestellen mußten. Wir konnten uns keine Einäscherung leisten, nach der Autopsie, und nach britischem Gesetz muß in solchem Falle ein Begräbnis stattfinden. Das ist alles furchtbar grausam, und das war gestern. Ich hatte entsetzliche Alpträume in der Nacht, und ich lauschte auf den strömenden Regen und dachte an ihn, vor kurzem noch so geborgen in mir und jetzt unter der kalten, kalten Erde auf dem Meadowfields-Friedhof. So lange ich lebe, will ich niemals wieder hierher kommen. Aber genug davon.

Der Arzt hat Sallie und Philip vorgeschlagen, sie sollten mich für ein paar Tage irgendwo hinbringen, wo es schön ist, und die gute alte und (von mir!) vielgeschmähte Sallie spendiert uns ein paar Tage in Paris, und deshalb schreibe ich Dir auch so schnell. Sonst hätte ich nämlich gewartet, bis Ihr Euch in Beirut niedergelassen habt, und wir uns in London. Ich weiß, bis wir (am 12. Oktober) in Paris sind, seid Ihr verheiratet, aber ich bete, daß dieser Brief rechtzeitig ankommt und Ihr noch da seid, und daß wir Hans-Jürgen kennenlernen und uns noch einmal sehen. Weiß der Himmel, wie lange es dann wieder dauern wird.

Du siehst, ich hatte doch immer recht. Erwachsenwerden ist die reinste Hölle. Aber ich verspreche Dir, in Paris keine langweilige Heulsuse zu sein. Ich will Dich doch *so* gern sehen!

Sehr viel Liebe,
Pat

(Zettel, den Joyce für Pat an der Hotelzimmertür hinterlassen hat)

Paris,
Mitte Oktober 1954

Liebe Freunde,
entschuldigt, aber das war ein höllischer Tag. Wir KÖNNEN hier in Paris nicht heiraten, müssen warten, bis wir in Beirut sind. Heute abend hören wir uns Bachs b-Moll-Messe an, in der Kathedrale in der Nähe von *Les Halles*. Vielleicht finden wir Euch danach. Würde uns aber nicht wundern, wenn Ihr nicht da sein könnt. Auf jeden Fall, ich hab Dich noch lieb und hoffe, Dich morgen zu sehen. Ich rufe ganz bestimmt vor 10 Uhr an, OK? Wenn nicht, ruf Du uns an.

Joyce

Trotz ihrer verzweifelten Bemühungen – sie rannten von einem Regierungsbüro zum anderen – konnten Joyce und Hans in Paris nicht heiraten, weil Hans, der im späteren Ostdeutschland geboren war, die notwendigen Dokumente fehlten. Mitten in all dieser Hektik trafen sich die beiden Paare doch ein paarmal zum gemeinsamen Essen, zum Konzert- und Kinobesuch. Pat und Philip erwarteten das, was man damals einen Bohemien nannte – nachlässig gekleidet, langes wirres Haar, schlampige Manieren – doch zu ihrer großen Überraschung lernten sie einen sehr gepflegten Deutschen in Anzug und Krawatte kennen, in jeder Hinsicht der urbane junge Europäer, genau wie Philip. Beide Frauen, das haben sie später bekannt, fan-

den den Mann der anderen ziemlich steif und kühl. Joyce hatte Philip bereits im Vorjahr ganz kurz in Salt Lake kennengelernt. Vielleicht fühlten sich die beiden Männer auch ein bißchen unbehaglich in Gegenwart der besten Freundin ihrer Frau. Alle liebten Paris und kannten die Stadt gut; und alle durchliefen so eine Art Vor-Nostalgie angesichts der kommenden Exiljahre, selbst wenn sie sich auch auf das aufregende neue Leben, das ihnen bevorstand, freuten. Es sollte sieben Jahre dauern, bis Pat und Joyce sich wiedersahen, und zehn Jahre, bis Philip noch einmal mit dem anderen Ehepaar zusammentraf.

London,
den 12. November 1954

Liebe Frau Hohlwein,
oh, es war so fein, Dich und Deinen Hans-Jürgen so glücklich und verliebt zu sehen. Er gefällt uns sehr gut. Wie schön wäre es doch, wenn wir unsere Männer auch kennenlernen würden, nicht? Und wie gut, daß das Leben für uns beide in die richtigen Bahnen gekommen ist. Das einzige, was ich noch zu meinem Glück brauche, sind ein oder zwei Babies. Und daran werden wir uns auch bald machen. Ich fühle mich sehr wohl, bin wieder schlank und habe einen langweiligen Teilzeitjob in einem komischen kleinen, an Dickens erinnernden Büro in Soho; wir leben in der großen Wohnung, von der ich Dir in Paris erzählt habe, ganz in der Nähe des Britischen Museums, dem ich auf dem Heimweg oft einen kurzen Besuch abstatte. Außerdem lerne ich Töpfern, was mir viel Freude macht.

Wir sind in den Kolonialdienst aufgenommen worden – der jetzt sehr hochtrabend (und mit einem herrlichen antiimperialistischen Euphemismus) *Her Majesty's Overseas Civil Service* [Ihrer Majestät Zivildienst in Übersee] genannt wird. Wann wir gehen, wissen wir noch nicht genau; aber wir kommen dahin, wo wir am liebsten hinwollten: Tanganyika. Wir möchten gern im Frühling fahren.

Ich hab mich so richtig in London verliebt, obwohl es doch so anders ist als unser geliebtes Paris. Ich kann stundenlang ganz allein überall hier herumwandern. Diesen Brief schreibe ich im Bett, denn es ist zu kalt, um sich irgendwo anders aufzuhalten, und mir fehlen die Shillinge für den Gasautomaten. Wenn ich allein zu Hause bin, verbringe ich die meiste Zeit mit Lesen oder Schreiben im Bett, dabei habe ich drei Pullover und ein Paar Schisocken an. Was für ein schauderhaftes Klima. Jetzt kann ich verstehen, warum die Briten so eifrige Forscher waren – sie waren auf der Suche nach einem anständigen sonnigen Klima, wo man leben konnte. Aber zweifellos werde ich mich im nächsten Jahr über die Hitze in Afrika beklagen.

Ich kann nicht behaupten, daß ich zur Zeit von tiefschürfenden Gedanken bewegt wäre. Ich nehme ganz einfach London und die Engländer in mich auf und alles, was man hier unternehmen kann, vielleicht weil ich weiß, daß jetzt drei Jahre Buschleben auf mich zukommen. Mir scheint, wir haben ziemlich viele Leute kennengelernt, und wir besuchen viele Parties, wo es billigen algerischen Wein und Käse und gute Gesellschaft gibt. So langsam komme ich dahinter, daß das, was mir allgemein und ein wenig verschwommen als «britisch» vorschwebte, aus unzähligen, ganz unterschiedlichen Einzelaspekten besteht, und dabei ist vermutlich auch ein gewisser Snobismus, den ich noch nicht ganz einordnen kann. Ich fange zum Beispiel gerade erst an, die verschiedenen Akzente unterscheiden zu lernen. So ungefähr kann ich schon ein südafrikanisches vom «pukka»-Englisch unterscheiden, und Schottisch und Irisch, aber mit *Klassen*unterschieden ist es schwieriger als mit regionalen. Doch davon und von den Verhaltensweisen, die damit verbunden sind, später mehr.

Mit unseren Finanzen sieht es miserabel aus, mit Euren doch sicher auch. Glaubst Du, daß wir beide jemals reich werden? Ich möchte Dir so gern ein ganz tolles Hochzeitsgeschenk machen. Akzeptierst Du erst noch für ein Weilchen die gute Absicht? Ich muß jetzt fürs Abendessen einkaufen gehen; das muß ich jeden Tag, weil wir keinen Eisschrank haben, und alles vergammelt unheimlich schnell, trotz der Temperatur hier im Haus. Wir leben hauptsächlich von Spaghetti, spanischem Reis und Albóndigas. Aber die Gemüsearten, an die ich von zu Hause gewöhnt bin, kann ich hier kaum finden.

Schreib und erzähl mir vom Libanon und von Deinem Leben.

Viel Liebe,
Pat

Beirut,
den 30. November 1954

Liebste alte Pat,
also weißt Du, ich war doch froh, daß unser Pariser Rendezvous stattfinden konnte, wenn wir's auch nur zwischen zwei Krisen geschafft haben. Es hat mir so gutgetan, den alten Kontakt wieder ganz hautnah zu spüren, und vor allem, Dich so glücklich mit Philip zu sehen. Und weil wir schon davon sprechen, kann ich nur sagen, daß auch ich noch glücklicher bin, als ich es mir in Gedanken erhofft hatte. Leider hast Du nur das mehr oder weniger ungesellige Profil meines Mannes zu sehen bekommen, wie jeder, der ihn nur vorübergehend erlebt, während einer Art Testperiode von mindestens einem Monat. Aber ich kann nur sagen, er braucht keine Entschuldigung, und ich hätte mir nie träumen lassen, daß es so aufregend sein könnte, mit ihm zu leben. Da bewegt sich sehr viel mehr unter der Oberfläche, als ich zunächst annehmen konnte. Nein, ich stelle es immer wieder aufs neue fest, diese Entscheidung war richtig, es gibt dieses «Ja, für immer und ewig». Was übrigens endlich wirklich ausgesprochen wurde, wenn auch erst am 30. Oktober hier in Beirut.

Vermutlich ist Beirut, in der Tat, wirklich schön, aber wir hatten bis jetzt weder Zeit noch Gelegenheit, um unsere Vermutungen oder auch die «Ausrufezeichen» der Einheimischen zu bestätigen. Es scheint, daß wir diese freien Stunden damit verbringen, in unserem komischen kleinen, viereckigen, eiskalten und unmöglichen Appartement Bach zu hören. Bücher, Orangenkisten, kratzige Khakidecken, 15 Grafiken und die dazugehörigen Utensilien, Poinsettien, eine spritzende Toilette, ein verstopftes Bidet, Nescafé in Büchsen, Kleenex und – wir, das ist so ungefähr unser gesamtes Inventar. Glücklicherweise ist die Wohnung so klein, daß es geradezu geschmacklos übermöbliert aussehen würde, wenn wir viel mehr besäßen.

Ich unterrichte fünf Klassen. Hans-Jürgen hat zwei Kurse in «Kunst im Heim», über die er nicht gerade glücklich ist, aber das kann er mit drei Stunden in angewandter Kunst wieder wettmachen. Außerdem habe ich angefangen, Deutsch zu lernen. «Ich gehe in die Schule und lerne Deutsch.» En principe. Na ja, zum Glück kann ich mich mit meinem Mann noch anders verständigen.

Wie fühlst Du Dich, Freundin? Ich habe so oft an Deine Sommermonate und die Tage im September denken müssen und an Deine immer wieder erstaunliche Courage. Es hilft mir jedesmal von neuem, das nur zu beobachten. Aber viel wichtiger und ernsthaft, ich hoffe doch, Du brauchst nicht Norman Vincent Peales ‹*Power of Positive Thinking*› und solch Gewäsch zu lesen. Das brauchst Du sicher nicht, ich kenne Deine inneren Kräfte. Schreib mir, bitte, etwas über Deine psychologische Fieberkurve, wenn auch nur kurz.

Bitte, zähl auf mich, Pat. Und zwar so stark, daß Du darauf bestehst, an unser beider Leben teilzuhaben. Geographie ist überall, lassen wir uns also davon nicht allzusehr einengen. Bitte schreib bald.

In Liebe und Freude, weil ich
mit Dir zusammen war,
Joyce

London,
den 7. Dezember 1954

Liebste Joyce,
es ist so schön, von Deinem ekstatischen Leben mit Deinem Mann zu hören. Ich bin auch sehr glücklich, abgesehen nur von dem ständig schmerzlich gegenwärtigen Wunsch nach einem Kind. Du sagst, daß Du meine «Courage» bewunderst, weil ich gleich wieder ein Baby haben möchte, aber dabei hat das mit Courage überhaupt nichts zu tun, eher schon mit Besessenheit. Ich bin fest entschlossen, diesmal zu gewinnen, und wenn nicht diesmal, dann das nächste oder übernächste ...

Neulich bin ich zu einem Spezialisten für Fehl- und Totgeburten gegangen und der meinte, ich sollte schwanger werden, sobald ich wollte, und dann die ersten 16 Wochen fest im Krankenhaus liegen. Dabei würde ich glatt verrückt werden, und Philip und ich haben die Sache besprochen und entschieden, unser Glück mit Mutter Natur zu versuchen – keine Medikamente, nichts da mit «fest liegen» –, obgleich ich nicht leichtsinnig sein, sondern mich doch sehr ruhig verhalten werde, kann ich doch ein halbwegs vernünftiges Leben führen. Also drück die Daumen für mich. Ich kann schon froh sein, daß ich so fruchtbar wie ein Kaninchen bin und nicht Monate oder Jahre auf jede Schwangerschaft warten muß.

Ach Joyce, Philip und ich sind endlich so glücklich miteinander. Seit dem Tod des Babys hat er sich mir geöffnet wie eine wunderschöne, voll erblühte Rosenknospe. Du weißt ja, wie schwer seine Schweigsamkeit für mich war, er brachte es ja kaum fertig, über das Wetter zu sprechen, geschweige denn über seine Gefühle. Eigentlich spricht er ja auch jetzt nicht viel mehr, aber irgendwie bedeutet es mehr; es ist, als ob ich auch sein Schweigen verstehen könnte. Und die persönlichen Dinge in unserem Leben, worüber ich Dir ein bißchen erzählt hatte, als wir in den Flitterwochen durch Salt Lake kamen, und die in diesem ersten furchtbaren Jahr in Los Angeles so schrecklich waren, voller Schwierigkeiten, auf die ich überhaupt keinen Einfluß nehmen konnte und über die er nicht reden wollte, mich noch nicht mal reden ließ – also jetzt läuft das alles ganz von selbst, ich brauche überhaupt nichts dazu zu tun, wenn ich mich hier nicht zu undeutlich ausdrücke. Wir sprechen auch jetzt nicht darüber, aber es ist endlich okay.

Ich hoffe, das Leben kann für immer so schön weitergehen. Ich habe das Gefühl, ich sollte noch etwas anderes tun, als auf die nächste Schwangerschaft und auf unsere Fahrt nach Afrika zu warten, Philip lieben, töpfern, aber eigentlich will ich gar nichts anderes. Was für eine Verschwendung von drei Jahren College! Und dann hab ich noch nicht mal einen Mann geheiratet, der über Bücher sprechen oder Musik hören will. Ich glaube, ich hätte als Hauptfach Hauswirtschaft nehmen sollen, denn ich bin keine sehr gute Hausfrau, und ich interessiere mich auch gar nicht richtig dafür, außer fürs Dekorieren. Carol Selbys Mutter hat mir geschrieben, daß sie für mich (für fünf Jahre!) das *Ladies' Home Journal* abonniert hat. Wenn das kein Witz ist, ich in der Rolle von Mrs. America – oder ist das jetzt Madame Koloniales England – aus den feinen Vororten, à la LHJ.

Ich hab das dunkle Gefühl, ich schreibe zuviel über Hausarbeit (na ja, und warum nicht? Schließlich bin ich ja eine ausgewachsene Hausfrau, abgesehen von meinem lumpigen kleinen Job), aber werd ich froh sein, wenn wir nach Tanganyika kommen! Immer Wärme, und jemanden, der sich um die Wäsche kümmert. Es ist nicht so einfach, hier Hausfrau zu sein. Nachmittags schreibe ich jetzt zu

Hause Adressen, um ein bißchen sehr benötigtes Geld zu verdienen. Die Bezahlung ist unsäglich – zu Hause (in Amerika) bekomme ich mehr (doppelt soviel, meine ich) als Babysitter oder Kellnerin im Schnellrestaurant. Aber ich muß wieder umdenken, wenn ich jetzt «zu Hause» sage. Jetzt könnte ich wirklich einen Plattenspieler und/oder ein Radio brauchen, um diese Öde beim Tippen ein wenig zu überbrücken.

Wir haben viel über Mau-Mau in Kenia gelesen, und ich hoffe nur, daß sich das nicht nach Süden ausbreitet; sehr mutig bin ich nämlich nicht. Auf jeden Fall kommt mir das irgendwie nicht wie mein Krieg vor, obgleich ich natürlich durch meine Ehe damit zu tun habe, und mit einem Schwager und einer Schwiegermutter in Nairobi.

Es wird mir zu kalt, jetzt kann ich nicht mehr schreiben. Ja, auch ich wünsche mir «gegenseitige Teilnahme an unser beider Leben». Außer Philip und meiner Familie ist da wirklich niemand mehr, der mir wichtig ist.

Viel Liebe,
Pat

Beirut,
den 18. Dezember 1954

Liebste Pat,
Paris war so verführerisch wie eh und je, aber völliger Unsinn als Möglichkeit für unsere Eheschließung. In Frankreich? Im Rathaus von Saint Sulpice? Eine Amerikanerin heiratet einen Deutschen in Paris – auf dem Weg nach Beirut? Mon dieu, impossible! So sind wir also fortgeflogen von dieser explosiven französischen Szene, quer über Italien und Griechenland und in den immer noch hellen syrischen Himmel. Das einzige, was hier zum Weihnachtswetter gehört, ist eine ungeheure Menge von riesigen Christsternchen – und selbst die haben nie richtig zu Weihnachten gehört, außer vielleicht in einer sehr theoretischen und auch aufwendigen Weise.

Wir sind sofort in drei große unterschiedliche Welten gestürzt – in den Orient, Lehramt an einer Universität und nicht gerade auf der untersten Stufe, und Ehe. Außerdem sind wir auch noch in ein paar recht ermüdende kleine Welten gefallen, die ärgerlichste davon ist die streng hierarchische Ordnung, durch die wir uns immer einen Weg schaufeln müssen. Die Libanesen waren wesentlich großzügiger bei der Anerkennung deutscher Existenzen, als es die Franzosen jemals sein werden, und an einem sonnigen 30. Oktober haben wir in einer sehr leisen, aber bewegenden Zeremonie geheiratet, hoch auf einem Hügel mit dem Blick über dieses alte und zeitlose Meer. Es war genau das, was ich mir lange gewünscht hatte – eine harmonische Ganzheit, und mit der angemessenen Substanz.

Es klingt komisch zu sagen, daß ich glücklich bin. Das gibt mir fast das Gefühl, als ob ich einen alten, hochgeschätzten Freund verlieren würde, meine Desillusion. Man kann nämlich von der eigenen Ernüchterung bis zu einem fast gefährlichen Punkt ganz verzaubert werden. Ich glaube, daß es sogar möglich ist, sich in ein Eigenimage als «einsamer Mensch» direkt zu verlieben. Nicht daß ich jetzt das Gefühl hätte, einen wesentlichen Teil meines Selbst geopfert zu haben. Nein, ich fühle mich eigentlich wie neugeboren. Es ist dies wirklich die Art von Ehe, auf die ich seit langem hinsteuere; sie verlangt freilich stündlich ihren Tribut an Schmerzen und Schwierigkeiten.

Es ist schon seltsam, daß ich immer dahin tendiert habe, einen kreativen Menschen zu heiraten, was für eine absurde Vorstellung ich mit diesem unattraktiven Etikett auch verbunden habe. Nicht daß diese Qualität nicht existiert. Nur jetzt, wo ich wirklich am Ort meiner Träume gefangen bin, da wird mir plötzlich klar, daß das Wort, so wie ich es verstand, doch ziemlich begrenzte Implikationen hatte. Denn jetzt quält mich täglich das Gefühl, daß ich selbst möglicherweise gar nicht kreativ genug bin, um hierher zu gehören. Es ist nicht so einfach, wie ich mir das vorgestellt hatte, aber ganz sicher doppelt so produktiv.

Meine Evolution zu mir selbst muß sehr langsam und als kollektiver Prozeß vor sich gegangen sein. Ich habe den Verdacht, daß ich nicht von innen nach außen gewachsen bin, sondern von außen nach innen. Ich war eine dieser Ärmeren mit dem «Fluch der kleinen Begabung», die der richtigen Einflüsse bedürfen, und ich hatte das Glück, die auch zu finden.

Jeden Tag wird mir von neuem klar, daß dies eine Ehe zwischen zwei Menschen, die eine gewisse Privatheit brauchen, und wie Du

Dir denken kannst, beginnt die Zurückhaltung bei ihm. Und doch habe ich diese Art von Schwierigkeit eigentlich immer gewollt. Denn bei mir ist ja alles so viel akademischer, mein Kopf ist voll von allzu leicht gelernten Dingen, wenn ich auch für das, was ich wirklich weiß, genug gezahlt habe. Vielleicht bin ich an der Oberfläche ausgeglichener, doch unter der Oberfläche steckt bei ihm viel mehr der «ganze Mensch». Ich bin nicht weniger bescheiden als er, aber viel weniger engagiert. Und das schwächt meine Position ein wenig und entwaffnet mich. Denn er ist so durch und durch kreativ, oder vergeistigt, oder beides in einem, glaube ich.

Mit Lloyd, zum Beispiel, war das ganz anders – dessen geradezu aggressive Schweigsamkeit machte mir angst. Das war so, als ob jede unausgesprochene Gemeinsamkeit eigentlich ein vorsichtiger Angriff war, so geräuschlos haben wir uns gegenseitig immer belauert. Aber mein Mann scheint ein so viel unbefangenerer Beobachter zu sein. Folglich ist er sich auch meiner weniger bewußt, merkt nichts davon, was in meinem Kopf vorgeht, weder von inneren Kämpfen, noch vom inneren Frieden. Er ist nämlich sehr viel mehr integraler Bestandteil der Welt, die ihn absorbiert. Sein Intellekt ist auch nicht vorwiegend kritisch, wie Lloyds und meiner. Und in der Welt der Kritik ist auch Platz für Konkurrenz, im Bereich des rein Geistigen nicht. Und Hans-Jürgens Vergeistigung ist von der reinsten Art; es liegt ihr nichts an menschlicher Wahrnehmung von außen, ja nicht einmal von innen durch jene, die sie sezieren möchten. Er verbirgt nichts; er funktioniert einfach anders. Im besten Fall, und ohne Übertreibung, muß diese Art von Abwesenheit zur Mystik führen. Das wäre meinem kritischen Engagement unmöglich. Im besten Fall ist das eine Art Gespür für zwischenmenschliche Beziehungen, wie man es bei Henry James kennt; im schlimmsten Fall degeneriert so etwas zu einem Katz-und-Maus-Spiel der intellektualisierten Seele, wo ein menschliches Mysterium das andere menschliche Mysterium mit einer Formel für Sensibilitätstesting attackiert. Plan A oder Plan B, ich kann mir nicht helfen; da ist schon etwas Abscheuliches im ewigen Zuschauer.

Unsere Ehe ist eine gute Sache, ganz sicher. Er ist so richtig die Synthese all des Besten, was ich je empfunden habe. Er ist so reich an Emotionen, ohne je die Grenze zur Sentimentalität zu überschreiten, so respektvoll, ohne Traditionalist zu sein, und so selbstverständlich selbstbewußt. Und er ist Künstler, ohne auch nur im geringsten Bohemien zu sein. Und das geht bei ihm so weit, daß Du vermutlich sogar schockiert oder enttäuscht warst über den Verlust eines gewissen künstlerischen Flairs in meinem Leben, als Du ihn in Paris kennenlerntest. Und er ist intelligent, ohne intellektuell zu sein. Sogar konservativ ohne Ängste. Ich könnte immer so weiter schreiben und werde es in den kommenden Briefen sicher auch tun. Er ist so einzigartig, ohne Zyniker oder Snob zu sein und so privat und doch nicht egoistisch. Und er ist nicht weich, obwohl er sanft ist. Und das wichtigste ist vielleicht, daß er religiös ist, ohne «gefangen» zu sein. So schnell bewegt er sich auch in diesem Bereich.

Ich habe herrliche Dinge zu unterrichten, und außerhalb der Collegewände liegt eine ganz andere Welt, Sprache, Religion. Zur Anerkennung der letzteren sind wir freilich fünfmal täglich und unzählige Male am Freitag verpflichtet, denn da schreit der «Muezzin» von der nur etwa 20 Meter entfernten örtlichen Moschee herunter mit der Aufforderung, Allah zu preisen und das Gesicht gen Mekka zu wenden.

Aber es ist schon komisch, weißt Du, wenn man die Silhouette einer großen Stadt überblickt und auch nicht einen einzigen christlichen Kommentar in den Himmel geätzt findet. Gibt einem das Gefühl, am falschen Ort zu sein, ganz unwillkürlich. Der Kontrast ist natürlich ganz besonders scharf nach einem Jahr der französischen und spanischen, von Kirchturmspitzen durchbrochenen Horizonte. Aber wie die Dinge jetzt liegen, können wir eigentlich noch gar nicht sagen, wie es sich anfühlt, in einer moslemischen Gemeinde zu leben. Man bemerkt Unterschiede in den religiösen Reaktionen bei den Mädchen nur in geringem Maße. Aber sie sind durchaus bereit, ihren Glauben kurzfristig mal beiseite zu legen, um etwa an einer orthodoxen christlichen Weihnachtsaufführung teilzunehmen. Doch unter der Oberfläche, vermute ich, sind Gefühle zu diesem Thema nicht gerade lau. Es gibt immer noch starke Ressentiments gegen die Franzosen, obwohl man deren Einfluß in der Kultur sehr schnell bemerkt. Aber Englisch gewinnt immer mehr die Oberhand, und das Leben wird leider schon ganz amerikanisiert.

Du weißt doch wirklich, daß ich mir Sorge darum mache, wie es Dir geht. Um das «Wann» und «Warum» und all das. Und ich habe es zwar nicht ausdrücklich gesagt, aber Weihnachtswünsche begleiten diesen ganzen Brief.

Gestern nacht hatte ich einen Traum, der so realistisch war, wie man sich's gar nicht vorstellen kann. Ich war dabei, ein Baby zu bekommen oder hatte eines geboren, und die Leute redeten im Ärztejargon um mein Kissen herum über «Laktation» und lauter so schockierende Dinge. Ich glaube, das muß Dein mütterlicher Einfluß sein, der so was zuwege bringt.

Oder wahrscheinlicher, sogar ganz bestimmt, ist es das Resultat meiner Liebe zu ihm. Gott, Pat, Du kannst Dir gar nicht vorstellen, wie schnell diese Bindung sich verfestigt, ganz im tiefsten Innern zusammengeschweißt wird. Ich kann mir gar nicht vorstellen, wie ich vor ihm gelebt haben soll; ich weiß nur, daß das Leben schrecklich gewesen sein muß (was es natürlich nicht war). Und vielleicht bin ich ebenso verschreckt von dem Gedanken, wie leicht ich meine Fahrt nach Spanien zu ihm hätte verpassen können, verschreckt auch von der beängstigenden Realität, ihn zu haben, genau da gefangen zu sein, wo ich immer schon, in Traum und Wirklichkeit, sein wollte.

Durch ihn kommen jetzt die schlimmsten und besten weiblichen Eigenschaften in mir zum Überkochen. Ich habe oft davon geredet, wollte es auch immer, aber nie zuvor habe ich so, von Minute zu Minute, meine Liebe wirklich gelebt. Freitag hat er eine französische Ballettänzerin zu uns bestellt, um für einen Akt Modell zu stehen, und ich bin innerlich total verängstigt, zitternd, fast in Tränen, aber kein Wort ihm gegenüber. Das wäre nicht erlaubt. Also schreibe ich Dir.

Ich wünschte, ich hätte schon früher gewußt, was für Qualen eine liebende verheiratete Frau erleidet, wenn sie ihren Mann auf Abwegen sieht. Ach Pat! Ich kann nicht mehr liberal sein. Ist das nicht typisch? Man kann so großzügig sein, wenn es um andere Leute geht, aber sobald man selbst dran ist, wird man unkontrollierbar, unwiderruflich, unvernünftig und subjektiv – egoistisch! Geht es Dir auch so? Denn wie Du weißt, bin ich ja noch nie von einem Mann so umgemodelt worden, daß alles, was ich bin und mir gehört, klar, deutlich und ohne Vorbehalte ausdrückt, ich bin von ihm bezwungen, «diesem Mann gehöre ich an und bin ach so sehr verheiratet».

Er ist so anspruchsvoll. Noch nie habe ich mit oder auch nur in der Nähe von jemandem gelebt, der ständig so auf genauesten Richtlinien im täglichen Leben bestand. Das bedeutet alles, schließt auch alles ein. Das bedeutet Zeit, Ort und Art und Weise, wie man Platten spielt; das bedeutet eine absolute geistige Offenheit, die einem beinahe wie allzu konsequente Härte erscheint und ist doch am besten und gesündesten. Und vor allem wird die beste, von innen geformte Sprache verlangt, man sucht das treffende Wort. Mit weniger darf ich mich nicht zufriedengeben, sonst sagt er: «Oh, achte doch auf Deine Sprache! Du kannst Braques Gesicht nicht ‹hübsch› nennen! Das mindeste wäre doch wohl ‹fein›.» Und er hat ja so recht. So zwingt er mich immer wieder zum Sehen. Ach Pat, und ich hätte so viel geringer heiraten können. All dies bedeutet, daß ich furchtbar glücklich bin, unheimlich sicher, das Richtige getan zu haben, und daß ich schreckliche Angst vor all den Dummheiten habe, die mir sicher noch passieren werden und die all dies beflecken könnten, wenn auch nur geringfügig. Jetzt sind mir alle Chancen gegeben; wenn ich daraus kein Leben machen kann, dann hat daran nicht die Sache selbst schuld, sondern ein begrenzter und vielleicht zu verfeinerter Geist, der ihr in Substanz und Kern nicht gerecht werden konnte.

Ich habe das unbehagliche Gefühl, daß es viele Monde dauern wird, bis wir uns wieder gegenüberstehen werden, sei es in einem der universalen College Inns oder wieder in einem Pariser Mabillon. Wenn Du jetzt nach Tanganyika gehst, wie sollen wir das jemals schaffen? Und bist Du schwanger? In Deinem letzten Brief hattest Du das so hoffnungsvoll angedeutet. Du weißt, daß ich es Dir wünsche, und daß Deine Courage durch die Erfüllung Deines Wunsches belohnt wird. Als Geburtstagsbrief ist dies vermutlich ein Mißerfolg, aber ich bin sicher, Du weißt ja jetzt, daß ich Dich lieb habe und sehr an Dich denke, und damit schließe ich jetzt.

Joyce

Beirut,
den 17. Februar 1955

Liebste Pat Freundin,
oder seid Ihr, Du und Philip, in den tiefsten Tiefen dessen, was wir das dunkelste Afrika nennen? Ich habe sooooo lange nichts mehr von Dir gehört, daß ich glaube, Euer Schiff muß die Route über Britisch Columbia gewählt haben.

Soll ich mich gleich durchschauen lassen und Dir sagen, daß dies ein schauderhafter Brief wird, oder soll ich Dir die Entdeckerfreude selbst überlassen? Wahrscheinlich sollte ich weder mir noch anderen die kostbare Zeit stehlen, indem ich mich nicht mit den ärgerlichen Details aufhalte, nur um zu erklären, wie wenig Zeit ich habe und daß ich daher keinen guten, sondern nur einen miesen Brief schreiben kann, der noch dazu seine Fadheit zu entschuldigen sucht.

Aber um eine lange Entschuldigung kurz zu machen, werde ich Dir jetzt ganz kurz und bündig sagen, daß ich einfach wissen wollte, wo Du bist und wie lange noch. Bevor Du von Deiner verzauberten Insel absegelst, laß mich doch bitte Deine nächsten Reiseziele wissen, so daß Dich meine apologetischen Briefe weiterhin mit viel ‹good will› verfolgen können.

Vermutlich ist das wichtigste, was ich Dir zu berichten habe, immer noch, daß ich den richtigen Mann geheiratet habe und daß ich täglich mehr und mehr und mehr denn je überzeugt davon bin. Er ist so toll, und ich wundere mich jeden Tag von neuem, daß ich tatsächlich die richtige Wahl getroffen habe, und zwar auch noch rechtzeitig. Wir sind ganz einfach wundervoll zusammen, in jeder Hinsicht, und ich liebe unser Leben – unsere Privatsphäre, unsere Kunst (oder eigentlich SEINE, obwohl auch ich jetzt mehr und selbständiger arbeite als lange vorher), unsere Einstellung zum Leben, unsere gegenseitige Bereicherung. Ich versuche wirklich, diese deutsche Sprache zu lernen, und ich studiere sogar regelmäßig. Im Bett lesen wir einander vor, und wenn ich auch Rilke noch nicht im Original lesen kann, so wird mir der Klang seiner Sprache doch immer vertrauter. Und wenn mein Aufnahmevermögen an dieser Sprache doch versagt und es wird ermüdend, dann geht er zu Camus über oder Gide oder Pascal. Was ich damit sagen will ist nichts weiter, als daß ich glücklich, glücklich, glücklich mit Hans-Jürgen bin, und ich werde meine ganze Energie dieser Ehe widmen – mein Herzblut soll in diese Ehe strömen. So gut ist dieses Unterfangen. Ich kann mir nicht helfen, es ist wirklich so.

Es sieht beinahe so aus, als ob wir noch ein Jahr in Beirut sein werden. Für heute genug von diesem Unsinn. Er soll Dir nur sagen, ich wünschte, Du würdest Dich beeilen und mir so eine kleine schnelle Epistel zum Stand der Dinge in London schreiben. Bitte!

Es bedeutet doch viel.

Liebe,
Joyce

(Postkarte)

Beirut,
den 1. März 1955

Liebste Pat,
langsam mache ich mir Sorgen. Das Schweigen hat fast den ganzen Winter angehalten. Ist alles in Ordnung mit Dir? Oder bist Du da oder in Tanganyika? Dies ist ein Teil der Via Dolorosa, wo wir Anfang Februar waren, ganz allein sind wir in diesen Straßen der Bibel und des alten Jerusalem umhergewandert. Es ist wirklich eine erhabene, schöne Stadt, das hochgebaute Jerusalem, und doch so kläglich mitten durch das Herz gespalten, mit einem Niemandsland, wo Haß auf der einen Seite nur den Haß auf der anderen schürt, nur einen Steinwurf von Golgatha entfernt!

Bitte schreib!

Joyce

London,
den 10. März 1955

Meine liebe Joyce,
ich bin ein Schweinehund und verdiene Deine Liebe und Freundschaft gar nicht. Wenn Du wüßtest, was für ein Leben wir hier führen, würdest Du bestimmt verstehen, warum ich so lange nicht geschrieben habe. Eine ständige Hetzerei, und es wird jeden Tag

schlimmer, denn in genau vier Wochen wird ja unser Schiff ablegen! Ich bin schon so aufgeregt, daß ich fast an nichts anderes mehr denken kann. Es wäre herrlich, unterwegs von Dir zu hören; oder noch besser, könnten wir uns nicht irgendwo treffen? Wir fahren durch den Suez-Kanal, dann die Ostküste hinab nach Dar-es-Salaam, über Sansibar. Wer hätte wohl je gedacht, daß ich einmal nach Sansibar käme? (Na, ich natürlich!) Könntet Ihr uns in Port Said treffen? Wäre das nicht phantastisch?

Ich nähe mir inzwischen so eine Art Aussteuer für die Reise, auf einer geborgten Nähmaschine (da ich ja nie eine «ordentliche» Hochzeit oder Flitterwochen oder eine Aussteuer hatte). Ich mußte mir drei lange Abendkleider und ein paar lange Röcke mit dazu passenden eleganten Blusen machen. Wir fahren nämlich erster Klasse, und Philip sagt, daß man jeden Abend zum Essen Abendkleidung tragen muß – wie in einem viktorianischen Roman. Außerdem habe ich unglaublich viel Zeit damit verbracht, die Unmengen von Formularen und Dokumenten auszufüllen, die die Bürokratie von mir verlangt (vermutlich als Amerikanerin, die die Eingeborenen mit subversiven Gedanken verführen will); dann hab ich sehr sorgfältig all das eingekauft, was wir dort draußen für den Haushalt brauchen und nicht bekommen können: Nadeln und Garn, zum Beispiel. Und eine Menge Sachen, die man zur Bewirtung von Gästen braucht.

Ich kann Dir gar nicht sagen, wie aufgeregt und begeistert ich bin, daß wir nach Ostafrika gehen, obgleich ich England sicher vermissen werde – London, meine ich. Ich hab es richtig lieben gelernt. Man kann hier so viel unternehmen. Seit unserer Ankunft hier, letztes Jahr im September, habe ich kaum ein Buch gelesen. Ich würde zum Analphabeten, wenn wir hier wohnten und immer so herumhetzen würden wie jetzt. Aber in den kommenden drei Jahren werde ich zweifellos genug Zeit haben, das alles wieder aufzuholen. Was ich an England so sehr liebe, glaube ich, ist, wie überaus zivilisiert so viele wichtige Aspekte des Lebens sind. Wenn ich meine etwas schlampigen Gedankengänge zu diesem Thema zusammenfassen wollte, müßte ich sagen, daß dieser hochzivilisierte Lebensstandard, an den Philip gewöhnt ist und den er alles Recht hat, von mir zu erwarten, genau das ist, was ein Leben ohne Geld zur bloßen Plackerei macht. Na ja, wir werden es eben in kleinen Dosierungen genießen müssen.

Deine Beschreibung von Beirut und Deinem Leben mit Hans habe ich mit Wonne gelesen. Ich würde auch liebend gern einmal Jerusalem besuchen. Werde brav sein und bald wieder schreiben. Streich mich Vielbeschäftigte nicht von Deiner Liste (vielbeschäftigt und un-schwanger).

Sehr viel Liebe,
Pat

London,
den 20. März 1955

Liebste Joyce,
ganz kurz: Hallo und Goodbye, als Entschuldigung dafür, daß ich keinen richtigen Brief schreibe. Stecke jetzt in einem Wirbel von Dingen, die in letzter Minute noch gemacht werden müssen – schlimmer als vorher. Formulare ausfüllen, Mietvertrag umschreiben, Sachen verkaufen und PACKEN. Eine Hundsarbeit. Schreib Dir bestimmt von unterwegs! Es ist eine fieberhafte Aktivität: Stellen aufgeben, noch ein paar allerletzte Theaterbesuche, ein oder zwei ausgedehnte Kneipenbesuche, ein paar Abschiedsparties. Goodbye Europa! Hallo Afrika! Schreib!

Viel, viel Liebe,
Pat

Beirut,
den 26. März 1955

Liebste olle Pat!
Gestern habe ich Deinen letzten (kurzen!) Brief glücklich, dankbar und fast zu Tränen gerührt erhalten, und er hat mich davor bewahrt, meine rituellen doppelten Aspirin zu nehmen, während dieser letzten angekränkelten Tage. Verzeihst Du mir, wenn ich Dir jetzt eine gar nicht gesittete Antwort schicke? Ich kann den alten de Sevigné-Standard einfach nicht erreichen. Aber ich möchte, daß Du wenigstens noch von uns hörst, ehe Du ganz exotisch absegelst, entweder dem trüben oder herrlichen Unbekannten entgegen (Du kannst es Dir aussuchen, je nach Stimmung des Tages). Ich habe Deinen Brief

à la Reiseroute bekommen, und ich weiß nicht mal mehr, ob ich ihn beantwortet und Dir erzählt habe, daß im Hinblick auf den gegenwärtigen Stand unserer Finanzen Port Said ungefähr genauso weit entfernt klingt wie der Thrifty Drug Store. Ich weiß nicht, ob Du Dich über eine Begegnung wirklich freuen würdest – mit meinen wiederholten Attacken von Übelkeit am Morgen (UND am Abend UND in der Nacht) würde ich Euch allen schließlich auch noch Übelkeit verursachen.

Ja, ich glaube, es ist wahr, Pat. Ironisch, wenn man bedenkt, daß Du die erste und einzige Person bist, der ich davon schreibe! Vielleicht kann ich in den kommenden neun Monaten Dir und Deinem Arzt-Ehemann schreiben und all die wichtigen kleinen medizinischen Ratschläge erhalten, für die wir hier diese kapitalistischen, imperialistisch-missionarischen Amerikaner bezahlen müßten, die von schwangeren Frauen im Nahen Osten gut leben und die wir uns nicht leisten können. Jedenfalls fühle ich mich höllisch elend, und in jeder Unterrichtsstunde, die ich gebe, komme ich mir vor wie jemand, der gerade eine Stunde Urlaub von der Hölle hat.

Unsere Pläne für nächstes Jahr verschieben sich dadurch ein bißchen, aber keiner von uns kann jetzt schon sagen, in welcher Richtung. Wir reden davon, nach Deutschland zurückzugehen, wo er in Hamburg oder Köln lehren könnte, und ich könnte eine neue Generation produzieren, oder manchmal stellen wir uns vor, wir könnten wie zwei große Vögel aufsteigen und in Richtung Amerika fliegen, wo wir mit offenen Armen und Herzen von der Familie empfangen würden. Ich bin ziemlich sicher, daß wir schließlich einfach noch ein Jahr in Beirut bleiben, beide möglichst mit Lehrauftrag, und genug Geld verdienen, um eine dieser wunderschönen Wohnungen mieten zu können, die man hier finden kann. Mit Hund. Wir haben uns nicht nur entschlossen, ein Kind zu haben, sondern auch einen Hund. Extravaganz.

So, jetzt muß ich mich wieder übergeben, also entschuldige mich. Hoffentlich wird Deine Fahrt gen Süden wirklich schön. Bitte, schreib recht bald wieder.

Meine beste Liebe,
Joyce

Beirut,
den 20. Juni 1955

Liebste Pat,
Schwangerschaft, Abschlußprüfungen, Seminararbeiten, Jahrbuch und ein Monat im Krankenhaus wegen irgendeiner nebulösen Subspezies von Meningitis – wenn diese Kombination keine Bindung schafft, die stark genug ist, um unsere Freundschaft intakt zu halten, dann wird NICHTS es schaffen.

Auf jeden Fall ist es großartig, Briefe zu bekommen, selbst unverdiente, besonders, wenn da eine spürbare Aura von Weiblichkeit in der Luft-Post liegt. Also, ich bin immer noch im Krankenhaus, fühle mich immer noch wie ausgelaugte Sünde, und ich bin immer noch froh und schwanger. Ich habe keine Ahnung, woher diese schauderhafte Attacke gekommen ist, aber ganz sicher von hinten irgendwo – hinterste Flanke. Es ist eine Kombination von Encephalitis-Meningitis (Gott!), und das ist kein Kinderspiel. Nur mein Rücken ist jetzt noch teilweise paralysiert, aber ich kann schon wieder laufen. Zuerst haben mich sogar so bescheidene Gesten wie das Umdrehen im Bett, oder aus einer Tasse trinken, fertiggemacht. Aber nach «Lombard-Punkturen» und anderen Dingen, die man als Konversationsthemen besser vermeidet, komme ich wieder ein wenig zu Atem. Genug jedenfalls, um sechs oder sieben Prüfungen zu korrigieren, während des langen und ach so einsamen Tages. Aber nächsten Donnerstag fallen die Würfel entweder richtig oder unter den Tisch. Unsere Schiffsplätze sind reserviert. Wir haben es uns in den Kopf gesetzt, am 24. zu fahren. Wenn wir das nicht schaffen, kommen wir nicht nach Europa, und wir müssen und werden nach Europa gehen. Jedenfalls hoffe ich, daß ich bis dahin noch einen Rock zuknöpfen kann. Während dieser ganzen Zeit hat sich meine Figur nur wenig verändert, aber ich spüre doch, wie mein Unterbauch so langsam immer fester wird. Jedenfalls noch keine Bewegung. Ich kann's kaum erwarten. Es ist wirklich erregend, Pat, und ich fange an, die unbesiegbare Zähigkeit zu verstehen, mit der Du Dich diesem Mysterium aussetzt. Aber ich habe neulich gelesen, daß das Muttergefühl mit den ersten Bewegungen des Embryos erwacht, und wenn das wahr ist, dann dürfte ich nicht mehr lange zu warten haben. Bis zu dem Zeitpunkt hat eine Frau ein bißchen das Gefühl, als ob da etwas vorginge, woran sie gar nicht beteiligt ist.

Beirut wird langsam schmuddelig heiß und feucht. Ich kann noch nicht mal mit Schlaftabletten einschlafen. Und außerdem kann ich keinen anständigen Brief schreiben, mein Steißbein schreit geradezu nach Erleichterung. Aber von Deutschland aus werde ich die Zeit zum Schreiben haben, und den Willen und die Energie hoffentlich auch. Dein Leben klingt gut und reif und scheint das Beste zu versprechen. Unser Leben auch. Ich liebe Hans-Jürgen ganz schrecklich; er ist so viel mehr und mehr und mehr. Mit seiner Ausstellung hat er großen Erfolg gehabt bei den Menschen, die uns wichtig sind. Wir alle wünschen uns allen das Beste.

Meine Liebe,
Joyce

Mahali, Tanganyika,
den 23. Juni 1955

Liebste Joyce,
hier bin ich also, im Herzen der Finsternis, schwitzend, aber endlich glücklich in Afrika, im eigenen Heim, Philip mit einem Job, den er liebt und ich, wie ich Dir schon kurz schrieb, schwanger. Hast Du auch die Postkarten erhalten, die ich Dir von unterwegs geschickt habe, aus allen möglichen Orten, darunter auch aus jenem unheimlichen Ort, direkt aus Somerset Maugham, Port Sudan? Ich habe hier aus lauter Aberglauben kaum etwas über meine Schwangerschaft verlauten lassen. Aber ist das nicht ein herrlicher Anfang für unser Leben in Afrika! Gegen Ende Dezember ist es soweit, wie ich Dir wohl schon geschrieben habe.

Wir haben ein sehr großes weitläufiges, altes deutsches Haus (aus der Zeit vor dem Ersten Weltkrieg), eine Wildnis, die nur darauf wartet, in einen Garten verwandelt zu werden (sobald Philip mich in eine Gärtnerin verwandelt hat), vier Bedienstete, einen Koch, einen Hausboy, einen Dhobi (Wäscheboy) und einen Gartenboy, und das alles für etwa 35 Dollar im Monat. Es ist geradezu sybaritisch, wie ich hier am liebsten den ganzen Tag herumliege und faulenze. Aber es gibt trotzdem genug zu tun. Wir haben sogar einen Eisschrank, ein verspätetes Hochzeitsgeschenk von Philips Mutter, einen riesigen Elektrolux, der auf geheimnisvolle Weise mit Kerosin funktioniert, aber Jell-o doch nicht ganz steif werden läßt. Keine Elektrizität, aber Hallelujah, fließend Wasser und Toilette und Badewanne im Haus, das ist weit mehr, als ich erwartet hatte.

Es gibt einen «Gymkhana Club» (himmlischer Ausdruck), dem alle Europäer angehören (d.h. Weiße), und es gibt Horden von Obstfledermäusen, die nachts auf die Veranda fliegen und dort die immerwährenden alkoholischen Sitzungen stören. Der Club besitzt auch einen holprigen Tennisplatz und eine Art Golfplatz, der freilich nur vier Monate im Jahr benutzbar ist.

Wir haben drei verschiedene Jahreszeiten: Regenzeit, die heiße, trockene Zeit davor und die nicht ganz so heiße trockene Zeit danach, *kühle* Jahreszeit genannt. Wir befinden uns jetzt am Ende der Regenzeit, und das ist die beste Zeit, wenn alles grün und üppig ist, die Gärten der anderen Leute blühen und ab und zu ein paar Regenspritzer fallen. Im Club findet hin und wieder eine Tanzparty statt, und die Leute spielen Tennis oder Karten und so weiter. Ich werde lesen, kochen, nähen, sticken, den Garten pflegen und vielleicht sogar ein bißchen Suaheli zu lernen versuchen. Wenn ich das notwendige Gerät bekommen kann, möchte ich auch gerne töpfern. Ich werde mein eigenes Leben haben.

Die Afrikaner sind ganz anders, als ich erwartet habe. Wahrscheinlich habe ich zu viele Bilder im *National Geographic* gesehen. Aber sie sehen so zerlumpt aus, in alten europäischen Kleidungsstücken, und so schwarz und *klein*. Überhaupt nicht wie amerikanische Neger. Ich wette, das ist, weil die meisten amerikanischen Neger eine gute Dosis weißen Blutes in sich haben. Auf einer langen Safari sind wir noch nicht gewesen, nur so 10 bis 30 Meilen lange Streifzüge in der Umgebung von Mahali (alles, was weiter als eine Meile ist, wird anscheinend Safari genannt). Das Land hier ist großartig, mit einer gewaltigen Zukunft, und ich kann von Glück sagen, daß ich die letzten Tage einer der wenigen primitiven Gegenden, die es noch gibt, miterleben kann. Meine Kinder werden diese Möglichkeiten bestimmt nicht mehr haben, und ich glaube, in weiteren 20 Jahren wird es auch für uns damit vorbei sein.

Ich pflanze jetzt auch einen Garten an, von Philip angespornt. Von allen Seiten dringt der Busch vor, zwischen unserem und dem benachbarten Haus, und der Gartenboy hackt täglich darauf ein mit einem Gerät, das wie ein flacher, metallener Hockeyschläger mit einem geschärften Ende aussieht. Was dabei herauskommt, ist zwar kein Rasen, aber es ist doch besser als 10 Fuß hoher Busch unterm Fenster. Das ganze Haus, mit Ausnahme der Schlafzimmer, wird jeden Morgen vor dem Frühstück saubergemacht. Nach dem Frühstück kommt der Koch zu mir, und ich sage ihm (in einem Mischmasch aus Englisch und Suaheli und Zeichensprache), was wir zum Lunch, zum Tee und zum Abendessen essen möchten. Philip geht fort, dann schreibe ich Briefe, mache Gartenarbeit, nähe, trinke meinen Morgenkaffee, lese, stricke. Wenn Philip um halb eins nach Hause kommt, essen wir gemeinsam Lunch, der Nachmittag verläuft ganz ähnlich, während er im Krankenhaus ist. Um halb fünf kommt er nach Hause, Tee, ein Spaziergang oder ein wenig Gartenarbeit, dann folgt, was die Leute hier die «sun downer»-Stunde nennen; sie scheinen bis zum Abendessen ununterbrochen zu trinken – es gibt genau 12 Stunden Tageslicht und Dunkelheit, keine Dämmerung, kein Zwielicht – aber wir spielen Scrabble oder lesen bis zum Abendessen um 8 und gehen so um 11 Uhr zu Bett, denn wir stehen schon um 6 Uhr mit der Sonne auf.

Die Leute neigen hier sehr zur Geselligkeit, gehen in den benachbarten Häusern ständig ein und aus oder sind im Club, und ich fürchte, daß sie uns für sehr ungesellig halten werden. Wir sind sehr glücklich ganz allein miteinander und mit Haus und Garten. Wir sind so sehr glücklich. Wir streiten uns nie, und wenn wir nicht miteinander reden, ist das ein glückliches Schweigen. Wir sind uns selbst genug. Besuch ist mal ganz hübsch, aber nur in kleinen Mengen.

So, nun hast Du eine Vorstellung von meinem geruhsamen, glücklichen Leben. Alles, was wir uns noch wünschen, ist ein Baby, gesund und munter und ohne Komplikationen entbunden. Ich bin ganz sicher, daß dieses Mal alles klappen wird. Und wenn ich nicht bald von Dir etwas höre, mein liebes Kind, dann ist dies der letzte Brief, den ich jemals schreibe und das Ende einer schönen Freundschaft. Also mach schon, ich habe meine Sünden wieder gutgemacht mit Briefen, Postkarten und jetzt mit diesem hier. Jetzt bist Du dran!

Sehr viel Liebe und Zuneigung,
Pat

Mahali,
den 4. Juli 1955

Meine liebe, arme, hilfsbedürftige (und bettlägerige) Freundin,
vor einer Woche habe ich Dir einen langen Brief geschrieben, und soeben kam Deiner aus dem Krankenhaus an. Mein Gott, Du solltest in Deinem Zustand *nicht* reisen! Ich meine, diese gräßliche Meningitis mit den Komplikationen, nicht die Schwangerschaft (ausgerechnet ich würde nie wagen, jemandem Vorwürfe zu machen, der während der Schwangerschaft auf Reisen geht!). Ich wünschte, Du wärst hier, so daß Philip und die Diener und ich Dich so richtig liebevoll umsorgen könnten. Sei brav! Sei vorsichtig! Aber wenn Du nun schon einmal da bist, wo immer das ist, genieße es. Herzliche Glückwünsche zur Schwangerschaft! Stell Dir vor, jetzt haben wir unser Erstes (ist doch eigentlich mein Erstes) so dicht zusammen; mein Entbindungstermin liegt nur ein paar Wochen nach Deinem. Jetzt stricke ich für Dein Baby gleich mit; ich nehme doch an, daß er/sie «woollies», wie die Engländer das nennen, viel nötiger brauchen wird als meins hier. Soll ich Dir ein paar Umstandskleider machen? Und ohne Dich überhaupt zu fragen, bestelle ich jetzt ganz einfach ein ausgezeichnetes, besonders für Schwangere geeignetes Vitamin-Eisen-Mineral-Präparat. Ich hatte den nächsten Lieferanten für mich selbst herausgefunden, er sitzt in Baghdad, und ich habe jetzt dahin geschrieben und das Präparat für Dich bestellt. Du müßtest es ziemlich bald bekommen.

Ich hab Dir in meinem letzten Brief seitenlang von unserem Leben hier erzählt. Ich liebe es täglich mehr. Philip ist «Bwana Mganga» (Herr Doktor), und ich bin «Memsahib Mganga» (Frau Doktor). Drei unserer Boys sind Mohammedaner, und einer ist ganz einfach Heide. Manche Leute hier rufen ihre Boys einfach «Boy!» oder «Koch!», aber das finde ich scheußlich. Menschen haben schließlich Namen, und ich finde, es ist nur höflich, diese zu gebrauchen, ganz egal, ob die Leute schwarz oder grün sind oder zwei Köpfe haben. Unser Haus ist jetzt frisch geweißt, und ich habe unsere konservative kleine Gemeinde mit einer feuerrot angestrichenen Eingangstür schockiert, mal eine Abwechslung in diesem ewig gleichen Weiß. Ganz klar, man kann die Leute hier sehr leicht schockieren. Ehrlich gesagt, die meisten sind Langweiler. Ich habe überhaupt nichts dagegen, denn ich hab ohnehin genug zu tun, aber es wäre doch schön, die eine oder andere verwandte Seele zu finden unter all diesen Bridge-spielenden, Gin-trinkenden Typen.

Kein Platz mehr auf diesem dummen Luftbrief, egal, wie klein ich auch schreibe. Also mach ich Schluß. Achte auf Dich. Laß mich wissen, wie es Dir geht.

Viel Liebe,
Pat

Solingen, Deutschland,
den 23. Juli 1955

WARNUNG: EIN *DÄMLICHER* BRIEF!

Liebste alte Pat,
ich weiß, ich bin wirklich ein Lump der ersten Klasse (und des sechsten Monats), aber Gott! *so* undankbar bin ich nun auch wieder nicht! Ich habe gerade erst einen Brief erhalten, den Du am 23. Juni nach Beirut geschickt hast, der mir hierher nachgeschickt wurde und in dem Du (beinahe) das Ende einer schönen Freundschaft heraufbeschwörst. In meinem gegenwärtigen total entkräfteten Zustand nehme ich solche Androhungen (es waren natürlich keine echten) sehr tragisch. Kannst Du Dir vorstellen, daß dieses Ding, das ich bin (oder war) in diese unselige Kategorie «zarte Gesundheit» gerutscht ist – «zerbrechliches Frauchen?» Ausgerechnet ICH!! Aber es stimmt; es ist die Hölle, und ich hasse es! Mein Gott, mein Mechanismus ist tatsächlich kaputt. Ich wünschte, daß wir mein Schweigen mütterlicher Lethargie zuschreiben könnten, aber leider ist es kein so fröhliches Unwohlsein. Zweimal, seitdem wir endlich nach Deutschland gekommen sind, hatte ich einen Rückfall der Meningitis, mit unanständig hohem Fieber. Wir wollen ja doch immer interessant sein; diesmal nennen wir es Nephritis: noch mal zwei Wochen im Bett.

Ugh, was für eine Langweilerei. Seit fünf Monaten bin ich jetzt eine seelische, intellektuelle, sexuelle, physische Null, und mein sorgenbeladener Mann tat mir heute so leid, daß ich ihm geraten habe, er sollte ausgehen und sich in irgendeine haarsträubende Affäre stürzen. Er ist schließlich so frustriert, daß ich weder überrascht, noch verärgert wäre, wenn er mich beim Wort nähme.

Deine Kalkulationen waren brillant! Zwischen dem 10. und 12. November ist sein Entbindungstermin (Stefan, denken wir). Er ist neuerdings äußerst aktiv, so sehr, daß ich ständig schlaflos bin, aber das ist es, was ich liebe; das wiegt den Widerwillen auf, den ich empfinde, weil ich nicht laufen, steigen – denken kann! Ich habe 20 Pfund abgenommen wegen des Blödsinns, bin von beachtenswerten 145 auf 124 Pfund abgefallen, und darüber bin ich im Grunde froh. Mein Frauenarzt übrigens auch.

Ich freue mich so, daß Deine Schwangerschaft glatt verläuft. Hoffentlich bleibt das so.

Bitte glaub mir, daß dieses Tief kein Vergessen oder etwa Gleichgültigkeit bedeutet hat. Deine Sorge um mein Baby erhellt meine Einsamkeit und Depression so sehr, und ich hatte nie die Absicht, unsere Freundschaft verblassen zu lassen, mit oder ohne Meningitis!

Meine wirkliche Liebe,
Joyce

Mahali,
den 15. August 1955

Liebste Joyce,
es tut mir so leid, daß Du immer noch so krank bist und Schmerzen leidest, aber ich bin doch froh, daß Du noch schwanger bist. Ich auch, sogar sehr, der sechste Monat fängt gerade an, und ich fühle mich wundervoll. *Endlich* hat die Übelkeit frühmorgens aufgehört. Es kommt mir vor, als hätte ich den größten Teil meines Erwachsenendaseins damit verbracht, über dem Klo zu hängen und mir die Seele aus dem Hals zu würgen. Ich hoffe, bei Dir ist das auch vorüber. Auch ich fühle sehr viel Leben vom Baby, genauso ehrfurchtgebietend und bezaubernd wie das letzte Mal. Das Leben geht weiter hier, das äußere wie das innere. Irgend etwas geht hier vor, in unserem gesellschaftlichen Leben, womit ich mich nicht so ganz arrangieren kann. Du weißt, wie politisch engagiert und im Zentrum des Geschehens ich immer war (und das mit Begeisterung), und wie gern ich über Politik und Weltgeschehen rede, bis zum Morgengrauen. Und ich bin ja nicht gerade Analphabetin. Ich kann

mir gar nicht mehr vorstellen, daß ich in der Wahlkampagne für Henry Wallace gearbeitet habe, als ich noch zur High School ging, und mit Dir zusammen für Adlai. Weißt Du noch, die vielen Haustürklingeln? 1947 habe ich die Stockholmer Friedenspetition unterzeichnet. Für drei verschiedene Gewerkschaften habe ich gearbeitet – und *Prudential* hat mich sogar gefeuert, weil ich die Büroangestellten organisieren wollte, kurz nach dem High School-Abschluß. Und hier bin ich nun und soll meinen Mund halten und ganz brav den Männern zuhören, genau wie all die anderen stupiden, ungebildeten Ehefrauen. Philip wird ziemlich ärgerlich, wenn ich mich vergesse und mal dazwischenrede und meine Meinung sage, also lerne ich mühsam, still zu sein. Ganz schöner Abstieg, wenn man an die radikalen alten Zeiten des *Forum* denkt und meine Artikel zur internationalen Öl-Situation. Ich schätze, in Deinem Leben ist das anders, immerhin unterrichtest Du und bist auf Du und Du mit den Universitätsleuten. Manchmal fehlt mir das alles sehr.

Aber es gibt hier auch viel, um das wettzumachen. Kürzlich sind wir auf unsere erste lange Safari gegangen, als Philip verschiedene Krankenstationen besuchen mußte, die über die nördlichen Bergregionen des Distrikts verstreut liegen. Als wir erst einmal aus dem dampfend heißen Tal heraus waren, wurde die Landschaft viel steiniger und trockener, und (mit meinen westlichen Augen gesehen) viel schöner. Unser Weg führte uns durch einen Ort, der einmal als Zentrum des Sklavenhandels diente, und dann über Stanley und Livingstones Route. Wir kamen in ein kleines Tal, das mich so sehr an zu Hause erinnerte mit enormen Felsblöcken, struppigem Gebüsch, Kakteen, wilden Blumen und ringsum seltsam geformten Hügeln. Wir haben nach Wild für den Kochtopf ausgespäht, haben aber auf der ganzen Fahrt nicht ein einziges Stück gesehen. Gott, sind die Straßen fürchterlich; man schaukelt und kracht über Schlaglöcher und Sand und Steine und die Rinnen, die der heftige Regen quer darüber gezogen hat. Haarsträubend und ganz schön ermüdend. Im Durchschnitt haben wir so 10 Meilen in der Stunde geschafft! Dann haben wir ein Missionskrankenhaus besucht (US-Protestanten) und wurden festlich bewirtet mit Tee und Haferflokkenplätzchen (die ersten, die ich seit einer Ewigkeit gegessen habe), von den drei schäbig gekleideten Missionsdamen in Söckchen und ohne Lippenstift.

Dann haben wir uns etwa 8000 Fuß hoch den Berg hinaufgeschlängelt, in ein kleines Tal ganz oben, wo ein Engländer wohnt, der die Straße gebaut hat, auf der wir weiterfahren sollten. Für den Bau der Straße hatte er einen Kontrakt mit der Regierung. Seit 30 Jahren lebt er hier oben das Leben eines Einsiedlers. Wie in einem Roman von Maugham oder Conrad. Als wir ankamen, lag er noch im Bett; also haben wir uns umgesehen, während wir warteten. Er lebt in einer Hütte mit zwei Räumen, dunklen Wänden und einem Strohdach, die Häuser seiner Boys standen ein paar Fuß weit entfernt, alle in einer Reihe, die Hühner scharrten im Staub neben der Haustür, und ein paar räudige Mischlingsköter schnüffelten und kläfften uns von hinten an. Endlich öffnete er die Tür und begrüßte uns in einem alten schmutzigen Bademantel, unrasiert, zitternd und bibbernd von Kopf bis Fuß, mit einer «Dosis Malaria».

Wir gingen hinein in seinen winzigen Wohnraum, der mit ein paar wackligen Sesseln, einem ebensolchen Tisch, verschiedenen Kisten und Schachteln und einem zum Überfließen mit guten Büchern gefüllten Regal ausgestattet war, auf dem ganz oben eine staubige, leere Whiskyflasche stand. Er sagte, ich sei die sechste weiße Frau, die ihn je besucht hätte, und daß er in den drei vergangenen Jahren nur zweimal einen Tag lang in Mahali gewesen sei! Aber er war sehr gesellig, wenn auch ein bißchen verrückt, und erzählte das Blaue vom Himmel. Er beschrieb uns den Zustand der Straße, die vor uns lag («gut» – ha!), gab uns viele Orangen von seinen Bäumen und gab uns seinen Segen mit auf unsere Safari. Was für ein Typ!

Lieber Gott, diese Straße! Vor uns hatte sie noch niemand benutzt; sie war mit kleinen Hacken und Schaufeln von irgendwelchen Afrikanern, die er in der Gegend angeheuert hatte, gebaut worden. Es war absolut die schlimmste Straße, über die ich je gekommen bin. Wir haben für 30 Meilen 10 Stunden gebraucht. So schnell kann man auch laufen. Zweimal sind wir steckengeblieben, einmal vier Stunden lang. Es war schrecklich steil, und an der Seite wurde es immer mehr wie Dschungel (im Gegensatz zum Busch). Je höher wir kamen, enorme Bäume mit Girlanden aus Lianen und leuchtenden Blumen umwunden. Das Unterholz muß 6–8 Fuß hoch gewesen sein und vollkommen undurchdringlich. Rauf, runter, rauf, runter, so quietschten wir um Haaresbreite am Abgrund vorbei, um Windungen und Haarnadelkurven und über klapprige Holzbrücken, die wohl auch noch nie benutzt worden waren. Einmal rutschte uns ein Rad über die Kante einer ziemlich beängstigenden Klippe, aber wir konnten es wieder raufziehen. Aber der Schlamm hat uns schließlich doch fertiggemacht. Wir mußten jede einzelne Kiste und jedes Zelt und Bett vom Hospitalwagen abladen und mit Hilfe von ungefähr 30 Einheimischen, die wie durch Zauberhand aus dem Nichts erschienen, durch schiere Muskelkraft eine lange, schlammige Straße hinaufschieben. Und dann mußten wir natürlich all die Sachen den Hügel hinauftragen und wieder auf den Laster laden. Jedenfalls haben wir es endlich geschafft (zwei Tage auf der Straße seit dem letzten Rasthaus – nachts haben wir am Straßenrand geschlafen), und auf unserem Zeltplatz haben wir zuletzt auch auf dem Lastwagen geschlafen, weil das Rasthaus so entsetzlich dreckig und schlammig und insektenverseucht war. Wir haben an einem reißenden Strom kampiert, dessen Wasser in Kaskaden über Felsblöcke kam und dann über die westlichen Hänge hinab ins Tal rauschte (die Bergkette zieht sich von Norden nach Süden), wo Philips Krankenstation sechs Meilen von der Straße entfernt liegt. Er ist jeden Tag hin und zurück gelaufen.

Während Philip tagsüber auf der Station war, bekam ich Besuch von den Damen des Ortes mit ihren Knirpsen, die ganz unbefangen unsere Sachen beguckten und miteinander und mit mir schwätzten, aber nicht mal in Suaheli, wovon ich hier und da schon mal verstehe, sondern in irgendeinem anderen Dialekt. Das ist schon ärgerlich, wenn man sich nicht verständigen kann und nur so dasitzen muß, und man grinst sich idiotisch an. Sie sind furchtbar freundlich und großzügig mit ihren mageren kleinen Lebensmittelhäufchen und dürftigen Habseligkeiten. Sie würden einem das eigene Hemd vom Leibe schenken. Ich beginne den Afrikaner zu lieben, je mehr und je besser ich ihn (und sie) kennenlerne.

Jedenfalls war es eine herrliche Zeit, und ich will noch oft auf Safari gehen, über den ganzen Distrikt. Das wird Spaß machen, Baby mitzunehmen und ihn stolz meinen Freundinnen aus den Bergen zu zeigen. Beachte bitte, es ist ein «ihn».

Philip spielt jetzt viel Tennis im Club, und er spielt sehr gut. Wir sind über zwei Jahre verheiratet, und ich wußte das noch nicht einmal! Als Kalifornierin, die nicht Tennis spielt, bin ich natürlich wie ein Ungar, der nicht fiedelt. Aber ich hab jetzt aus lauter Verzweiflung angefangen zu lernen. Die Tennisspieler gehen nach dem Spiel meist in den Club auf einen Drink, und das bedeutet, daß ich nicht nur den ganzen Tag allein war, sondern auch noch gleich nach dem Tee bis kurz vor dem Abendessen um acht verlassen wurde. Also geh ich jetzt mit und sehe mich schon als koloniale Barfliege.

Stell Dir vor, ich werde in einem kleinen Konzert, das unsere Nachbarin organisiert hat, meine Blockflöte spielen! Der Districtchef spielt Sopranflöte, ich spiele Alt und der Districtofficer spielt Gitarre als *continuo*. Klingt ein bißchen komisch, aber das liegt wohl nicht zuletzt an unserem schlechten Spiel.

Wir haben in letzter Zeit viele Gesellschaften gegeben, um uns endlich für empfangene Gastlichkeit zu «revanchieren» (gräßlicher kapitalistischer Ausdruck!). Es ist *so* angenehm, Parties zu geben, wenn man nicht selbst abwaschen oder kochen oder fegen oder waschen und bügeln muß. Sogar die Schuhe und Messingknöpfe unserer Hausgäste werden täglich gesäubert und poliert, ohne daß ich auch nur einen Finger zu rühren brauchte. Es ist ein gutes Leben hier draußen. Afrika kommt mir schon ganz heimatlich vor. Es scheint so ruhig vor sich hinzubrüten und strotzt doch vor Vitalität, sobald man unter die Oberfläche schaut. Es gibt so *viel* von allem – die Pflanzen wachsen so schnell unter der sengenden Sonne, die tropischen Wolkenbrüche geben so viel Wasser und Nahrung. Herrlich, herrlich! Schreib mir, wie's Dir geht. Du *fehlst* mir! Ich mache mir soviel Sorgen um Deine Gesundheit und um Dich und das Baby. Laß mich's wissen.

Viel Liebe, liebe Freundin,
Pat

Beirut (in der Klasse),
den 15. Oktober 1955

Liebe Freundin Pat,
wenigstens genug Zeit für Kürze, die Kunst der Genauigkeit. Es ist verdammt heiß, und ich will einen Brief von Dir.

Mir geht's gut, ich bin dünn (!) und sehr schwanger, freilich keineswegs massiv. Dennoch habe ich das Gefühl, ein Riesenballon zu sein, obgleich jeder denkt, ich wäre erst Anfang des siebten Monats.

Ich bin noch schwach von meiner Krankheit, aber nicht ernsthaft lädiert, glaube ich.

(Zu Hause)

Unsere Wohnungssituation ist im Augenblick ziemlich trübe, wir wohnen in einem dieser provisorischen «salles d'attente», die überall in der weiten Welt auf uns zu warten scheinen, möbliert hauptsächlich mit Orangenkisten und Gordons Gin-Kartons und dem künstlerischen Erfindungsreichtum meines Mannes.

Aber weiter über unser Haus. Man hatte uns eine nagelneue Vier-Zimmer-Dienstwohnung versprochen, sobald wir zurückkommen würden, aber wie das die Zeitpläne im Orient so an sich haben, sind die Wohnungen erst halb fertig, und bis dahin wohnen wir in einer kaum möblierten Wohnung gleich neben der, die wir letztes Jahr hatten. Wir hatten nichts dagegen, bevor wir ein Kind erwarteten, aber nun geht das wirklich nicht. Ein winzig kleines Waschbecken für all die Windeln?? Mein Arzt besteht darauf, daß wir ein Dienstmädchen einstellen, und ich glaube, wir haben eines gefunden (für 13 Dollar im Monat), und das dürfte helfen. Aber diese Baracke, die wir praktisch in einen Wohnbereich umphantasieren müssen, ist wirklich höchst unbefriedigend. Wir sollten bis Weihnachten in die neue einziehen können, aber bis dahin?

Hans-Jürgen hat so viel Arbeit mit seinen beiden Jobs, daß er mit einem Fahrrad ohne Bremsen von einem zum anderen pendeln muß; und dann wollen wir beide ja auch, daß er Zeit für seine eigene Malerei findet. Ich unterrichte täglich nur eine Stunde, Mittel- und Oberstufenkurse in moderner Literatur und im Schreiben. Angenehmer Stundenplan, den ich genieße.

Ich hatte eigentlich heute gar keine Zeit, diesen Brief anzufangen, also schließe ich lieber, bevor er jegliche Form verliert. Du hast recht mit dieser unkreativen Psychologie, die eine Schwangerschaft begleitet. Laß mich wissen, wie es Dir geht und wo Du bist. Ich mach mir wirklich Sorgen.

Meine beste Liebe,
Joyce

Mahali,
den 27. Oktober 1955

Liebste Joyce,
ich war ungezogen, ich weiß. Ein Gutteil unserer Korrespondenz scheint aus sanften, freundlichen Vorwürfen zu bestehen, weil eine von uns nicht schreibt, nicht wahr? Aber so geht's; wir werden uns höchstwahrscheinlich noch in 50 Jahren schreiben. Ich bin so froh, daß mit Dir und Baby alles in Ordnung ist.

Wir haben gerade einen Peugeot-Kombiwagen gekauft. Die Hupe bringt sehnsüchtige Erinnerungen an Paris zurück, so komisch krächzende Laute gibt sie von sich. Man kann die Sitze zurücklegen und auf Safari hinten drin schlafen. Safari ist das beste am Leben hier draußen, und das, woran ich mich erinnern werde, wenn ich einmal alt und grau bin und meinen Enkeln vom Leben in Afrika erzähle.

Ich habe gerade noch einmal die Briefe gelesen, die Philip und ich einander in dem Jahr unserer Verlobungszeit geschrieben haben, und erst jetzt erkenne ich, daß so vieles, was wir uns gegenseitig versprochen haben, so viel dessen, was eine gute Ehe zur Erfüllung bringt, sich nach und nach verwirklicht hat, sich langsam und leise in unser Leben geschlichen hat und zur wundervollen Gewohnheit geworden ist. Unbewußt sind wir in die Welt des Wir eingetreten, hineingewachsen, sollte ich sagen, in eine Welt, die wir vor unserer Heirat nur aus Büchern kannten oder durch einige wenige glückliche Ehen. Im ersten Jahr hatten wir beide, das weiß ich, das Gefühl eines ungeheuren Antiklimax, wenigstens in den ersten paar Monaten, denn diese süßen, unaussprechlichen Intangiblen einer guten Ehe kommen so langsam und heimlich daher, man darf nicht danach ausschauen, aber wenn sie erst da sind, spürt man sie ganz intensiv überall um sich herum. Das klingt jetzt sicher ein wenig verschwommen, aber Du verstehst bestimmt, was ich meine. Ich wünschte nur, daß er mehr mit mir reden, sich öffnen und die Dinge des Herzens mit mir teilen würde.

Wir haben jetzt einen Hund; es ist ein Schäferhund, 4 Monate alt, und er heißt Brando, weil er gleichzeitig wild und kühn sein wird.

Wir beide haben doch wirklich Glück gehabt mit unserem Leben – so erfüllt, so reich und vielfältig, so glücklich in unseren Ehen, und dazu noch Abenteuer und Kinder. Unsere Zukunft, Pat, verspricht noch so viel Aufregung, aber auch Geborgenheit. Nun ja, es ist alles da, für die, die es suchen und die den Mut haben, das Unorthodoxe, das Unerwartete zu tun, die sich in eine unbekannte Situation begeben und sich durchkämpfen, auch wenn sie gelegentlich im Unrecht sind.

Ich kann es heute kaum glauben, daß ich tatsächlich schon einmal verheiratet war, denn nichts, was Philip und ich sagen oder tun, nichts, was zwischen uns geschieht, habe ich jemals auch nur andeutungsweise erlebt. Ich denke kaum noch daran, aber vermutlich haben die Einzelheiten in den Briefen einiges ins Gedächtnis zurückgerufen, Kleinigkeiten wie die Scheidung zum Beispiel. Kaum vorstellbar, daß ich im Januar 25 werde, näher an 30 als an 20, wie P. mich frohlockend erinnert. Aber zum erstenmal im Leben bin ich froh darüber, nicht traurig, den Schmelz der Jugend zu verlieren, denn mit den wenigen vernünftigen Jahren, die ich bislang gehabt habe, ist auch ein merkwürdiges Gefühl des Wohlbefindens gekommen, und besonders ein Gefühl der Stärke des Geliebtwerdens und des Liebens, des Brauchens und Gebrauchtwerdens, das Gefühl, meine Welt immer mehr mit verstehenden, erkennenden Augen zu sehen. Dies müssen die Dinge sein, die das Alter uns zu geben hat, nicht als Entschädigung, sondern als Ziel. Man könnte jetzt denken, ich sei näher an die achtzig als an die dreißig!!

All meine Gedanken und meine Liebe sind bei Dir in den kommenden Wochen, in denen Du das allein tun wirst, was jede richtige Frau allein tun muß. Es ist eine große, herrliche, schöpferische Zeit, fast viel zu kurz. Gott sei mit Dir. Alle, all meine Liebe für Dich.

Pat

Mahali,
den 15. November 1955

Liebste Joyce,
seit meinem letzten Brief habe ich nichts von Dir gehört, aber ich weiß, daß Du unglaublich beschäftigt sein mußt, und außerdem bist Du in diesem letzten Monat, wo man ohnehin halb benommen herumwatschelt, ich verzeihe Dir also. Ich bin voll nervöser Erwartung und versuche, schlimme Gedanken und böse Omen zu verdrängen, sobald sie sich in meinen Kopf schleichen.

Ich muß jetzt also definitiv das Baby in einem richtigen Krankenhaus mit «europäischen Betten» und bei einem anderen Arzt entbinden; das ganze verdammte Medical Department vom Direktor an scheint nämlich schrecklich beunruhigt zu sein, daß ich das Baby hier haben könnte – falls nämlich das Unmögliche doch geschehen sollte und ich bekäme ein «blaues Baby» oder hätte Blutungen oder irgendwas, hat Philip den Befehl bekommen, mich in ein Krankenhaus zu bringen.

Also bringen wir mich hinunter zu unserem *Provincial Headquarters*. Von hier aus sind das etwa 64 Meilen querfeldein, aber in der Regenzeit (die jetzt ist) sind das 100 Meilen oder noch mehr über den längeren Weg, immer noch über schreckliche Straßen. Und natürlich bei dem Regen hier und weil diesmal höchstwahrscheinlich alles sehr schnell geht, wird Philip hier in Mahali sein, wenn das Baby kommt. Daß sich diese verdammten Idioten auch immer einmischen müssen! Verfluchte Bürokratie. Wir werden mich ein paar Tage danach mit dem Zug heimbringen. Natürlich, ich könnte sie ja alle noch hereinlegen und zu früh kommen, und dann müßte ich es eben hier haben, aber es ist wahrscheinlicher (und hier spricht mein normales pessimistisches Ich), daß ich es ganz allein in einem grauslichen alten Hospital zur Welt bringe, umgeben von kratzbürstigen alten Schwestern und einem Tölpel von Arzt, den ich noch nie gesehen habe, und von Weihnachten im Krankenhaus will ich gar nicht erst reden. Ich hatte gedacht, daß ich diesmal wenigstens Ruhe und Frieden und vertraute Gesichter um mich hätte und jemanden, den ich kenne, anstatt von Fremden umgeben zu sein, denen das alles kaum gleichgültiger sein könnte wie das letzte Mal.

Ich habe jetzt monatelang nicht mehr daran gedacht, aber es ist so schwer, sich vorzustellen, daß Trevor vor sechs Wochen ein Jahr alt gewesen wäre. Ein paar Tränen, hier und da im stillen Kämmerlein, geb ich schon zu, obwohl ich zu Philip nichts davon sage. Er kann es nicht ausstehen, wenn ich «morbide» bin. Wahrscheinlich nur die Überempfindlichkeit während der Schwangerschaft. Ich habe übrigens auch schlimmes Asthma – das habe ich eigentlich, seitdem ich von Kalifornien weg bin, den ersten Anfall so im Alter von 14 oder 15. Ich dachte, da wäre ich inzwischen herausgewachsen! Ich wette, Du wußtest gar nicht, daß ich Asthmatikerin bin. Ich hatte einen schlimmen Anfall in dem Sommer in Frankreich, auf der Ile Ste.

Marguerite, wo Philip mir einen Heiratsantrag gemacht hat. Der Arme, ich belaste ihn so mit meinem Keuchen und Nach-Luft-Schnappen. Wenigstens ist es nicht ansteckend. Entschuldige das Gejammere, eigentlich bin ich recht glücklich mit meinem Leben, und ich fühle mich wohl. Ich habe nur 6 Pfund zugenommen, und für das Stadium meiner Schwangerschaft bin ich noch recht geschmeidig. Im April habe ich 112 Pfund gewogen und jetzt 118. Ich werde einen Zwerg zur Welt bringen. Es ist ganz einfach zu entsetzlich heiß und feucht, um zu essen; die Übelkeit am Morgen ist weg, aber das meiste, was ich esse, bringe ich wieder raus, besonders Leber, die ich schon immer gehaßt habe (und die ist so ekelhaft hier, grausiges Zeug), aber Philip sagt, ich muß sie essen, fürs Baby. Ich versuche es immer wieder, aber sie kommt prompt wieder hoch. Philip sagt, es sei psychosomatisch, und ich könnte sie schon im Magen behalten, wenn ich's wirklich versuchen würde, also ist mir jetzt nicht nur übel, sondern ich habe obendrein noch verdammte Schuldgefühle.

Augenblicklich jagen wir sehr viel. Die Wildherden wandern zur Zeit, und es gibt viele Wildebeest, Kongoni, Hartebeest und natürlich auch die üblichen kleinen Böcke, wie Thomson- und Grantgazellen, und Unmengen verschiedener Vogelarten. Und alle schmekken ganz fabelhaft. Wir haben überlegt, ob wir ein paar Zebras für Teppiche schießen sollten, aber ich *hasse* Trophäen – auf der Ranch haben wir nie Geweihe oder Köpfe oder Häute gehabt – die gehen mir richtig auf die Nerven, und P. ist auch nicht so wild drauf, also werden wir mit unseren Grasmatten weiterleben.

Es scheint unmöglich, daß wir erst 6 Monate hier sind. Mir kommt es so vor, als ob Ostafrika schon ein Teil von mir wäre. Mein Suaheli macht langsam Fortschritte, dank vieler Ermutigung und Hilfe von P. und den Dienern, obgleich die letzteren im Grunde doch wenig hilfreich sind, weil sie viel zu höflich sind, um mich zu korrigieren, selbst wenn ich sie darum bitte. Lernst Du Arabisch? Oder ist dort alles in Französisch?

Letzten Monat sind wir für vier Tage nach Dar-es-Salaam gefahren. Im Hotelzimmer habe ich wie eine Verrückte die Schalter fürs Licht und den Deckenventilator dauernd an- und ausgeschaltet. Was für ein Segen, einen elektrischen Ventilator zu haben, aber meine Güte, ist das heiß an der Küste, wie ein türkisches Dampfbad.

Ich wollte Frotteestoff besorgen, um Deinem und meinem Baby einige Sachen zu nähen. Aber nichts zu bekommen. Dann habe ich's mit Flanelette versucht; es gibt nur eine Sorte in ganz Tanganyika, ein abscheuliches Rosa, mit Donald Duck und seinen niederträchtigen Neffen bedruckt, und damit mußte ich mich also abfinden. Tut mir leid! Dann habe ich versucht, eine zusammenklappbare Babywanne und ein Ställchen zu finden, aber das führen sie nicht. Was für ein frustrierender Ort zum Einkaufen, und *das* ist die Hauptstadt. Wir werden wohl ohne die Sachen auskommen müssen. Ich hoffe zu Gott, daß ich stillen kann, ich habe nämlich noch nie so verrückte Babyflaschen gesehen wie die englischen. Ich glaube, ich muß mir von meiner Mutter amerikanische schicken lassen und einen Sterilisator dazu. Sonst komme ich gut hin mit den englischen oder südafrikanischen Sachen hier und mache mir gar keine Gedanken darüber, aber irgend etwas Urzeitliches kommt in mir hoch, wenn ich an Babysachen denke, und ich werde plötzlich ganz und gar Amerikanerin und dickköpfig dazu. P. findet das albern, und das ist es sicher auch. Was sind Deine Gefühle solchen Dingen gegenüber?

In den letzten Wochen bin ich bald übergeschnappt mit dieser Hitze, immerzu rieselte mir der Schweiß an Hals und Kinn, Armen und Beinen runter. Mir kam es so vor, als ob sogar meine Kopfhaut nach Schweiß roch. Ich habe zweimal täglich in handwarmem Wasser gebadet (kaltes Wasser existiert einfach nicht), nur um den Tag zu überstehen, und ich fing langsam an, wie eine getrocknete Pflaume auszusehen. Dann brach endlich der gesegnete Regen los; was für ein herrliches Geräusch, als er auf das Wellblechdach herunterprasselte.

Das war jetzt ein etwas quengeliger Brief, aber Du verstehst das sicher. Ich denke ungefähr zehnmal am Tag an Dich, und daß Du auch Dein Erstes sehr bald (oder hast Du schon?) in einem fremden Land zur Welt bringen wirst, Tausende von Meilen von Heimat und Familie entfernt. Schreib, wenn Du kannst. Ich warte so sehr auf Nachricht von Dir.

So sehr viel Liebe – und einen
glücklichen ersten Hochzeitstag!
Pat

Beirut (im Krankenhaus),
den 1. Dezember 1955

Liebste Freundin,
ich bin immer noch ein bißchen ekstatisch, um das alles artikulieren zu können. Dienstagnachmittag um 12.45 Uhr wurde unser Sohn geboren, wunderschön, und ich bin glücklich. Pat, o Gott! Ich bin so glücklich!

Ich denke auch sehr viel an Dich in diesen Tagen, denn ich weiß, Deine Zeit kommt auch bald, und ich kann mir vorstellen, mit welcher Vorfreude Du sie erwartest. Gott schütze Dich und schenke Dir ein Glück so sicher wie das unsere!

In den letzten Wochen war ich zu nervös und hatte zu oft Scheinwehen, um Deine Briefe zu beantworten oder Dir für die Weihnachtskarte zu danken. Und so sind wir denn am 28. zum Krankenhaus gefahren, und die ganze erstaunliche Geschichte begann. Die Wehen haben ziemlich lange gedauert, aber Hans-Jürgen war die ganze Zeit bei mir, hat mir den Rücken massiert und bei den Atemübungen mit dem Zählen geholfen. Und während der ruhigen Intervalle hat er mir kleine Geschichten von Giovanni Verga vorgelesen. Es war eine große Hilfe, ihn dabei zu haben, so ruhig, beruhigend und liebevoll. Ich weiß wirklich nicht, wie ich jemals daran denken konnte, einen anderen Mann zu heiraten.

Ich war 20 Minuten lang im Kreißsaal und bei vollem Bewußtsein, als Reinhard (schön deutsch) zur Welt kam. Ich habe die Nachgeburt und die Nabelschnur gesehen und hatte das herrliche Gefühl, mitgearbeitet zu haben. Ich bin überzeugt, das ist die einzig richtige Methode. Er wog 6 Pfund, 2 Unzen, und hatte all die richtigen Qualifikationen, wie Zehen und so Sachen, und eine Menge von glattem braunen Haar. Seine Augen sind erstaunlich und synchron, seine Nägel sind entzückend, und er sieht wie ein Hohlwein aus, glaube ich. Und so süß und *winzig*. Ich gebe ihm schon die erneut geschwollene Brust, und ich fühle mich schon so voller Besitzerstolz. Ich kann es nicht ertragen, wenn er mir weggenommen wird. Wir schicken so bald wie möglich Bilder.

Ich spüre nur, daß das Leben nie wieder so gut sein kann. Wenn das wahr ist, dann drücke ich es jetzt ganz fest an die Brust! Meine Gedanken sind Dir ganz nahe.

Joyce

Zaliwa, Tanganyika
(im Krankenhaus),
den 31. Dezember 1955

Liebste Joyce-Mutter,
ich bin *so* glücklich für Dich! Wie wundervoll, daß alles so glattgegangen ist und daß es Dir und Babylein gutgeht. Ich wünschte, ich könnte dasselbe sagen. Aber ich warte und warte, das Baby hätte schon vor zehn Tagen dasein müssen, und ich bin seit dem 17. im Krankenhaus. Sie haben mich nicht im Hotel gelassen, wie ich es geplant hatte, da hätte ich wenigstens kommen und gehen können wie ich wollte. Eine gereizte und zugleich besorgte Stimmung herrscht freilich beim medizinischen Establishment ebenso wie bei mir, was man denen kaum verdenken kann bei meiner gynäkologischen Vorgeschichte. Es ist sehr irritierend, hier zu sitzen und wie jemand aus dem Alten Testament darauf zu warten, daß Gottes (oder des Schicksals) Wille geschehe und dabei nicht das geringste tun zu können, trotz der ganzen modernen Zivilisation, in der wir zu leben glauben, mit all dem Fortschritt; ich meine, wir können das Atom spalten, aber wir können nicht mal die Ankunft eines winzigkleinen Babys sicher feststellen.

Ich fühle mich immer noch wohl, wenn ich auch wieder mit dem Kotzen angefangen habe und Schwindelanfälle kriege, das heißt, ich falle beim geringsten Anlaß in Ohnmacht, was normalerweise bei mir nur in den ersten 3–4 Monaten vorkommt. Es ist sehr peinlich, besonders vor Philip und seiner Mutter, die mich höchstwahrscheinlich für eine echte Prinzessin auf der Erbse halten. Manchmal habe ich das Gefühl, daß ich überhaupt nichts richtig zustande bringe, nicht einmal richtig schwanger sein, geschweige denn ein Baby produzieren.

Baby strampelt noch, allerdings nicht sehr stark, aber er hat ja auch nicht viel Platz. Sicher habe ich Angst; das ist völlig natürlich, nach unseren Erfahrungen, und ich werde heilfroh sein, wenn diese ganze unsichere Zeit des Wartens vorbei ist. Bei dem kleinsten Wehwehchen schaue ich auf die Uhr und warte dann hoffnungsvoll auf das nächste, das nie kommt. Wir haben es bewußt nicht dazu kommen lassen, daß dieses Baby für uns schon so zu einer Persönlichkeit wird wie das letzte, aber das ist sicher ein Schutzmechanismus. Armer alter Philip! Seine Nerven werden auch langsam überstrapaziert, die Hitze, das gespannte Warten, die furchtbare Fahrt hin und her zwischen Mahali und hier alle paar Tage, und dabei dieses fast pessimistische Gefühl, das wir haben. Jeder Tag ist wie ein Monat. Ich habe ein wonniges gerüschtes Moskitonetz für das Bettchen gemacht, gelb-weiße Gardinen fürs Kinderzimmer. Dann habe ich einen alten halb kaputten Tisch weiß angestrichen, aus gelb-weißem Musselin einen gekräuselten Vorhang rundherum gezogen und die Platte mit weißem Wachstuch bezogen. Philip baut Regale darunter für Babys Wäsche und Sachen, und zusammen mit einer Plastikschüssel als Badewanne ist damit das Kinderzimmer fertig.

Wie hat sich denn Dein gesellschaftliches Leben abgespielt, gegen Ende der Schwangerschaft? Die Leute hier waren sehr schockiert, weil ich weiterhin in den Club und auf Abendgesellschaften ging, bis ich ins Krankenhaus mußte. Man hat tatsächlich erwartet, daß ich mich diskret zurückziehen und während der letzten paar Monate meine Nase nicht aus dem Haus stecken würde.

Tut mir leid, daß ich Dir keine besseren Neuigkeiten schreiben und auf Deine wundervollen Nachrichten mit ebensolchen antworten kann. Aber das kommt bestimmt im nächsten Brief. Ich bin sehr glücklich, daß es Euch beiden so gutgeht. Würde es Dir schwerfallen zu glauben, daß ich, die schlampige, sogar unhäusliche alte Pat, endlich ein riesiges Quilt fertig habe mit lauter applizierten Bildern und einem Ziersaum, an dem ich jetzt zwei Jahre lang gearbeitet habe? Und Lesen, Lesen, Lesen, auch das zum erstenmal seit zwei Jahren. Ich meine, Lesen und Quiltmachen seitdem ich im Krankenhaus bin. Es hat also auch etwas Gutes. Bleib so gesund wie Du bist.

Viel, viel (mütterliche)
Liebe,
Pat

Dritter Teil

Februar 1956–Januar 1957

Ich habe das erschreckende Gefühl,
daß Alter und Tod immer näher kommen,
bevor man überhaupt
gelebt hat

Mahali,
den 10. Februar 1956

Liebste Joyce,
kein Wort von Dir seit Reinhards Geburt, aber ich kann mir vorstellen, wie beschäftigt Du bist. Versuchst Du, auch noch zu unterrichten? Ich finde immer wieder etwas Neues, womit ich mich den Tag über beschäftige, und dabei arbeite ich nicht und habe die Hausangestellten für alles Notwendige, so daß ich völlig frei für Christopher bin, und das ist großartig. Dies ist eine herrliche, eine wundervolle Zeit, die glücklichste in meinem ganzen bisherigen Leben. Ich möchte die Augenblicke festhalten und ihnen zurufen: Halt, ich will, daß sich nie mehr etwas ändert! Es kann gar nicht besser werden, nur schlechter. Was bin ich doch für eine unverbesserliche Pessimistin!

Ich wollte Dir eigentlich sofort nach meinem Telegramm an Dich schreiben, hab es aber irgendwie doch nicht geschafft. Christophers Geburt ging schnell und problemlos vonstatten, ohne jedes Betäubungsmittel. Im letzten Moment gab es noch einen Riesenschrekken. Der Arzt meinte nämlich, daß sein Herzschlag nach den einzelnen Wehen nicht schnell genug wieder da war, also bekam ich noch nicht mal die Betäubungsmaske, die man sich selbst aufsetzen kann. Aber es ging alles so schnell, drei Stunden von Anfang bis Ende, daß mir das gar nichts ausgemacht hat. Tatsächlich bin ich auf meiner Bahre kaum rechtzeitig in den Kreißsaal gekommen, aus vollem Halse schreiend, der Kopf kam schon raus, als sie mich aus meinem Zimmer hinaus- und die offene Krankenhausveranda entlangtrugen. Was für ein Wirbel nach dieser endlosen, wochenlangen Wartezeit. Ich möchte eigentlich jetzt gleich noch ein Baby haben, und zwar aus mehreren Gründen: erstens weil es einfach so verdammt wunderbar ist, zweitens, damit Christopher einen Gefährten hat, der so weitgehend wie möglich im gleichen Alter ist, und drittens, damit das zweite Baby mindestens ein Jahr alt ist, wenn wir im Februar–März 1958 in England unseren Urlaub machen. Philip ist nicht besonders wild darauf, aber vielleicht kann ich ihn überreden.

Die Fahrt nach Hause von Zaliwa nach Mahali war vielleicht ein Ding. Wir sind nach fünf Tagen heimgefahren, weil ich im Krankenhaus begann, die Wände hochzugehen. Es goß in Strömen, und 30 Meilen vor Mahali versperrte uns plötzlich ein reißender Strom den Weg, statt des erwarteten harmlosen Rinnsals (über die sandige Landstraße, auf der mehrere Zoll tiefe Ströme über zementierte Stellen laufen). Jedenfalls stocherte Philip mit einem Stock hinein, und in der Mitte schien es ein paar Fuß tief zu sein, also steuerte er den Wagen mit einem großen Schwung darüber hinweg, in der Hoffnung, der Motor würde nicht absaufen (tat's aber doch), und ich bin dann ganz behutsam durch den schenkelhohen Schlamm gestakst, mit Schuhen und allem, Christopher fest an den Busen gedrückt und hoffte bloß, daß ich nicht stolpern würde. Ich bin nicht gestolpert und Ende gut, alles gut, aber mein Gott, Afrika!

Das Stillen scheint ihm gut zu bekommen, sehr gut. Ich habe reichlich Milch, und bisher gab es keine Probleme. Noch nie im Leben habe ich etwas erlebt, was so unendlich befriedigend und schön ist wie das Stillen unseres kleinen Lieblings. Ich kann mir einfach nicht vorstellen, wie Frauen es vorziehen können, ihrem armen kleinen Baby eine Flasche in den Mund zu schieben und damit sich und das Baby um eine der größten Freuden in der Welt zu bringen. Zwischen den Stillzeiten muß ich immer wieder auf Zehenspitzen hineinschauen, um ganz sicher zu sein, daß die Feen oder Peter Pan ihn mir nicht gestohlen haben.

Philip ist so verändert. Er liebt es sehr, ihn zu halten und mit ihm zu spielen, und er springt sofort auf, wenn er weint und wechselt ihm die Windeln und erfindet lustige kleine Lieder und singt sie ihm vor. Er ist dabei auch nicht im geringsten ungeschickt oder verlegen. Er wird (und ist es schon) der wundervollste Vater.

Aber genug dieser Schwärmerei von den Freuden der Mutterschaft. Ich weiß, daß auch Du davon erfüllt bist, und ich warte sehnsüchtig auf Post von Dir, damit ich das mit Dir teilen kann. Wie liebend gern würde ich das nicht nur in Briefen tun.

Viel Liebe,
Pat

Beirut,
den 21. Februar 1956

Liebste Pat,
ich habe mich gefreut, wirklich so sehr gefreut, eben Deinen Brief zu erhalten und zu hören, daß das alles in Ordnung ist mit Dir und Christopher. Mir kommt es vor, als ob ich schon ziemlich lange auf einen Brief von einem Menschen warte, den ich lieb habe, außer Mutter und Daddy, und ganz besonders wollte ich von Dir hören. Das ist natürlich trotzdem keine Entschuldigung dafür, daß ich Dir keine Geburtstagsgrüße geschickt habe. Bist Du jetzt 24 oder 25? Ich habe völlig das Gefühl für irgendeinen Altersunterschied zwischen uns verloren, wenn da überhaupt einer ist. Ganz sicher war Dein Junge das schönste Geschenk für Dich, was Du auch sonst noch bekommen hast. Bist Du so glücklich mit ihm wie wir? Wirklich, Reinhard *ist* ein bezauberndes Kind. Ich kann's nicht leugnen. Und er hat auch so eine liebenswerte Veranlagung. Er SCHREIT buchstäblich NIE. Und ich weiß, er ist hungrig und unglücklich, wenn er so kleine, halb erstickte, halb wimmernde Hilferufe hören läßt. Aber insolent oder fordernd ist er nie. Ich weiß gar nicht, wie wir ihn verdient haben.

Er wird jetzt auch ein bißchen dicker und ist nicht mehr der ästhetische, elegante kleine Junge von früher. Sein Doppelkinn ist so fett, daß ich nur mit Mühe feststellen kann, wo die Falte darunter aufhört. Hast Du alles, was Du brauchst, oder kann ich Dir etwas schicken? Man kann hier in Beirut nämlich ziemlich viel bekommen. Hast Du diese wundervollen Plastik-Nylonhöschen oder die unverzichtbaren Carters Nachthemdchen?

Es freut mich, daß es mit dem Stillen bei Dir klappt. Damit hatte ich ungefähr einen Monat lang ziemliche Schwierigkeiten, aber jetzt läuft alles sehr schön (wörtlich), ohne Schmerzen, und ich brauche überhaupt keine Zusatznahrung zu geben. Wie lange ich das weitermache, weiß ich nicht. Vielleicht bis er Zähne bekommt! Und wohl sicher für den Rest des Schuljahres, es sei denn, daß ich in den Osterferien im April größere Reisen machen will. Ich glaube, es wäre leichter, ihn wenigstens solange zu stillen, bis wir nach Deutschland kommen, wenn ich kann. Aber allzu weit in die Zukunft hinein kann man jetzt nicht planen. Jedenfalls habe ich nicht den Ehrgeiz, aus dem Grund, den Du angibst, aufzuhören. Aber Du warst ja schon immer mutiger als ich. Wir wollen wirklich nicht so bald versuchen, ein zweites Baby zu haben, obgleich ich Deine Einstellung und Deine Gründe schon für richtig halte. Andererseits, Ihr verdient mehr Geld als wir, und wie die Dinge jetzt stehen, könnte Hans nicht einmal uns beide ernähren, wenn ich nicht mitarbeiten würde. Nächstes Jahr muß ich ganz bestimmt wieder arbeiten, und ich weiß nicht, wie lange danach (hoffentlich nicht für immer). Es wird wahrscheinlich gut und gern vier Jahre dauern, bis Hans genug Geld verdient, so daß wir uns ein zweites Kind leisten können. Das klingt vielleicht selbstsüchtig, aber es ist vermutlich die Wahrheit. Du bist wirklich furchtlos, nicht? Gott, ich muß Dich ganz einfach bewundern, selbst aus dieser Entfernung.

Wie steht's denn mit Deiner Figur? Bist Du wieder schön flach geworden? Übrigens, kochst Du? Und wenn ja, amerikanische, englische oder afrikanische Küche? Ich koche alles selbst, finde es ziemlich teuer und merke, daß ich meinen Mann nicht wirklich zufriedenstellen kann, wenn ich keine deutschen Gerichte koche. Er gibt das nicht zu, aber die Wahrheit ist, daß er doppelt soviel ißt, wenn ich Kohlrouladen mache, als wenn es Beefsteak gibt, zum Beispiel. Ich habe einen richtigen Heißhunger nach einer guten amerikanischen Mahlzeit, aber – na ja.

Das zweite Semester hat jetzt begonnen, und wir versuchen beide, noch zusätzliche Kurse anzubieten. Hans lehrt halb an der Universität und halb hier oben. Ich sehe ihn nie, und ich werde noch weniger von ihm sehen.

Verdammt noch mal, Pat, ich brauche einen Menschen zum Reden, und Du warst schon immer die Beste, ob nah oder fern. Ich weiß, es steht in all den guten Büchern, daß man nach der Geburt durch eine Depression hindurch muß, und das ist auch verständlich, wenn man müde ist und ein bißchen überwältigt von der ganzen Angelegenheit. Und das trifft für mich bestimmt zu. Aber ich schwöre, wegen Reinhard kann es nicht sein. Er ist überhaupt keine Nervensäge; und wirklich überarbeitet und müde bin ich auch nicht. Und doch bin ich in meinem ganzen Leben noch nie so manisch-depressiv gewesen – einen Tag voller Lebensfreude, den nächsten Tag in Tränen (die ich pflichtschuldigst zu verbergen suche). Manchmal bin ich tatsächlich fast weinerlich. Aber nur mir selbst gegenüber.

Ich kann nicht so recht den Finger drauf legen, aber ich habe so eine Art *prémonition du mal,* die ich nicht erklären kann. Aber wenn Du die Wahrheit hören willst, und ich will sie hören, glaube ich, es ist unsere Ehe – ich in unserer Ehe, Hans in unserer Ehe. Ich schreibe Dir jetzt die allerpersönlichsten Dinge, versteh mich richtig, und ich weiß, Du kannst das verkraften. Es gibt keinen anderen Menschen, mit dem ich so reden kann. Reg Dich auch nicht auf, nichts ist gefährlich aus dem Geleis. Vielleicht macht gerade das Angst, die Gefahr ist latent, suggestiv, subtil … aber bohrend, und sie ist eben *da*.

Wir sind nicht unglücklich miteinander, das nicht. Wir haben die richtigen Personen geheiratet, das weiß ich. Und vielleicht bin ich bloß eine große verflixte Heulsuse. Aber ich weine. Mit Lloyd habe ich etwas verloren, was ich BRAUCHE – Zärtlichkeit, offene Zuneigung. Ohne das fühle ich mich einfach nicht vollständig. Und Hans ist da überhaupt nicht aktiv. Ich meine, er hat mir schon monatelang keinen Guten-Morgen- oder Gute-Nacht-Kuß gegeben. Es ist nicht – oh! Es ist nicht das Deutsche an ihm. Glaub das nicht! Er macht keine Hausfrau aus mir. Aber er sieht und kennt meine Bedürfnisse einfach nicht, und es scheint ihm nichts auszumachen. Er ist heftig, er ist engagiert, er ist Künstler (das erkenne ich jetzt fast mit Schrecken); nicht nur jemand, der die Künste liebt und ab und zu daran teilnimmt, sondern ein Mensch, dessen jeglicher wacher Augenblick davon durchdrungen ist. Daher ist er dynamisch und intensiv in einer ganz anderen Weise als diese halbblütigen Bohemiens, die wir in Utah kannten (oder sonstwo). Er ist kein Bohemien. War es nie. Nur eben fähig, immerhin zwei Tage lang ohne ein einziges Wort auszukommen. Das macht nichts. Ich habe ihn ja zum Teil gerade geheiratet, weil ich wußte, wie er ist.

Aber ich habe ganz einfach das Gefühl, daß ich nicht richtig geliebt werde. Es tut weh, das niederzuschreiben, aber darauf läuft alles hinaus. Mit Reinhard ist er geradezu anbetungswürdig und entwickelt sich zu einem wundervollen Vater. Er liebt ihn zutiefst und spielt stundenlang und phantasievoll mit ihm. Aber ich sehne mich fast schmerzhaft danach, mit ihm spazierenzugehen oder mit ihm tanzen zu gehen oder in einem Café zu sitzen, über Beziehungen zu reden (das ist dumm, aber wahr). Doch das wird er nie tun. Er haßt dieses Analysieren, und er tut es einfach nicht. Er ist unendlich kreativer als ich jemals sein könnte, und ich fürchte, das weiß er auch. Aber in einer anderen Art. Ich habe langsam das Gefühl, total VERDAMMT zu sein durch Jahre des zuviel Redens – zuviel Amateurpsychologie. So funktioniert er eben nicht, und das bringt mich durcheinander.

Ich liebe seine Bilder und sein Künstlertum. Er arbeitet schwer, wird wirklich ständig von seiner Arbeit aufgesogen, und das schmerzt mich auch nie. Dadurch fühle ich mich nicht im geringsten vernachlässigt. Aber als Mann–Frau, Ehemann–Ehefrau, Freund–Freundin – in diesen Beziehungen –, da ist irgend etwas so Anämisches. Und mit ihm ist das so, daß ich schließlich denke, es ist *meine* tiefe seelische Anämie, die das Ganze zum Scheitern bringt. Er meint, daß ich meine Sache mit dem Baby sehr gut mache, aber er sagt mir nie, daß ich eine gute Ehefrau bin oder daß er glücklich ist. Und Gottverdammt, Pat, in meinem ganzen Leben habe ich mich noch nie so angestrengt, um etwas gut zu machen (man sagt ja immer, eine ehrliche Anstrengung ist eher hinderlich). Ich versuche wirklich, das Haus wohnlich zu machen, immer gepflegt auszusehen und mich attraktiv zu kleiden, zu lesen, zu denken, aktiv zu sein und zu schreiben. Ja, ich schreibe. Nachdem ich das Baby frühmorgens gestillt habe, bleibe ich lange auf und arbeite. Aber niemals sehe ich in seinen Augen eine Freude darüber, daß er mich hat. Verdammt, mir kommen schon wieder die Tränen. Was mir natürlich gleich wieder das Gefühl gibt, daß ich's einfach nicht packe.

Siehst Du, es ist so komisch, daß ich mich als Liebende erkenne. Ich liebe ihn nämlich. Lawrence sagte einmal, in jeder Beziehung gibt es den Liebenden und den Geliebten, aber ich will NICHT so aktiv sein, wie Hans' intensive Lebensweise es mir aufzwingt. Und jetzt entdecke ich noch so eine eigenartige, bisher unbekannte Eigenschaft an mir. Ich war früher nie wirklich eifersüchtig, habe höchstens mal einen Schock empfunden, wenn mir eine andere Frau einen Mann weggenommen hat. Aber jetzt laufe ich Gefahr, eine eifersüchtige Ehefrau zu werden. Ich will Dir mal eine seltsame Geschichte erzählen:

Das war letzten September in Rom, am Ende unseres europäischen Sommers. Ich war im siebten Monat, und unser Zusammensein in Rom war gut. An den Nachmittagen saßen wir in den großen Straßencafés, einfach so. Und dreimal sind wir dort in den raffiniertesten, schicksten Nachtclub gegangen, klein, intim, geschmackvoll. Am letzten Abend saßen wir da, und ich bemerkte, wie eine schöne Frau, so ein Grace Kelly-Typ, Hans anstarrte. Er merkte das auch und konnte nicht anders, als zurückzustarren. Sie flirtete nicht. Sie schaute ganz einfach, fast in voller Unschuld, über eine Stunde lang in seine Augen. Und er blickte zurück. Auf ihren Lippen war noch nicht mal die Andeutung eines Lächelns, und es war offensichtlich, daß beide von einer völlig unvorhergesehenen und unkontrollierbaren Attraktion füreinander wie gelähmt waren.

Schließlich sagte er, «ich muß das rausbekommen», und ging hinaus. Nach einer Viertelstunde kam er zurück, nervös, allerdings weniger als ich, und auf mein Bitten gingen wir. Wir kamen ins Hotel zurück, und ich konnte sehen, daß es ihm nicht möglich war, darüber zu sprechen, also gingen wir schlafen. Am nächsten Tag erwähnte er es dann. Ich hatte das natürlich erhofft. Er hatte draußen im Korridor ganz kurz mit ihr gesprochen. Sie hatte gesagt: «Sind Sie Amerikaner?» und er: «Nein, aber wer sind Sie?» Sie unterhielten sich eine Weile, tauschten Namen aus und entdeckten, daß sie beide Deutsche waren. Sie fragte, ob er verheiratet sei und er sagte «ja», und sie sagte «sind Sie glücklich?» und er sagte «ja». «Dann kann man nichts machen», antwortete sie. «Nur – da sind nun zwei junge Deutsche, halbwegs verliebt ineinander, sie treffen sich in Rom, einer auf dem Weg nach Beirut, die andere nach Amerika.» Das ist alles. Er hat sie zum Abschied geküßt. Das hat er mir erzählt. Ich verstand, aber innerlich hat es mich fast zerrissen.

Mein Gott, Pat, ich würde daran zerbrechen, wenn einer von uns sich gegen solche Dinge nicht wehren könnte und wegginge, auch nur für kurze Zeit. Ich habe das nie geglaubt, aber ich würde wirklich kaputtgehen. Ich bekomme panische Angst beim Gedanken an Untreue. Ich bin davon nicht besessen, aber noch ein paar ähnliche Erfahrungen, und ich könnte es werden. Denn der springende

Punkt war, sie konnten sich nicht helfen. Es war auch nichts Billiges an ihr. Sie war wunderschön, eine Dame. Und sie hat auch nicht versucht, ihn zu verführen. Es existierte einfach, a priori, sozusagen. Es war wie in Merediths Gedicht:

In der Tragik des Lebens, Gott weiß es,
bedarf es nicht des Übeltäters.
Leidenschaften spinnen die Handlung.
Wir werden betrogen von dem, was in uns falsch ist.

Und ich habe ihm auch nicht das geringste vorgeworfen. Aber ich kann damit nicht fertig werden. Es hat mich so verschreckt. Nie hätte ich gedacht, daß ich so sein könnte. Hans ist nicht etwa ein Schürzenjäger. Und doch macht dabei ein Teil von ihm ganz gerne mit, wie weit, das weiß ich nicht. Wir haben nie über Treue gesprochen. Ich will es auch nicht.

Wie denkst Du darüber? Oder welche Gefühle würdest Du dabei empfinden? Ehe ich verheiratet war, konnte ich einen Freund ohne weiteres betrügen. Aber das liegt alles so weit hinter mir, so weit, so weit. Sicher werde ich eines Tages jemandem begegnen, der in mir die gleiche Reaktion hervorruft wie diese Frau in ihm, aber eigentlich will ich das gar nicht. Ich will nur, daß wir zusammen eine vollkommene Einheit bilden. Das ist alles, was ich will. Das ist alles. Ich schreibe Dir jetzt wirklich mit meinem Herzblut. Das siehst Du ja. Bitte antworte mir bald. Ich kann mir nicht helfen, aber ich habe das Gefühl, daß es irgendwann in unserer Ehe zu einer Tragödie kommen wird. Ich weiß, das ist ein entsetzlicher Gedanke, aber ich kann ihn nicht vermeiden. Vielleicht wäre es anders, wenn er mir jemals sagen würde, daß er mich liebt oder wenn er öfter mit mir schlafen würde. Oh, Pat, vielleicht schicke ich das gar nicht ab. Und wenn ja, bitte behalte alles ganz allein für Dich. Wirst Du das tun?

Am 3. August schiffen wir uns in Le Havre ein und fahren auf der Ile de France nach Amerika. Wir sind ganz verliebt in den kleinen gelben Pulli. Er steht ihm am allerbesten.

Meine Liebe Dir und den Deinen,
Joyce

Mahali, Tanganyika,
den 5. März 1956

Meine liebe, *liebe* Joyce,
wo soll ich beginnen? Wie Dir sagen, jetzt, da meine rostige, ungeübte Feder nicht mehr leicht und mühelos Wortgespinste webt – wie soll ich Dir sagen, wie mein Herz Deine Schmerzen teilt, in dieser einsamsten, grausamsten aller Welten? Vielleicht so: Jeder analysiert jeden aus dem eigenen Inneren heraus, und Du, die Du ja auf *mein* Bewußtsein einwirkst, kannst von mir auch nur im Licht meiner eigenen Erfahrungen gesehen werden. Vielleicht erzähle ich Dir also ein wenig von mir.

Weiß Gott, in einigen Aspekten waren die ersten anderthalb Jahre unserer Ehe eine Hölle (vor allem sexuell – selbstverständlich ist dies alles nur für Deine Augen und Dein Herz bestimmt). Ich war an viele, ungeduldige kleine Jungen gewöhnt, die buchstäblich rauf und runter hoppsten und für die Sex einfach zu jener schauderhaften amerikanischen Freizeitbeschäftigung gehörte, die man «mit einem gehen» nennt. Aber mit Philip bedeutet es ein Geben, ja ein Sichverausgaben, worauf er einfach nicht vorbereitet war und das ich anscheinend auch nicht aus ihm herausholen konnte. Es gab monatelange nächtliche Versuche, Joyce, vielleicht ein halbes Dutzend davon erfolgreich (unglaublicherweise entstanden daraus meine beiden ersten Schwangerschaften!). Ich heulte im Badezimmer wie als Kind, wenn ich unglücklich war und die Luft anhielt, bis ich fast ohnmächtig wurde, in der Hoffnung zu sterben, aus Zorn und Frustrierung und Scham und überhaupt wegen dieser Unmöglichkeit. Und dann, nachdem wir unser Baby verloren hatten, da klickte etwas, und seitdem hat Philip keine Schwierigkeiten mehr. Es ist immer noch schwierig und etwas forciert, bei fünfmal von sechs, aber irgendwie intimer, als verstünden wir uns dabei auch ohne Worte.

Und Joyce, Du kennst mein großes Mundwerk. Kannst Du Dir vorstellen, daß wir in nahezu drei Ehejahren auch nicht einmal über dieses Thema gesprochen haben (obgleich ich schüchtern versucht habe, davon anzufangen – er haßt intime Themen)? *Alles* andere, ja, Hunderte von Themen, aber niemals Pats und Philips Schwierigkeiten mit der Kopulation. Gott allein weiß, *warum* das Problem sich nach dem Baby doch von selbst gelöst hat. Aber Gott sei Dank hat es das, so gut das eben geht. Diese entsetzliche, beschämende Last ist mir endlich von der Seele – daß ich das nicht für ihn *tun* konnte.

Über Treue haben wir (seit Baby Nr. 1) schon gesprochen, meist im Zusammenhang mit privatem Klatsch über irgendwelche Indiskretionen eines Nachbarn, und wir haben wohl mehr oder weniger die gleichen viktorianischen Ansichten darüber. Ich glaube, daß der erste Treuebruch der einzig wichtige ist, denn das ist der Riß im Stoff der ehelichen Einheit, den man vielleicht noch reparieren kann, aber nie ganz unsichtbar. Vielleicht kann man die Narbe (versuchen wir's mal mit einer neuen Metapher) eines Tages sogar ignorieren, aber an Regentagen wird sie doch weh tun, verstehst Du? Und wenn es einmal geschehen ist, nun, wer weiß, ähnliche Umstände, Versuchungen und Menschen werden sicherlich zu ähnlichen Resultaten führen.

Es würde ganz bestimmt nicht meine Zuneigung für Philip zerstören, wenn er mal untreu wäre, er ist zu sehr Teil meines Lebens geworden, aber es würde sie verletzen, so sehr, daß sie – meine Zuneigung – nicht mehr erkennbar wäre, eine Parodie dessen, was früher so schön und rein war. Ehrlich, seit unserer Heirat bin ich nicht einmal in Versuchung gewesen, bin nicht einem Menschen begegnet, bei dem ich auch nur im entferntesten ans Bett gedacht hätte, aber möglicherweise wäre ich in Vor-Philipschen Zeiten halbwegs daran interessiert gewesen. Besonders jetzt, mit Christopher, sind wir zu einer solchen Einheit zusammengewachsen, daß das Eindringen eines anderen Menschen in unsere Privatsphäre geradezu obszön wäre. Ich kann es nicht einmal ertragen, wenn jemand anderes Christophers Windeln wechselt, geschweige denn ihn für längere Zeit ganz versorgt. Das ist alles untrennbar mit den Vorstellungen verbunden, von denen ich Dir erzählt habe.

Aber um von etwas anderem zu sprechen: Philip redet auch jetzt kaum mehr als zur Zeit unserer Heirat, aber ich habe gelernt, seine Schweigsamkeit ein bißchen zu interpretieren, und ich schätze jedes einzelne seiner Worte gegenüber meinen hundert (oder tausend!). Unsere Gespräche haben jenes (für andere) unverständliche eheliche Stadium der Grunztöne und Hmms und privaten Anspielungen erreicht, was sich erst mit der Zeit entwickelt. Ich erzähle Dir jetzt nur von UNS. Ich sage nicht etwa, Kopf hoch, Schätzchen, das kommt alles wieder ins Reine, denn ich bin der Meinung, daß Hans und Philip zwei völlig verschiedenartige Männer sind. Philips Schweigsamkeit und sein ruhiges Naturell erkläre ich mir aus seiner Vorgeschichte, seinem Britentum, seiner angeborenen Schüchternheit, aus der Tatsache, daß er einen ausgesprochen flamboyanten älteren Bruder hatte. Und ebenso hat es damit zu tun, daß er (in seiner Kindheit) sich nie ganz wohl gefühlt hat in seiner Beziehung zur Mutter, und mit einer Unmenge anderer Ursachen, die zusammengenommen einen von Natur aus stillen Philip ausmachen, die aber, wären sie anders gelagert gewesen, auch einen gesprächigen, demonstrativen Philip hätten hervorbringen können. Denn diese beiden Eigenschaften besitzt er auch, aber eben nur in ganz geringem Maße, so daß man immerzu aufpassen muß, um nur ein klein wenig davon zu erhaschen, wenn sie einmal fast unbemerkt herausschlüpfen. Er gibt mir auch keinen Gute-Nacht- oder Guten-Morgen-Kuß, noch zeigt er seine Liebe in Worten, aber er würde es bestimmt tun, wenn er anders wäre als er ist. Jedoch Hans, glaube ich (und jetzt spekuliere ich natürlich nur, eigentlich ohne Berechtigung) ist im tiefsten Kern seines Wesens einer von denen, die mit dem kalten Feuer des Diamanten brennen. Und man kann sich wirklich nicht vorstellen, wie man Hände und Hintern an so einem Feuer wärmen kann, nicht wahr? Man kann dabei lesen, sich davon inspirieren lassen oder es mit Altar und Ikonen verehren, aber auf dieser Flamme zu kochen oder einen Punsch heiß zu machen, das ist unvorstellbar. Spiele ich hier zu leichtfertig mit Metaphern? Vergib mir, liebe Freundin, ich denke nur über unsere Schicksale nach und frage mich …

Philip und ich führen ein so einfaches, angenehmes Leben. Intellektuell sind wir so faul. Wir lesen brav die Buchbesprechungen und bestellen Bücher und reden dann oberflächlich darüber (ich sollte sagen, ich rede und er nickt weise). Wir machen ein bißchen Gartenarbeit, und ich kümmere mich um Christopher und plane ziemlich fade Mahlzeiten (kochen tu ich nicht, da wir einen Koch haben, den ich ziemlich erfolglos in die Geheimnisse der Cuisine einzuweihen versuche).

Wir gehen jede Woche in den Club und lassen uns pflichtschuldigst vollaufen; ich wehre die Hofierungen der örtlichen griechischen Sisalbarone ab, und Philip macht Kopfstände und ist ein richtiger Partylöwe in einem komischen Widerspruch zu seinem nüchternen Selbst. Gelegentlich laden wir sehr förmlich zum Dinner ein, um uns für andere, ebenso förmliche Dinnerparties zu revanchieren; wir spielen ein bißchen Tennis, ich schreibe Briefe und beschäftige mich etwas mit dem Fotoalbum und dem Babybuch. Ich nähe auch ab und zu, aber nur besonders anspruchsvolle Sachen, denn es ist einfach zu billig, die einfachen bei den indischen Schneidern machen zu lassen, wie Hemden, Shorts usw., als daß man sich selbst damit abgeben sollte. Ich kündige dauernd an, mir eine Töpferscheibe machen zu lassen und wieder mit dem Töpfern anzufangen. Aber ich werd es wohl doch nicht tun, weil es zu teuer und zu umständlich ist. Ich sage mir immer wieder, daß ich wirklich schreiben *muß*, aber höchstwahrscheinlich werde ich das wohl nie wieder tun.

Meine Jugend, meine herrliche, wache, kristallklare, aufregende und vielversprechende Jugend ist verschwunden, und nun bin ich näher an 30 als an 20, meist zufrieden mit Mann, Baby, Hund und Haus, politisch konservativ, Agnostikerin, aber eher gelangweilt und desinteressiert, mit einem Wort: durch und durch respektabel und bürgerlich, dies allerdings ganz bewußt. Und daß ich so bin – mit ironischem Unterton –, ist vielleicht die Rettung für P. und mich – obgleich mir nicht klar ist, wovor.

In Deiner Ehe mit Hans, glaube ich, wirst Du vielleicht nie dieses fein säuberlich geordnete Hausfrauentum kennenlernen, und das ist wahrscheinlich gut so. Gott, um was für winzigkleine Dinge meine Gedanken kreisen! Es wundert mich selbst, daß ich nie gelangweilt bin. Nur diese Schuldgefühle, die hin und wieder hochkommen, wenn ich sitze und immerzu lese, lese, lese, rütteln an meinem profanen Leben. Aber warum soll ich mich anstrengen, wenn ich jemanden so billig dafür bezahlen kann, damit er es für mich tut?

Alle paar Monate fangen P. und ich gelegentlich an, über dieses Dahinleben zu reden, und neulich abend haben wir uns zum erstenmal seit Jahren so richtig bis zur weinerlichen Gefühlsduselei betrunken. Letzten Endes erwies sich das als ein Fehler, denn ich erwarte immer noch, daß er intellektuell und gefühlsmäßig auf mich so eingeht, wie ich das brauche, aber da kommt einfach nichts. Andere Dinge des täglichen Lebens müssen also (und sie tun es) genügen. Es gibt hier buchstäblich nicht einen Menschen unter den rund hundert Europäern (und da schließe ich großzügig die Griechen und alle Zyprioten mit ein), der jemals etwas von Joyce oder Brecht oder Epstein oder Proust oder der großen Vokalverschiebung des 15. Jahrhunderts gehört hat. P. und ich sind also für intellektuelle Anregung völlig aufeinander angewiesen, und wenn man so nahe beieinander lebt wie wir, dann wird das nach einiger Zeit so, als ob man Mühle und Dame mit sich selbst spielt. Wir werden ganz bestimmt nur noch «eine Runde» hier verbringen, und das auch nur, weil P. dadurch einen einjährigen Studienurlaub bekommt, um sich an der Londoner Universität in Tropenmedizin zu qualifizieren. Und ein bezahltes Jahr in London wäre schon sehr schön.

Aber ich weiß nicht, ob ich es noch mal zweieinhalb Jahre aushalten kann. Wir denken nicht oft darüber nach, aber wenn, dann immer häufiger mit einem Gefühl der Verzweiflung. Vegetieren meine ich. Aber weiß der Teufel, was wir sonst tun könnten. Wir haben beide ein ganz starkes Bedürfnis, kreativ zu sein, aber gleichzeitig leiden wir beide an jener schrecklichen Mattigkeit, die mit dem Wissen um die eigene Mittelmäßigkeit Hand in Hand geht. Aber das sag ich Dir – wenn Philip sich plötzlich entschließen sollte, nach Paris zu gehen und einen Roman zu schreiben, dann verkaufe ich mein (und Christophers) letztes Hemd, wohne in einem miesen, ungeheizten Zimmer, trage das Wasser drei Stockwerke hoch, pumpe und bettele meine Familie an, bis sie mich enterbt. Eine *verängstigte* Bürgersfrau werde ich *nie*. Wenn die Revolution doch kommt, mache ich sehr wohl mit, auch wenn ich zu faul bin, etwas dafür zu tun (wenn ich mich jetzt nicht zu vage ausdrücke).

6. März

Ich bin von unserem Labor-Officer unterbrochen worden. Er kam, um mich zur Chorprobe abzuholen. Ja, hier draußen in der finstersten Provinz haben wir tatsächlich acht Madrigalsänger und jemand, der erfahren und energisch genug ist, um uns zu dirigieren. Er hat auch einen afrikanischen Männerchor, zwölf Stimmen, und wir üben schon eine ganze Weile für ein Konzert, das heute abend stattfindet. Unsere Proben sind der einzige (zwei, eigentlich) Lichtblick in der Woche.

Musik fehlt mir mehr als alles andere hier draußen. Kein Radio – es lohnt sich nicht, selbst beim besten ist der Empfang so schlecht –

und kein Plattenspieler, weil wir ja keine Elektrizität haben. Auch keine Filme. Aber ich denke nicht allzu oft daran und singe mir und Baby selbst etwas vor, in der Badewanne. Merkst Du das bei Dir auch, daß Du viele Kinderlieder singst, Unsinnlieder und Wiegenlieder, die auf einmal wieder da sind. So viele vergessene Lieder, die mit dem Baby einfach wieder in Dein Bewußtsein schlüpfen? P. fragt mich, wo um alles in der Welt ich die alle gelernt hätte, und ich weiß es ehrlich nicht. Sie sind einfach da.

Er ist so süß, Joyce. Er hat so tiefgründige, intelligente Augen. Mir kommt es vor, als ob wir manchmal das wunderschönste Geheimnis miteinander teilen, wenn wir uns anlächeln, aber wir sind vermutlich einfach nur Mutter und Sohn. Ich stille immer noch, aber meine Milch scheint zurückzugehen. Zu meiner Information verlasse ich mich hauptsächlich auf Dr. Spock. Mutter hat mir die Taschenbuchausgabe geschickt, und sie ist wirklich unbezahlbar. In den ersten drei oder vier Wochen nach der Geburt habe ich zu Hause an einer fürchterlichen Depression gelitten. Ich habe geheult und gemault, Philip angeschrien und mich in Schränken versteckt. Aber das ging vorüber.

Bei Dir jedoch scheint das völlig anders zu liegen. Weißt Du, Joyce (jetzt folgen wieder ein paar unbegründete Spekulationen), Hans wäre wahrscheinlich ganz verblüfft, wenn er wüßte, wie sehr Du (und alle intelligenten nicht-kontinentalen Europäerinnen) das nötig hast, diese Beteuerungen, das Streicheln, die Küsse, um die Glut lebendig zu halten. Vermutlich meint er, hier bin ich also: glücklich verheiratet, habe ein reizendes Baby, ich arbeite schwer, meine Frau kümmert sich um ihre Angelegenheiten und ich mich um meine, und bei entsprechenden Gelegenheiten befassen wir uns ganz befriedigend mit den ehelichen Pflichten. Er denkt nicht weiter darüber nach. Ich *weiß,* daß es unbefriedigend ist (glaub mir, ich weiß es wirklich). Aber Joyce, Du sagst zwar, es sei nicht sein Deutschtum, ich habe aber noch nie einen nicht-amerikanischen Ehemann erlebt oder davon gehört, der nicht so war. Hast Du von Lawrence ‹*The Lost Girl*› gelesen? Italiener, ja, mit dem erwarteten andersgearteten Temperament, aber die Quintessenz der Idee *oder* des Ideals der Ehe war genauso. Vielleicht mache ich mir etwas vor. Ich bin aber doch der Meinung, daß diese Art der Ehe sich tatsächlich von den Vorstellungen, mit denen wir aufgewachsen sind, unterscheidet, aber ich glaube auch, sie kann durchaus glücklich und erfolgreich sein, freilich nur – das gebe ich zu –, wenn die meisten Veränderungen in Einstellung und Verhaltensweise von Deiner Seite ausgehen.

Ich weiß, Joyce, Gott, und ob ich es weiß, wie entsetzlich frustrierend und sinnlos das alles scheint, wo es doch nur eines Wortes oder einer Geste bedürfte, um Tage voller Einsamkeit, Tränen und Zorn überflüssig zu machen. Aber wenn es nicht kommt, kommt es eben nicht. Ich bin nicht gerade hilfreich und tröstlich, nicht? Was das Vertrauen anbelangt, also wirklich, *heiraten* selbst ist doch eigentlich schon ein Zeichen von Mißtrauen, nicht? Ich meine, keiner von beiden kann einfach seine Sachen packen und mit dem Frühzug die Stadt verlassen, wenn der Vertrag einmal unterschrieben und besiegelt ist. Aber das ist auch alles, was man von einem schrecklich unabhängigen und willensstarken Ehemann verlangen kann.

Mir scheint, ich habe bisher nur so dahergeredet und doch nur sehr wenig mit Sinn und Verstand gesagt. Wieviel besser ginge das doch bei einer Tasse Kaffee! Ich lege ein paar Schnappschüsse von Christopher bei, beide ziemlich schlecht, denn wir haben nur eine kleine Kodak, die es nur im hellen Sonnenlicht tut, und dabei macht Christopher natürlich die Augen zu.

Von Deinen Bildern war ich begeistert. Die beiden (C. und R.) sind sich tatsächlich recht ähnlich in der Gesichtsstruktur und mit den etwas komisch ernsten Mienen und wachen Augen. R. hat viel mehr Haare, wie Du siehst. Wie sehr wünsche ich mir manchmal, daß wir in irgendeiner Stadt lebten, wo man so angenehme Möglichkeiten wie einen Fotografen hätte.

Jetzt hab ich keinen Platz mehr. Dir meine Liebe und Hoffnung und mein Herz.

Pat

Mahali,
den 5. April 1956

Liebste Freundin der ganzen Welt,
ich hoffe, daß Dich mein letzter Brief, mit dem ich Deinen sorgenvollen und traurigen beantwortet hatte, glücklich erreicht und Dir

vielleicht ein wenig geholfen hat, obgleich ich nicht mehr genau weiß, was ich alles gesagt habe. Seitdem habe ich von Dir nichts mehr gehört. Schade, eine der großen Freuden meines Lebens ist allzu früh zu Ende gegangen: mir ist plötzlich die Milch ausgegangen, und jetzt muß ich Christopher mit Babynahrung füttern. Ist das nicht gräßlich – Flaschen sterilisieren, all dieser Aufwand und diese Panscherei, vom Verlust unserer wundervollen gemeinsamen Stillzeiten ganz zu schweigen. Macht mich ganz krank, aber da ist nichts zu machen.

Die lange Regenzeit ist endlich da, und mein Asthma verschlimmert sich täglich. Wir werden von Horden ekelhafter Insekten verschiedenster Arten überrannt, und alles ist dauernd feucht und schimmelt. Aber es gibt auch eine gute Seite: es wird kühler, und Garten und Landschaft sehen lieblich aus, zum erstenmal seit unserer Ankunft hier (fast ein Jahr ist das her, unglaublich; in mancher Hinsicht scheint es wie eine Ewigkeit!). Und ich liebe das Geräusch und den Geruch des Regens hier, ähnliches habe ich noch nie erlebt. Ich lese in letzter Zeit viel mehr und gehe weniger aus. Vor einigen Monaten bekam ich Post von Freunden aus Los Angeles, sie wollten wissen, ob wir etwas brauchten oder haben möchten, und ich habe um Bücher, Bücher, Bücher gebeten. Ein großes Paket mit Paperbacks ist angekommen, und ich feiere Orgien – *alles:* Naturwissenschaft, Philosophie, Politikwissenschaft, Lyrik, Romane – herrlich!

Ich habe wieder mit dem Journalismus angefangen. Die Dame, die in der englischsprachigen Tageszeitung von Dar über Mahali berichtet, geht nächste Woche für sechs Monate in Heimaturlaub, und sie hat mir ihre Aufgaben übertragen. Ich bekomme ein Honorar! Nicht sehr viel (28 Cents pro Zeile), aber immerhin, ein Honorar. Meine allererste Story handelte von einem dänischen Farmer, 30 Meilen von hier, der Nutrias züchtet (widerliche kleine Viecher, die verdientermaßen als Pelzmäntel enden). Kürzlich hat er unweit der Tiergehege einen Leoparden geschossen, ihn aber nur verwundet. Und als er am nächsten Morgen wiederkam, sprang der ihn an und richtete ihn übel zu. Er hat verdammtes Glück gehabt, daß er noch lebt, gewöhnlich spielen diese Tiere nämlich mit einem rum, bis man Hackfleisch ist.

Wenn es auch nur sehr wenig von hier zu berichten gibt, wird es jedenfalls doch guttun, endlich wieder den Kopf für irgend etwas zu gebrauchen, und wenn es Trivialitäten sind. Ich würde Dich und Dein Baby so gern sehen, mit Dir darüber reden, wie uns beiden die Mutterschaft bekommt, all die Dinge über das Leben in diesem Stadium, die ich mit jemand anderem nicht teilen möchte und schon gar nicht teilen kann.

Schreib. Deine Briefe sind mir so wertvoll.

Liebe und Zuneigung,
Pat

Mahali,
den 10. April 1956

Liebste Joyce,
es ist fast Mitternacht, und ich kann nicht einschlafen. In meinem Kopf dreht sich alles. Warum, weiß ich auch nicht. Der Tag war völlig normal heute, das Baby brav, Krach mit dem Koch, Planung einer Dinnerparty, P. und ich haben nach dem Essen ruhig gelesen, bis es Zeit zum Schlafengehen war. Vielleicht ist es deshalb, weil ich Walpole lese, eine der *Herries Chronicles*. Irgendwie bewegen mich diese langen, gesprächigen Familiengeschichten immer zutiefst, die *Forsyste Saga* auch. Vielleicht, weil ich ein richtiges Heim oder Beständigkeit oder Sicherheit im Leben mit meiner Familie nie erlebt habe. Jedenfalls ist mir so nach einem Gespräch mit Dir. Ich hab mir schon Sorgen gemacht, seitdem ich Dir meinen dummen Brief geschickt habe.

Habe ich gepredigt? Habe ich salbungsvoll dahergeredet? War ich tödlich langweilig und prosaisch mit meinen weisen Sprüchen? Ich fürchte, ich war's, aber Gott! Joyce, Du weißt doch, wie armselig ich mich ausdrücke im Vergleich zu Dir. Also vergib mir, liebe Freundin, wenn ich Dich mit irgend etwas gekränkt haben sollte, und wisse, daß ich heute nacht im Bett gelegen und an Dich gedacht und gedacht habe und schließlich aufstehen mußte, um mit Dir zu reden.

Das Leben ist gut, aber manchmal ach, so langweilig. Dabei flüstere ich mir zu: «Meistens!» Komisch, daß ausgerechnet ich so eine Mittelschichthausfrau werden sollte, sogar mitten in Afrika. Aber was ist denn *unser* Afrika schließlich, wenn nicht Provinz mit billigen schwarzen Dienern und einer Fremdsprache obendrein, die einen nur noch mehr durcheinanderbringt und irritiert? Ich gebe zu, ich gebe es offen zu, daß ich mich jetzt als eine schwache Person sehe, die der Anregung klügerer Persönlichkeiten als ich es bin bedarf, um sich lebendig und wach zu fühlen.

Es ist schwer zu sagen, aber mir ist jetzt klar geworden, daß ich mich eigentlich immer nur am Rande der Menge bewegt habe, ganz gleich wo. Aber es ist besser, eine Randfigur zu sein, als gar keine. Leider aber habe ich das Gefühl, auch in meiner gegenwärtigen sozialen Gemeinschaft am Rande zu stehen, obwohl ich jetzt natürlich snobistisch stolz darauf bin, denn die Leute sind hier wirklich besonders schlimm, sage ich mir. Ach, verspätet empfange ich meine Strafe für die Ausschweifungen der Pseudointellektuellen.

Aber ich muß aufhören. Es ist so albern, sich einzubilden, all das Aufregende sei für immer vorüber, dabei bin ich erst 25. Vielleicht bin ich schon verlebt, übersättigt. Vielleicht habe ich schon zuviel erlebt – arm, dann wohlhabend, geliebt, dann betrogen, dann verheiratet, dann Geburt und Tragödie, endlich ein geliebter Sohn, Paris mit 21, Afrika mit 24. Andererseits, nur dumme Menschen werden blasiert und übersättigt. Und ich sag mir immer wieder, vielleicht ist dies eine der Übergangsphasen meines Lebens. Ich möchte wissen, wohin oder wozu. Denn was ich vor mir sehen kann, wenn wir Afrika verlassen haben, ist eine Praxis in irgendeiner Kleinstadt, Sicherheit, die Kinder wachsen heran, und plötzlich bin ich 50 und erledigt. *Ich habe das erschreckende Gefühl, daß Alter und Tod immer näher kommen, bevor man überhaupt gelebt hat.* Dieses Gefühl habe ich schon immer gehabt, glaube ich. Manchmal weine ich, ehe ich mich zurückhalten kann, wenn ich daran denke, wie schnell das alles vorbei ist. Klingt sicherlich nicht sehr ermutigend. Genug der Ratlosigkeit und des Jammerns. Kannst Du Dir vorstellen, warum wir beide in letzter Zeit um alles in der Welt so elfenhaft abgemagert sind? Letzte Woche habe ich mich zum erstenmal seit Christophers Geburt gewogen, und ich wiege 107! Ein Kleid, das mir meine Mutter genäht hatte, als ich 17 war, hängt geradezu an mir. 120 ist mein Normalgewicht. Und seitdem ich nicht mehr stille, habe ich noch weniger Busen als je zuvor. Aber ich fühle mich gesund wie die Sünde, selbst wenn ich nie richtig esse.

Was für ein egoistischer Brief! Kein Wort von meinem geliebten

Söhnchen, das prächtig gedeiht und das sein Heinz-Gemüse und -Obst, seinen Brei, Orangensaft und Milch liebt und seinen Teddybären, seine Klapper, seine Decke, seine Mutter und seinen Vater und die Christsterne, die sich vor seinem Fenster im Wind bewegen und zwei oder drei Spiele, die ich erfunden habe. Seine Welt wird von Tag zu Tag weiter und seine Freude daran ebenso. Es ist wirklich zu früh, darüber zu spekulieren, aber ich glaube, er wird einmal sehr zart und sensibel (wahrscheinlich Berufsboxer!), und ich reagiere ganz wild und besorgt, wenn ihn irgend etwas erschreckt und er schürzt seine Unterlippe, schluckt und schluchzt leise und legt sein Köpfchen auf meine Schulter oder aufs Kissen. Ich liebe ihn so sehr. Aber bin ich schlecht und unmütterlich, wenn ich Dir ganz alleine leise zuflüstere, daß er nicht mein ganzes Leben ist? Ich weiß, ich werde eine gute Mutter sein, vielleicht gerade weil ich will, daß er sich entfalten und auf eigenen Füßen stehen soll, und weil ich ihn eben nicht immer nur an meine Brust drücken will. Bist Du Dir solcher Gefühle auch schon bewußt geworden? Empfinden alle Mütter so und schämen sich nur, es zuzugeben, oder bin ich unnatürlich und anders? Jetzt habe ich mich, und zweifellos auch Dich, in den Schlaf geredet und werde schließen.

All meine besondere Liebe,
Pat

Beirut,
den 4. Mai 1956

Liebe, getreue Freundin,
Deine Briefe, Dein Vertrauen und Deine Sorge verflüchtigen sich nicht einfach. Sie werden dankbar empfangen, gelesen und wiedergelesen, und einmal habe ich sogar Tränen darüber vergossen.

Es war so ein merkwürdiges Jahr, so voll von Selbstzweifeln (ungeachtet der Gewißheit, daß ich wirklich einen prächtigen Sohn zur Welt bringen kann) und von Zeiten der Verzweiflung. Wirklich Kreatives habe ich kaum zuwege gebracht. Schließlich ist Gebären etwas Physiologisches; sie (Reinhard und Christopher) werden unsere Horizonte, unsere Grenzen auf die Probe stellen, aber erst später. Jetzt noch nicht. Ich habe verhältnismäßig wenig gelesen, ein paar leichte Sachen geschrieben, einigermaßen anständig kochen gelernt, gut unterrichtet, schlechte Konversation gemacht, habe einige halbherzige Versuche unternommen, diese arabische Welt zu verstehen, und Hans nur wenig gegeben.

Und von alledem ist nur das letzte von wirklicher Bedeutung. Ich fühle mich von seiner geistigen Energie geradezu verfolgt. Das brodelt nur so in ihm. Wenn ich ihn so betrachte, denke ich langsam, daß meine Welt eigentlich nur ein Schattenspiel ist oder ein Puzzle aus totgeborenen Abstraktionen. Als er sich für islamische Töpferkunst zu begeistern begann, wurde daraus sofort eine intensive und exklusive Liebesgeschichte zwischen ihm und «ihr». Das gleiche jetzt – schon das ganze Jahr über – mit der Romanik. Er setzt sich damit auseinander – vom Anfang bis zum Ende. Und wenn ich mich darüber aufrege, muß ich zugeben, ist es nur deshalb, weil es mich auf meine eigenen Unsicherheiten verweist, diese Gebiete, auf die ich immer so stolz war, die aber vermutlich nie wirklich existieren. Oder wenigstens nur in meinem eigenen wackligen Selbstbehauptungswillen. Hans gestattet keine Analysen. *Nie* sprechen wir über zwischenmenschliche Beziehungen in dieser analytischen Weise, die ich so liebte. Die ich eigentlich immer noch liebe. Nein – und er sieht mich viel lieber einfach, impulsiv und ehrlich reagieren.

Und er hat recht. Aber ich schimpfe mit mir selbst, weil es nicht natürlicher kommt, und ich hasse mich selbst, wenn ich es zu forcieren versuche. Also bin ich zwischen guten Vorsätzen und Widerwillen gefangen. Und dabei wäre alles, was ich brauchte, um mir zu helfen, nichts weiter, als die Gewißheit, daß ich geliebt werde! Da mir das fehlte, lag meine Welt oft genug in Trümmern, und ich weinte, schrieb Dir, machte Spaziergänge. Und dazu dann noch physische Verzweiflung, das hat mich kaputtgemacht. Dabei ist Hans nicht etwa der junge Ästhet, der am Sex kein Interesse hat. In diesem Zusammenhang fällt mir sogar D. H. Lawrence ein: «Je höher die Stirn, desto tiefer die Lenden.» Aber es waren lange Monate der Enthaltsamkeit gewesen, während der Schwangerschaft mit Reinhard, und dann war ihm unser Zusammensein nicht einmal wichtig genug, um es gut zu machen. Wir haben noch viel vor uns. *Wenn* ich ihn im täglichen Leben befriedigen kann, dann kann er das für mich in der Liebe tun. Das führt zu einem Teufelskreis, der mich ängstigt. Alles, was ich tun kann, ist darauf zu vertrauen, daß ich nicht ungeliebt bin, und es immer wieder zu versuchen.

Nein, Pat, so mütterlich bin ich auch nicht. Reinhard ist liebenswert, wirklich schön. Ich bete ihn an, und doch kann er mich niemals für die Leere und die Abgründe zwischen Hans und mir entschädigen. Ich *kann* dafür einfach keine Entschädigung finden. Seine glückliche Babyliebe ist für dieses Problem nicht die Lösung. Meine ganze Welt ist er bestimmt nicht. Und eigentlich ist das wahrscheinlich gut für uns beide.

Wie sind Eure Sommerpläne? Wir gehen am 19. Juni – arbeitslos – auf eine Reise um die halbe Welt. Hoffe auf eine Woche «Liebe im Heu» in Österreich. Ich habe *überhaupt kein* Interesse an einer Reise nach Amerika. Hier sind ein paar Fotos. Schreib bald.

Meine Liebe, mein Dank,
Joyce

Mahali,
den 30. Mai 1956

Immer geliebte Freundin Joyce,
der Ton Deiner letzten Briefe ist so traurig, ich will Dir so gerne die Hand reichen und etwas Ermutigendes sagen, aber wenn ich ehrlich bin, weiß ich gar nicht, *was*. Unsere Lebensbahnen, Deine und meine, bewegen sich jetzt in solch unterschiedlichen Richtungen, obgleich wir doch Männer geheiratet haben, die sich in vieler Hinsicht ähnlich sind, glaube ich, außer in ihren Berufen. An Philips kann ich natürlich nicht teilhaben, so wie ich es mir immer gewünscht hatte beim Beruf meines zukünftigen Mannes, aber er bringt lustige und traurige Geschichten aus dem Krankenhaus mit, abends und sonntags gehe ich mit, wenn er Visite macht, wir gehen zusammen auf Safari, und da helfe ich ein wenig, und was die Hauptsache ist, ich weiß, was er tut und warum und wie, soweit das ein Laie nur kann. Und außerdem sind wir die ganze übrige Zeit zusammen, manchmal vielleicht sogar ein wenig zuviel. Zum erstenmal seit den frühen Ehemonaten fange ich langsam an, mich mal wieder nach einer Privatsphäre zu sehnen. Es ist albern, ich weiß, aber ich

kann mich erinnern, als ich im Krankenhaus lag und auf Christopher wartete, kam mir plötzlich der hinterhältige Gedanke, wie schön es eigentlich war, zu Bett zu gehen, zu schlafen, wieder aufzuwachen und dabei ganz allein zu sein. Ich konnte lesen, Krackers essen, Asthma oder auch nur schlechte Laune haben, und alles ganz allein. Aber ich bekämpfe dieses Gefühl in mir und will alles mit ihm tun, was er will. Und tatsächlich habe ich ja Angst, daß ein Tag kommen könnte, an dem er *nichts* mit mir zusammen tun möchte. Schließlich habe ich ja meine Privatsphäre, abgesehen von Dienern und Baby und Leuten, die vorbeikommen, und die zählen nicht wirklich während der Zeit, die er jeden Tag im Krankenhaus verbringt, das sollte also genug sein.

Ich habe mehr oder weniger den Versuch aufgegeben, mich mit ihm so zu unterhalten, wie Du und ich und die alte Uniclique immer miteinander geredet haben, so locker. Ich glaube, es ist vielleicht sehr unreif von mir, daß ich mir das immer noch wünsche. Es ist nämlich nicht nur nicht leicht mit ihm, sondern einfach unmöglich, und mir scheint, in diesem Fall ist er der «Erwachsene». Auch er haßt jedes Analysieren und das Fragen nach dem Warum und Weshalb von Verhalten und Motivation. Er weigert sich ganz einfach, über nutzlose Dinge wie die Vergangenheit (sogar Geschichte in ihren großen zyklischen Bewegungen) oder Gott oder die Seele zu reden oder darüber, was wir hier eigentlich tun. Und ich glaube, er hat recht; vielleicht ist das ungesund und sinnlos und eine Zeitverschwendung («unproduktiv»). Auf jeden Fall tun wir's nicht mehr. Und ich habe keinen einzigen Freund hier, habe auch, seitdem ich von der Uni fort bin, keine neuen gewonnen.

Ich habe die schreckliche Vorahnung, daß ich auch nie wieder Freunde gewinnen werde, bei diesem Existenzniveau. Vielleicht gehört auch das zum Erwachsenwerden, daß man lernt, sich innerlich selbst zu genügen wie Philip, der keine engen Beziehungen braucht. Er gibt mir das Gefühl, mit meinem Enthusiasmus und meinen unprofessionellen Marotten verzweifelt unreif zu sein. Wenn ich daran denke, versuche ich also, auf den alten Dampftopf, der ich anscheinend bin, einen Deckel zu tun. Aber es muß doch Werte geben, und ich glaube, ich habe einen gefunden. Ich möchte meinen B. A. fertig machen und vielleicht unterrichten, wenn meine Kinder in der Schule sind, egal, wo wir dann auch leben. Und ich habe auch schon drei amerikanische Universitäten angeschrieben wegen ihrer Ferienkurse, und jetzt drücke ich mir selbst die Daumen, daß es erstens zulässig ist und zweitens, daß wir uns das leisten können, was immer es kostet, bei unserem mickrigen Kolonialdienstgehalt. Ich muß hier betonen, daß ich mir über diese Dinge ständig den Kopf zerbreche. Dazu bin ich meistens viel zu beschäftigt mit den notwendigen (und erfreulichen) Angelegenheiten meines täglichen Lebens.

Wir haben jetzt eigentlich recht viel Geselligkeit, laden ein und werden eingeladen. Es ist alles sehr formell, Smoking für die Männer und lange Kleider für die Frauen. Philip hat sogar noch den Frack seines Vaters eingepackt, falls wir mal irgendwo hingehen, wo es ultraformell zugeht. Es macht eben das bloße Existieren der Leute ein bißchen lebendiger und gibt ihnen das Gefühl, daß die Zivilisation doch nicht gar so weit weg ist. Du kennst doch den alten Witz von dem Engländer, der im Dschungel im Smoking sein Abendessen einnimmt – da steckt mehr drin, als ein Ausländer sich vorstellen kann. Ich meine, mehr Sinn.

Also, das mit den Einladungen – Himmel, ich sollte nach Washington, D. C., gehen oder so einem Ort, nach allem, was ich hier draußen gelernt habe. Man macht das alles ganz korrekt. Dabei ist es so schwierig, sich für Hors d'œuvres und Fischgänge und neue Suppen und besonders für das Dessert etwas einfallen zu lassen, bei dem Mangel an anständigen Lebensmitteln, oder auch nur etwas Interessantes im sogenannten Kaufhaus. Was Cocktailparties betrifft, da hab ich's einfach aufgegeben und mache das nach, was alle anderen tun. Allerdings kann man die sowieso nicht Cocktailparties nennen, denn niemand trinkt je etwas anderes als Whisky und Soda oder Whisky und Wasser, und vielleicht einer von zwanzig nimmt mal einen Gin mit Zitrone oder einen rosa Gin. Du kannst noch nicht mal Rum oder Wodka oder so etwas kaufen. Aber es ist mir ganz recht, wenn wir beim Whisky bleiben, weil ich eigentlich gar nicht gern trinke; ich trink mir nur ab und zu mal so richtig einen an, wie Du vermutlich noch sehr gut weißt! Philip haßt es, wenn ich das tue, und ich vermeide es auch möglichst. Damen betrinken sich nicht, sie dürfen höchstens ein klein wenig beschwipst sein, aber auf keinen Fall betrunken. Aber manchmal habe ich eben Lust, mich gehen zu lassen, die Nacht durchzutanzen, faule Witze zu erzählen, aber im

Ernst, Frauen dürfen das wirklich nicht tun, nicht anders, glaube ich, wie in den Vorstädten, wo ich wahrscheinlich gelandet wäre. Es macht einen doch wütend, wenn all die Männer sich so gut amüsieren können. Ich wünschte, Philip hätte mehr Spaß am Tanzen, aber er kann nicht im Takt bleiben und kennt keine der Grundschritte, von einem eleganten Tango ganz zu schweigen. Du weißt doch noch, mit welcher Begeisterung ich immer die Nächte durchtanzt habe. Aber ich tu's doch, mit vielen anderen Männern. Er scheint nichts dagegen zu haben. Du solltest ihn sehen, wenn er an Tanzabenden im Club seine wilden irischen Tage an der Uniklinik wieder aufleben läßt, der reinste Alleinunterhalter. Ich gehe dann wegen Christopher früh nach Hause, wie zur Zeit meiner Schwangerschaft, und außerdem auch, weil ich mich langweile, wenn ich nicht stockbesoffen bin. Aber ich freue mich, daß er so viel Spaß daran hat.

Wir machen jetzt aufregende, grandiose Pläne für unseren Urlaub im August – es soll nach Belgisch-Kongo gehen. Alle erklären uns für verrückt, in so kurzer Zeit so weit zu fahren (vier Wochen), über Nairobi und Kampala. Aber ich glaube, das wird einen Riesenspaß machen, mit Baby und allem. Wir nehmen einen Boy mit, und dann wird alles sehr gut laufen, da bin ich sicher. Und Ihr geht nach Palmyra! Und Du hast an die Heroine meiner Kindheit gedacht, an Zenobia. Also, *das* war ein Leben, das man hätte nachahmen sollen! Was für eine tolle Sache, Königin zu sein und Truppen in die Schlacht zu führen. Und wenn Du auch verloren hast, bei Gott, so hast Du doch gekämpft!

Muß Schluß machen. Hoffentlich ist alles in Ordnung. Du sagst, Ihr fahrt am 19. Juni. Wohin und um was zu tun? Was für eine Aussicht, mit einem Neugeborenen. Schreib mir über jeden Schritt Deines Weges.

All meine allerbeste Liebe,
Pat

Und ein verspätetes Happy Birthday!

Solingen, Deutschland,
den 4. Juli 1956
(ein Augenblick patriotischer Schwelgerei)

Liebe, schlimm vernachlässigte Pat,
hast Du jemals den letzten Brief bekommen, den ich angefangen hatte und von dem ich nicht mehr weiß, ob ich ihn zu Ende geschrieben habe? Unsere letzte Woche ist mit solcher Geschwindigkeit vorbeigesaust, daß ich niemandem geschrieben habe, einen Koffer, ein Tagebuch, einen Handschuh, zwei Halstücher, vier Pfund verloren habe, das Leben unseres Sohnes völlig durcheinandergebracht habe und schließlich total zerknautscht bei meinen Schwiegereltern angekommen bin. Die Schiffsreise war ruhig und wunderschön, die Abfahrt von Beirut traurig, hastig, heiß und unmöglich und die Reise von Venedig eine Misere für alle. Der arme Kleine – schläft in einem Koffer quer durch Europa! Gott sei Dank konnte ich ihn noch stillen.

Sobald wir in Europa gelandet waren, wurde der Himmel kleiner und gedämpfter, die Leute wurden fröhlicher und ruhiger, die Beziehung zu unserem kultivierten Selbst war wieder hergestellt. Reinhard macht alles so schön und ist so schön. Er ist ein schrecklich süßes kleines Bündelchen und brav, brav, brav. Ich bin jetzt dabei, ihn zu entwöhnen, wobei meine mütterlichen Instinkte immer wieder zurückzucken, und das scheint für mich schmerzhafter zu sein als für ihn. Der Schmerz ist jener emotionale, der in körperlichen Gefühlen verwurzelt ist, genauso wie glückliche oder unglückliche sexuelle Gefühle. Ich entwöhne ihn nur, weil ich Sonntag in einer Woche mit Hans nach Berlin will.

Ich bin entzückt, daß ich die Stadt seiner Studententage kennenlernen werde, denn ich weiß, wie sehr die bedeutsamen Konturen einer Stadt von Studentenlieben, Entdeckungen, Arbeit und Traurigkeiten gezeichnet werden. So wird Berlin für mich noch beziehungsreicher durch die Geschichte meines Mannes als durch die Weltgeschichte. Ich will seine Akademie sehen, seine Professoren, das Mädchen, das sein Herz gebrochen hat.

Du wirst überrascht sein von unseren Neuigkeiten, aber da Du mich kennst, doch nicht allzu sehr. Wir haben unsere Plätze auf der *Ile de France* storniert. Wir fahren nicht nach Amerika. Doch im

Libanon bleiben wir auch nicht. Zufällig (wie diese Wendepunkte im Leben fast immer zustande kommen) haben wir erfahren, daß die Westküste Schottlands von einer Bevölkerungsabwanderung betroffen ist und daß dort verlassene Cottages spottbillig zu mieten sind. Wir packen also die Gelegenheit beim Schopf, nehmen das bißchen Geld, das wir von der abgesagten Schiffsreise zurückbekommen haben und machen uns auf den Weg, um sieben bis neun Monate in einem dieser kleinen Landhäuser zu verbringen, mit der ganz bestimmten Absicht, uns einmal gründlich mit uns selbst auseinanderzusetzen, künstlerisch und auch als Familie.

Wir haben nicht vor, Thoreau (oder E. B. White) zu spielen oder Schottenröcke zu tragen und barfuß zu laufen. Hans ist zum Bersten voll und weiß von der Notwendigkeit seiner Selbstfindung. Und ich fühle mich am Rande des Erträglichen, um dieses starke Bedürfnis in die Tat umzusetzen. Ich bin an dem Punkt angelangt, an dem ich mich in ein Nichts auflösen würde, wenn ich jetzt nicht die in tausend verschiedene Richtungen laufenden Gedanken zusammenhalte und aus mir herausschreibe. Siehst Du, Pat, mit 26 ist man nicht mehr so ganz jung. Wir können uns nicht weiterhin als produktiv betrachten, ohne endlich an die Arbeit zu gehen. Die Jahre zwischen 26 und 30 sind eine Art zweites «schwieriges Alter», in dem Ideen, Einflüsse, Erfahrungen Tag für Tag unbeholfen formlos herumstolpern. Es wird Zeit für ein bißchen Kristallisation – die Tugend der Beschränkung.

Hans wird Mitte August per Schiff von hier nach Edinburgh fahren. Unser Modikum an Gepäck ist bereits in Glasgow. Nördlich davon wird er sich auf die Suche nach der richtigen Behausung machen, die nicht mehr als vier englische Pfund pro Monat kosten soll, vermutlich ohne fließend Wasser oder Bad und höchstwahrscheinlich ohne Elektrizität. Wir werden nahe genug bei einem Dorf sein, um Lebensmittel kaufen zu können, medizinisch versorgt zu sein und ansonsten so einfach wie möglich leben. Wir haben höchstens 60 Dollar pro Monat für die nächsten acht Monate, werden also genauso leben wie die armen Schotten, wenn's nötig ist. Wir sind ziemlich optimistisch und freuen uns eigentlich auf die ganze Sache. Ich bin sicher, wir schaffen das schon. Tut man doch immer, nicht?

Sag mal, liebe Pat, möchtest Du Reinhards Patentante sein? Das würde ihm bestimmt sehr gefallen. Sonntag, den 15. Juli, soll er von seinem Großvater väterlicherseits getauft werden. In Deutschland ist es Sitte, daß ein Familienmitglied auch Pate sein soll, und das ist also Hans' älteste Schwester Marie. Aber wir würden uns sehr freuen, wenn auch Du über sein Leben wachen würdest. Schreib bald.

All meine Liebe,
Joyce

Mahali,
den 15. Juli 1956

Liebste Freundin,
als erstes nehme ich an, daß Du mein verrücktes Telegramm erhalten hast, in dem ich Dir sage, wie liebend gern ich Reinhards Patentante sein möchte. Es ist mir wirklich eine große Ehre, wenn ich auch, als eine Art abtrünnige katholisch-deistische Agnostikerin einige Vorbehalte in bezug auf meine Qualifikation für diese Beziehung habe. Aber ich werde mein Bestes tun. Christopher hat natürlich keine, denn er kann sich Zeit lassen mit der Taufe, bis er und ob er sich dafür entscheidet. Die Leute hier finden uns schockierend, obgleich neunzig Prozent von ihnen genau wie wir über die organisierte Religion denken. Ich versuche immer wieder, ihnen klarzumachen, was es für eine Heuchelei wäre, wenn ich ihn in ein System hineinschleusen würde, an das ich nicht wirklich glaube, entweder nur «für alle Fälle» oder um dasselbe zu tun, wie alle anderen und dabei respektabel auszusehen. Vielleicht ist das in mir noch der Überrest eines heimlichen Glaubens an die Zauberkraft der Sakramente. Wer weiß? Aber ich bin entzückt, daß ich wenigstens für Reinhard das «Richtige» tun kann.

Und nun zu Euren tollen Neuigkeiten über den Umzug nach Schottland und das Leben, das Ihr dort versuchen wollt. Ich finde kaum die Worte, um meine Begeisterung auszudrücken, und ich beneide Euch sogar! (Da, ich hab's ausgesprochen.) Manchmal denke ich, daß uns beiden (P. und mir) so ein Versuch auch guttun würde. Er findet Euch beide mutig und bewundernswert, weil Ihr so etwas unternehmt. Ich stimme mit Dir natürlich darin überein, daß sechsundzwanzig nicht mehr jung ist, aber ich will eigentlich wirklich nichts anderes mit meinem Leben tun als das, was ich jetzt tue. Ich wünschte nur, ich könnte es besser machen, so daß es noch befriedigender für mich wäre. Ich sehne mich nur manchmal nach Austausch und Gesprächen. Vielleicht sollte ich meine alten Schreibversuche mal ausgraben und einige davon umorganisieren und irgendwo einschicken. P. ermutigt mich immer sehr, wenn ich davon rede. Mein Baby ist so sehr Teil meines Lebens – ihn kann ich mit all der Zuneigung und Liebe und Fürsorge, die ich in mir habe, überschütten. Aber ich muß schon zugeben, da sind immer noch ein paar Löcher und Ritzen, durch die unversehens ein kalter Wind weht.

Wenn mir Christopher Zeit läßt, spiele ich viel Tennis. Ein herrliches Spiel. Aber sehr gut werde ich nie sein. Ich habe zu spät damit angefangen, und meine Reflexe sind nicht gut genug.

Also, während Du Dich nun aufmachst, um Dich selbst zu prüfen, werde ich nähen, im Garten buddeln, Tennis spielen, Gäste einladen und mich auf unsere Kongo-Safari vorbereiten. Hat sich das Leben für uns beide nicht sonderbar entwickelt? Ich werde mit Sehnsucht auf Nachricht von Euch warten, vom Leben in dem Landhäuschen und darüber, wie die Arbeit vorankommt. Schreib bestimmt!

Sehr viel Liebe,
Pat

Kensington, London,
den 28. August 1956

Sehr liebe Pat,
Ausreden: dieses miserable Briefpapier; eine so lange Wartezeit. Dein Telegramm kam rechtzeitig zur Taufe, so daß wir Dich ganz proper als Patentante präsentieren konnten, worüber ich sehr froh war. Vielen Dank dafür. Hier in London sind meine Gedanken erfüllt von Dir und Philip, und ich muß schreiben. Es war unter anderem auch Mangel an Geld für die Briefmarken, der meine Antwort so verzögert hat. Aber wir haben es jetzt fast geschafft, und jetzt ist es soweit: Das Jahr beginnt. Hans ist nach Schottland vorausgefahren und hat, nachdem er über fünfzig Meilen weit herumgelaufen ist, ein nahezu ideales Plätzchen für uns gefunden.

Ich hoffe, Du wirst die beiliegende Adresse oft benutzen, denn

Post wird dort wirklich unsere ganze Geselligkeit ausmachen, fürchte ich. Das schlimmste war, daß das Haus erst am 3. September frei wurde, so daß wir die Zeit hier in London überbrücken mußten. Natürlich habe ich das genossen, aber wir konnten es uns kaum leisten, selbst bei im Hotelzimmer gekochten Suppen aus der Tüte. Aber ich fühle mich hier so wohl und heimisch; ich mag London. Nach der Zeit im Orient bin ich hier richtig dankbar für die plötzliche Abwesenheit von lautem Geschrei, für die Blicke ohne Mißtrauen, für unkompliziertes Kaufen und Verkaufen. Sogar für das Klima. Gestern bin ich stundenlang, pitschnaß, am Fluß entlanggelaufen. Ich kann mir vorstellen, daß man hier sehr glücklich leben könnte. Vielleicht tun wir das auch. Wir setzen große Hoffnungen auf die Ausstellungsmöglichkeiten in England und haben auch schon einige wichtige Kontaktadressen.

Aber ach, Pat, ich sehne mich im Augenblick so richtig danach, mit Frauen zusammen zu sein. Wenn ich wenigstens mit Dir mal einen ganzen Nachmittag lang reden könnte. Einen Menschen, mit dem man das wirklich gut kann, hat's schon lange nicht mehr gegeben. In Beirut wurde ich leider zu spät mit einer sympathischen englischen Professorenfrau bekannt, das wäre genau die richtige gewesen, aber zu spät. Ansonsten bestanden unsere Freundschaften in Beirut aus einem englischen Ehepaar, das uns viel zu sehr bewunderte, um die Sache interessant zu machen, einem guten New Yorker Ehepaar, das uns immer Bilder abkaufte, aber allzu neurotisch war, und einem wundervollen Philosophieprofessor, dessen Frau ich, wie gesagt, fast nähergekommen wäre, aber eben nur beinahe. In Frankreich war niemand. Seit Salt Lake City bin ich eigentlich überhaupt immer mehr zur Einzelgängerin geworden, zumindest was Frauenfreundschaften betrifft. Warum sollte es so schwer sein, die richtigen Menschen zu finden? Erwarten wir so viel? Jedenfalls fehlst Du mir.

Ich glaube, wir haben ein ganz klein bißchen Angst davor, daß uns auf einmal soviel freie Zeit zur Verfügung steht. Es wird einem sicher noch klar werden, wie sehr man Stundenpläne und Pflichten nötig hat, um nicht den Verstand zu verlieren. Nicht daß wir beide nicht genug zu tun hätten, aber so viel Freiheit, sich die Zeit selbst einzuteilen, ist fast beängstigend, weil man sich dann nämlich nichts mehr vormachen oder Wunschbilder von sich selbst aufbauen kann.

Ich muß jetzt endlich beweisen, daß ich Schriftstellerin bin (egal, was für eine) – oder mit diesen Spielchen ein für allemal aufhören. Und Hans ist zum Bersten voll von Ideen und kann es nicht mehr erwarten, an seine Farbtöpfe zu kommen. Im Augenblick sind wir ziemlich abgebrannt, aber von hier sieht es so aus, als ob Gemälde ausgezeichnete Preise bringen und das Publikum recht zahlungswillig ist. Es schaut ganz hoffnungsvoll aus.

Unser Haus ist doch nicht so primitiv. Wir haben Elektrizität zum Kochen, fließend Wasser (Gott sei Dank!) und vier Zimmer. Es steht in einem Fischerdorf am *Loch Tyne*, Tarbert, mit etwa 2000 Einwohnern, Arzt, Laden mit allem, was man braucht. Unser Haus ist das letzte am *loch*, und es wird dort sehr ruhig sein, denn die Straße endet hier. Mit dem Dampfschiff über den *loch* sind wir in etwa drei Stunden von Glasgow entfernt und vier von Edinburgh. Bis jetzt ist alles so gelaufen, wie wir uns das erhofft hatten. Wenn wir jetzt nur die Arbeit schaffen ...

Alle beste Liebe,
Joyce

Mahali, den 8. September 1956

Sehr liebe Joyce,
Dein Brief aus London erreichte uns in unglaublich kurzer Zeit! Ihr beginnt also das große Abenteuer. Wie ich Euch beneide. Das ist wirklich etwas, was eine Anstrengung wert ist. Ich weiß, was Du meinst, wenn Du von London sprichst. Manchmal vermisse ich es fast schmerzlich, seinen zivilisierten Lebensstil, seine Menschen, alles, was dem Leben hier draußen eben fehlt. Selbst eine Woche in Nairobi konnte mich nicht zufriedenstellen – Nairobi, der nächstgelegene «Fleischtopf» in einem Umkreis von Tausenden von Meilen, und, nebenbei bemerkt, auch nicht so großartig. Neulich hatte ich Dir geschrieben, daß ich auch überhaupt keine Freunde habe, nur Bekannte, und ich hab Sehnsucht nach Dir, nach Austausch, nach Gesprächen! Meine Güte, ich habe die Nase voll von dem Gerede über Babies, Boys und Gärten. Und wie sehr sie alle die «Heimat» vermissen, wo immer die auch sein mag. Ich sage es vielleicht zu Dir, und Dir allein, daß mir auch nicht jeder Aspekt des Lebens

hier draußen gefällt, aber ich quatsche doch nicht tagtäglich den ganzen Tag davon, und außerdem mag ich fast alles, was das Leben hier bietet, glaub's oder nicht. Du fragst, ob wir zu viel verlangen? Nein, ich glaube nicht. Ich halte unseren Standard nicht für unmöglich. Ich glaube, die meisten Menschen haben vielleicht Angst vor engen Freundschaften, Angst, daß sie zu viel von sich selbst geben würden (als ob Liebe und Vertrauen Verbrauchsgüter wären, von denen jeder nur eine begrenzte Menge besitzt, etwa so wie G. B. Shaw mit seinen Herzschlägen und Spermata, nicht?), und außerdem ist eine gute Freundschaft nicht nur selten, sondern ist auch ein ungeheurer Gewinn, was die meisten nicht zu verstehen scheinen. P. ist ganz sicher mein bester Freund, aber ich wünschte, wir könnten mehr miteinander über wirklich wichtige Dinge sprechen – Du verstehst, was ich meine.

Ich will Dir mal etwas erzählen, was teils lächerlich und teils traurig ist, es passierte letzten Monat, nach unserer Rückkehr aus dem Kongo. Ich fühlte mich eines Abends wie ein winziger Punkt auf einer enormen Reliefkarte von Afrika und sagte zu ihm, laß uns diesen Samstag nicht in den Club gehen, laß uns zu Hause bleiben und Wein trinken und französische Lyrik lesen, was von vornherein töricht von mir war, denn ich glaube, er mag Lyrik nicht besonders. Er hat das zwar nie gesagt, aber ich habe ihn noch nie welche lesen sehen. Jedenfalls habe ich ein ganz erlesenes Essen gemacht, wir haben uns schön angezogen, die Kerzen im Wohnzimmer angezündet statt dieser gräßlichen Aladin-Lampen, nur für uns zwei, wir haben gerade genug getrunken, um uns entspannt zu fühlen. Dann hab ich versucht, ihn zum Vorlesen zu überreden, aber er wollte nicht und sagte, mein Akzent sei besser. Ich hab also Lamartine gelesen *(‹Le Lac›)*, und zwischen den Versen schaute ich zufällig zu Philip hinüber und da hatte er diesen glasigen, meilenweit entfernten Gesichtsausdruck, so als ob er in einem schrecklich langweiligen Theaterstück säße und auf die Pause wartete. Es war das erste Mal in unseren mehr als drei Jahren zusammen, soweit ich mich erinnern kann, daß mir wirklich die Wut hochkam (und ohne Grund! Das ist das Schlimme), und ich habe das Buch hingeschmissen und gebrüllt. «Also was, zum Teufel, willst Du eigentlich?» Und er sah mich kalt an, sagte «Dies war Deine Idee, nicht meine», und ging ins Eßzimmer und fing an, in seinen Papieren zu kramen. Es war ein kompletter Reinfall, und ich hätte mir das von vornherein nicht ausdenken und schon gar nicht grundlos wütend werden sollen. Es stimmt schon, es *war* meine Idee, nicht seine, und er war wirklich nicht sehr begeistert davon, wollte nur nett zu mir sein und mich tun lassen, was ich wollte. Ich bin ein Biest und einfach nicht zufriedenzustellen, glaube ich. Ich *muß* ganz einfach aufhören, mich nach Dingen zu sehnen, die ich nicht haben kann und zufrieden sein mit dem, was ich habe (bin ich ja auch, meistens, füge ich schnell hinzu).

Schwanger bin ich noch nicht und will es jetzt auch nicht werden, bis wir vom Urlaub zurückkommen (Feb.–März 1956), weil ich unsere wunderschöne Zeit nicht durch ein kleines Baby verderben will. Wir wollen uns nun doch für eine weitere Tour hier verpflichten, denn die Regierung bezahlt P. für einen Diplomkursus in Tropenmedizin in London *und* gibt uns danach noch einmal drei Monate Urlaub. Neun ganze Monate in Europa! Wenn wir Glück haben, seid Ihr drei vielleicht auch noch da? Christopher ist so ein wundervolles Baby; er weint oder quengelt nie, kränkelt überhaupt nicht, schläft immer, wenn er schlafen soll. Und er ist sehr aufgeweckt und schmust gern.

Ich möchte jetzt nicht gönnerhaft wie die Dame mit dem Füllhorn klingen, die gnädigst ein paar Shillings an verarmte Künstler austeilt, aber Du und ich, wir sind so gut befreundet, daß Du mich gar nicht mißverstehen könntest, und ich möchte Euch beiden (dreien!) finanzielle Hilfe anbieten, soweit das in unseren mageren Kräften steht, falls es Euch schlecht gehen sollte. Ich meine das aufrichtig. Ich weiß, Ihr würdet das für mich auch tun, in Liebe und Vertrauen, genau wie ich. Und darf ich Reinhard für den kalten schottischen Winter Schuhe schicken? Pullover? Oder was sonst?

Ich bin so gespannt auf einen Bericht über Euer Leben. Habt Ihr heißes Wasser? Elektrizität? Möbel? Einen Garten, in dem Reinhard spielen kann? Erzähl mir auch die kleinsten Einzelheiten, ich bin unersättlich. Manchmal denke ich, Du bist das einzige Licht, das von der Außenwelt in mein Leben hereinscheint. Von meiner Familie bekomme ich überhaupt keine Post (Mutter liegt gerade in den ersten Wehen ihrer vierten Ehe), und ich fühle mich fett, verblüht und fünfzig, obwohl ich doch dünn, sonnengebräunt und erst fünfundzwanzig bin. Eigentlich wollte ich Dir ausführlich über unsere unheimlich lange, faszinierende Kongo-Safari berichten, aber das hebe ich fürs nächste Mal auf.

Kommst Du Dir wie im Exil vor, nach so langer Zeit in Übersee und besonders, seit Du mit einem Europäer verheiratet bist? Ich tu's und tu's auch wieder nicht, und dies nicht abwechselnd, sondern gleichzeitig. Es gibt *so* vieles, was ich an England und am Kolonialleben schätze, schon allein das Aufregende, in Afrika zu sein, die Rituale und die Ordnung unseres Lebens, wie sich die Tage langsam entfalten, jeder einzelne genau wie der andere, was eigentlich ja wie das Gegenteil von aufregend klingt, aber Du verstehst schon, was ich meine. Ich wüßte gern, wo wir uns schließlich für immer niederlassen werden, denn hier sind wir ja nur vorübergehend. Eins ist sicher, dies ist ein großartiger Ort, kleine Babies zu bekommen und großzuziehen.

All meine Liebe,
Pat

(Postkarte)

Mahali,
den 14. September 1956

Liebe Freundin Joyce,
ich hab versucht, mir vorzustellen, was ich gerne hätte, wenn ich täte, was Du jetzt tust, und da hab ich Dir ganz spontan ein Jahresabonnement für das *Times Literary Supplement* bestellt. Hoffentlich genießt Du es und denkst beim Lesen an mich, die ich hier in den unintellektuellen ollen Tropen dahinschmachte. Ich sehe gerade in unserem Sonntags-*Observer*, daß da ein Wettbewerb für Kurzgeschichten läuft, mit kleinen Geldpreisen. Warum beteiligst Du Dich nicht? Dein immer liebender Kumpel,

Lady Patricia Füllhorn

Tarbert, Schottland,
den 15. September 1956

Sehr liebe, treue Freundin (noch nicht fett, fünfzig oder verblüht), dank Dir. Wie schön zu wissen, daß da irgendwo eine Frau meines Alters ist, die mich versteht und nicht nur in der Theorie oder guten Absicht. Das wird mich in meinen freundlosen Stunden in Tarbert trösten. – Hans und Reinhard sind natürlich gute Gesellschaft. Aber ich würde so gern mit einer Frau reden, die mir wirklich etwas bedeutet.

Ich schicke dies jetzt gleich ab, mit der neuen Methode. Das heißt, ich antworte auf Post umgehend (am selben Tag, an dem ich sie empfange) per Schiffspost, so bekommt das Ganze den Anschein der Pünktlichkeit, und gleichzeitig spare ich genug für alle unsere seltenen und *lächerlich* hoch besteuerten Zigaretten. Wie Du Dir an Hand der gesparten Briefmarken ausrechnen kannst, kommt das auf etwa zwei Zigaretten alle vierzehn Tage.

Ansonsten haben wir hier wirklich nicht zu leiden, und unser Leben «wie die Eingeborenen» sieht sehr viel weniger entbehrungsreich aus (materiell und physisch) als das, worauf ich mich schon zähneknirschend vorbereitet hatte. Ich hatte nämlich zunächst Visionen von einem Exil in den Hebriden, Ziegenmilch, Wasser aus der Pumpe, Post zweimal im Jahr und Grassuppe. Statt dessen haben wir das dritte Programm vom BBC, unseren ganzen Bach, fließend Wasser, eine anständige elektrische Kochplatte mit einer winzigen Bratröhre darunter (groß genug für ein einziges Frühstücksbrötchen für Reinhard), einen Arzt nur fünf Häuser weiter, ein Boot direkt vor der Tür, falls wir mal ganz schnell aus unserem unmittelbar benachbarten (himmlischen) *Loch Fyne* ein paar Fische brauchen, und ein Badezimmer mit einer Toilette, die besser spült als sämtliche Toiletten, mit denen ich in Frankreich zu tun hatte, selbst wenn man in allen gleichzeitig am Schnürchen ziehen würde.

Wir haben vier Zimmer – eine enorme Küche mit Sofa, Wäscheleine, Küchenschränken, Babys Schränkchen, Eßtisch und Tisch zum Windelwechseln (wann soll ich anfangen, ihn aufs Töpfchen zu setzen???) und einen Schreibmaschinentisch zum Sitzen-und-auf-die-Muse-Warten; ein Badezimmer, einen Korridor und ein Wohnzimmer, wo wir in einer Ecke auf einem großen, hohen, harten (und unpraktischen) Bett schlafen und wo Hans in einer anderen Ecke malt (und er ist schon etwa sieben Stunden pro Tag am Werk); und ein kleinwinziges (*«wee»* ist das einzige Adjektiv, das die Schotten kennen) stockdunkles Zimmer, in dem dieses kleine Ding schlafen soll, und er tut es auch, wenn er nicht gerade einen neuen Zahn bekommt, und das heißt, neuerdings schläft er nie. Ich muß diese Klage modifizieren, denn er ist wirklich so schrecklich lieb. Unsere Heizung soll aus offenen kleinen Kohlefeuern bestehen, aber wir haben noch keine Kohle. Nein, einen richtigen Garten haben wir nicht, aber ein unebenes, löcheriges, schräges, amorphes Stückchen Land hinterm Haus, wo ich Wäsche aufhängen kann, vorausgesetzt, das Wetter, neun Hühner, sechs Katzen und ein Hund erlauben es. Ja, alles ist so komplett möbliert, daß wir täglich eine Stunde abzweigen, um ausladende Buffets, Vasen aus dem 19. Jahrhundert mit orange und blauer Elephantiase und eierkuchenflache Gemälde vom örtlichen Sonntagsmaler auseinanderzunehmen und zu verstecken. Wir haben einen schönen Beduinenteppich mitgebracht, einen Stuhl und ein Kaffeetischchen aus Damaskus und Lampen, die Hans aus Chiantiflaschen gemacht hat, und einen schwarzen Ziegenhaarteppich; und natürlich geben unsere Bücher dem Ganzen jenes Gefühl von «uns», das wir zugegebenermaßen so genießen.

Nein, soweit ich sie bisher kennengelernt habe, sind die Schotten ganz liebenswerte Menschen. Schon allein ihre Freundlichkeit fordert geradezu einen Vergleich mit der französischen Schul- und Straßenszene, die ich kenne, heraus, und da stellen sich die Franzosen bucklig und böse dar. Nach allem, was ich hier sehe, sind sie *wirklich* warmherzig, offen genug, um keinen Krampf aufkommen zu lassen, aber zurückhaltend genug, um sich nicht einzumischen oder allzu neugierig zu sein.

Und wie schön, wie ausgezeichnet ist es doch, wieder Ruhe zu haben, die Möglichkeit, all die Geräusche der Natur zu hören jenseits der Kakophonie der Menge. Hier, direkt unter unserem Fenster, schlagen die leisen Wellen des *loch* ans Ufer, hin und zurück, und flatternde Wolken von Möwen ziehen zeternd über die bernsteinbraunen Fischerboote.

Aber ich sollte lieber Deine Frage beantworten, bevor ich zur Rhapsodin der Schönheiten Schottlands werde. Vor allem, weil Reinhard sich vorgenommen hat, Deinen Brief zu zerreißen und aufzuessen. Es ist lieb von Dir, daß Du Schuhe schicken willst. Es ist noch nicht lange her, seit ich ihm sein erstes Paar in Deutschland gekauft habe, und die sind immer noch so groß für seine kleinen pummeligen Füße, daß sie noch bis März oder so passen müßten. Ich glaube also nicht, daß er Schuhe am nötigsten braucht. Was er wirklich braucht, ist eher so etwas wie ein Mäntelchen, mehr als einen Pullover.

O Pat, es ist so gut hier. Ich frage mich, ob es schlimm wird, wenn wir in die Staaten zurückgehen, mit ihrer fieberhaften Geschäftigkeit. Aber vielleicht wird auch alles ganz anders. Worauf ich hoffe ist, daß wir zusammen genug Geld verdienen können, um den Mai dieses Jahres in Paris zu verbringen, am besten in Verbindung mit einer Ausstellung, und vielleicht sogar ohne Reinhard, der für kurze Zeit bei seiner Großmutter bleiben könnte. Dafür möchte ich wirklich genug Geld verdienen, bevor wir nach Amerika gehen. Natürlich haben wir keine Ahnung, was für Arbeitsmöglichkeiten uns zur Verfügung stehen werden.

Wenn ich ganz ehrlich sein darf, sage ich Dir, daß ich über ein Zeitschriftenabonnement nach hier ganz entzückt wäre, und wir können uns das nicht leisten – *Times Literary Supplement* oder *Les Arts et Spectacles* oder irgend so etwas wäre herrlich, damit man von der gegenwärtigen Welt nicht allzu isoliert wird. Und ich danke Dir für Dein Angebot, uns zu helfen, wenn es nötig wird. Es sieht zwar so aus, als ob es uns ganz gutgehen wird, aber ich schätze Dein Angebot so hoch ein, daß ich Dich sogar bitten würde, wenn wir etwas brauchten.

Schreib mir oft. Es bedeutet so sehr viel.

Meine Liebe Euch dreien,
Joyce

Mahali,
den 18. September 1956

Liebste Joyce,
ich warte dauernd auf Post von Dir, hier in den Tiefen (oder Höhen, wenn Du willst), von Argyllshire, die Postzüge kommen, aber immer noch nichts von Dir. Ich schreibe aber trotzdem, denn Du hast ja klar gemacht, wie kostbar Post für Dich ist. Ich halte Dich nur

Sparsam zu sein wie die Schotten …

… setzt voraus, daß überhaupt etwas zum Sparen vorhanden ist. Aber in Schottland zu leben und arm zu sein ist fast schon Ironie des Schicksals.

Da wagt man gar nicht zu spekulieren, wie es wohl wäre, wenn man sich mit Hilfe einer kleinen finanziellen Rücklage einen Abstecher in das frühlingshafte Paris leisten könnte.

Schotte müßte man sein – oder Pfandbriefbesitzer.

mal auf dem laufenden mit ein paar Kostproben aus meinem Leben hier. Die größte Neuigkeit ist natürlich diese verdammte Suez-Kanal-Affäre. Unsere Lebenshaltungskosten werden in den nächsten paar Monaten raketenartig in die Höhe schießen. Sämtliche Schiffe werden um das Kap herumgeführt, was Frachtkosten verdoppelt, und die sind ohnehin schon hoch genug. Gott sei Dank leben wir nicht in Aden oder Port Sudan. Armes altes England. Wir hatten alle eine entsetzliche Angst vor einem Krieg, bis die Staaten vor ein paar Tagen intervenierten mit ihrem Angebot, südamerikanisches Öl für Europa zu subventionieren. *Alles,* um einen weiteren Krieg zu verhindern! Es ist seit Tagen das einzige Gesprächsthema hier draußen, und jeder hockt Tag und Nacht vor dem nächsten Kurzwellenradio. Wir sind so nahe dran und so unmittelbar betroffen.

Wir sind (mit noch ein paar tausend Leuten) zu einer *baraza* in Dar-es-Salaam eingeladen (eine große formelle Festivität), um Prinzessin Margaret zu ihrem kommenden Staatsbesuch zu sehen, und ich muß zugeben, daß ich die Aussicht darauf doch ziemlich aufregend finde. Ich habe mir schon immer sehnsüchtig gewünscht, mal so ein altmodisches Gala-Schauspiel mitzuerleben, ein *durbar,* zum Beispiel, im viktorianischen Indien zur Blütezeit des Imperialismus, und dies ist besser als gar nichts. Ich will mir ein neues Kleid für die Gartenparty nähen und einen neuen Hut und neue Handschuhe kaufen, was offensichtlich albern ist in Anbetracht der Tatsache, daß ich nur Teil der gesichtslosen Menge sein werde und nicht zu jener privilegierten Gruppe gehöre, deren Mitglieder tatsächlich die geheiligte königliche Hand sehen und sogar schütteln werden.

Ich koche übrigens immer mehr selbst, die Einheimischen sind nämlich schrecklich, und ich wiederum scheine keine besonders inspirierte (oder inspirierende) Lehrerin zu sein. Sehr widerstrebend habe ich vor ein paar Monaten begonnen, Brot zu backen, und ich habe es jetzt endlich kapiert, bin aber nicht gerade verliebt in diese Beschäftigung, täglich, sieben Tage in der Woche, ad infinitum. Kompott und Marmelade und solche Sachen mache ich übrigens auch selbst, aus allem, was gerade so verfügbar ist (und das ist weder viel noch oft).

Eine enttäuschende Sache ist passiert (oder vielmehr, ist nicht passiert). Ich habe von zwei der amerikanischen Universitäten gehört, an die ich wegen Korrespondenzkursen geschrieben hatte, und sicher werden die Antworten der übrigen ähnlich ausfallen. Sie sind unglaublich teuer, und wir könnten uns das gar nicht leisten, ganz zu schweigen davon, daß wir auch gar nicht so viel amerikanische Devisen auftreiben. Damit ist es also aus. Ich habe jetzt ganz verzweifelt an die Universität von London geschrieben, obwohl das System ja so ganz anders ist, und so wie ich das verstehe, werden meine Seminarscheine aus zwei Jahren Studium nicht angerechnet. Mal sehen, was sie anzubieten haben. Ich möchte mich so dringend formell für etwas qualifizieren – etwas anderes, als Pampelmusenmarmeladekochen oder Brotbacken für den Rest meiner Tage. Für ein paar Jahre mag das okay sein, aber ... Die meiste Zeit vegetiere ich ja ganz glücklich vor mich hin, aber ab und zu rege ich mich plötzlich richtig darüber auf und mache mir Sorgen, daß mein Intellekt sich eines Tages völlig auflösen wird, wenn ich nicht *irgend etwas* damit anfange!

Ich denke immer an Dich und stelle mir vor, was Du in Tarbert so tust (ich habe es auf der Karte gefunden – bin nie in Schottland gewesen, würde aber liebend gern mal hinkommen). Ich sterbe fast vor Sehnsucht auf Post von Dir.

Sehr viel Liebe und Bewunderung,
Pat

Tarbert,
den 5. Oktober 1956

Liebste Pat,
Deine Briefe sind so ermutigend, so gut, daß sie im Augenblick wie eine höchst notwendige Zündkerze wirken. Es ist so verdammt schwierig! Wobei die Schwierigkeit natürlich mehr im Moralischen als im Physischen liegt. Es scheint, als hätte ich ziemlich wenig Zeit. Die Hausarbeit verlangt mir eine Menge ab, aber ich frage mich, ob ich nicht eigentlich selbst dazu beitrage, daß sie so wenig für das wesentlich Schwierigere freiläßt, nämlich die Freiheit, vor der einen anstarrenden Schreibmaschine zu sitzen. Ich werde bis zum letzten Moment dieses Jahres durchhalten, bevor ich aufgebe, und wenn ich das muß, tue ich's, ohne mir insgeheim die Illusion zu bewahren,

daß ich später doch noch eine verdammte *Schriftstellerin* werde. Denn wenn ich es jetzt nicht schaffe, weiß der Himmel, dann schaffe ich's nie, mit immer mehr Kindern, gesellschaftlichen Verpflichtungen, usw., usw. Dieses Jahr ist ein riesengroßer Spiegel, und bei Jahresende werde ich mich darin deutlich erkennen können, und das allein ist schon gut, auch, wenn es enttäuschend sein sollte.

Aber es ist doch gut, daß wir hier sind. Hans arbeitet intensiv und mit Erfolg. Weißt Du, er ist fraglos derjenige mit dem bedeutenden Talent in dieser Familie, mit einem Ziel oder einer «Linie», wie er es nennt, die die Dinge in sinnvoller Beziehung zueinander hält. Gestern hat er zwölf Stunden durchgearbeitet. Während die Bilder trocknen, arbeitet er an Holzschnitten, wenn ihn das physisch ermüdet, zeichnet er. Am 22. Oktober geht er nach Edinburgh und wird dort versuchen, eine Ausstellung zu arrangieren. Wir müssen bis zum ersten des kommenden Jahres etwas Geld verdienen, sonst heißt es, wieder weg von hier.

Ich habe vor (und das verrate ich niemand außer Dir), ein Buch für Reinhard bis zu seinem Geburtstag fertig zu haben (es läßt sich gut an), und einen hoffentlich nicht allzu apologetischen ersten Roman bis etwa so um Weihnachten. Klingt unternehmend? Auf jeden Fall wird das Kinderbuch fertig. Mich quält der Verdacht, daß ich große Schwächen habe, vielleicht sogar groß genug, um mir alles zu verbauen. Zum Beispiel meine Unfähigkeit (auf Grund eines allzu schwachen Gedächtnisses), die Subtilitäten der Dialoge zu bewältigen. Lyrik ist am leichtesten für mich, weil sie weniger von der Erinnerung verlangt und subjektiver sein kann, und ich komme einfach nicht von diesem ärgerlichen Hang zum Persönlichen los. Hans hat schon recht, wenn er will, daß ich die Lyrik dieses Jahr beiseite lege, aber ich glaube nicht, daß ich das kann. Ich arbeite jetzt an verschiedenen Kurzgeschichten, Artikeln für ein deutsch-amerikanisches Magazin, ein paar Essays, eventuell, in der Hoffnung, daß ich damit vielleicht etwas Geld verdienen kann. Kurze Prosaskizzen vom Leben im Libanon kommen diesen Monat im *Middle East Forum* heraus, mit Skizzen von Hans. Aber wie gesagt, es ist die Arbeit meines Mannes, die das Interesse herausfordert. Wenn ich gewußt hätte, wie begabt er ist, hätte ich ihn vielleicht nicht geheiratet. Denk mal darüber nach, und versuche es zu verstehen. Aber ich lerne von ihm, Pat, Du kannst Dir nicht vorstellen, wieviel. Es war schwierig für mich, mich in die Kunst der Malerei einzufühlen – am schwierigsten von allem. Außerdem hat er eine großartige Idee, die allerdings perfekt realisiert werden muß. Wenn das gelingt, könnte die Sache nicht nur erfolgreich, sondern auch notwendig werden. Aber darüber kann ich jetzt noch nicht reden.

Wir essen alle möglichen erstaunlichen Sachen hier, allerlei Fisch und gestern sogar Kormoran. Erlesener, voller Geschmack. Hans hat neulich Muscheln gesammelt, und die waren auch gut, obwohl ich nach meinem Jahr in Laval geglaubt hatte, ich könnte nie wieder einer ins Auge sehen. Bald werden wir auch Schnecken sammeln. Ich habe mehrere Gläser mit Pflaumen eingemacht, und jetzt kommt noch Brombeermarmelade. Es wird kalt, windig – wundervolle silberleuchtende Farben. Schottland ist hinreißend. Ich muß jetzt gehen und schließe mit viel Liebe und Freude darüber, daß Du angefangen hast zu arbeiten. *Supplement* ist angekommen.

Joyce

Tarbert,
den 12. Oktober 1956

Meine liebe, liebe Freundin, Landsmännin, Co-Exilantin, Klassenkameradin und Seelenverwandte!

Ich denke wieder an Dich, stelle mir (unrealistisch) vor, wie Du mit Deiner Familie gerade um die Ecke kommst, Pier Road, Du schiebst Christopher im Wagen vor Dir her, damit er endlich Reinhard kennenlernt. Wie sehr ich mir einen Nachmittag mit Dir wünsche, einen langen Abend, der so weit in die Nacht hineinreicht, daß wir uns um 4 Uhr 30 in der Frühe ein riesiges köstliches Mahl kochen müßten. So was brauchten wir!

Es muß Dir wie eine lange Phase der Gleichgültigkeit vorgekommen sein, bis mein Schiffspostbrief Dich erreicht hat. Ich tu das wirklich ungern, blöde Sache. Also schicke ich Dir dies, um Dich wissen zu lassen, daß Deine Briefe mir immer helfen und dankbar empfangen werden. Du bist der einzige, ehrlich besorgte Briefpartner, den ich noch habe. Verliere jedoch nicht ganz das Vertrauen; wir sind am Arbeiten.

Es ist einfach verdammt, verdammt schwer. Und langsam. Ich

finde es ziemlich schwierig zu tippen, während Reinhard unterm Tisch auf meinen Füßen steht und seinen Kopf unter der Maschine gegen den Tisch stößt, mit Krach und Weh. Aber was soll man tun? Meine besten Denk-Zeiten waren schon immer die Morgenstunden, und es fällt mir nicht leicht, mich versuchsweise an die Arbeit zu machen, lange nachdem er im Bett liegt. Die Disziplin ist nicht so schlimm. Ich sitze hier Nacht für Nacht, aber der Geist macht nicht mit. Er torkelt hinaus und singt falsche Töne. Wenn ich daran denke, daß wir jetzt schon genauso lange hier in Tarbert sind wie vorher in Solingen, dann kommt mir der Winter beängstigend kurz vor, und der finanzielle Druck wird stärker. Hans wird ganz deprimiert, wenn er die wichtigen Sachen beiseite schieben muß, um ein bißchen Geld zu verdienen. Er sagt: «Es ist besser, man macht alle möglichen cleveren, leichten, populären Mätzchen, als sie [die Dinge, die ihm so viel bedeuten] zu unterdrücken.» Und: «Gerade dies wollte ich in diesem Jahr nicht geschehen lassen.»

Also, wir machen eine Serie von Weihnachtskarten, bestimmt zu spät, auf die Anzeige im *T. Lit. Supp.* hin. Er macht eine Serie von schottischen Landschaften in Aquarell und Federzeichnung für Postkarten. Wir versuchen's eben weiterhin.

Im Augenblick lese ich nur Französisch, aber ich studiere täglich Deutsch, in der Hoffnung, daß ich meine Doktorandenprüfung in beiden Sprachen bestehen kann, wenn wir im Mai oder April nach Salt Lake gehen, denn besser als jetzt werde ich sie wahrscheinlich nie können. Aber wer ist schon dumm genug, promovieren zu wollen, um Himmels willen???

All meine beste Liebe,
Joyce

Mahali,
den 15. Oktober 1956

Meine allerliebste Freundin,
aus dieser (nicht nur geographischen) Entfernung kann ich nur sagen, wie leid es mir tut, daß Ihr so zu kämpfen habt. Ich bin richtig stolz darauf, Euch beide zu kennen. Es ist wundervoll, daß Hans so intensiv und gut arbeitet. Du hast mich dazu inspiriert, meine alten

College-Bücher und Schreibversuche herauszusuchen, und jetzt will ich mal sehen, ob ich nicht ein bißchen Ordnung in meine Seele bringen und wenigstens ein paar Kurzgeschichten produzieren kann (oder habe ich Dir das schon geschrieben?).

Christopher entwickelt sich so süß. Er hat eine neue Sprache erfunden, lauter Brummtöne, und wenn Du ihn anbrummst, brummt er sogleich zurück. Er läuft jetzt in seinem Ställchen und hält sich am Rand fest. Neun Monate sind ein bezauberndes Alter.

Habt Ihr schon mal daran gedacht, hierher nach Afrika zu kommen, als Schul- oder Hochschullehrer, Ihr zwei, wenn Ihr mit Eurem schottischen Geld am Ende seid? Man bekommt alle drei Jahre einen langen Urlaub in Europa, hat Dienstpersonal, genug Freiheit, die Kinder großzuziehen und sich um Mann und Haushalt zu kümmern – und zwar mit einiger Bequemlichkeit. Besonders, wenn Ihr an einer Universität in der Hauptstadt wärt, mit Bibliothek, Elektrizität und eben doch mehr als nur den Hauch einer Ahnung, daß es da draußen wirklich eine große weite Welt gibt.

Meine tiefste Liebe,
Pat

Tarbert, den 29. Oktober 1956

Sehr liebe Pat!
Du bist so gut zu mir. Nicht nur, weil Du dem Jungen, der hier ganz allein neben mir steht, kleine, unerwartete Geschenke schickst und weil ich mich sehr freue, daß Du seine Patentante bist, sondern weil Deine Briefe immer gerade am richtigen Tag kommen. Das ist echte Telepathie. Ich bekomme zur Zeit nur wenig Post.

Endlich bin ich jetzt dabei, die Bibel zu lesen. Hab's in Deutsch und Englisch versucht, aber das Deutsche habe ich doch aufgegeben. Aber sie ist stellenweise großartig. Ich glaube, Drama und Sinnlichkeit sind die vorzüglichsten Qualitäten des Alten Testaments. Und wenn wir schon vom Alten Testament sprechen, da muß ich stolz ankündigen, daß ein Holzschnitt, betitelt «Daniels Traum», an dem Hans so intensiv gearbeitet hatte und den wir noch in den frühen Morgenstunden gedruckt hatten, eine «ehrenvolle Anerkennung» gewonnen hat und vom Victoria and Albert Museum angekauft wird, nachdem er in einer Wanderausstellung durch ganz England zu sehen ist. Das Honorar dafür bringt uns zwar nicht durch den Januar, aber ich bin doch sehr froh. Von ungefähr 400 Teilnehmern, das ist gar nicht so schlecht.

Mittwoch fährt er nach Edinburgh, einen Tag nach unserem zweiten Hochzeitstag. Er wird etwa fünf Tage fort sein und dort versuchen, mit Professoren und Studenten der Akademie Kontakt aufzunehmen, in der Hoffnung, eine Ausstellung zu arrangieren. Er hat in letzter Zeit bis spät in die Nacht hinein gearbeitet, um eine gute Auswahl von Zeichnungen und Gemälden fertigzustellen für sein Portfolio. Es tut mir weh, ihn so unter Druck zu sehen, unter diesem Ausstellungs- und Verkaufsz*wang*. Keine gute Arbeitsatmosphäre.

Zwischen meinem Bruder und mir hat sich ein Abgrund von «Dissympathie» aufgetan. Er hat neun Monate gebraucht, um die Geburt unseres Sohnes überhaupt nur zur Kenntnis zu nehmen, und in dem Brief äußerte er sich wesentlich enthusiastischer über die Schwangerschaft seiner Katzen als über das Resultat der meinigen. Er ist Präsident der Kalifornischen Katzengesellschaft geworden – ein passender Höhepunkt, finde ich. Er fühlt sich sehr stark als Expatriierter, aber ich glaube, das ist eher gewollt, als echte Notwendigkeit. Ich meine, die Bemerkung, New Yorker hätten absolut keine Verbindung zur Realität, das ist doch wohl ein bißchen weit hergeholt, nicht??

Wie hinreißend schön es hier ist. Ich wünschte, Du könntest es gerade jetzt sehen. Kristallklar und klirrend kalt. Eine strahlende Aussicht haben wir hier. Ich habe noch nie mit einer schöneren gelebt.

Reinhard ist ein viel stärkerer Esser als Christopher. Er muß wohl seine 24 Pfund wiegen, angezogen sieht er pummelig aus, und perfekt und makellos, wenn er ausgezogen ist. Aber er ist schwer zu tragen. Sein Haar hat sich seit dem Tag seiner Geburt nicht verändert, dicht, fein und so bezaubernd ungebändigt.

Aber ist es nicht verdammt schwierig, dranzubleiben an den ehrgeizigen Plänen? Die Tage flutschen nur so vorbei, wirklich, und Produktivität ist immer gerade um die Ecke – versteckt im nächsten Tag. Wenigstens kommt sie für mich nur langsam in Bewegung. Wenn es sich herausstellt, daß wir im Januar hier fort müssen, dann werde ich nichts geschafft haben, außer ein paar unbefriedigenden Anfängen. Relevanz, innere Logik, FORM (in mir selbst, vor allem, und daher auch in meinen «Abkömmlingen») – das sind die Fragen.

Meine Liebe, wie immer,
Jocye

Mahali,
den 18. November 1956

Meine immer liebere liebste Freundin,
würdest Du *glauben*, daß Dein Brief vom 15. September, per Landpost geschickt, erst letzte Woche angekommen ist? Aber es war schön, die Beschreibung Eures Hauses und der ganzen Ausstattung zu erhalten. Eure Zeit dort klingt *so* gut. Ich hoffe, sie bringt das hervor, was Du Dir wünschst. (...) Manchmal scheint es mir, als wäre ich schon eine Dekade hier, nicht erst anderthalb Jahre. Ich liebe es, aber fühle mich doch sehr einsam, trotz einer wundervollen Ehe und meines wonnigen Babys und aller Geselligkeit der Welt und noch mehr. Die Leute sind nett hier, aber auch schrecklich langweilig in vieler Hinsicht. Wenn außer mir nur noch jemand etwas *lesen* würde! Wahrscheinlich habe ich zu viele Graham Greene-Romane über Menschen in den Tropen gelesen, Menschen, die Angst um ihre unsterbliche Seele haben und sich gegenseitig Mauriac vorzitieren. Aber keine Sorge, die hier haben Angst um ihre Schnapsschränke und Bankkonten und zitieren Nevil Shute und Agatha Christie. Bin ich vielleicht in der falschen Kolonie? Aber ich habe das sinkende Gefühl, daß es überall so ist.

Ich lege Schnappschüsse bei, von uns, Haus und Garten. Hast Du schon etwas von dieser brillanten jungen Französin, Françoise Sagan, gelesen? Ich habe zwei Bücher bestellt. Sag mir, was Du von ihr hältst. Und doch scheint mir jedenfalls vom Hörensagen, als ob ihre Gestalten und der ganze Kontext genauso albern und leer tönen, wie ich mich fühle, in dieser schrecklichen heutigen Welt.

Viel Liebe Dir und Hans und Reinhard,
Pat

Tarbert,
den 26. November 1956

Liebe getreue Pat,
ich sollte jetzt eigentlich intensiv an der Raggedy Ann-Puppe arbeiten, die für Reinhards Geburtstagsparty am Donnerstag zum Leben erwachen soll. Und aus London sind herrliche anonyme Pakete gekommen, mit darin versteckten patentantlichen Ideen. Bist Du enttäuscht, wenn ich Dir sage, daß er den roten Pulli schon getragen hat? Und eine der Kiddiecraft-Spielsachen hat er unter unserem Bett gefunden, aber die andere (wie ich die liebe!) wartet noch auf ihn. Deine Fähigkeit, Gedanken zu lesen, ist geradezu unheimlich. Erst das *T. Lit. Supp.* und jetzt dies! Du bist ein Schatz, und ich liebe Dich wirklich. Den Hammer wird er innigst lieben und alles, was er finden kann, damit zertrümmern. Vielen, vielen Dank!

Deine Fotos helfen sehr, mir Dein Leben vorzustellen. Ich hatte aus irgendeinem Grund nie ein so großes, geräumiges und schönes Haus erwartet. Ja, ich habe beide Bücher von Françoise Sagan gelesen und ich finde sie großartig. Sicher hast Du sie in Französisch bestellt. Ich habe ‹*Un Certain Sourire*› in keiner Weise enttäuschend gefunden, und es muß doch etwas beweisen, daß ich darüber ein bißchen geweint habe. Sie besitzt eine wundervolle Ökonomie und brillant beißende Präzision. Wie Mauriac sagte: «Sie ist ein kleines Monstrum, dessen literarisches Genie schon auf der ersten Seite von ‹*Bonjour Tristesse*› durchschimmert.» Ja, ich finde es ausgezeichnet, keine Kampagne, keine Parteilichkeit, aber viel Wahrheit, viel Traurigkeit.

Hier hat sich der Winter jetzt breitgemacht, wir haben nur wenige Stunden Tageslicht; ja die meiste Zeit habe ich sogar das Licht an. Ich muß jeden Tag Lebensmittel einkaufen gehen, hauptsächlich weil Reinhard so ungeduldig wird, wenn er nicht an die frische Luft kommt. Heute hat uns der Westwind beinahe in den *Loch Fyne* geblasen. Die Winter-Seevögel kommen auch, und von etwa elf Uhr abends an kreischen die Reiher unheilschwanger im Wind. Und auf den hohen Hügeln lag heute morgen der Schnee, oben in den Hochlandbergen von Perth; ich konnte ihn sehen. Trotz alledem ist mir gar nicht so kalt. Wir ziehen Wollsachen an, eine Schicht über der anderen, machen Feuer im Kamin, und alles ist in Ordnung.

Reinhard läuft! Ganz süß. Erzähl mir etwas von Philips Arbeit dort. Plant Ihr überhaupt, in die Staaten zurückzugehen? Vermißt Du Deine Mutter sehr? Werdet Ihr in England leben?

All meine Liebe und vielen Dank,
Joyce

Mahali,
den 5. Dezember 1956

Meine sehr liebe Freundin,
es ist so beruhigend, Deine wundervollen Briefe aus diesem sanften Land zu erhalten. Du weißt, daß ich Dich beneide, nicht wahr? Sogar um die Kälte und das Leben ohne Dienstboten und alles. Ich *weiß*, daß daraus etwas Wertvolles für Euch beide entstehen wird.

Wir zuckeln hier so weiter, mit den üblichen Weihnachtsvorbereitungen bei uns zu Hause und im Club, für unsere kleine Gemeinde. Partypläne, Kuchen und Puddings sind zu machen, Geschenke einzupacken, Dekorationen müssen aus allen möglichen Dingen gebastelt und angebracht werden, alles schwierig hier, weil man nichts zu kaufen bekommt, selbst das einfachste Material, wie zum Beispiel Kreppapier! So müssen wir also mit dem, was gerade zur Hand ist, auskommen. Auf jeden Fall eine Herausforderung.

Du fragst, ob wir wieder in den Staaten leben wollen – nein, ich glaube nicht. Ich bin inzwischen entwöhnt von so vielem, was im amerikanischen Leben dominiert, und Philip gefiel es überhaupt nicht, als er dort sein praktisches Jahr absolvierte. Allerdings ist eine Zeit des akuten Geldmangels in L. A. nicht gerade die beste Einführung in die *guten* Seiten, die das Leben dort auch hat. Wir denken immer mal wieder darüber nach, ob wir vielleicht nach Kanada gehen sollten, wenn wir Tanganyika verlassen; es ist nahe genug, so daß ich ab und zu nach Hause fahren könnte, was ich natürlich gern tun würde. Das Leben dort, glaube ich, ist irgendwie ordentlicher und, na also, «gesitteter» als in den USA; aber ich weiß ehrlich nicht, wo wir sein werden nach der nächsten Tour hier, für die wir uns wahrscheinlich verpflichten werden, obwohl wir ja zunächst in der Absicht hierhergekommen waren, nur eine Tour zu absolvieren. Dann wollte Philip erst mal die Erfahrung in Allgemeinmedizin haben, bevor er sich auf irgendeinem Gebiet spezialisiert; im Augenblick denkt er an Chirurgie. Ich werde wohl mehr oder weniger dasselbe tun wo immer wir leben, zu Hause bleiben und mich um Mann und Kinder kümmern. Aber ich würde so gern noch mal aufs College gehen und meinen Abschluß mit Diplom machen. Ich sehe nicht, wie ich das jemals schaffen kann, jedenfalls nicht, bevor ich 45 bin! Aber wenn wir in Nordamerika leben würden, könnte ich mir wenigstens Fernkurse leisten, was ich von hier aus nicht kann.

Meine Mutter und meine Familie vermisse ich schon ab und zu, manchmal sogar schmerzlich, aber das ist alles mehr Erinnerung als der Wunsch, ihr gegenwärtiges Leben zu teilen, einfach weil ich gar nicht weiß, wie ihr gegenwärtiges Leben eigentlich läuft. Ich fühle mich immer weiter entfernt und entfremdet von den schönen, fernen Küsten des Pazifiks. Im Gegensatz zu Dir zieht mich also auch nichts dorthin. Ich hätte es aber doch gern, wenn Christopher auch meine Seite der Familie kennen würde, es sind so liebe Menschen – offen, warmherzig, großzügig, exzentrisch. Philip mißbilligt sie alle, das weiß ich, wenn er auch sehr wenig darüber sagt (und gesagt hat, als wir dort wohnten), denn in seinen Augen sind sie ohne Ehrgeiz und ungebildet und sehr gewöhnlich. Aber man hat verdammt viel Spaß mit ihnen, und sie sind voller Liebe, Eigenschaften, die ich unter den steifen, langweiligen Engländern so sehr vermisse. Das heißt, wenn ich darüber überhaupt nachdenke, was nicht sehr oft der Fall ist.

Seit ich vom College abging und heiratete, habe ich nicht mehr so viel und so regelmäßig getrunken wie jetzt. Was für Mengen von Alkohol wir alle hier konsumieren, auf Parties, zu Hause und im Club! Du würdest mich ganz sicher gründlich mißbilligen. Aber es ist sehr langweilig, bis fünf Uhr morgens nüchtern zu bleiben, wenn Philip erst so richtig loslegt und alle anderen besoffen zu Boden gehen.

Dies ist ein ziemlich prosaischer Brief, und es sieht nicht so aus, als ob er besser würde, ich versuch's also in ein paar Tagen noch einmal. Auf zu den Sternen! – o Bardin von Tarbert!

Deine liebende, zerfallende Freundin,
die Clubsäuferin,
Pat

Tarbert,
den 9. Dezember 1956

Liebe Pat,
Deine Briefe sind ganz sicher die beste Gesellschaft, die ich habe; ansonsten läßt uns die unaufdringliche schottische Freundlichkeit ziemlich allein. Wir verbringen überhaupt keine Zeit mit anderen Leuten; aber wir sind nebenan zum Weihnachtsessen eingeladen, was doch sehr schön und gut ist, weil wir hier sonst gar kein richtiges Festessen haben könnten. Wir haben nichts gegen die Kargheit unseres Lebens hier. Einfaches Essen macht uns nichts aus. Aber manchmal könnten wir uns gegenseitig anbrüllen oder an diese feuchten Wände schlagen, um ein paar Zigaretten und ach! – ein bißchen billigen Rotwein. Doch das sind eigentlich unsere einzigen Klagen. Die Einsamkeit paßt uns im Augenblick wie angegossen, und ich nehme an, es wird viel schwieriger sein, sich ans andere Extrem zu gewöhnen – Menschen, Autos, Telefone, dumme Fragen, Zentralheizung, Routine, Eile usw. Denn diese Ruhe war für uns überhaupt kein Schock. Und damit sind wohl auch Deine fürsorglichen Vorschläge, daß wir vielleicht nach Afrika kommen sollten, wenn auch halb im Scherz gemacht, hinreichend beantwortet. Nein, es ist jetzt Zeit für Menschen, die richtigen Menschen nach vier Jahren, endlich Gespräche über seine Kunst, Ausstellungen, und der intensive Austausch mit anderen Künstlern (wobei ich zugeben muß, daß ich davor ein bißchen Angst habe).

Du wirst Dich für mich schämen, aber ich kann nicht umhin, andere bespöttelnd meine eigenen Unvollkommenheiten zu spüren. Ich kenne Hans nämlich sehr gut und weiß ganz genau, was für ein Frauentyp ihn anzieht und weiß ebenso, welche Frauen ihn unwiderstehlich finden, und da habe ich manchmal schon im voraus unwürdige und beschämende Ängste. Denn, ach Pat, ich kann ihm ja so wenig helfen – kein wirklich europäisches Bewußtsein, keine Fähigkeit, ihm in seiner Sprache zu folgen, so wenig Sensibilität (denke ich manchmal) für seine schwierige Kunst. Mit ihm Schritt zu halten, das ist eine verteufelt schwere aber auch stimulierende Aufgabe. Denn ich habe noch nie mit jemand zu tun gehabt, der unter einem solchen inneren Zwang steht, höchste Höhen zu erreichen, und zwar NICHT nur aus Ehrgeiz oder Talent, sondern weil er einen inneren – spirituellen – Drang verspürt. Und es soll mich nicht überraschen, wenn er berühmt wird. Seltsam, ich weiß, aber es ist wie eine Vorahnung. Doch bei Gott und all meinen Augenblikken der Liebe und Integrität – ich werde alles versuchen. Er fasziniert mich immer mehr, und manchmal habe ich Angst.

Wir werden uns jetzt vielleicht am 8. Mai einschiffen zur Jungfernfahrt der *Statendam* – und Ostern in Deutschland, dann eine Woche in Berlin und meinen Geburtstag in Salt Lake verbringen. Die Zeit vergeht hier so unglaublich schnell.

Wann macht Ihr Eure Weihnachtspläne? Ich wünsche Dir ein fröhliches, und schreib mir über *alles*.

Meine Liebe,
Joyce

Mahali,
den 19. Dezember 1956

Liebste Freundin Joyce,
ich hoffe, all die kleinen Sachen und Sächelchen zu Weihnachten gefallen Dir, besonders eine Inspiration der letzten Minute, direkt aus einem Roman des 19. Jahrhunderts.

Ich war ziemlich beunruhigt und erschreckt über das, was Du über Deine Gefühle Hans gegenüber schreibst. Ich glaube, Eifersucht zu haben, das hieße, mit einem entsetzlichen, alles verschlingenden Feuer zu leben. Das ist ein Gefühl, das mir seltsamerweise fremd ist. Ich habe immer das Gefühl gehabt, ich bin, was ich bin, und wenn Männer mich nicht genau so mögen, wie ich bin, dann können sie mir gefälligst den Buckel runter rutschen, und das geht so weit, daß ich auch meine, wenn sie mir jemand anders vorziehen, dann bitte schön. (Ich glaube nicht, daß ich mit meinem recht durchschnittlichen Aussehen und Charme besonders arrogant bin; ich meine nur – sollen sie doch zur Hölle gehen, wenn's das ist, was sie wollen.)

Und was Philip anbelangt, da wünschte ich manchmal, daß er für andere Frauen anziehender wäre. Ich glaube, das würde ihn für mich ein wenig reizvoller machen, obgleich ich dazu sofort sagen muß, daß zwischen uns alles in Ordnung ist. Doch ein Großteil der Zeit scheinen unsere Gefühle füreinander eher wie die guter

Freunde oder Bruder und Schwester zu sein, gar nicht wie die romantischen Gefühle zwischen Mann und Frau. Irgendwie stellt sich die Frage, ob ich nun adäquat oder nicht adäquat sei, überhaupt nicht – weder in bezug auf ihn noch auf irgendeinen der Männer, die ich geliebt habe. Unsere Beziehung ist eine Sache; was sie sonst noch vom Leben oder von anderen Frauen haben wollen, damit werden sie auf ihre Weise klarkommen müssen, genauso wie ich es tue mit meinen Wünschen, beispielsweise, daß er tanzen könnte oder daß wir mehr Kommunikation miteinander haben könnten. Glaubst Du, diese ganze kühle Selbstsicherheit ist entweder ein Zeichen dafür, daß ich ganz unleidlich eitel bin oder aber in einem Narrenparadies lebe? Oder noch wahrscheinlicher, daß ich vielleicht noch niemals jemand so wild und leidenschaftlich geliebt habe, wie Du Hans zu lieben scheinst? Vielleicht ist es mir bestimmt, durchs Leben zu gehen, ohne das jemals empfunden zu haben. Was Philip und ich haben, ist bestimmt etwas ganz anderes, aber dafür kommt es mir sicherer, beständiger, ja behaglicher vor als das, was Du durchmachst – und durchgemacht hast, seit kurz nach Eurer Eheschließung, wenn ich mich recht erinnere. Wenn ich nüchtern darüber nachdenke, würde ich sogar soweit gehen, daß ich sage, vielleicht bin ich weniger ganz Frau als Du, weil sich solche Gefühle in mir, über eine kurze, heftige Verliebtheit hinaus, niemals so richtig geregt haben.

Aber ich habe nicht den geringsten Wunsch nach einer Affäre, nach dieser Art von Liebe, die mein angenehmes Leben nur durcheinanderbringen würde. Ich bewundere Philip in seiner medizinischen Arbeit so sehr. Irgend etwas tief in mir wird tatsächlich erregt durch die Art, in der er kranke Menschen behandelt, und die Chirurgie und das fast magische Drum und Dran seines Berufes. Dies ist das Beste an ihm, seine Hingabe an seine Kunst und sein Können. Ich glaube ehrlich nicht, daß Philip an andere Frauen denkt, um die Wahrheit zu sagen. Keiner von uns beiden ist im Grunde besonders sinnlich; meine Großmutter hat mich zwar immer vor Männern, die nicht tanzen können, gewarnt, weil sie unweigerlich miserable Liebhaber wären, aber ich glaube, da gibt's noch andere Dinge im Leben, die das wieder wettmachen. Vermutlich ist dies der passende Zeitpunkt, um Dir *streng vertraulich* zu sagen, daß ich die befriedigendste sinnliche Erfahrung meines Lebens hatte, als ich Christopher stillte, das übertraf bei weitem alle sexuellen Begegnungen, die ich je gehabt habe!!

Ich habe da ziemlich viel Unsinn über mich, die langweilige, alte, uneifersüchtige Pat, geschrieben, statt Dir Trost und Mitgefühl zu geben, denn es muß ja für Dich sehr schmerzhaft sein, wenn Du über die Möglichkeit nachdenkst, daß Hans sich nach anderen Frauen umschauen könnte. *Wie* könnte er denn nur eine andere mehr als Dich lieben, seine Frau, seine Stütze, die Mutter seines Sohnes? Und Du scheinst auch nicht von jenem trivialen verflixten siebenten Jahr zu reden, das uns allen ja vielleicht bevorsteht, sondern von einem sehr viel tieferen Bedürfnis seinerseits, das Du nicht zu befriedigen glaubst. Darf ich fragen, ob er all Deine erfüllt? Natürlich löst das noch nicht das Problem, ich weiß. Laß mich wissen, wie das alles im Lauf der Zeit weitergeht.

Nächsten Mai geht Ihr also weg. Wirst Du bis dahin ein Lyrikbändchen zur Veröffentlichung fertig haben? Und Hans ein paar Kisten voll mit Gemälden für eine Ein-Mann-Ausstellung in den Vereinigten Staaten? Ich bin neugierig, wo Ihr Euch in diesem seltsamen hektischen Land niederlassen werdet.

Ich muß jetzt wieder Brandy auf meinen 20-Pfund-Weihnachtskuchen gießen («Kilisimasi keki» auf Suaheli, sagt mein Koch). Ich hab mich hinreißen lassen. Wir werden bis Ostern daran essen. Ich hätte Dir etwas davon schicken sollen.

Aber Du hast all meine Liebe und
die besten Weihnachtswünsche,
Pat

Tarbert,
den 21. Dezember 1956
Und sehr fröhliche Weihnachten!

Liebe Pat,
willst Du mal was ganz Verrücktes hören? Sie haben uns hinausgeworfen! Und damit hat meine Liebesaffäre mit allem, was angelsächsisch ist, ein jähes Ende genommen. Das Innenministerium hat uns jetzt zwei Briefe geschrieben mit der Auflage, daß wir Großbritannien bis zum 5. Januar verlassen haben müssen, also haben wir

nur noch zwei Wochen mit Reihern und Heide und Fischerbooten und unserem lieblichen *loch*, mit schottischen, britischen, europäischen Dingen!

Wir haben keinen Pfennig, wie Du weißt, und unsere Halbzeit hier hat uns ja kaum die Möglichkeit gegeben, etwas zu verdienen, und so haben wir kaum eine andere Wahl als Salt Lake City, wo liebevolle Eltern uns mit Spannung erwarten, nachdem sie Platz gemacht haben für ihre unwillkommenen Vagabunden. Wir werden uns natürlich um einen Lehrauftrag bewerben, aber bis wir den haben, müssen wir versuchen, zu Hause in Salt Lake City durchzuhalten. «O grausames Geschick!» Wir sind furchtbar verbittert, denn einen vernünftigen Grund, uns nicht zu wollen, gibt es doch wohl nicht. Die Zeiten sind nicht günstig hier, das ist wahr, aber wir stehlen doch nichts, und niemand scheint doch mit angehaltenem Atem darauf zu warten, daß er in Glendarroch leben kann. Es ist wirklich ganz schön bitter. Wir haben das hier so geliebt. Aber – haben wir es genug geliebt? Wir müssen nach Deutschland zurück, um uns zu verabschieden, auf ziemlich lange Zeit, und wir werden uns dann wahrscheinlich in Amsterdam einschiffen.

Gott, zurück in diesen Hexenkessel der Persönlichkeiten. Oh! Ich schreibe später mehr.

Alles Liebe,
Joyce

Tarbert,
den 27. Dezember 1956

Sehr, sehr liebe Freunde,
ich bin mir ein bißchen wie Bob Cratchit und Familie vorgekommen, als so ein scheinbar anonymer Truthahn genau zur magischen Stunde ankam, aber als dieser kleine nackte afrikanische Fritz mich von der beigelegten Karte so finster anblickte, da wußte ich, der kommt von den guten Geistern in Mahali hergeflogen. Er kam genau im richtigen Augenblick, gerade als wir uns zwischen Makkaroni und Kartoffelpuffer zu entscheiden versuchten, und wir waren entzückt, bis hin zum letzten Rest der Brühe, die für heute noch übrig ist. Hans läßt seinen ganz besonderen Dank ausrichten, und er

sagte, das sei eines der aufmerksamsten und originellsten Geschenke, die er je erhalten hätte. Jedenfalls war es ganz typisch Du, und darum war es um so schöner.

Mutters Weihnachtspaket war voll von Leckereien und Spielen und Plüschtieren und kleinen Höschen. Die Liste von Reinhard-Kreaturen hat mittlerweile eine beeindruckende Länge erreicht. Wir haben uns den Weihnachtswünschen meines Mannes gefügt und Heiligabend gefeiert, haben am Abend die Kerzen am Baum angezündet und sind in unser lieblich-festliches Weihnachtszimmer gegangen. Hans hat ein großartiges Talent, aus sehr wenig alles zu machen. Es war eine strahlende, glückliche Szene. Wir haben das Evangelium gelesen und mit Tränen in den Augen den vielen, vielen Glocken gelauscht, den Glocken von Jerusalem, wo Reinhard empfangen wurde und wo jetzt Wachsoldaten auf dem damals von Anemonen rot betupften Berg Gethsemane patrouillierten. Glockenklänge von überall her – sie machen dies ein fröhliches Weihnachtsfest.

Reinhard hatte auch seine Glocke, sein einziges Geschenk von uns, aus Messing, und als er endlich aufhörte, den Klöppel essen zu wollen, seinen Klang zu ersticken, stolzierte er im Zimmer hin und her und spielte den städtischen Ausrufer. In der Weihnachtsnacht schneite es dann, tief für diese wasserumspülte Stadt. Die Berge auf der anderen Seite des *lochs* sind ganz weiß bis zum Wasser hinunter, und man bekommt einen ganz arktischen Eindruck. Ein Flattern torkelte in der Nacht vorm Fenster hin und her, und als wir das schneegerahmte Fenster öffneten, da fanden wir eine verletzte Amsel. Sie kam herein und schloß sich der Party an, setzte sich auf den Weihnachtsbaum unseres Gastgebers, flatterte abends zu heftig herum und hinterließ ihre Erkennungszeichen.

Du fragst, was wir tun werden. Wir wissen es nicht. Wir haben kein Geld, also machen wir zunächst mal einen Abstecher nach Salt Lake City und wohnen bei den Eltern, bis wir Arbeit haben. Die werden entzückt sein, und wir werden es auch genießen, wenn's nicht zu lange dauert und wenn Hans genug Bilder für Zigaretten verkaufen kann. Ich schreibe mehr, wenn wir's wissen. Vielen Dank auch für das Geld. Eine große Hilfe. Und ein glückliches neues Jahr Euch beiden, Euch allen drei.

Unsere Liebe,
Joyce

Tarbert,
den 5. Januar 1957

Liebe Pat,
ein paar hastige Zeilen, Montag fahren wir hier ab, nach Solingen. Mit Hilfe eines Parlamentsmitgliedes, Sir Duncan McCallum aus Argyll, haben wir unseren Fall gewonnen, die Verlängerung auch, aber zu spät. Die Hohlweins hatten für uns Flüchtlinge schon eine Wohnung gemietet. Wir bleiben bis zum ersten April da. Schreib uns dahin.

Also, wenn Du jetzt etwas von uns bekommst, *bitte vorsichtig öffnen*. Später mehr. Ein glückliches neues Jahr, mit aller Liebe von uns. (Aber wir gehen nur widerwillig weg.)

Joyce

Viertel Teil

Januar 1957–Februar 1958

Vielleicht ist das die
wirkliche Herausforderung –
dranbleiben am Leben, mit
all seiner langweiligen Routine

Mahali,
19. Januar 1957

Liebste Freundin, die Schottland verlassen hat,

also das ist ja wirklich deprimierend, daß es das gräßliche alte Home Office zu einem aussichtslosen Kampf für Euch gemacht hat, in Eurem geliebten Tarbert zu bleiben. Das tut mir so leid, und hiermit bitte ich an Stelle von H. M. G. um Vergebung für Euren ungeplanten hastigen Aufbruch. War es *sehr* schwer, den See und die Berge und die Heide zurückzulassen? Ich könnte mir vorstellen, daß es sehr schmerzhaft war, Deine Liebe zu alledem war in Deinen Briefen ganz stark zu spüren, selbst in den wenigen Monaten dort.

Einer von Euren Wallfahrtsorten ist ja wenigstens hier bei uns – der Holzschnitt mit den Minaretten von Beirut (sag mir, ob's stimmt) ist angekommen, und wir lieben die einfache Linienführung und den wundervollen vertikalen Schub. Tausend Dank von uns beiden. Wir werden ihn in Dar gut einrahmen lassen.

Weihnachten, Neujahr, Christophers ersten und meinen sechsundzwanzigsten Geburtstag haben wir nun schon hinter uns, seit ich Dir zuletzt geschrieben habe. Unsere Feiertage waren randvoll mit Geselligkeit und Besäufnissen. Ich habe es gerade immer geschafft, von einem spektakulären Kater zum nächsten zu überleben. Philips Mutter war hier, und sie mißbilligt es, wenn Frauen überhaupt trinken, so befand ich mich also die meiste Zeit unter einer Wolke von Ungnade. Es war noch mal wie in der Studentenzeit, Milch und Codein vor der Party, um am nächsten Tag wach zu bleiben. Seit der Zeit vor meiner Ehe mit Philip habe ich so was wirklich nicht mehr gemacht.

Christopher ist jetzt in einer reizenden Phase, redet pausenlos –

das übliche Mama und Dada, und er singt auch Lalala mit mir. Er und unser Schäferhund Brando verstehen sich ausgezeichnet. Brando wird wild und knurrt und tut so, als ob er an Christophers Bein nagen wollte und Christopher rollt herum und kräht und lacht; er sagt, «Dortle, dortle», für doggy, doggy, jedesmal, wenn Brando in Sicht ist. Ich nehme an, er ist nur halb so groß wie Euer Reinhard, er wächst zwar langsam aber gleichmäßig und gesund. Krank ist er nie, nur wenn Zähnchen kommen, wimmert er ein bißchen. Er ist ein *toto mzuri sana*, ein sehr gutes Kind. Wir haben jetzt wieder die heiße Jahreszeit, zu meiner großen Überraschung. Das Wetter ist wie Kinderkriegen; man vergißt, wie scheußlich es ist, bis es Dich wieder einmal gepackt hat. Ich lege wirklich Löschpapier unter mein Handgelenk, während ich schreibe, genau wie Scobie in *‹Heart of the Matter›*! [*‹Das Herz aller Dinge›*.]

Also, Ihr lieben armen Seelen, ich hoffe, Ihr überlebt und freut Euch schon auf alles mögliche Gute, dort in Solingen am Rhein. Philip läßt auch sein Beileid ausrichten.

Sehr viel Liebe und Salaams von hier,
Pat

PS: Hast Du dieses erstaunliche neue Buch *‹The Outsider›* gelesen, von einem ganz jungen Mann, Colin Wilson? Es ist eine ganz ungewöhnliche Synthese von mehr Büchern, als ich je geglaubt habe, in einem ganzen Leben lesen zu können.

Solingen,
den 29. Januar 1957

Liebe Freundin,

Dein guter Brief ist heute angekommen. Deine Briefe sind immer gut, immer hilfreich, immer lebenspendend. Die einzige traurige Reaktion, die sie hervorrufen, ist natürlich, daß ich mit Dir zusammensein möchte, mit Dir reden, so wie ich, scheint's, mit niemand anderem, den ich kenne, reden kann. Und wenn ich Dir schreibe, machen mich die begrenzten Möglichkeiten eines Briefes traurig. Da gibt es so viel, wovon ich Dir erzählen möchte, so viele Seiten angefüllt mit meinen alltäglichen Gefühlen, meinen Konflikten und Schwierigkeiten, mein Bewußtsein der Tatsache, daß ich zur

Europäerin werde, und wie sehr das meine liebevollen amerikanischen Eltern beunruhigen und verwirren wird, von meinen Freuden und meinem Gefühl der Unfähigkeit als Mutter und Ehefrau, von Politik und Gefühl der Spannung, das die ganze Neurose des Mittleren Ostens in uns hervorgerufen hat, von Frisuren und anderem weiblichen Unsinn, von kochen und «cuisine», von Erinnerung an Vergangenes, von Hans' Arbeit, seiner Hingabe, seinen Überzeugungen und der *Agonie* in seinem Werk, von meiner Unfähigkeit, ihm zu helfen, von meinen Ängsten, daß ich nie genug für ihn sein werde. Und davon, was ich erwarte oder fürchte, wenn wir «nach Hause?» gehen. So viel, so viel.

Aber ich sollte versuchen, einiges von dem aufzugreifen, was Du erwähnst. Wir haben Tarbert unter Tränen verlassen, selbst wenn wir auch die Gerichtsentscheidung gewonnen haben und der allgegenwärtige «ergebene Diener» das Ultimatum vom Innenministerium rückgängig gemacht hat. Wir sind abgefahren, denn bis wir endlich wußten, daß wir bleiben konnten, hatte es bei uns eine so vertrackte Krise gegeben, so ein Auf und Ab von Vorfreude und Depression und Unsicherheit und Familienliebe, daß wir schließlich aufgegeben haben. Weil die Hohlweins in der Zwischenzeit eine Wohnung (ausgebombt und heruntergekommen) ganz bei sich in der Nähe gefunden und für uns fertig gemacht hatten und weil meine Eltern auch ein kleines Bett und alles mögliche gekauft hatten, falls wir sehr bald kommen würden.

Jetzt sind wir also wieder im industriellen Solingen, sehr weit weg von unseren Reihern und von Hochwasser und kleinen Fischerbooten mit den Männern in gelben Öljacken, wie Lampen in der Nacht. Sehr weit, in der Tat. Aber Monate, die so herrlich waren, die werden wir hoffentlich noch lange in unseren Körpern wie in unseren Herzen tragen.

Wir essen bei Mutti, und mir kommt's vor, als ob ich die meiste Zeit damit verbringe, Sachen (Windeln, Besen, Seife, Töpfchen, Hemdchen, Staubsauger, Wärmflaschen) hin und her und her und hin zu tragen. Aber wir leben hier sehr sparsam und können mit etwa $ 25 pro Monat auskommen. Hans arbeitet weiterhin sehr angestrengt, und ich finde es gottverdammt schwierig mit diesem kleinen Jungen um mich rum.

Am 10. April werden wir von Bremerhaven abfahren, auf der

United States. Eigentlich komisch, daß wir gehen, auf eine Weise scheint es mir töricht, ja irgendwie abwegig, und es trägt so gar nichts zu der «geraden Linie» bei, auf der er seine Karriere verfolgen will. Denn wir wollen ja nicht für immer in Amerika bleiben, und wie H. sagt: «Ein Erfolg in New York oder irgendwo dort würde nie so viel für mich bedeuten wie Erfolg in Hamburg oder Berlin oder Paris». Ja, in mancher Hinsicht erscheint es mir töricht.

Wenn wir Glück haben – d. h. guter Job, gute Ausstellungen, vielleicht Möglichkeit, ein paar Dollar zu sparen –, *dann* wird es sich als gut erwiesen haben. Aber wenn wir nutzlos irgendwo in der Provinz stranden, dann wird die ganze Sache mehr als sinnlos gewesen sein. Und wäre da nicht die überwältigend *großzügige* Geduld meiner so liebevollen Eltern, dann hätte ich meine Zweifel, ob wir überhaupt gehen würden. Auch ich habe meine kleinen Sehnsüchte nach amerikanischen Dingen, sogar nach amerikanischen Menschen. Aber Salt Lake ist in keiner Weise unwirklich für mich. Immerhin habe ich dort mein ganzes Leben verbracht, und ich glaube nicht, daß die Kindheit diese Aura der Irrealität annimmt, von der Du sprichst und die ich so gut von anderen Zeiten und Orten her kenne. Doch ich habe mich so verändert (wenigstens für Mutter – nicht für Dich); ich kann mir gut vorstellen, daß Mutter mich während der ersten Tage hier fragt: «Joyce, bist du glücklich?» «Liebt er dich?» – Fragen, die man in *ihrer* Terminologie einfach *nicht beantworten kann.*

Die Depressionen, die ich in den letzten zwei Jahren durchlebt habe, waren die schlimmsten, aber auch die instruktivsten, die ich je erlebt habe. Aber meine Selbstwertschätzung ist dabei ziemlich in die Brüche gegangen. Und das Leben mit einem Künstler (und dies wage ich zu sagen, ob groß oder klein, Hans ist zumindest ein echter Künstler) verlangt eine solche Hingabe von Geist und Seele und soviel Geduld und Opferbereitschaft und Liebe, daß ich all die Frauen, die das geschafft haben, und zwar so gut, daß sie ihren Männern helfen konnten statt sie zu behindern – daß ich all diese Frauen nur bewundern kann. Dies ist es, was ich will, jetzt noch viel mehr, sogar mehr, als für mich selbst schreiben, Ehe und Heim so zu hegen und pflegen, daß er darin den Rückhalt findet, den er braucht.

Nein, ich habe ‹*The Outsider*› nicht gelesen, noch nicht mal davon gehört, aber ich bin jetzt sehr gespannt darauf. Ich habe in letzter

Zeit wenig Fiktion gelesen, aber ich habe mich so richtig in das großartige Französisch von Elie Faures' ‹*L'Esprit du Forme*› hineinversenkt, das ist eine Kunstgeschichte, die weder Ästhetik noch reine Kritik ist, die mir aber eine ganz neue Welt eröffnet hat.

Ich werde immer wahnsinnig bei dem Versuch, Hans' sämtliche Hemden in Muttis Küche zu bügeln. Und nun wirst Du sehen, was für ein schlampiger kleiner Feigling ich bin, denn ich bitte Dich jetzt um einen *großen* Gefallen. Von all den verfluchten Schindereien, die den Frauen in dieser Welt aufgebürdet werden, ist Bügeln für mich das schlimmste Schreckgespenst. Ich hasse es einfach! Lieber scheure ich fünf Fußböden zweimal, als daß ich Hemden bügle. Jetzt möchte ich Dich bitten, mir dabei zu helfen, diesem Fehler auch noch Vorschub zu leisten. Du hast doch Verbindungen zu englischen Geschäften, die ich nicht habe. Seit acht Monaten will ich jetzt für Hans einige bügelfreie Popeline-Hemden kaufen, aber es ist mir noch nicht gelungen, welche aufzutreiben. Würdest Du ein Engel sein und drei für mich bestellen und hierher schicken lassen?

Deine faule, liebende Freundin,
Joyce

Mahali,
den 20. Februar 1957

Meine liebste Joyce,
hier sind ein paar Bilder von uns allen mit sehr afrikanischem Hintergrund, die sollen Dich ein wenig aufheitern. Ganz besonders liebe ich das von Christopher in seinem Safaribad mitten im Regenwald. Ich glaube, ich hatte Dir schon einmal vor meiner Schwangerschaft davon geschrieben, wie wir zu diesem schwer erreichbaren, ganz abgelegenen Ort gefahren sind. Wir hatten eine herrliche Zeit, und all die Damen und Kinder, die ich da vor sechzehn oder achtzehn Monaten kennengelernt hatte, kamen zu Besuch (wenigstens nehme ich an, daß es dieselben waren!) und überschlugen sich fast vor Begeisterung über Christopher. Es war sehr amüsant, sie waren nämlich fasziniert von seinem kleinen rundlichen nackten Körper und besonders seinen Genitalien. Anscheinend glauben manche Afrikaner, daß Europäer so weiß, wie sie sind, wo man's sehen

kann, wenn sie angezogen sind, im Intimbereich aber «normal» sind und schwarze Penisse und Hoden haben!

Dein Leben dort in Solingen klingt ja ziemlich schlimm; ich leide von ganzem Herzen mit Dir und habe direkt ein schlechtes Gewissen hier in meiner gedankenlosen Existenz als Lotusesserin. Ganz besondere Schuldgefühle habe ich, weil ich nicht immer völlig zufrieden bin, wie ich es eigentlich sein sollte, aber zweifellos ist das schon die ein wenig verfrühte Traurigkeit, die sich gewöhnlich am Ende einer Tour einstellt. Ich wünschte, wir könnten uns noch auf eine lange Autosafari auf dem Weg zurück freuen, aber mit unseren unpopulären Pässen würden wir auch nicht durch ein einziges arabisches Land kommen. Deine Tage hören sich sehr danach an, als hättest Du nur Arbeits- und keine Feiertage. Natürlich schicke ich Dir die Hemden; und sie sollten bereits zu Dir unterwegs sein. Hoffentlich erleichtern sie Dir die lästige Bügelei.

Ist es nicht komisch, welche unterschiedlichen Aspekte der Hausarbeit und des Haushalts überhaupt einen die Wände hochtreiben können? Du sagst, Du scheuerst lieber Fußböden als daß Du bügelst. Bei mir ist es genau umgekehrt. Bügeln oder Waschen oder Bettenmachen haben mir nie etwas ausgemacht, sogar Abwaschen nicht, aber ich verabscheue geradezu alles, was mit Fußboden und Holz abscheuern und Herd saubermachen und schmutzigen Töpfen zu tun hat. Es ist der *Dreck,* den ich nicht ausstehen kann. Sachen, die zunächst einmal sauber sind, die mir nicht dieses dreckige und schmierige Gefühl geben, wenn ich sie bloß anfasse, die machen mir nicht das geringste aus (nein, das ist gelogen, die ganze Angelegenheit ist stinklangweilig von Anfang bis Ende – ich meine, ich habe am *wenigsten* dagegen). Und da ist sogar eine Art von dämlich-ästhetischem Vergnügen dabei, wenn dieses feuchte verknautschte Zeug dampfend so ganz frisch und glatt und weiß und gefaltet und ordentlich unter den Händen hervorkommt. Es ist eine total gedankenlose Arbeit, die einen auch bewegungslos macht, so daß ich die Gedanken wandern lassen kann und Geschichten erfinde und Gedichte rezitiere oder französische unregelmäßige Verben lerne oder eingebildete Gespräche mit eingebildeten oder wirklichen Freunden führe. Irgendwie funktionieren meine Gedanken nicht in dieser unabhängigen Weise, wenn ich auf Händen und Knien eine seifige Bürste über dreckige Fußböden hin und her schiebe, zähneknirschend,

Haare in den Augen, nur mit dem einzigen Wunsch, so schnell wie möglich fertig zu werden.

Ich habe mich schon immer danach gesehnt, in einer riesigen eleganten, glänzenden, modernen Wohnung zu leben, mit Vorhängen von der Decke bis zum Boden und indirekter Beleuchtung, mit Palmkübeln und fleckenlosen, spiegelblanken Fußböden, auf denen die Absätze klappern, eine Wohnung, in der man in hauchzarte Gewänder gehüllt (die natürlich nie zerknüllt oder schmutzig sind) sich an den Flügel setzt und spielt. Ach, meine Träume. Auf seine Art ist dies hier auch ein gutes Leben (und ich brauche weiß Gott nicht zu bügeln oder Fußböden zu scheuern usw., also ist es eigentlich ohnehin egal, was ich gern oder ungern tue, bis wir Afrika verlassen), aber es ist nicht fleckenlos. Und doch bin ich so faul, daß ich, als ich allein war, eine ziemlich schlimme Hausfrau war. Mir scheint, daß die eigene Psyche nie ganz an die Anforderungen der Phantasie heranreicht. Was für eine Abhandlung übers Bügeln! Aber ich kann's Dir von Herzen nachfühlen, wenn ich an die Berge und Berge von Bügelwäsche denke, die Du vor Dir haben mußt.

Deine Depressionen machen mir Sorgen. Was, glaubst Du, ist der Grund dafür? Könnte es vielleicht eine sehr lange postnatale Depression sein? Ich habe gelesen, daß Frauen so etwas bekommen. Aber Du deutest ja an, daß das bei Dir beinahe bis auf die Zeit Deiner Eheschließung zurückgeht und daß es etwas damit zu tun hat, daß Du so stark den Wunsch hast, für Hans ein schönes Heim zu bereiten. Ich *kann* das nachempfinden und mehr oder weniger verstehen, ich hatte nämlich auch diese Anfälle von Nestbau- (und Verschönerungs-)impulsen – nicht so sehr im ersten Jahr, obwohl ich im Haus (oder vielmehr in der Wohnung) ziemlich viel gestrichen habe, in der verrotteten Küche überall Poster angebracht (Reiseposter bekommt man umsonst) und Mobile gebastelt habe und ganz allgemein richtig Spaß dran hatte, unsere Umgebung ein bißchen weniger verkommen und attraktiver zu machen, als sie in dieser schrecklichen Zweizimmerwohnung in Los Angeles war. Aber ich glaube, Du meinst mehr als nur die äußere Umgebung, nicht wahr? Ich spreche von so einem angenehmen Ritual, Mahlzeiten zur bestimmten Stunde, gutes Essen, kultivierter Wein – und hier unter Engländern kommt natürlich der Nachmittagstee hinzu –, gepflegte Gesellschaft und dabei so charmant und attraktiv aussehen wie möglich;

Sachen für sich selbst nähen, hübsche Handarbeiten fürs Haus machen – all solche Dinge.

Ich habe mich wirklich ohne Vorbehalte da hineingeworfen, und es macht mir riesige Freude. Natürlich fehlt da jede Art von intellektueller Herausforderung, und bei meinem Niveau (keine Wandbilder, keine selbstgemachten Skulpturen) gibt es da auch keine wirkliche künstlerische Herausforderung, aber vielleicht ist die wirkliche Herausforderung, daß man dranbleibt, an allem, auch in seiner gelegentlich langweiligen Routine, meinst Du nicht? Natürlich hattest Du noch kaum Gelegenheit, meine Art von Langeweile auszuprobieren, Du hast gearbeitet, Du warst lange krank, hast unter schwierigen Umständen in winzigen Räumlichkeiten gelebt, ohne den Stab von Dienern, den ich hier draußen habe. Aber ich hab mir geschworen, ganz gleich, wo wir nach Afrika leben, ich werde den gleichen Standard aufrechterhalten, an den ich mich hier gewöhnt habe. Ich finde, das schulde ich Philip und Christopher und dem Baby, das ich noch haben möchte, nachdem wir vom Urlaub zurückkommen. Diese Sache mit dem hohen Lebensstandard, den man dann aufrechterhalten will, ist für Dich vielleicht gar nicht so eine Anstrengung oder so etwas Neues, wie es für mich war. Ich hatte ja nicht gelernt, so zu leben; in meiner Familie sind wir einfach wie Unkraut aufgewachsen, und ich mußte später verflixt aufpassen, daß ich die richtigen Signale von meiner Umwelt auffing, zum Beispiel in diesen kostbaren Jahren in der Konventschule oder bei Freunden und Freundinnen zu Hause, selbst von dem Benehmen und den Verhaltensweisen der Restaurantbesucher, während meiner Karriere als Serviererin. Aber das liegt jetzt lange hinter mir, und ich glaube, daß ich die Erwartungen, die Philip zu Recht an mich stellt, erfülle, und ich habe die Absicht, das auch weiterhin zu tun. Wie Du schon sagtest, das ist wichtiger als Schreiben oder irgend etwas anderes. Ich denke kaum noch darüber nach, wie es wohl gewesen wäre, wenn man Opernsängerin oder Auslandskorrespondentin geworden wäre oder die erste Frau auf einer Expedition zum Mount Everest (wenn wir noch den Ersten Weltkrieg hätten) oder Fährschifferin.

Nach Christophers Geburt war ich ein paar Monate lang deprimiert, als er drei oder vier Monate alt war, aber das war mehr das Gefühl, daß ich jetzt an stündliche Routinen gebunden war und nichts mehr impulsiv tun konnte, vielleicht sogar für den Rest meines Lebens, aber das Gefühl verging. Aber so klingt das bei Dir überhaupt nicht. Verlangt Hans von Dir, ich meine jetzt mal ganz klipp und klar, mehr als Du geben kannst, Deinem Gefühl nach? Was will er eigentlich? Oder was willst Du eigentlich geben? Du sagst nie, daß Dir dieser private Freiraum fehlt, den man als Single hat. Fehlt er Dir? Mir schon, sehr sogar, ab und an, aber ich lerne langsam, mit der Zeit auszukommen, die ich für mich allein haben kann.

Kopf hoch, liebe Alte; bald wirst Du irgendwo in Europa oder den USA unterwegs sein, und alles wird besser aussehen, wenn Du erst wieder Dein eigenes Zuhause hast und wieder zur Ruhe gekommen bist, da bin ich ganz sicher.

Viel Liebe, mein Herz ist bei Dir,
schwitzend über dem dreckigen alten
Bügelbrett,
Pat

Solingen,
den 16. März 1957

Liebe Freundin,
die letzten paar Wochen hab ich soviel Ärger mit der Hektizitis (erfunden) der Visabeschaffung gehabt, daß ich kaum einen Brief an irgend jemand geschrieben habe. Nachdem ich die Frankfurter Botschaft mit Telegrammen, Telefonanrufen und Briefen bestürmt habe, fingen sie endlich an, sich persönlich für Hans' Fall zu interessieren, und hörten auf, darauf zu bestehen, daß wir seine unerreichbare Geburtsurkunde im Original (von der Ostzone) beibringen müßten, und jetzt sind sie viel kooperativer. Es sieht aus, als würden wir's schaffen, und dann könnten wir unsere Überfahrt am 10. antreten. Um so besser.

Die Ostzone geht wieder mal ganz scharf vor – Briefe werden wie verrückt zensiert, Touren werden abgesagt. Meine beiden schönen Schwägerinnen hatten so damit gerechnet, daß sie mit ihrem Chor nach Leipzig könnten, und gestern kam plötzlich das offizielle Verbot von den Sowjets. Es sieht alles ziemlich schlecht aus.

Ich dank Dir *so* sehr schon im voraus für die Hemden. Sie sind noch nicht angekommen, werden aber sicher bald hier sein. Bitte schreib.

Immer meine Liebe,
Joyce

Mahali,
den 28. März 1957

Liebste weitentfernte Freundin,
ein letzter Brief nach Solingen soll Dich erreichen, bevor Du gen Westen segelst. Du mußt die Nase voll haben vom Einpacken und Auspacken. Sind die Harrod-Hemden angekommen, und ersparen sie Dir ein bißchen Arbeit? Und Colin Wilsons ‹*The Outsider*›?

Es ist schwer, sich vorzustellen, daß Du und Deine kleine Familie wieder in die Gegend Deiner Mädchentage hinabsteigst, daß Hans zum Beispiel an Deiner alten High School vorbeifährt. Wirst Du für ihn eine Führung machen? Interessiert er sich für so was? Ich habe das Gefühl, Philip hat sich nie dafür interessiert, obwohl er meinen rhapsodischen «Erinnerungen einer Kalifornierin» immer mit ausgesuchter Höflichkeit zugehört hat. In einem Monat, wenn Du wieder in den Rocky Mountains bist, werde ich sehr an Dich denken. Komisch ist das, wo man herkommt, die Heimatstadt, wo man geboren ist und wo und wie man sich schließlich «zu Hause» fühlt. Du, glaube ich, bist ungleich stärker an Salt Lake und Dein Elternhaus gebunden, als ich es jemals an L. A. sein kann. Bis ich endlich meinen Abschluß von der High School bekam, hatte ich dreizehn Schulen besucht! Ich war niemals Cheerleader und konnte auch nie an den verschiedenen Freizeitaktivitäten teilnehmen, weil ich immer gearbeitet habe. Außer Schwimmen konnte ich keinen einzigen Sport; bis nach meinem Abschluß hatte ich kaum mal eine Verabredung mit einem Jungen – keine Zeit dafür. Meine Familie war ständig am Umziehen, von einem kleinen pastellfarbenen Bungalow zum anderen; Deine blieb (unfaßbar für mich) im gleichen Haus von Deiner Geburt an. Und doch sind wir beide, Du und ich, jetzt gleichermaßen entschlossen, gute Ehefrauen und Mütter zu sein und ein schönes Heim für unsere Familien zu schaffen. Anfänge machen also dann *doch nicht* so viel aus, oder? Ich wüßte gern, was aus so unterschiedlichem Material wie uns letzten Endes so ziemlich das gleiche Produkt gemacht hat? (Höre ich da eine Flüsterstimme aus dem Kloster, «Gott in seiner unendlichen Weisheit ...»?) Wer weiß?

Philip bereitet sich jetzt intensiv auf seine Suaheli-Prüfung vor, die alle Regierungsbeamten während der ersten beiden Jahre abzulegen haben. Ein bißchen spät habe ich mich entschlossen, auch mitzumachen und es richtig zu lernen, mit unregelmäßigen Verben, Klassen oder Nomina (acht an der Zahl!) und allem Drum und Dran. Da Zivilisten (oder was immer wir Nicht-Beamte genannt werden) die Prüfung auf eigene Kosten ablegen können, hab ich mir gedacht, mit einem klar umrissenen Ziel vor Augen würde ich ernsthafter und regelmäßiger studieren. Ich werde meine Prüfung im September ablegen, wenn sie wieder abgehalten wird. Für die jetzige wäre ich noch nicht gut genug vorbereitet.

Ich bin mit einer Vielzahl von trivialen, meist langweiligen Dingen ziemlich beschäftigt; fürs Rote Kreuz, als *Lady House Member* für den Klub (ich arrangiere Blumen und kommandiere den Barboy herum), dann organisiere ich Tennisturniere, sammle jedermanns schäbige, alte, abgetragene Kleidung ein für die Altkleiderauktion auf dem Fest des Roten Kreuzes im August. Die Afrikaner schnappen sich einfach alles an gebrauchten Sachen, zerlumpte arme Seelen, und ich würde mir wirklich schäbig vorkommen, ihnen diese Überbleibsel aus unseren Schränken und Koffern zu verkaufen, wenn ich nicht wüßte, daß das Geld via Rotes Kreuz wenigstens wieder an sie zurückgeht. Neue Decken für das Krankenhaus, Spielzeug für die Unglücklichen, die dort sind, Seife für Bäder. Vielleicht sogar ein oder zwei Transistorradios, wenn das Fest dieses Jahr genug Geld einbringt. Kannst Du Dir vorstellen, daß Philips Budget in der Klinik zu knapp bemessen ist, um solche Sachen aufzufangen? Es ist ein schrecklich armes Land; für die Afrikaner ist das Leben wirklich eine Sache des bloßen Überlebens. Die Hälfte der Zeit habe ich ein schlechtes Gewissen, weil ich dreimal am Tag esse (viermal, wenn man Tee mitzählt), weil ich zu jeder Gelegenheit andere Kleidungsstücke trage, tagsüber, auf Parties, zum Tennisspielen (und alles ohne Risse oder Flecken), weil ich so viele Bücher besitze. Die andere Hälfte der Zeit lebe ich so für mich hin und denke einfach nicht daran. Ich meine aber doch, daß unsere Präsenz hier eine gute Sache ist. Ich möchte wissen, ob ich jemals soweit komme, daß ich einfach aufhöre, Afrika um mich herum wahrzunehmen, wie das so viele der langjährigen Afrikaansässigen hier zu tun scheinen.

Soviel Liebe,
Pat

Mahali,
den 26. April 1957

Liebste Joyce,
hoffentlich war Eure lange Reise angenehm und nicht zu ermüdend mit Reinhard und allem. Ich versuche immer wieder, mir vorzustellen, was Du denkst und empfindest, jetzt, wo Du wieder zu Hause bist. Ich weiß, Du *bist* immer noch dieselbe Person, und dennoch so entscheidend verändert, daß Du kaum noch in Deine Nische in Salt Lake passen kannst. Einem Ort, einem geographischen Ort, meine ich, fügt man nur hier und da ein Stückchen zu oder nimmt es auch weg, wie kleine Teile eines Puzzlespiels, die man in ein paar Tagen hinwegschwatzen kann; aber ein Versuch, die Atmosphäre Deiner Seele verständlich zu machen, die Fragmente all dessen, in dem Du gelebt hast und die Du für immer mit Dir herumtragen wirst – oh, erscheint dies alles hoffnungslos, unmöglich, oder hat es Dich gar überrascht, wie leicht das geht? Ich kann's nicht erwarten, bis ich Deine Eindrücke von jenem Heim, zu dem man angeblich nicht zurückkehren kann, erfahre.

Philip ist ein geradezu rabiater Antiamerikaner geworden, viel mehr als das je zuvor der Fall war. Ich glaube, es gibt nicht die geringste Chance, daß wir jemals dort leben werden, sosehr ist es ihm zuwider, obwohl Kanada immer noch Nummer eins auf der Liste ist, wenn wir hier fortgehen. Die Unabhängigkeit kommt bestimmt, wie lange es noch dauert, bis es soweit ist, das weiß niemand. Wir sind der Meinung, daß es sehr bald kommen wird, in fünf bis zehn Jahren, wenn uns nicht alle Anzeichen täuschen. Aber im Klub werden wir schallend ausgelacht, wenn wir das sagen. Ich kann mir eine Selbstverwaltung hier einfach nicht vorstellen. Nun ja, das kommt sowieso, wenn die Zeit reif ist.

Schreib mir, bitte schreib mir einen Brief, so lang und ausführlich wie Du kannst, zum Thema: Rückkehr und Erinnerung. Dir und M. und V., Mann und Sohn und allen Freunden, die ich mal gehabt haben könnte, meine Liebe,

Pat

Salt Lake City, Utah
(Daheim?),
den 6. Mai 1957

Sehr liebe Pat,
seit ich geschrieben habe, sind viele schnell vorübersausende Tage schon zur Erinnerung geworden. Ich mag diese langen Intervalle zwischen unseren Briefen gar nicht. Schreiben kann ich jetzt nur ganz unregelmäßig, Reinhard ist in einer höchst anstrengenden Phase. Er kann sich nur ungefähr fünf Minuten lang allein mit etwas beschäftigen, und am Ende des Tages ist mein Erfindungsreichtum erschöpft. Die Abende gehören immer noch den Fragen und Gesprächen mit der Familie, und wenn ich Dir überhaupt schreibe, dann nur mit diesem Stückchen Dynamit, das da um mich herumzischt. Du wirst also den Mangel an Kontinuität und Kohärenz verstehen.

Meinst Du nicht, daß es für uns beide Zeit ist, wieder mal zum Bevölkerungswachstum beizutragen? Ich bin nicht schwanger, aber wünschte eigentlich, ich wäre es. Es scheint mir der beste Zeitpunkt, mit Reinhards Bruder zu beginnen, und wenn man schon zu Hause angebunden ist, warum dann nicht mit zwei, statt mit einem? Ich kann buchstäblich nicht mal *Life* lesen, bis er im Bett ist, warum also nicht wirklich gleich beide Hände voll haben. Nur zwei Bedenken halten mich zurück: die Kosten, ein Baby in Amerika zu haben, wenn man nicht wenigstens zehn Monate vorher bei *Blue Cross* versichert war, und die Tatsache, daß es doch besonders schwierig sein würde, bevor dieser Sohn allein aufs Töpfchen gehen, Treppen klettern und sich selbst füttern könnte. Aber das sind ohnehin nur Gedankenspiele. Und unsere Einstellung zu Amerika ist nicht mehr dieselbe.

Jetzt sind wir hier – und fühlen uns beide wie Schiffbrüchige.

Hans sagt, zum erstenmal im Leben fühlt er sich *total* hilflos und desorientiert.

Unsere ersten Eindrücke waren gut. Im Morgengrauen in den Hafen von New York hinein, vorbei an den wechselnden, fast greifbar nahen blauen Schatten der Wolkenkratzer über den Schiffen und Schleppern in der Bucht – das war unvergeßlich schön. Und wir hatten eine unheimliche Glückssträhne, denn wir konnten mit all den Leuten, die uns wirklich etwas bedeuteten, ein Wiedersehen feiern.

Hurra! Dein Brief kam gerade; so schön, von Dir zu hören! O Pat, wie gut *ist* es doch, von jemand zu hören, der weiß, was ich meine – nicht «versteht», sondern existentiell WEISS. Gott sei Dank, daß es Dich gibt! Ja, bis jetzt ist es, gut gesagt, «hoffnungslos unmöglich». Wir haben das Gefühl, vollkommen außerhalb der Hetze und jenes «schnellen Chaos» zu stehen, das wir ja in Schottland vermeiden wollten. Oh-oh-oh-oh – schon nach sechs Tagen wollen wir nur allein sein, das Fernsehen mit seinen Werbesendungen ebenso vermeiden wie die Leute, die ums Gerät herumrennen und sich weise Bemerkungen über den Film *‹Die zehn Gebote›* oder sonst etwas Überflüssiges zuwerfen. Ach hilf mir, ach hilf mir, Pat, Zynismus und Hochmutsgefühle zu bekämpfen. Distanz, eine gewisse Kühle, das ist unvermeidlich und ganz in Ordnung, Überlegenheit läßt sich nicht leugnen, aber ach – alles, was ich in den letzten Jahren gelernt habe, wehrt sich so gegen das, womit ich jetzt konfrontiert werde und was mit Sicherheit genau das ist, was ich einmal war. Ich brauche Dich. Wir würden uns verstehen, mit einem einzigen Blick.

Einer der hervorstechendsten Eindrücke ist das, was Hans «einen merkwürdigen Mangel an Selbstrespekt» nennt. Aus europäischer Sicht ist das bestimmt gerechtfertigt. Die amerikanischen Frauen rümpfen die Nase und kritisieren schlampige Französinnen, aber Pat, wie Frauen und Mütter hier scharenweise in Jeans und Lockenwicklern und mit Fettrollen herumlaufen, das gibt einem wirklich das Recht, sich zu distanzieren. Für Hans ist besonders das «Demonstrative» unseres geselligen Lebens hier so seltsam! Das gute Silber und Geschirr werden nur herausgeholt, wenn Gäste kommen. Die Frauen machen sich mit größter Sorgfalt zurecht – aber nur, wenn sie in die Stadt gehen. Im Hinblick auf unser zukünftiges

Leben ist das eine Umkehrung der Werte, für uns ist es am wichtigsten, das Heim zum Zentrum aller Dinge zu machen.

Zwar ist dies keine ausgesprochene Nationaleigenschaft, aber nach unserem ruhigen Leben in Deutschland kommt einem doch alles hier sehr hektisch vor, nervös und, am schlimmsten, sehr *laut*. Radio, Fernseher, Gespräche, Musik – alles gleichzeitig, eine Superstruktur der Geräusche über der anderen. Aber vielleicht vermissen wir auch nur unsere Reiher von Glendarroch.

Und es macht die Sache auch *nicht* gerade besser, daß wir so tief verschuldet sind. Außerdem mag Hans den größten Teil der modernen amerikanischen Malerei nicht, die ja immer noch an der *alten* Leier des Ungegenständlichen dreht. Wir brauchen einfach uns selbst, Einsamkeit, lange Nächte der Liebe und ein paar *natürliche* Geräusche. Es wird auch schwer sein, ohne irgendein Gewässer in der Nähe zu leben. Vielleicht auch noch ein Baby. Du kannst Dir vielleicht vorstellen, wie sehr ich meine Liebe schicke, Euch allen.

Joyce

Mahali,
den 28. Mai 1957

Liebste heimgekehrte Eingeborene,
gestern hatten wir unseren vierten Hochzeitstag. Ist das Leben nicht gut? Heute vor vier Jahren sind wir per Anhalter die Strecke zwischen Washington und Pennsylvania gefahren und lernten einander so kennen, wie wir in Wirklichkeit sind, nicht nur in Briefen, zumindest haben wir das versucht. *Wie* sehr kann doch ein langer Briefwechsel, den man begonnen hat, ohne den Partner vorher sehr lange, gut und genau zu kennen – nun, einen nicht eigentlich irreführen – aber vielleicht Knoblauch in die Salatsoße tun oder ganz lächerliche (wenn man sich besser kennt) Orchideen aus völlig adäquaten und stimulierenden Gänseblümchen machen! Jedenfalls, wir waren gerade zurück von einer scheußlichen Safari randvoll mit afrikanischem Jucken, Grippe, heulendem Baby, besoffenem Diener, bitterkaltem (für uns dünnblütige Kreaturen) heulendem Wind, Primusherd, der nicht funktionierte, usw., und kamen einen Tag früher nach Hause, nur um ein verdrecktes Haus, die Aschenbecher

noch voll von der letzten Woche und natürlich keine Boys vorzufinden. Aber Grippe oder nicht, wir *mußten* einfach ein Hochzeitstagessen haben, Philip hatte nämlich klugerweise eine Trappe geschossen (wundervolles dunkles Fleisch), und so habe ich (unter Niesen und Naseputzen) ein Mahl aus Eiern in Mayonnaise, Trappenbraten, Kartoffeln, Erbsen und Schokoladeneis (aus einem komischen Pulver) gezaubert. Und dazu hatten wir weißen Chianti, ganz proper gekühlt. Alles schön gemütlich.

Ist das nicht ein seltsamer Zufall, daß Du das Thema Familienplanung (zum Wohle der Menschheit) auf den Tisch bringst, gerade als mein gar nicht so schrecklicher Verdacht sich als begründet herausstellt? Ja – und zu Christophers nächstem Geburtstag fällig, am 5. Januar! Das bedeutet natürlich das Ende von Norwegen und Schilaufen, und wir müssen unseren Urlaub einen Monat aufschieben. Unsere neuesten Pläne sind jetzt, daß wir Ende Februar mit dem sechs Wochen alten Baby von Dar nach London fliegen, schnellstens eine Wohnung finden, uns etablieren, eine Teilzeit-Nanny finden (lieber Gott, laß es finanziell möglich sein), oder wir machen's ganz à la Yankee und tauschen Baby-Sitting-Services aus mit jemand, der in der gleichen Lage ist, sofern ich einen finden kann. Philips Kurs endet am 31. Juli, dann fahren wir nach St. Tropez oder La Ciotat oder vielleicht Mallorca und mieten uns dort für einen Monat die billigsten Koch-, Wasch- und Schlafmöglichkeiten, dann September in Paris, wenn das finanziell noch drin ist und Mme. Besombes im alten Hotel Normandie ein Faltbett für Christopher herauskramen kann und nichts dagegen hat, wenn ich Windeln quer durchs Zimmer aufhänge oder auf einem Primus koche. Im Oktober nehmen wir dann das London–Kapstadt-Postschiff zurück, unseren neuen Peugot-Kombiwagen an Bord, und von Kapstadt fahren wir dann hierher zurück. Aber wir haben schon so viele Pläne gemacht und wieder verworfen, weiß der Himmel.

Ich lege ein paar Pfund bei. Wenn es Dir nichts ausmacht, hätte ich so gern ein oder zwei neue Umstandskittel. Ich hab meine anderen während zwei Schwangerschaften getragen und kann sie nicht mehr sehen. Etwas möglichst Offenes, Ärmelloses (meine Kittelzeit liegt gerade wieder in der enormen Hitze vor der Regenzeit), wildamerikanisch farbenprächtig. Sie müssen sehr gut waschbar sein, für unseren dämlichen *Dhobi*, Größe 38. Vielen Dank, liebe Joyce.

Englische Umstandsmoden sind die reinsten Ballonkleider und so neckisch mit viktorianischen Müsterchen versehen. Dein Brief hat soviel Liebe zu Dir in mir hochkommen lassen, und ich sehne mich richtig danach, jetzt dort zu sein. Aber wie zauberhaft schön muß Salt Lake jetzt im Mai sein. Hast Du Hans Deine alten Jagdgründe gezeigt? Hat er viel über seine Eindrücke von den Vereinigten Staaten und ihren Bewohnern gesagt? Wenigstens die Berge und die Sauberkeit muß er doch lieben. Deine Bemerkungen zum Thema Lärm haben mich mit einiger Sorge erfüllt, wir haben noch nicht einmal ein Radio, besitzen gar keins, seitdem wir die Staaten verlassen haben. Ich habe diese schöpferische Ruhe des Wachsens in Afrika sehr lieben gelernt. Aber die Geräusche in London kommen wenigstens von Straßenhändlern und Drehorgelspielern und ulkigen Autos mit Blechhupen, alles irgendwie sinnvoll. Halt mich auf dem laufenden.

All meine beste Maienzeitliebe
Dir und den Deinen,
Pat

Salt Lake City,
den 12. Juni 1957

Meine liebste, produktive Pat,
zuerst einmal, bevor ich's vergesse, die Hemden von Harrods *sind* angekommen, zu meiner großen Freude und Zufriedenheit und Dankbarkeit, noch bevor wir Solingen verließen. Und jetzt zu wichtigeren Dingen.

Eine amüsante Ironie, die gerade noch so an einer Panik und, wie befürchtet, sogar Tragödie vorbeigeschlittert ist. Hans Hohlwein, Verächtlichmacher der Psychoanalyse und jener Tranquilität, die man in Kapseln bekommen kann, ist von einer medizinischen Jury gerade für schuldig erklärt worden, schuldig, weil im Besitz einer ganz legitimen Neurose, die schlimme Krämpfe in der Brust und in uns allen die Furcht vor etwas Entsetzlichem und Bösartigem hervorrufen konnte; aber ich glaube, er braucht ganz einfach ein Bankkonto – das und ein wenig Ruhe und Abgeschlossenheit. Darum ist er auch am Montag nach Chicago und näherer Umgebung gefahren in der Hoffnung, Dekane und andere Verantwortliche davon zu überzeugen, daß er noch besser ist, als seine Referenzen glauben machen. Es ist schlimmer als sinnlos, Waggonladungen von Bittgesuchen an namenlose Institutsleiter zu schicken, und es würde wohl jeden ziemlich neurotisch machen, auf ihre nichtssagenden Antworten warten zu müssen. So bin ich also zum erstenmal Strohwitwe, und ich bin gespannt darauf, zu sehen, wie es mir gehen wird, ohne Mann. Wenn es mich nicht umbringt, wird es sicher gut für meinen Charakter sein.

Ich versuche ganz einfach durch diesen Brief zu rasen, weil ich ihn gern zu Ende bringen möchte, bevor Reinhards Mittagsschläfchen zu Ende ist; es ist so schwierig, Zeit zur Konzentration zu finden. Aber bald, irgendwann, werde ich diese Dialoge mit Dir ausbauen, und dann rede ich ein bißchen mehr über Bücher und Ideen und Reaktionen. Doch für heute sende ich hauptsächlich Liebe und eine Bitte um Geduld.

Alle Grüße an Euch drei,
Joyce

Mahali,
den 30. August 1957

Liebste Joyce,
nur ein paar bruchstückhafte, unintelligente Notizen, damit Du weißt, daß ich immer noch da bin und Dich lieb habe und an Dich denke. Ich sterbe vor Neugierde zu hören, wie Euer Sommer verlaufen ist, wie es Euch allen gesundheitlich geht, Eure Pläne für die unmittelbare Zukunft, Eure patriotischen Gefühle. Wenn ich an Euch denke, überkommt mich nostalgische Sehnsucht nach dem gelobten Land. Seltsam, daß ich meine Familie, das Milieu meiner Vergangenheit oder auch meine Kindheitsfreunde gar nicht vermisse (sie sogar nicht einmal sehen will, um einmal brutal die Wahrheit zu sagen), ich vermisse aber auch keine der Städte, in denen ich seit der Zeit gelebt habe – Las Vegas, Chicago und so weiter –, außer S. L. C. Vermutlich ist das so, weil ich mich dort nicht mit Arbeit kaputtgemacht habe und weil ich dort so glücklich und intensiv entdeckt hatte, daß ich tatsächlich erwachsen war und noch dazu einen Intellekt besaß. Kaum zu glauben, daß Du wirklich da bist, zurückge-

worfen in das geographische Zentrum Deiner Mädchenzeit, daß Du siehst, wie die Berge langsam die Farben des Herbstes annehmen, daß Du den LP-Plattenspieler in der SW-Ecke Eures Wohnzimmers spielst. Ist der Fleck immer noch auf dem Teppich beim Wohnzimmer, wo ich ein Glas Rotwein vergossen habe? Na ja.

Schick mir mein Sechsmonatsbild von Reinhard. Ich werde ein paar Aufnahmen von Christopher machen und Dir schicken, wenn sie entwickelt sind. Ich studiere wieder Suaheli wie verrückt, weil ich die Civil-Service-Prüfung ablegen will, bloß zum Spaß, und nächsten Montag findet die mündliche und am Donnerstag die schriftliche Prüfung statt.

Schreib mir, liebe Freundin. Ich werde einen langen, anständigen, abendfüllenden Brief schreiben, wenn ich mit meinem Suaheli fertig bin.

Meine allerbesten Wünsche Euch allen, meine tiefste Liebe für Dich.

Pat

Salt Lake City,
den 9. September 1957

Liebste Pat,
das war ein miserabler Sommer, und schuld daran haben nicht Salt Lake oder «die Gegend meiner Kindheit» oder das Licht auf diesen grandiosen Bergen. Es waren die haarsträubendsten vier Monate, seit wir zusammen sind. Schuld daran hat die Armut, die moralische Minderwertigkeit Eltern gegenüber, wenn man ihnen Geld schuldet, und immer mehr Arztrechnungen: eine häßliche Uterusinfektion meinerseits und Gallensteine bei Hans; dazu kommt eine Zahnarztrechnung für meine kariösen Zähne. Ich habe schon so lange kein spirituelles (nenn es «inneres», wenn Du willst) Leben mehr gespürt, daß ich mir fast wie eine leere Hülle vorkomme. Dazu kamen, den ganzen Frühling und Sommer über, die zermürbenden Versuche, uns in den guten, alten, größten und großartigsten Vereinigten Staaten zu etablieren – d. h. Arbeitssuche. Ich arbeite jeden Abend in einem ziemlich miesen Lokal, wo Mormonen der Unterschicht mit der Vielzahl ihrer Abkömmlinge hinkommen, um fetti-

ges Kentucky Fried Chicken und fritierte Shrimps zu essen. Mit anderen Worten, dieser Sommer bestand aus Schnellfraßservieren, häuslicher Unzufriedenheit (und zu großer Nähe) und der Suche nach einem winzigen Plätzchen, das man eine «Position» nennen könnte.

Also – entschuldige die allgemeine Malaise und den Mangel an Briefen. Hast Du die Kittel erhalten, die ich geschickt habe? Wie fühlst Du Dich? Wird sie ein Junge? Worauf hoffst Du?

Ich habe fast alle hier mit Fleiß vernachlässigt. Mach Dir keine Sorgen, keine wesentliche Veränderung, nur der Wunsch, zur Ruhe zu kommen, anstatt gerade jetzt gesellig zu sein. Und die verdammte politische Situation macht mich so (angespannt) nervös. Ich stelle den Wecker, um für die Nachrichten wach zu sein. Es ist wie Verfolgungswahn. Und ihr Götter! Was für ein kolossaler Schlamassel! Diese Antisegregationsprobleme und die Gewalttätigkeit können einen wirklich moralisch auf die Palme bringen, und dazu noch die Korruption der Teamsters-Gewerkschaft, die Jugendkriminalität, Ikes fade Entscheidungsunfähigkeit, die VERDAMMTE Hartnäckigkeit und aggressiv verfolgte Absicht der AEC [Atomic Energy Commission], so viele Bomben in die Luft zu jagen, wie es ihnen beliebt, ohne Rücksicht auf Proteste japanischer Fischer, beunruhigter Wissenschaftler und besorgter öffentlicher Meinung. Ich sage Dir, Pat, es macht einem angst, wozu die Menschen immer wieder fähig sind. Mir wird sie immer deutlicher, die stupide verdammte Handschrift an der Wand.

Wenn Du diese höhnisch grimassierenden Hausfrauen aus dem Süden nur sehen könntest, wie sie den Negereltern, die ihre Kinder schweigend durch die Menge geleiten, Steine und Haß entgegenschleudern, dann würdest Du mit mir weinen, ganz gleich, was Du in Afrika gelernt hast. Der Mut, der von diesen Negerkindern verlangt wird! – von ihren Eltern ganz zu schweigen. Und die reagieren so häufig mit Faulknerscher Resignation: «Ich habe das so erwartet. Ich hoffe nur, daß es irgendwann einmal besser wird.» Lieber Gott da oben, was für Bestien stecken in uns?

Wir haben Arbeit. Hans hat sie durch eine Agentur in Chicago gefunden, an der Drake-Universität in Des Moines (oh, Gott soll schützen – kleingedruckt). Ich bin ja so erleichtert, ein Gehalt zu haben, daß es mir völlig egal ist, wo das ist. Und im Augenblick scheint mir Iowa so sicher wie möglich zu sein. Schreib sehr bald dorthin.

All meine Liebe, liebe Pat,
Joyce

Des Moines,
den 26. September 1957

Liebe Pat,
Salt Lake, Breadloaf, Los Angeles, Canada, Laval, London, Beirut, Tarbert, Tanganyika, IOWA – wenn ich an die Adressen denke, die auf unseren vielen Briefen waren, und keine unwahrscheinlicher als Des Moines. Palma oder Toledo oder Maine, ja, aber der «Maisgürtel», der «Bibelgürtel» – oh, oh, oh.

Wir haben jetzt schrecklich viel damit zu tun, ein verrottetes Haus mit sehr viel Platz und Möglichkeiten sauberzumachen. Es ist nur zehn Minuten vom Campus entfernt, wir haben also immer noch keinen triftigen Grund, ein Auto zu kaufen. Hans hat diese phantastische Fähigkeit, mit wenig Geld geradezu Wunder zu schaffen, er schreinert und entwirft alles selbst. Er ist wirklich so aufregend kreativ. Es ist wundervoll, mit dieser Kreativität zu leben, die überall fast peinlich stark zu spüren ist. Aber die Geräumigkeit des Hauses ist himmlisch, und Hans hat ein Atelier direkt in der Mitte. Weiß der Himmel, wie lange wir hierbleiben werden. Es ist ein guter Job, kein großartiger, an einer sehr guten, zweitrangigen Universität – interessante Kollegen – lausige Landschaft. Sich zum Assistant Professor hinaufzuarbeiten, würde drei Jahre dauern, und das ist, schändlicherweise, einer der Gründe, aus denen wir hier sind. Siehst Du, ein Professorentitel wäre das einzige, was einen Einfluß auf Arbeitsmöglichkeiten in diesem engen, engen Europa haben würde. Aber hier gibt es keine der Annehmlichkeiten, die wir so lieben gelernt haben – weder Wälder noch Wasser noch kulturelle Stimulation. Also sind drei Jahre hier sehr unwahrscheinlich.

Wir wären nächsten Sommer allen Ernstes zu Euch gestoßen, während Eures Urlaubs in den Pyrenäen, wenn wir nicht ein nagelneues Baby mitbringen müßten, das irgendwann im Mai geboren wird. Das habe ich wirklich nicht geplant, und ich werde es auch

Hans erst erzählen, wenn einige unserer Oberflächenturbulenzen sich wieder beruhigt haben.

Studierst Du übrigens ganz bewußt weiterhin die afrikanische Welt, oder ziehst Du Dich dort draußen mehr oder weniger in Deine englischen Romane über westliche Probleme und in Eure europäischen Gesprächsthemen zurück? Ich weiß, so sehr ich auch Beirut geliebt habe, daß ich schließlich dort in ein Stadium zurückgefallen bin, in dem ich von meiner Umwelt nichts mehr gelernt und dann so gelebt habe, als wäre ich in Salt Lake – zu meiner Schande, natürlich.

Ich sende meine Liebe und will *bald* von Dir hören.

Meine Liebe,
Joyce

Mahali,
den 4. Oktober 1957

Meine liebe, liebe Joyce,
abgesehen von unserer Freundschaft überhaupt kann ich Dir gar nicht sagen, wieviel unser Briefwechsel mir in diesen Jahren hier draußen bedeutet hat. Ich glaube allen Ernstes, es ist mein einziger normaler Blick in die andere Welt (Europa, Nordamerika), die sich ansonsten irgendwie immer weiter zurückzieht, unmerklich, wie Philips Haaransatz. Endlich habe ich eine definitive positive Note in Deinem letzten Brief bemerkt, wenn auch aus (brrrrr!) Iowa. War Dir das bewußt? Oder war es, inmitten des Durcheinanders von Reisen, Auspacken und Einziehen, nur ein zartes, unausgesprochenes Gefühl, das sich durch Deine Amanuensis von selbst manifestierte?

Auf jeden Fall, ob ein Jahr oder drei Jahre, Professor oder hungerleidender Bohemien, Mutter von zwei oder zehn, ich bin sehr froh für Dich, nach diesen schlimmen anderthalb Jahren. Ich bin glücklich (und es klingt, als wärst Du es im Grunde auch, wenn auch vielleicht ein bißchen entnervt), daß Baby Nummer zwei (er, sie oder es) auf dem Weg ist. Unseres war auch nicht geplant, obgleich wir es finanziell besser schaffen können. Jetzt, da es passiert ist, bin ich der Meinung, daß zwei bis zweieinhalb Jahre zwischen den ersten beiden wirklich der längste Zeitabstand sein sollte. Du wirst doch diesmal *nicht* arbeiten? Bitte, paß auf Deine Gesundheit auf, meine liebe Joyce.

Auf Deinem letzten Bild siehst Du wundervoll aus, viel besser als auf den ersten Schnappschüssen nach Reinhards Geburt. Ich bin wirklich überzeugt davon, daß dies eine turbulente, ja eine irgendwie heftig bewegte Zeit im Leben einer Frau ist, und es ist am besten, man sitzt und betrachtet seinen Bauchnabel und läßt, wenn nötig, alles Materielle um sich herum zum Teufel gehen.

Ich habe ein Buch, das ich sehr liebe, für Reinhard zum Geburtstag, und ich schicke es jetzt ab, es kommt also vielleicht (oder auch nicht) ganz pünktlich an (vermutlich letzteres). Außerdem nähe ich ihm einen Pyjama zu Weihnachten, der ist aber so grell, so neonleuchtend, daß Du die Erlaubnis hast, ihn als Staubtuch zu verwenden, wenn Ihr denkt, daß er ihn nachts wachhalten würde. Ich habe Christopher zwei Paar gemacht, und er liebt sie heiß. ‹Nama!!› ruft er, wenn er abends aus dem Bad kommt – und ‹Nama› sagt er auch für Banane und für Fleisch, Nyama auf Suaheli. Ich hoffe zu Gott, er paßt.

Ich nähe augenblicklich die ganze Zeit wie verrückt, nur um mich an diesen feuchtheißen Nachmittagen wach zu halten. Ich fühle mich beim Aufstehen immer so gräßlich, daß ich diese Memsahib-Gewohnheit des nachmittäglichen «Hinlegens», wie die Engländer das so euphemistisch nenne, gar nicht erst mitmache.

Oh! Die Kittel sind jetzt angekommen – hinreißend! Sie passen ganz genau, und die anderen Schwangeren hier beneiden mich darum (das heißt, *alle* anderen Frauen unter vierzig, die hier leben – sehr fruchtbare Gegend). Das blaue Wickelkleid habe ich zu meiner mündlichen Suaheliprüfung getragen und das gestreifte zur schriftlichen und hab beide bestanden, aber ich glaube, damit habe ich schon im letzten Brief angegeben, habe dabei aber vergessen, meine entzückenden Glückskittel zu erwähnen. Vielen, vielen Dank für Deine Mühe.

Ja, ich sehe Afrikaner, Asiaten und Europäer noch immer allzu bewußt als solche, und, um ehrlich zu sein, das macht einen ganz schön verrückt. Unser Hausboy zum Beispiel, den wir schon zweieinhalb Jahre haben, also während der ganzen Tour, enteist den Eisschrank momentan jeden zweiten Tag, weil «das Wasser hart wird». Dies in den letzten vier bis fünf Wochen, nachdem er sich zwanzig

Jahre lang um Eisschränke gekümmert hat. Na ja. Ich schreibe bald wieder und schicke ein paar Bilder von Christopher. Beantworte meine Fragen!

All meine Liebe,
Pat

Des Moines, den 8. Oktober 1957

Liebe Pat,
ich bin stolz auf Dich und Deine Suaheliprüfung. Und ob ich Dir zustimme, daß es eine gute, stimulierende Sache ist, auf diese Art noch einmal die eigenen Fähigkeiten und Kenntnisse zu testen!

Wir würden diesen Sommer so gerne rüberkommen und Euch besuchen, aber wir werden kein Geld haben und dazu noch ein einen Monat altes Baby.

Im Augenblick kommt mir Des Moines wie ein schrecklich abgelegenes Nest vor, aber ich hoffe, daß dieser Eindruck nur entsteht, weil mein Blick durch die allmorgendliche Übelkeit getrübt ist. Es gibt so verflixt viel zu tun, um dieses alte Haus wieder in Ordnung zu bringen, daß ich heute einfach nicht mehr weiterschreiben kann. Ich schicke eine Menge Liebe und *good will,* aber kaum Entschuldigungen. Werde bald wieder schreiben.

Joyce

Des Moines,
den 31. Oktober 1957

Meine sehr liebe Freundin und hochgeschätzte Patentante von Reinhard,
so viel Gutes, unerwartet in dieser oder jener Form aus Mahali gekommen, hat in dieser Woche Deine Freundschaft und Dich selbst ganz besonders nahe gebracht. Die kleinen Hemdchen, Gabel und Löffel aus Holz und Rodmans Gedichte haben uns gerade jetzt erreicht, nach langen Umwegen über Glendarroch.

Du würdest mich jetzt bestimmt nicht mehr mögen. Ich habe noch nicht mal ‹*The Outsider*› gelesen. Kaum irgend etwas habe ich gelesen. Statt in Metaphern und Alexandrinern zu träumen, mache ich in Gedanken kleine Listen von nutzlosen Dingen, damit ich einschlafen kann. Ich bin so oft müde, und mir ist ständig übel – morgens und mitternachts –, aber gelangweilt bin ich glücklicherweise nicht. Aber ich bin in Amerika fehl am Platz. Und ich tu auch keine dieser hübschen Sachen, mit denen Du dich beschäftigst, Geranien pflanzen, Suaheli lernen, Pyjamas für den Sohn *meiner* besten Freundin nähen.

Es macht mich wirklich ganz krank, wie sehr ich Christopher vernachlässigt habe. Dabei würde ich ihn so gerne kennenlernen und die beiden Jungen einmal beieinander sehen.

Du bist so anständig, Pat, und eine so getreue, großzügige Freundin, und ich habe so selten überhaupt etwas zu bieten – unklare Reaktionen, antiquierten Enthusiasmus und meistens nur winzige, armselige Briefe. Denke nicht, daß ich deprimiert bin. Tief drinnen spüre ich immer noch prickelndes Leben, und eines schönen Tages, bald, wird das auch für mich wieder an die Oberfläche kommen. Aber auf jeden Fall schicke ich Dir meine Liebe,

Joyce

Des Moines,
den 16. Dezember 1957

Liebe Freundin,
ich hatte wirklich nicht die Absicht, mit meinem nächsten Brief an Dich bis Weihnachten zu warten. Aber das geht so schnell vorüber. Laß mich also die Wartezeit ausfüllen mit Grüßen an Dich und Philip und Christopher und an das verborgene Kleine, das noch gar nicht weiß, worum es geht.

Bitte laß mich wissen, was Du für den Winzling haben möchtest, es wird mir viel Freude machen, mich nach Babysachen umzuschauen, wie eine Art Vorschau auf mein kommendes Ereignis nächsten Mai. Ich könnte ganz bestimmt etwas finden, was Du da drüben nicht bekommen kannst, und wahrscheinlich auch nicht in England. Bitte schreib mir ganz bestimmt, was Du möchtest.

Ich weiß, meine letzten Briefe haben total deprimiert geklungen, und ich will versuchen, mich nicht mehr so gehenzulassen. Und das wird auch jetzt leichter, denn ich wage zu hoffen (dabei drück ich beide Daumen), daß die schlimmste Zeit für mich vorüber ist, die Übelkeit ist merklich zurückgegangen, und die Müdigkeit, die von einer Anämie kommt, überwältigt mich auch nicht mehr so oft. Unter amerikanischen Wirtschaftsverhältnissen mit dem Geld auszukommen schafft freilich seinen eigenen Stress, aber plötzlich scheine ich's wieder in den Griff zu bekommen, sogar ein bißchen fröhlicher und leichter.

Wie wirst Du unterwegs mit allem fertig werden, und in England? Werden Dir die Hände vollkommen gebunden sein, oder ist da jemand in London, der dir die Last ein bißchen erleichtern könnte? Kannst Du stillen und hast Du überhaupt die Absicht? Wenn Christopher unserem Reinhard auch nur im geringsten ähnlich ist, wird das Reisen in diesem Alter bestimmt nicht einfach sein. Geht er schon aufs Töpfchen? Und wenn ja, hilf mir um Himmels willen mit ein paar guten praktischen Ratschlägen. Wenn das Baby gesund und kräftig ist, sollte es nicht allzu schwierig sein, mit ihm zu reisen. Was wirst Du mit Windeln machen? Mein Interesse an diesen unappetitlichen Einzelheiten ist nicht etwa geheuchelt, falls Du die Zeit finden kannst, mir Deine diesbezüglichen Pläne mal zu beschreiben. Als wir mit Reinhard überall herumreisten, war er acht Monate alt und einfach wundervoll, und damals habe ich ihn noch gestillt. Er schlief die ganze Zeit in Kommodenschubladen oder im aufgeklappten Koffer, weißt Du, und es ist ihm großartig bekommen.

Ach, Erinnerungen, und die Dinge, die sie so schnell kommen und gehen lassen! Ich denke an Frankreich, aber in Wahrheit zwinge ich mich dazu, an Frankreich zu denken, damit ich es nicht ganz verliere. Es ist kaum noch lebendig in mir. Und das liebe Schottland, das wir doch so ehrlich geliebt haben, versinkt langsam in der Erinnerung, was ich nie für möglich gehalten hätte. Wir haben es den ganzen Sommer so schmerzlich vermißt, und ich sehne mich so nach allem, was es zu bieten hatte – die unverbrauchte Sauberkeit und Geradheit, die keiner Werbung bedurften, und diese unverfälschte Natürlichkeit, die hier so schwer zu finden ist. Und doch hat dieses Jahr in Des Moines uns schon ein gutes Drittel des Jahres weiter davon weggeschoben, und ich muß erkennen, wie unerreichbar letztlich die Glendorrachs hier und heute für uns bleiben. Ein Trost ist mir diese Erkenntnis freilich nicht.

Schreib mir doch weiterhin so oft wie bisher und wann immer Du kannst. Der Briefwechsel ist und bleibt nun mal so großartig. Laß uns weitermachen, noch viele Jahre lang. Ich denke so oft an Briefe, die ich Dir eigentlich schreiben will, aber seitdem Du Verständnis dafür gezeigt hast, ist es weniger einfach, sich zum Schreiben durchzuringen, als vorher. Die Intervalle werden größer als beabsichtigt.

Wir beide senden die wärmsten, fröhlichen Grüße zur Weihnachtszeit, und ich sende Dir meine ganz besondere Zuneigung und besorgte Liebe, jetzt, da die Zeit für die Geburt Deines zweiten Kindes immer näher kommt.

Joyce

Des Moines,
den 7. Januar 1958

Geliebte Pat,
Gott weiß, daß Du die beste Freundin bist, die ich je gehabt habe. Und Gott allein weiß, wie schmerzlich gern ich mehr für Dich tun würde, damit Du siehst, wieviel es mir bedeutet. Dein Paket ist angekommen, fast das Schönste am ganzen Weihnachtsfest. Du weißt immer genau, was richtig ist, mit perfekter Intuition. Die Pyjamas sind zauberhaft, und ich weiß gar nicht, wie Du denken kannst, sie könnten nicht gefallen. Sie passen Reinhard ganz genau, und er sieht wie ein liebenswerter kleiner Elf darin aus. Ich werde bald Aufnahmen machen und sie Dir schicken. Und die Bücher! Oh, liebe Pat, die sind so wundervoll. Ich habe Simone de Beauvoirs ‹*Die Mandarins von Paris*› lesen wollen, seitdem es herauskam, und Du hättest kein Buch aussuchen können, das ich mir inniger gewünscht hätte. Und das Oxford-Buch für Kleinkinder ist so exquisit, daß ich nicht riskieren will, es Reinhard jetzt schon zu geben, er geht nämlich mit Büchern noch ziemlich rüde um, obgleich er ganz wild danach ist. Und jetzt kommt schon gleich Dein Geburtstag und dann Christophers, und die Geburt des Kleinen, das ich so liebend gern im Arm halten würde. Ich hab den ganz verzweifelten Wunsch, jetzt in Deiner Nähe zu sein, dir zu helfen, mich um Christopher zu kümmern, Dich im Krankenhaus zu besuchen, nur ein klein wenig die Möglichkeit zu haben, diese wichtige Zeit mit Dir zu teilen. Und Dir

etwas zu schicken. Was könnte ich schicken, das Du unterwegs gebrauchen könntest? Oder irgendwas fürs Baby. Du mußt mir vorher noch all Deine mutmaßlichen Adressen geben.

Finanziell geht es uns im Augenblick HUNDSMISERABEL. Ich möchte am liebsten abhauen aus diesem raffgierigen Land. Keiner von uns beiden gehört wirklich hierher, und doch fürchten wir jetzt, daß wir festgefahren sind – nichts sparen oder auch nur halbwegs auskommen können. Aber genug davon. Denn meine Gedanken sind in diesen Tagen ganz intensiv mit Dir beschäftigt (mein Baby macht sich jetzt übrigens auch bemerkbar, fühlt sich wundervoll an). Ich sende Dir meine Liebe, liebe Freundin, und ich will, daß Du meine Nähe spürst, wenn Du mich brauchst.

Joyce

Zaliwa-Krankenhaus,
den 15. Januar 1958

Liebste (und schwer vermißte) Freundin,
an meinem 27. Geburtstag bin ich die ekstatische Mutter eines zweiten Sohnes, Julian, der vor vier Tagen (am 11.) in demselben trostlosen Krankenhaus, wo ich Christopher hatte, zur Welt gekommen ist. Er ist ein wonniges kleines Ding, etwas kleiner und dicker (vier Unzen schwerer) als Christopher bei seiner Geburt, hat große, dunkle Mandelaugen, ein energisches, eckiges Kinn, lange Hände und Füße und ist das Endresultat einer sehr schnellen und leichten Geburt (sechs Stunden von den ersten Wehen bis ich ihn im Arm halten konnte). Jetzt habe ich die kleine Familie, die ich immer wollte, und ich bin unsagbar glücklich, daß ich noch einen Jungen produziert habe. Warum ich eigentlich nie ein Mädchen wollte, weiß ich nicht. Ein Baseball-Team wäre mir allerdings zuviel, aber vielleicht könnten wir in ein paar Jahren ein Kammermusiktrio bilden.

Ich kann es kaum erwarten, nach Hause zu kommen, aber andererseits habe ich auch Angst davor, denn ich muß ja sofort mit dem Packen für unseren langen Urlaub anfangen. In vier Wochen fahren wir schon! Ich fürchte mich auch ein wenig davor, mit zwei Babies in England zu leben, die meiste Zeit mir selbst überlassen, denn Philip ist ja den ganzen Tag weg, in seinem Kurs, aber wie er sagt (und ich nehme das etwas bitterlich *cum grano salis*), machen die Frauen hier draußen ja sechs Monate lange Touren (in England) und bekommen dann zweieinhalb Jahre Urlaub (in Afrika). Ha, ha, verdammt noch mal. Christopher fehlt mir ganz schrecklich. Ich bin noch nie von ihm weggewesen, und Philip sagt, er hat so eine Art Drüsenfieber und bringt ihn nicht mehr hierher mit. Hoffentlich geht's ihm wieder besser, wenn wir heimkommen, armer Liebling. Philip scheint sich für dieses Baby gar nicht so zu interessieren, aber vermutlich ist er zu beschäftigt, um alles so mitzukriegen, und man sagt ja, daß das für Väter ganz normal ist, bis alle Babies nach dem Erstgeborenen größer werden. Aber es macht mich doch ein bißchen traurig und deprimiert.

Müdigkeit überkommt mich jetzt, ich muß schlafen (in dieser gräßlichen Hitze, die von dem völlig ungenügenden Deckenventilator nur träge hin und her bewegt wird), bevor ich ihn wieder füttern muß – mit dem Stillen klappt es bis jetzt. Ich drück mir selbst die Daumen, daß durch die Aufregungen, die jetzt auf mich zukommen, nicht die Milch versiegt. Schreib mir nach London. Ich hoffe, daß es Dir und Baby und Hans und Reinhard gutgeht. Viel Liebe – ich wünschte, ich könnte bei Dir sein und mich mal so richtig aussprechen und ausheulen.

Pat

Des Moines,
den 22. Januar 1958

Gott segne Dich, und Dich auch, kleiner Mann!
Die gute Neuigkeit ist gerade in dieser Minute angekommen, und ich bin ganz erfüllt von einem Glücksgefühl, das vollkommen wäre, wenn ich bei Dir sein könnte, um es mit Dir zu teilen. Aber trotz der enormen Entfernung habe ich doch immer dieses intensive Gefühl der Nähe zu Dir, klagen wir also nicht allzusehr. Ich bin so dankbar, daß die Geburt so glatt verlaufen ist, und so *leicht* (Du Glückliche – ich hätte nichts dagegen, wenn es bei mir diesmal auch etwas geschwinder ginge).

Mir geht es jetzt gut, ich spüre das Baby strampeln, aber obwohl ich jetzt mit dem sechsten Monat anfange, ist er noch nicht groß genug, um Umstandskleider zu rechtfertigen. Ich glaube aber, daß ich zunehme, was nicht gerade wünschenswert ist. Hast Du zugenommen? Oder hast Du alles wieder verloren und bist so schlank wie immer?

Übrigens bin ich eine sehr schlechte amerikanische Ehefrau, es fällt mir nämlich verdammt schwer, überall so richtig «mitzumischen», ich sehe eigentlich auch gar nichts, wobei ich mitmischen möchte. Alles in allem kommt es mir vor, als ob diese Zeit irgendwie in einem Vakuum gefangen wäre, ohne große Relevanz und fast ohne Möglichkeiten, die zu irgend etwas führen könnten. Sobald wir etwas gespart haben, gehen wir zurück, zurück zu einer Kultur, in der ich mich wirklich lebendiger, vollkommener und auch stärker bestätigt fühle. So wie wir augenblicklich sparen können, wird das freilich mehrere Dekaden dauern. Es gibt hier nur einmal täglich Post; und was uns ganz besonders ärgert, ist der Mangel an medizinischer Versorgung durch den Staat, die mickrige Gruppenversicherung, die von den Universitäten angeboten wird, und die ganz allgemein skandalösen Preise, die der Ärztestand hier selbst für eine Fünf-Minuten-Konsultation verlangt. Natürlich sind wir durch den British Health Service, den staatlichen Gesundheitsdienst, verwöhnt, aber nicht weniger durch den französischen, den deutschen und den libanesischen! Und ohne schiefe Blicke auf die Subversiven.

Und dazu noch unsere Auslandspolitik und, wie Hans sagt, die himmelschreiende Dummheit, mit der angeblich qualifizierte Oberschüler zur Universität kommen. Und ganz nebenbei, die Landschaft gefällt mir auch nicht.

Aber jetzt will der Kleine unbedingt im Schnee spazierengehen, ich sende Dir also alle Liebe und Freude und warte auf Einzelheiten von Eurer Reise.

Joyce

Mahali,
den 25. Januar 1958

Liebste Joyce,
nur eine ganz, ganz kurze Nachricht und dies ulkige, kleine Foto, drei Tage nach Julians Geburt (für den Paß!) aufgenommen. Er

scheint seinen Aussichten in dieser Welt recht heiter entgegenzusehen, nicht wahr? Ich sehe abgehärmt und mager aus, und das bin ich auch. Bei uns herrscht das totale Chaos – Kisten und Koffer überall, Christopher so dünn und ausgezehrt von seiner Krankheit, daß es mir in der Seele weh tut, Philip abwesend und schrecklich beschäftigt und jähzornig und ich voller Zorn auf alles, was sich verschworen hat, diesen goldigen Julian, den ich gerade zur Welt gebracht habe, zu ignorieren. Verdammt, verdammt. Am liebsten würde ich den ganzen Tag heulen, aber dazu habe ich keine Zeit. Aber zweifellos werde ich mich bald wieder fangen und Christopher sich auch, in der klirrenden Kälte und Lebendigkeit von London.

Kann nicht weiterschreiben. Hoffentlich machst Du gute Fortschritte.

So viel Liebe, liebe Freundin,
Pat

Des Moines,
den 3. Februar 1958

Liebste Pat,
Julian ist wunderschön, und meine Freude für Dich und ihn ist ebenso groß wie mein Neid, oder sagen wir lieber, größer. Denn es scheint, daß ich gar kein Kind in mir trage. Oh, es stimmt schon, daß ich schwanger war. Allein schon meine Stimmungen haben das gezeigt. Aber mein Körper war es nicht; mein Uterus wird einfach nicht größer, und ich bin so flach, wie man nur sein kann, was für den Beginn des 6. Monats doch recht merkwürdig ist. Nicht so merkwürdig, freilich, wenn man vermutet, der kleine Fötus sei gestorben, und das nimmt mein Gynäkologe an. Die Krise und die Tränen sind vorüber. Ich habe mich damit abgefunden, daß ich sobald wie möglich mit einem neuen Baby anfangen muß, und wenn es denn hat sein sollen, dann muß man wohl der Natur dankbar dafür sein, daß sie diesen und nicht einen ganz anderen Weg gewählt hat. Wenn der Schwangerschaftstest Ende Februar negativ ist, wird wahrscheinlich eine Fehlgeburt eingeleitet.

Im ganzen genommen, ist dies ein lausiges Jahr. Hans kann nicht malen. Ich stecke bis zum Hals in Hausarbeit, interessante Leute gibt es hier nicht, und jede kleine Pille kostet ein Vermögen. Und an Amerika ärgert mich eine ganze Menge. Und ich *hasse* Kugelschreiber.

Aber Dich, liebe Freundin, habe ich lieb und bin ganz entzückt von dem bezaubernden Sohn. Darf ich Patin sein, oder ist das schon vergeben? Und eine sehr, sehr Bon Voyage!

Liebe,
Joyce

Fünfter Teil

März 1958–Dezember 1958

Hast Du ‹*Dr. Schiwago*› gelesen?

London, England,
den 18. März 1958

Liebste Joyce,
Dein tragischer Verlust macht mich sehr traurig, und ich weiß, wie schmerzlich das für Dich gewesen sein muß, physisch und psychisch. Laß mich Einzelheiten wissen, wenn Dir das nicht zu sehr wie morbide Neugier vorkommt. Bist Du insgeheim irgendwie erleichtert, ich meine, ein Baby wäre Dir doch in Euren gegenwärtigen Umständen auch eine große Last gewesen, nicht? Und doch ist das einzige, was einem über derart schmerzliche Erfahrungen hinweghilft, die Hoffnung auf das nächste Mal. Ich hoffe, das Leben im Flachland, im schrecklichen alten «Middle West», wird langsam erträglicher und daß Ihr inzwischen Pläne macht, in einigermaßen absehbarer Zeit da rauszukommen, irgendwohin, wo man anständiger leben kann. Ich verstehe schon, was Du über Amerika sagst, wenn ich auch fast vier Jahre lang nicht mehr zu Hause gewesen bin. Ich glaube auch nicht, daß ich dort wieder leben könnte, und Philip schon gar nicht. Ich liebe England sehr, aber wenn man nicht viel Geld hat, ist das Leben hier sehr schwer. Obwohl es uns natürlich bessergeht als den meisten.

Wir haben eine sehr nette Wohnung gefunden und brauchten nur zwei Wochen in unserem schmuddeligen, beengten Hotelzimmer zu kampieren, mit Betten und nassen Windeln überall im Wege, vom Abkochen und Sterilisieren der Milch und Flaschen auf dem Primusherd ganz zu schweigen, bis wir vor zwei Wochen hier eingezogen sind. Philip hatte schon drei Tage nach unserer Ankunft seinen Kurs begonnen, und so sehe ich ihn nicht sehr oft, außer, wenn er abends und am Wochenende über seinen Büchern brütet. Und bis

Anfang Juli wird das auch so bleiben. Kann sein, daß ich bis dahin den Gefängniskoller kriege, aber Kopf hoch! – sage ich mir.

Julian ist das bravste Baby, das es je gegeben hat, und wirklich so bezaubernd anzuschauen. Ich muß ihn sogar für seine erste Morgenmahlzeit aufwecken! Und die besteht aus Flaschen, wie Du schon bemerkt haben wirst. Meine Befürchtungen, daß ich in diesem Wirbel von Abreisen und Umziehen austrocknen würde, haben sich leider bewahrheitet. Mir ist buchstäblich von einer Stillzeit zur anderen die Milch versiegt, im Flugzeug (30 Stunden von Dar nach London, mit einem achtstündigen Notaufenthalt in Khartoum – es war ein Alptraum – als ich auf dem Londoner Flughafen ankam, roch ich gleichermaßen nach Babykotze und nach dem, was aus Babys anderem Ende rauskommt). Christopher erholt sich endlich langsam von dieser langwierigen Krankheit, die er hatte, während ich mit Julian im Krankenhaus war. Eigentlich ist er in vieler Hinsicht ein ganz anderes Kind geworden. Irgendwie traurig und erwachsen und still, nicht mehr das herrlich unbefangene Baby von früher. Obwohl ich wirklich glücklich bin, daß wir in England sind, kann ich über mein augenblickliches Leben nicht viel Gutes sagen. Tagelang spreche ich mit keiner Menschenseele, außer, um «zwei Pfund Hackfleisch und ein Paket Würstchen, bitte» zu sagen. Und ich glaube, mein Gehirn wird langsam weich, trotz täglicher *Times* als Lesestoff (was für ein Genuß, nach drei Jahren mit dem Gewäsch des *Tanganyika Standard*). Wenigstens ist das hier nicht «lebenslänglich», und im Juli wird meine Strafe auf Bewährung ausgesetzt, für zwei Monate auf Mallorca, bis wir nach Afrika zurückkehren. Und diese Woche bekomme ich auch einen anständigen Babysitter, und dann kann ich ab und zu mal weg, hinein in Londons zivilisierte Herrlichkeit. Warum kommt Ihr nicht zu uns nach Mallorca, wir haben da ein Ferienhäuschen gemietet?

Mein Brief klingt unzufrieden, wahrscheinlich bin ich es auch, aber bestimmt nur vorübergehend. Im Hydepark kommen schon die Osterglocken nach oben, und meine Stimmung wird es ihnen zweifellos bald gleichtun.

Halt die Ohren steif,
all meine tiefste Liebe,
Pat

Des Moines,
den 19. März 1958

Liebste Freundin,
ich muß Dir wenigstens eine kurze Nachricht schicken. Das Schweigen hat schon zu lange gedauert. In ein paar Stunden gehe ich ins Krankenhaus, es wird eine Ausschabung gemacht, das Baby ist in der Gebärmutter gestorben. Vor ein oder zwei Wochen hatte ich schon kein Leben mehr gespürt, und die Ungewißheit hat mir verdammt zugesetzt, aber jetzt ist das geklärt. Das Jahr war schlimm; Hans hatte wiederholte Gallenkoliken, und seine Gallenblase muß bald entfernt werden. Letzte Woche haben wir auch unseren Job verloren, eine Entlassung in Ehren, die uns aber nichtsdestoweniger arbeitslos macht. Sie brauchen jemand, der sich mehr auf Gebrauchsgrafik versteht. Siehst Du? Und Klein Reinhard hat sein rechtes Schlüsselbein gebrochen, er ist gerade noch ohne Gehirnerschütterung davongekommen.

Wie Hans es ausdrückt: «Amerika und ich sind kein sehr glückliches Paar.» Damit wir nicht länger die horrende Miete hier bezahlen müssen, werde ich am 1. Mai Des Moines verlassen und nach Salt Lake City gehen. Hans macht hier noch mit einem sechswöchigen Lehrauftrag weiter, und das bringt uns dann (getrennt) bis Mitte Juli. Dann haben wir hoffentlich genug für eine Flucht nach Mexiko, wo wir mit $ 300 den Juli und August überstehen können; hier würde das gerade drei Wochen reichen.

Wenn wir bis 1. Juni keinen Job haben (wir haben überallhin geschrieben, versuchen es auch noch einmal mit diesen widerlichen Agenturen), gehen wir, glaub ich, nach Europa. Die Situation hier entzieht Hans langsam alle Lebenskraft.

Wie geht es Dir, Liebe? Hoffentlich ist alles in Ordnung. Und der winzige Julian. Ich brauche ein Wort von Dir.

Meine beste Liebe,
Joyce

Des Moines,
den 24. März 1958

Liebe gute Freundin,
das Schlimmste ist vorüber, und ich bin aus dem Krankenhaus heraus und wieder zu Hause – nachdem ich unerwartet durch eine philosophische Hölle mußte, aus der ich aber heil wieder rausgekommen bin. Die Operation verlief ruhig und beinahe angenehm, dachte ich jedenfalls – bis ich am nächsten Tag mit dem Arzt sprach, der meinte, das sei die brutalste Curettage gewesen, die er je hätte machen müssen.

Um Deine Frage zu beantworten, nein – ich war nicht insgeheim erleichtert, wenn ich die Frage auch verstanden habe. Ich wollte dieses Baby, und ich habe länger als einen Monat gebraucht, um mich mit den Tatsachen abzufinden. Ich muß überhaupt kein Leben gespürt haben. Aber heute fühle ich mich wie eine neue Frau, die es kaum erwarten kann, ein neues, besseres Leben anzufangen. Gott, was für ein elendes Jahr! Wenn wir diesen Sommer nur zu Euch in die «Zivilisation» kommen *könnten*. Ich glaube, wir würden das tun, wenn wir den Kies hätten.

Deine Briefe sind mein bestes Stimulantium. Laß sie nicht abreißen.

Hallo an Philip,
Joyce

London,
den 8. April 1958

Meine immer liebste Freundin,
wie gern ich immer Deine Briefe erhalte, sogar mit all den Kümmernissen und Schwierigkeiten, die Du im Augenblick hast. Das *muß* doch bald besser werden! Du bist immer noch so normal, mitten in all diesen Turbulenzen. Ich, dagegen, befinde mich mitten in absolut gar nichts, außer der täglichen Routine von Hausarbeit und Mit-den-Kindern-Spazierengehen, die meine ohnehin schon weiche Birne vollends aufzuweichen droht.

Und doch liebe ich, *liebe* ich das Leben in London. Letzte Woche waren wir in Covent Garden und haben Beriosova in *Schwanensee* gesehen; ich habe vor Begeisterung geweint. Und erinnerst Du Dich noch an meine alte große Leidenschaft, Ferrucio Tagliavini? Ich habe ihn in *Die Perlenfischer* singen hören. Tage habe ich gebraucht, um darüber hinwegzukommen. Er war genauso gut bei Stimme wie vor zehn Jahren, als ich gerade anfing, samstags die Sendungen der Metropolitan Opera zu hören. An manchen Abenden, wenn die Kinder schlafen und Philip studiert, gehe ich ins Kino. Am Kiosk kann ich *Time* und *Paris Match* und überhaupt alles kaufen, was mein Herz begehrt. Und ich kann köstliche Backwaren kaufen, deren Zuckerguß und Dekoration nicht von mir gemacht worden sind. Ich könnte auch das Dritte vom BBC hören (wenn wir ein Radio hätten). Und ich kann eine Morgenzeitung vom selben Morgen lesen. Ich kann (und das tue ich auch jeden Tag) mit den Kleinen zum Hydepark schlendern und stundenlang dort und in Kensington Gardens spazierengehen und Christopher die Geschichte von Peter Pan erzählen. Weißt Du, daß es hier in den Gardens immer noch Kinderfrauen in Uniform gibt, mit ihren Schutzbefohlenen in Kinderwagen, die hundertmal schöner aufgeputzt sind als meiner? Die Blumen blühen in den Beeten, die nach dem Kalender bepflanzt werden, die Rasenflächen sind manikürt, die blassen Engländer sehen aus, als ob sie den Frühling genießen würden. Die indischen Einwanderer werden von Londonern schlecht behandelt, von denselben Londonern, die so lange über die Amerikaner und unsere Versuche, das Rassenproblem zu bewältigen, ihre langen, angelsächsischen Nasen gerümpft haben, und jetzt haben sie eins und wissen nicht, was sie damit anfangen sollen. Wenn es nicht um die Tragödie der Menschen ginge, um die Asiaten und Westindier, würde ich über die ganze Idiotie der Sache lachen. Und Frankreich! Was um alles in der *Welt* ist da los?

Ich kaufe Berge von Büchern, die ich mitnehmen kann, wo immer wir auch auf unserer nächsten Tour landen werden (bitte, bitte irgendwohin, wo es Elektrizität gibt und Menschen, mit denen man reden kann!). Ich werde mir mein eigenes Universitätsdiplom zusammenstellen.

Wir haben Karten für Fonteyn in *Giselle* und für *La Bohème*, nächste Woche. Das alles macht die drei Jahre im grimmigen, heißen, langweiligen alten Mahali wieder wett.

Und da wir gerade von heißen, langweiligen Orten reden, ich

möchte Dich um einen ganz besonderen Gefallen bitten. Meinst Du, Du könntest ein aufblasbares Planschbecken aus Plastik oder Gummi für mich auftreiben? Ich möchte eins haben, um die Hitze für die Kinder ein wenig erträglicher zu machen, wo wir auch hingeschickt werden. Ich habe so ein verklärtes Bild vor Augen – unsere beiden Jungen planschen fröhlich im kühlen Wasser und schicken sich gegenseitig die Gummientchen zu, während ich im riesigen grünen Schatten eines Mangobaumes in der Nähe sitze, bücherlesend und unaufhörlich Tee trinkend.

Pat

Des Moines,
den 15. April 1958

Sehr liebe Pat,
Deine herrlichen Briefe sind in letzter Zeit mein einziger Lichtblick, und Dein europäischer Überschwang ist so ungefähr das einzige, was mich von diesem Trübsinn befreit, den ich Dir in winzigen düsteren Bruchstücken schicke. Und dabei schreibe ich Dir nicht mal die Einzelheiten, die Nuancen des Verstehens, die ich beim Lesen Deiner Briefe spüre. Ich habe wieder schlimme Zeiten hinter mir! Reinhard mußte wieder ins Krankenhaus, ins Sauerstoffzelt wegen eines Hustens, der seine Larynx bis zur Erstickungsgefahr anschwellen ließ. Es geht ihm besser – mir auch –, ich genieße den Frühling und Sex, aber das ist auch alles, außer Reinhard, der so wunderhübsch ist, finde ich. Aber es ist möglich und wäre logisch, daß mich der Stress wegen einer 500 $-Arztrechnung so erschöpft hat und darüber hinaus die tägliche zweieinhalbstündige Diskussion darüber, ob wir unsere amerikanische Existenz über Bord schmeißen und im August die Segel für Deutschland setzen sollen, das Ziel wäre Freiburg, in der Nähe der französisch-deutschen Grenze.

Das ist so aufreibend, weil es eine permanente Entscheidung wäre. Und es würde ein ziemlich mageres Gehalt bedeuten, für immer, *falls* er nicht eines Tages beweisen kann, daß er ein wirklich großer Künstler ist und schließlich an eine Kunstakademie berufen wird (auch ein mageres Gehalt, das uns nie eine Rückreise nach Amerika gestatten würde). Das ganze Thema ist so bedrückend für mich, weil es für meine Eltern die reine Katastrophe wäre. Was machen wir also? Das Argument gegen ein Hierbleiben ist nicht antiamerikanisch, aber Hans kann hier einfach keinen Rapport herstellen, und das ist schon ein gigantischer Block, der seiner Arbeit im Wege steht. Bitte schick Weisheit, ich schreibe bald mehr Einzelheiten. Wie liebend gern würde ich zu Euch zum Essen kommen, mit einer guten Flasche Wein in der Hand.

All meine dankbarste Liebe,
Joyce

Des Moines,
den 15. April 1958

Liebe Pat,
ein rein praktischer Brief. Ich hab mich nach den Planschbecken erkundigt. Ein aufblasbares Becken aus Plastik kann ich besorgen, die großen, stabilsten kosten $ 16. Aber mir wurde erzählt, daß man 1. eine Pumpe braucht, um sie zu füllen, und 2., daß sie leicht Löcher bekommen, und wenn sie einmal eingerissen sind, ist es bald vorbei damit. Dann gibt es ein sehr großes aus dickem Nylon, nicht aufblasbar. Es steht einfach mit kleinen Füßen auf dem Boden, und man füllt und entleert es – $ 27. Es läßt sich natürlich klein zusammenfalten. Das soll sehr viel widerstandsfähiger sein, und wenn Du zustimmst, werde ich es kaufen. Willst Du es nach Afrika oder nach London geschickt haben?

Alles Liebe,
Joyce

Des Moines,
den 29. April 1958

Liebste Pat,
ein Blödsinn nach dem anderen eilt zu Dir. Ich muß mich darauf besinnen, wieder einmal Madame de Stael zu lesen, um zu sehen, wie es andere fertigbekommen haben, lesbare Briefe zu schreiben. Ich weiß, daß ich Dir in den letzten neun Monaten keinen einzigen

anständigen Brief geschrieben habe, aber was bedeutet das? Ich habe kaum etwas gemacht, was irgendwelchen Wert hätte, und mir scheint, daß ich dem besten Teil meiner selbst ziemlich entfremdet bin. Hans möchte, daß ich mich im kommenden Sommer damit beschäftige, aus den Niederungen dieses uneleganten Jahres heraus und wieder zu mir selbst zu kommen, aber wir stehen derartig unter dem Druck zu verdienen (Geld, meine ich), daß sich fast jede Art von Erholung verbietet. Unsere Rechnungen sind gigantisch – die sogenannte Krankenversicherung der Drake-Universität hat von unseren vier Krankenhausaufenthalten nur einen bezahlt. Aber mich dünkt, ich habe so etwas schon einmal beklagt.

Ich freue mich so, daß Du London genießt; das würde ich auch tun. Reinhard macht mich augenblicklich verrückt, er knufft mich und zerrt an mir herum und alles. Und ich schreibe hauptsächlich, um Dir ohne Umschweife zu gestehen, daß das Planschbecken so schwer war, daß ich Dich noch um £ 1 fürs Porto bitten muß, so demütigend das auch ist. Was die Finanzen betrifft – in diesem Leben –, da kann ich auf die Großzügigkeit, die ich anzubieten habe, kaum stolz sein. Vielleicht ist eines Tages das Schlimmste vorüber und ein Budget kein so bedrohliches Unternehmen mehr. Ich hoffe nur, daß das Becken mit allem Drum und Dran jetzt nicht zu teuer für Euch wird.

Aber ICH VERSPRECHE EINEN RICHTIGEN LANGEN BRIEF, sobald ich in Salt Lake City ankomme.

Meine Liebe und Zuneigung,
Joyce

London,
den 19. Mai 1958

Liebste aller Freundinnen, Joyce,
heute will ich versuchen, Dir einen halbwegs anständigen Brief zu schreiben, nicht solche Fetzen und Bruchstücke wie bisher. Ihr tut mir so wahnsinnig leid mit Eurem finanziellen Stress und all den Krankenhausaufenthalten – ich wünschte, ich wäre Millionär und könnte helfen. Ich lege ein paar Pfund fürs Porto für dieses blöde Planschbecken bei, es tut mir so leid, daß ich Dich damit belästigt

habe. Laß mich's wissen, falls es mehr gekostet hat. Jedesmal, wenn die Kinder es benutzen, werde ich in Liebe und Dankbarkeit an Dich denken. Schick es hierher nach London. Wir waren gerade drüben in Paris, um unseren neuen Peugeot abzuholen für unsere Reise durch Europa und die bevorstehende Tour in Afrika. Es war die ungewöhnlichste Zeit, die ich je in Frankreich erlebt habe. Kannst Du Dir mit *Maschinengewehren* bewaffnete Soldaten vorstellen, die, Schulter an Schulter, rund um die Regierungsgebäude stehen? Und Autofahrer, die ununterbrochen *Al-gé-rie* Fran-*çaise* brüllen? Dieser ständige Regierungswechsel. De Gaulle wartet hinter den Kulissen – der neueste Witz hier lautet: «Können Sie sämtliche Premierminister von Frankreich seit dem Zweiten Weltkrieg aufzählen?» Es ist ein totales Durcheinander, und die Zukunft sieht ganz schlimm aus.

Doch wie immer haben wir jeden Augenblick genossen, ganz gleich, was für ein Chaos herrschte. Die Kastanienbäume blühten, kleine Maiglöckchensträuße standen auf den Caféhaustischen, und riesige Fliedersträuße wurden an verkehrsreichen Straßenecken angeboten. Wir haben wieder im selben alten Arrondissement gewohnt, das im Laufe der Jahre zwar ein bißchen schmutziger und übelriechender geworden ist, aber noch immer so billig und freundlich und voll Atmosphäre wie immer. Das Hausmädchen in unserem Hotel hat abends auf Christopher aufgepaßt – wir hatten Julian in London gelassen –, so daß wir im Straßencafé sitzen, Pernod trinken und die Welt an uns vorbeiziehen lassen konnten.

Für die nächste Tour werden wir nach Pashenzi versetzt, einem gottverlassenen Ort, 400 Meilen vom Hauptquartier der Provinz entfernt, der während sechs Monaten im Jahr von der Straße abgeschnitten ist und ohnehin etwa eine Million Meilen weit von irgendeinem größeren Ort entfernt ist, wo man mal hinfahren könnte. Mein Herz ist mir in die Hosentasche gerutscht bei dem bloßen Gedanken an drei Jahre in einem derart entlegenen, winzigen Ort (12 Regierungsoffiziere und kein einziger Pflanzer), der so von allem abgeschnitten ist wie Pashenzi. Ich gehe ein paarmal in der Woche ins Britische Museum, um etwas über seine Geschichte (ich meine Pashenzis) nachzulesen. Das ist *wirklich* afrikanischer Busch.

Es ist wohl offensichtlich, nach alledem, daß ich nicht gerade hell begeistert bin, Europa zu verlassen – und ganz besonders London –, um auf etwas zuzusteuern, was von hier aus wie die andere Seite des Mondes aussieht. Ich lebe in ständiger Angst, daß ich nie wieder im Leben ein tiefschürfendes Gespräch mit einem anderen Menschen haben werde. Meinst Du, unsere Söhne werden im Lauf der Jahre und später, wenn sie zu jungen Männern heranwachsen, Kameraden und Freunde? Gott weiß, ich könnte wirklichen Gedankenaustausch von Mensch zu Mensch gebrauchen.

Unser gemeinsames Schweigen ist ohrenbetäubend, und daher auch lieblos. Oder ist das auch wieder nur so ein blödes Stück Erwachsenwerden, wenn man keine Freunde mehr hat und nach fünfjähriger Ehe praktisch in tiefstem Schweigen mit dem Ehepartner zusammenlebt? Na ja, *c'est la bloody vie*.

Schreib, wenn Du kannst.
Viel Liebe und Zuneigung,
Pat

Salt Lake City,
den 21. Mai 1958

Liebste Pat,
Du magst vielleicht gedacht haben, daß ich jetzt endlich kapiert hätte, was für eine elende Briefpartnerin ich bin und die Sache aufgegeben hätte, aber ich bin noch längst nicht am Ende. Doch wie entmutigend muß es für Dich sein, nur immer diese endlosen weinerlichen und fast statistischen Briefe von mir zu bekommen. Aber bitte, verzweifle nicht an mir. Ich hab endlose (aber leider ungeschriebene) Briefe an Dich – gedacht.

Hier bin ich also wieder einmal, in S. L. C. – hier, aber nicht daheim. Ich mag es wirklich gar nicht, aus meinem ehelichen Zuhause so herausgerissen zu werden, und auf die dreieinhalbmonatige Trennung freue ich mich ebensowenig. Nur diese himmlische Luft, das Land (es *ist* wunderschön!) und gelegentlich aufblitzendes Verstehen zwischen Selbst und Eltern auf dem gewundenen Pfad diplomatischer Manöver, die notwendig sind, damit man nicht verletzt, nicht allzu freimütig, aber auch nicht falsch ist. Nicht einmal der saftige Spaß an Skandalen oder an Schicksalen früherer Freunde ist mehr vorhanden, wenn man zurückkehrt. Denn wir werden alt, Pat (ich werde am Sonntag 28), und die Ereignisse, über die man sich jetzt aufregt, haben mit Menschen zu tun, die wir nie gekannt haben, die von weit herkamen oder hier aufwuchsen, während wir schon fort waren.

Ich möchte wahnsinnig gern wieder schwanger werden, aber bei all dem Druck in diesem Leben (??) werde ich nächstes Jahr wohl unterrichten müssen. Wir haben die Möglichkeit, hier abzubrechen und jetzt, ohne einen blanken Pfennig auf der Bank, nach Europa zurückzukehren, in Grund und Boden diskutiert. Aber – und ich glaube, Hans hält mich deswegen zum erstenmal für einen Feigling –, ich konnte nicht einsehen, daß wir enorm hohe Schulden (hauptsächlich an skurrile, habgierige Ärzte, entschuldige) in Deutscher Mark und zum Wechselkurs von 4 : 1 zurückzahlen sollten.

So habe ich mich also den praktischen Zwängen gebeugt, und meinem armen, kleinen, bedrängten Gewissen geht es übel. Und insgeheim glaube ich, daß Hans sich wie in einer Falle vorkommt. Wahrscheinlich wird die Wahl auf ein klitzekleines, geisteswissenschaftlich orientiertes College für Mädchen in Milwaukee fallen, wo das Gehalt ein bißchen besser ist und der Umzug bezahlt wird. Aber Hans ist nicht glücklich darüber, und ich bin es so gründlich leid, jeden Tag immer wieder bis ins kleinste unerträgliche Detail die Frage untersuchen zu müssen, «was ist der Sinn meines Lebens?» Das ist so ähnlich wie jener Zwang, der Studenten mit Hauptfach Englisch schließlich das Kreuz bricht – dieses ständige Reflektieren der Realitätsschichten, deren man gewiß sein kann. Aber Hans zwingt einen dazu, und vermutlich hat er recht.

Es gibt noch soviel zu sagen, aber dieses wenige muß heute genügen. Hast Du die Kleider und das Planschbecken bekommen? Wie geht's den Sprößlingen? Wie *schmerzlich* ich Dich vermisse! Schreib bestimmt.

Joyce

Salt Lake City,
den 23. Mai 1958

Liebste Pat,
wenn Du jetzt hier wärst, würde ich Dich zum Tampico schleppen, und Du könntest mich einmal gründlich besoffen machen.

Sonntag: Die obige Bemerkung ist jetzt überflüssig, wenn auch nicht unzutreffend. Es ist 1 Uhr morgens, und ich bin gerade zurück von meiner Arbeit als Bedienung bei Harmons «Kentucky Fried Chicken – Komm, wie du bist» – und das tun sie! Gott, wie ich das verabscheue. Ich tue das einzig und allein, weil ich diesen Sommer keinen Job als Lehrerin bekommen kann, weil wir bis zum Hals in Arztrechnungen stecken und weil ich am Tag für Reinhard frei bin, wenn ich (gewöhnlich) von 6 Uhr abends bis 2 Uhr morgens arbeite. Außerdem vermisse ich Hans so schrecklich, und das lenkt mich davon ab. Aber ich habe jetzt (Du auch) wirklich oft genug als Kellnerin gearbeitet. Als Erstsemester im Coffee Shop der Mensa, als Graduierte in Breadloaf und zwei Sommer lang hier. Aber Hans arbeitet so schwer, daß ich es einfach für fair halte, ihm zu helfen. Aber ganz egal, was kommt, von jetzt an werde ich meine lächerlichen Diplome benutzen und unterrichten.

Ich freue mich eigentlich auf Milwaukee, da gibt es wenigstens Wasser und Wälder. Und eine Mentalität, die nicht mehr nur dem Mittelwesten entspricht. Es soll eine gute Stadt sein, eine anregende Stadt. Das Gehalt ist nur $ 4500, aber glaube mir, das ist das Beste, was ein junger Kunsterzieher erwarten kann. Wie schön wäre es, wenn wir in den freien Monaten vor Semesterbeginn einfach mal Flitterwochen machen könnten.

Schaust Du Dir die Brüsseler Ausstellung an? Und wie sieht diese gespenstische französische Krise von England her aus? Armes, liebes, chaotisches Frankreich. Was liest Du, machst Du, denkst Du? Gott, Du fehlst mir so, so, so. Niemand scheint Dich ersetzen zu können.

Alles Liebe Euch allen,
Joyce

London,
den 20. Juni 1958

Liebe Joyce,
wieder muß ich mich entschuldigen. Vor ein paar Wochen habe ich Dir tatsächlich einen ganz albernen Brief geschrieben, alles über nichts (ich = 0), den ich aber verbrannt habe. Ich erzähl Dir davon, wenn ich Dich das nächste Mal sehe. Wir tuckern fröhlich dem Ende unserer Zeit in England entgegen (noch 4 ½ Wochen), und dann geht's los mit unserer verrückten kontinentalen Safari mit Babybettchen, englischer Trockenmilch, fünf Dutzend Windeln und grenzenloser Naivität.

Wir fahren (nicht mehr nach Mallorca) für drei Tage nach Brüssel, wo wir abwechselnd die Weltausstellung absolvieren werden, dann fünf Tage nach Kopenhagen, dann 10 in eine kleine Berggaststätte im mittleren Norwegen (sehr billig, mit Vollpension), dann 4 Tage nach Stuttgart, um etwas von Deutschland zu sehen, wo wir beide noch nie gewesen sind. Unsere letzte Woche verbringen wir in Paris, wo wir zwei nebeneinanderliegende Zimmer in einem Hotel in der Rue Cujas gemietet haben, 1500 francs, *tout compris*, pro Tag. Mit zwei Kindern ist das wahrscheinlich verrückt, aber verdammt noch mal, wir werden doch drei Jahre lang nicht mehr hier sein. Am 5. September zurück nach England, am 11. per Schiff nach Kapstadt (diesmal an der Westküste entlang), wo wir am 25. September landen. Anschließend mit dem Auto 3000 Meilen zurück nach Tanganyika, um am 17. Oktober in Pashenzi zu sein. Das war's dann mit dem Urlaub.

Arbeitest Du zu schwer? Siehst Du viele alte Freunde? Gedeiht mein Patenkind (dem ich für den langen, kalten Winter in Milwaukee ganz bestimmt einen Dufflecoat schicken werde)? Kann ich Dir außer meiner Liebe sonst noch etwas schicken? Meine wärmsten Grüße an Deine Eltern, bitte.

All meine Liebe,
Pat

Ottumwa, Iowa,
den 21. Juni 1958

Liebe, geliebte Pat,
es ist schon fast eine Epoche her, seitdem unsere Briefe einmal genau aufeinandertrafen und sich gegenseitig beantworteten, und trotz all der Jahre (vier sind es im Oktober, seitdem wir uns in Paris gesehen haben) überkommt mich immer noch zuweilen ganz unvermittelt das starke *Gefühl* (nicht der Gedanke) – Du fehlst mir!

Meine Adresse ist deshalb so anders, weil sich ganz plötzlich alles geändert hat. Die Drake-Universität rief mich einen Tag vor Beginn des Sommersemesters an und bat mich, am nächsten Tag zurückzukommen und einen Kurs in amerikanischer Literatur zu geben, für Lehrer in Landgemeinden, die ihr Zertifikat erneuern müssen. Hier bin ich also, wieder einmal verstrickt in die Seelenqualen von Hester Prynne und Dimmesdale und in die «Magnetische Kette des Daseins». O Erinnerungen!

Die *abgrundtiefe* Ignoranz in diesen ländlichen, aber immer noch nicht ganz entlegenen Gemeinden ist einfach fürchterlich, wie so vieles in Amerika. Die haben noch nie etwas von Thoreau oder Emerson oder Eliot gehört, und 70 Prozent wissen nicht, ob der Bürgerkrieg im frühen oder späten 19. Jahrhundert stattgefunden hat. Und wann war denn das überhaupt, das 19. Jahrhundert?

Keine Angst, wir werden in nicht allzulanger Zeit in die Zivilisation zurückgekehrt sein. Wie geht's den Jungen? Ich sehne mich so danach, sie zu sehen. Und bald kann ich das auch!

All meine beste Liebe,
Joyce

Emmetsburg, Iowa,
den 16. Juli 1958

Liebste Pat,
wie alle meine momentanen Briefe ist auch dieser nur eine Kritzelei; Reinhard und ich sitzen auf Koffern auf dem Bahnhof von Ottumwa (Herz- und Grasland vom «Bibelgürtel» Iowa, eine schier unglaubliche Metapher!). Auf dem Weg nach Kingman, Kansas, wo der Älteste von Mutters Generation, ihr ältester Bruder, im Sterben

liegt. Ich hab ihn immer sehr geliebt, darum fahren Reinhard und ich zuerst dorthin und später nach Emmetsburg, Iowa, wo ich für drei Wochen unterrichten werde, dann weiter nach Milwaukee.

Vor zweieinhalb Jahren, erinnere ich mich, haben wir das amerikanische Panorama «ein hastendes Chaos» genannt, und jetzt stellt sich heraus, wie erschreckend genau wir damals den Nagel auf den Kopf getroffen haben! Nun, es gibt noch viele Anmerkungen zu dieser unserer privaten Misere, und ich sollte bald damit anfangen, Dir einige von ihnen aufzuhalsen. Genieße Deinen Ausflug nach Norwegen, genieße ihn auch ein bißchen für mich, die so liebend gern ein wenig daran teilhaben würde. Reinhard ist übrigens oft eine richtige kleine Plage. Und dieses Reisen verträgt er sehr schlecht. Was hast Du mit Christopher in London unternommen? Kannst Du dies lesen? Was für ein Kuli! Wir kommen nächsten Sommer nach Europa.

Ich sende viel Liebe, zwischen den Zeilen dieses ungeschickten Briefes.

Joyce

Algona, Iowa,
den 29. Juli 1958

Sehr liebe Pat,
wir sind jetzt in der letzten Runde auf dem Weg durch ein dreifaches Fegefeuer – kein Alptraum, wirklich, nur eine Prüfung. Und Algona ist noch typischer für den Mittleren Westen als alle anderen, jedenfalls so wie meine Vorurteile den Mittelwesten sehen: flach, fremd, endlos. Und armer Hans; er unterrichtet Kunsterziehung für die Grundschule zum zehnten gottverdammten Mal, für Frauen, deren Kunstbewußtsein nicht weiter geht als bis zu Grandma Moses' Kindheitserinnerungen, Frauen, die während der Kaffeepause zweimal Schokoladenkuchen essen. Wie Hans sagt, «mein Unterricht unterbricht nur ihre Pausen».

Und all dies wird nur vorübergehen, um in Milwaukee wieder von vorne anzufangen. Wenn Hans bloß irgendeine spektakuläre Spezialität hätte – Mosaik, zum Beispiel, oder Glasmalerei. In Europa ist das Hauptfach Kunsterziehung nur ein zweckmäßiger Notbehelf für Maler, die sich und ihre Frauen usw. damit ernähren, daß sie Mal- und Zeichenunterricht geben. Hier ist es die reine Belastung, ein Minuspunkt, der etwa dies ausdrückt: «Ich konnte es im Hauptfach Malerei und Grafik nicht schaffen, also habe ich Kunsterziehung studiert, um doch noch mein Diplom zu bekommen.» Deshalb unterrichtet er angehende Grundschullehrerinnen, die sich eigentlich viel mehr für ihre Kommilitonen interessieren und wahrscheinlich einen heiraten, ehe sie auch nur ein kleines Körnchen ästhetischer Weisheit an ihre schlaksigen Achtjährigen weitergeben.

Um alles noch zu verschlimmern, freut sich Hans überhaupt nicht darauf, daß ich in Milwaukee unterrichten werde, denn die Schule ist so verflixt weit weg, und das Ganze verlangt außerdem entsetzlich viel Vorbereitung. Und alles für $ 3000, von denen $ 1500 bereits weg sind (sozusagen) für überfällige Rechnungen meiner Familie. Aber so liegen die Dinge eben. Ob wir nächstes Jahr für immer nach Europa zurückkommen, weiß ich nicht. Wir werden zumindest nächsten Sommer dort sein. Meinst Du, daß es *überhaupt* je eine Möglichkeit gibt, Euch zu sehen? Oder könnten vielleicht nur wir beide uns irgendwo treffen? Ich weiß, es kommt wahrscheinlich gar nicht in Frage, aber weiß der Himmel, Du fehlst mir und bist mir unersetzlich.

Es ist töricht, solchen Gedanken nachzuhängen, aber es sieht mir fast so aus, als wäre es ein Fehler gewesen, überhaupt hierher zu kommen. Ich sehe nicht, daß wir irgend etwas dadurch gewonnen haben, nicht einmal ein besseres Verständnis zwischen Schwiegereltern und Schwiegersohn. Und jetzt wird es immer schwieriger, nach Europa zurückzugehen, weil Hans dort die ersten zwei Jahre für ein Gehalt arbeiten müßte, das einen kaum ernährt, und dort kann ich außerdem nicht helfen.

Bitte schreibe nach dem 10. August nach Milwaukee. Mit einem winzigen P. S. frage ich, wie geht's Euch allen?

All meine ständige wachsende Liebe,
Joyce

Rjukan, Norwegen,
den 3. August 1958

Liebste Joyce,
ich schicke dies wieder nach Salt Lake, in der Hoffnung, daß es von da aus an Deinen Wohnsitz im Mittelwesten (wo immer das sein mag) nachgeschickt wird, weil ich keine Adresse dabei habe, seitdem wir gepackt und London vor zwei Wochen in einem schrecklichen Durcheinander verlassen haben.

Hier folgen fünfundzwanzig engbeschriebene Seiten mit einer Beschreibung der Reise auf dem Kontinent, die in zwei Fortsetzungen an Joyce geschickt wurden und die Pat «meine zweitklassigen Reiseberichte» nannte. Der Höhepunkt der Reise waren zwei Wochen bei einer – wie sich herausstellte – unerhört reichen, aristokratischen norwegischen Familie in deren palastähnlicher Residenz im südlichen Norwegen.

Milwaukee, Wisconsin,
den 29. August 1958

Liebe Pat,
wie herrlich Deine begeisterten Briefe waren! Unglaublich, wenn man bedenkt, daß wir uns schon seit beinahe vier Jahren nicht mehr gesehen haben. Ich – damals vierundzwanzig – bin jetzt 28! Mein Gott! Mit welcher Geschwindigkeit geht das alles. Und dabei ist es gar nicht lange her, da waren wir noch echte Herrinnen unseres Schicksals, und all die wichtigsten Möglichkeiten und Ideen standen noch längst nicht am Horizont!

Wie froh ich bin, daß Euer Urlaub so schön war. Du mußt das wirklich immer gleich für drei Jahre im voraus genießen, nicht wahr? Vielleicht gibt es wenigstens im kommenden Urlaub die Möglichkeit eines richtigen Treffens. Du fehlst mir so, daß es mich fast beunruhigt. Ich habe ein paar Männer gekannt, mit denen ich über so viele Dinge und ebenso ernsthaft wie mit Dir sprechen konnte – aber Hans gehört nicht zu ihnen. Es herrscht soviel

Schweigen bei uns, nicht grausam oder leer, sondern eher das Gefühl vermittelnd – dieser Mensch spricht nicht gern über die geheimsten Dinge. Er ist schließlich Maler, und das ist alles eine ganz andere Welt. Mit wem bist Du zur Zeit am engsten befreundet?

Aber bitte, erzähl mir mehr von Paris wie es jetzt ist, Paris im frühen September. Unglaublich, daß wir früher so oft davon geträumt haben, eines Tages Europa zu besuchen. Am 17. September fange ich mit dem Unterricht an. Das bedeutet Papierberge und viel Vorbereitung, damit wir meine dämliche Zahnarztbehandlung bezahlen, aber auch nächsten Sommer nach Europa fahren und vielleicht sogar einen Volkswagen kaufen können.

Genieße alles auch ein bißchen für mich mit, liebe Pat, ja? Denn ich habe das Gefühl, Dir sehr nahe zu sein.

Immer Liebe,
Joyce

London, England,
den 10. September 1958

Liebste Joyce,
Dein letzter Brief war der beste, den ich seit einer Ewigkeit von Dir erhalten habe. Du gewinnst langsam wieder Boden unter den Füßen, habe ich recht? Aber schreib mir doch einen so unendlichen Brief wie in alten Zeiten und berichte auch von den kleinsten alltäglichen Kleinigkeiten, ganz egal, wie hausbacken und langweilig sie Dir vorkommen mögen.

Du fragst nach meinen Freunden. Ich habe keine. Viele Bekannte, einige weniger oberflächlich als andere, aber nirgends dies Gefühl – *simpàtico*. Philip ist fast genauso wie Hans. Oder vielleicht doch nicht ganz, aber auch ein Mann, der davor zurückscheut, von Bindung oder Hingabe an eine andere *Persönlichkeit* zu sprechen. Aber vielleicht brennt so was am Ende weniger aus, als wenn man zuviel Seelenforschung betreibt. Keine Ahnung.

Endlich habe ich Reinhards Dufflecoat besorgt. Er soll eigentlich zum Geburtstag sein. Ich habe aber auch ein kleines Spielzeug für Weihnachten mit eingepackt, was Du, fürchte ich, aber einpacken mußt, denn Weihnachtspapier gibt es hier noch nicht. Das erneuerte

T. Lit. Supp.-Abonnement ist für Weihnachten, mein Liebes, denn wir sind ja *so* pleite nach dem Urlaub und unseren Ferien. Unser überzogenes Bankkonto (eine schöne englische Sitte, die uns aber an den Rand des Bankrotts bringt) erreicht schon astronomische Zahlen.

Ich habe ein Buch mit Anleitungen zum Basteln von Mobilen gekauft, womit ich die langen heißen Abende, die in Pashenzi vor uns liegen, verbringen werde. Das wollte ich schon immer mal richtig lernen. Joyce, *fünf* Bücher sind in diesem Jahr erschienen, geschrieben von Leuten, die Philip und ich kennen. Ich sag mir immer wieder (wie schon seit Jahren), daß ich das ebenso gut könnte wie sie. Also, wenn wir aus Tanganyika zurückkommen, bin ich dreißig – und am Ende, wenn ich jetzt nicht tue, was ich immer schon wollte. Ich muß, muß, muß, wirklich und wahrhaftig. Und wenn einige von diesen Dusseln, die ich kenne, tatsächlich so lange stillsitzen und sich konzentrieren können, bis sie ein paar hundert zusammenhängende Seiten produziert haben, dann gibt's wirklich keinen einzigen Grund, außer Faulheit und Mangel an Willenskraft, dafür, daß ich (oder Du – all dies betrifft Dich auch) das nicht auch könnte.

Hier bin ich noch mal: 3 Uhr morgens, in sechs Stunden schiffen wir uns ein (oder vielmehr, nehmen wir den Schiffszug und schiffen uns um 12 Uhr mittags ein), und wir sind immer noch am Packen, aber fast fertig. Heute abend war es herrlich. Wir hatten eine Loge für die Premiere des Balletts von Marquis de Cuevas; ein aufregender Abend, das Tüpfelchen auf dem i waren dann unsere letzten europäischen Steaks und guter Wein in einem Restaurant am Leicester Square, und dann der Weg zurück zum Auto, durch die Menschenmenge auf dem kalten, windigen Trafalgar Square. Ach du liebe Güte, wenn es nur nicht für so *lange* wäre! Aber dann könnten wir auch nicht so lange hier sein, und das mit einem anständigen Gehalt. Ich wünsche mir oft, ich könnte mich in zwei Hälften teilen und mir beider Persönlichkeiten bewußt sein, eine für Afrika, die andere für Europa. Amerika scheint irgendwo verlorengegangen zu sein. Ich muß jetzt schließen, denn wir stehen um halb sieben auf.

Viel Liebe aus Europa –
zum letztenmal,
Pat

Milwaukee,
den 30. September 1958

Liebe, liebe Pat,
September ist zu Ende und alles leuchtet. Ich habe noch eine Stunde, ehe ich in die Klasse muß.

Wirklich, Pat, Du bist eine so liebevolle Freundin, und ich kenne niemanden, der mein Herz so gewonnen hat. Das Paket ist angekommen, und Reinhard hat es noch vor mir an der Tür erspäht. Ich konnte es nicht bis Ende November verstecken. Danke – oh, vielen, vielen Dank. Der Dufflecoat ist wunderbar und paßt Reinhard, er wird ihm noch lange passen, und er steht ihm so gut. Er liebt ihn.

Vielen Dank auch von mir persönlich für das *Lit. Supp.*-Abonnement. Ich wüßte nicht, was ich lieber regelmäßig bekäme. Es ist wirklich einzigartig in der Welt.

Du schreibst, daß ich ein wenig lebendiger klinge. Ich bin's auch. Niemand würde emphatischer zustimmen als ich, daß Des Moines tatsächlich die «Unwirkliche Stadt» ist und daß ich mich den größten Teil des Jahres genau wie ein «Patient narkotisiert auf einem Tische» gefühlt habe. Milwaukee ist ja soviel besser. Außerdem fühle ich mich selbst verdammt sehr viel besser, was ich aus reiner Selbstverteidigung hinzufügen muß.

Jedoch! Ich muß Dir soviel erzählen, und weil Du soviel mit mir teilst und ich das so ernsthaft, beinahe gierig, genieße, will ich Dir soviel erzählen, und das werde ich auch, und wenn dieser Brief 20 Seiten lang wird. Erinnerst Du Dich an die Nacht, dieselbe Jahreszeit wie jetzt, vor etwa sieben Jahren, als wir uns an der East Eleventh Street trafen und durch die Oktoberblätter liefen und redeten, ich weiß nicht worüber? Aber es muß über das Leben und die Vergänglichkeit des Lebens gewesen sein, über Männer und Frauen und Kunst, und es muß ein überaus intensives Gespräch gewesen sein.

Und wo wirst Du diese nächsten drei Jahre sein – wo, genau? Was wirst *Du* tun, außer mit den angehäuften Reichtümern Deiner Vergangenheit zu leben und die veränderlichen Welten winziger Buben zu teilen? Hast Du nicht gesagt, dieser Ort ist noch kleiner als Mahali?

Hans amüsiert mich mit seinem plötzlichen Enthusiasmus für den Gedanken an einen Besuch in Afrika! Solange hatte er gar kein Interesse daran, und jetzt ist er beinahe so ungeduldig wie ein Kind, den Kontinent einmal kennenzulernen. Ich verstehe die Motivation dahinter nicht ganz, vielleicht ist es der sehr verständliche Wunsch, all die künstlich aufgesetzten, bedeutungslosen Schichten *dieser* Art westlicher Zivilisation zu durchschneiden, um an etwas, wenigstens dem Augenschein nach, Elementares zu gelangen. Vielleicht bin ich hier völlig auf dem Holzweg, aber das würde mir doch wenigstens einleuchten. Soviel in unserer Zivilisation hier scheint sich um Preise und Spezialisten für Deosprays oder Theoretiker des Selbstausdrucks zu drehen, daß einen ganz schöne Zweifel an Amerikas göttlicher Mission bestürmen können.

Das politische, sogar das soziale Klima hat sich bedeutend verändert, seitdem wir beide in Amerika lebten. Wie Du weißt, war die McCarthy-Epidemie schon vorüber, ehe Du von hier weggegangen bist. Die Heldenverehrung, mit der Eisenhower bedacht wurde, hat sich in einen Ansturm von oft bösartiger, sehr deutlich ausgesprochener Kritik verwandelt, und die Meinung, daß er ein sehr schwacher und ineffektiver Präsident sei, kann heutzutage fast als gemeinsamer Nenner in jeder politischen Konversation betrachtet werden. Außerdem hat der Sputnik-Alarm die Realitäten unseres primitiven Schulsystems ans Licht gebracht; Kritiker diskutieren immer noch kenntnisreich darüber, und besonders neue Regelungen für gute Schüler sind bereits in viele Curricula im ganzen Land eingebaut worden.

Und doch, meine ich, ist ein Mann wie Stevenson so weit wie eh und je davon entfernt, die Sympathie breiter Bevölkerungsschichten für sich gewinnen zu können. Sicher hast Du in allen möglichen Zeitschriften über Apathie und Gleichgültigkeit und Angst gelesen, aber dies ist alles der Realität gefährlich nahe, obwohl es heute schon mehr Respekt vor Intellektuellen gibt als zu unserer Zeit und auch ein weitaus anregenderes kulturelles Leben, glaube ich doch nicht, daß es grundlegende Veränderungen auf breiter Basis gibt. Ich fürchte, es gibt nur mehr Leute mit Diplom. Jedenfalls ist die Kluft zwischen «Eierkopf» und «Kumpel» enorm und steckt voller Probleme.

Du brauchst nur das Problem der Rassentrennung zu verfolgen, dann siehst Du es. Betrachte nur einmal die Demokraten, die als Senatoren nominiert werden – absolut das Letzte der demokratischen Partei. Fernsehprogramme von absolut höchster Qualität verlieren ständig an Boden, denn ihre Zeiten werden von einer halben Stunde auf 15 Minuten gekürzt – keine Sponsoren. Und das sind die Informationsprogramme, die intelligenten, engagierten und unbedingt ehrlichen CBS- und NBC-Nachrichtenkommentatoren. Die kann man gerade mal 15 Minuten pro Tag erwischen. Sie haben ihr Publikum. Aber von welcher Größenordnung muß das Publikum sein, das den Mist der übrigen 23 ¾ Stunden fordert? Werbung, Pops, Sport. Sonntags ein paar Häppchen aus der Bibel. Fast nie ein Konzert live. Eigentlich habe ich überhaupt noch keines gefunden. Wenn das Fernsehen gute Dramen bringt, dann sind sie großartig! Das Talent ist ja da, und es wird auch gebraucht, und man ist sich bewußt, daß es gebraucht wird – alles! –, aber das Geld kommt woandershin, immer noch für das, was die Leute wollen.

Hast Du schon Milovan Djilas neues Buch gelesen, *‹Land ohne Recht›*? Es muß sehr gut sein. Oder *‹Doktor Schiwago›*?

Nun zu meinem Tageslauf, der Dich, wie Du versichert hast, nicht langweilt: Ich unterrichte 12 Stunden in der Woche, drei pro Tag, dienstags habe ich frei. Reinhard bleibt bei einer uninteressanten Nachbarin, die einen 16 Monate alten Sohn hat, wirklich zu jung, um Reinhard sonderlich Spaß zu machen. Das Schöne ist, daß sie reichlich Spielzeug hat, ihr Haus ist sauber und gleich nebenan, und es macht ihr nichts aus, zu unregelmäßigen Zeiten und auch mal kurzfristig auszuhelfen. Es könnte also schlimmer sein.

Das Mount Mary College ist mit dem Bus eine Stunde weit von hier, was mir nichts ausmacht, denn ich kann die Zeit zum Lesen oder Wiederholen verwenden. Es ist ein wunderschöner, großflächiger Komplex, ein Bau mit zwei Flügeln, mit Arkaden, die das Zentralgebäude verbinden, und natürlich sieht man die gütigen Schwestern dunkel hin- und herschweben. Es ist ein sehr jovialer Orden, die Sacred Sisters of Notre Dame, sehr warm und fröhlich. Warum erwarten wir eigentlich immer, daß Nonnen nicht ganz menschlich sind? Sie sind entzückt von unserem Jungen, breiten ihre Gewänder aus, während sie auf dem kalten Steinboden sitzen und Eisenbahn mit ihm spielen.

All das Unterrichten macht mir viel Freude, und ich habe tatsächlich genausoviel Zeit wie zuvor zum Lesen usw. Wahrscheinlich schaffe ich auch mehr, und ich habe Geld, das ich in meinen Träumen für eine Reise nach Europa ausgeben kann. Außerdem komme ich mir ein wenig erwachsener vor, seitdem ich täglich Schuhe mit hohen Absätzen trage – dabei hatte ich gedacht, das könnte ich *nie*. Hans' Schule ist alt – das heißt, ein Jahrhundert – und dicht am See gelegen. Klein, aber mit ausgezeichneten Kollegen. Was für Studenten er hat, weiß ich noch nicht.

Reinhard ist jetzt in einer weiteren, wundervollen und liebenswerten Phase. Das reine Entzücken, und ich sehe schon, wie leicht es wäre, auf fatale Weise besitzergreifend zu werden, ihn dazu anzuregen, daß er all seine kleinen Drolligkeiten zur Schau stellt, bis sie nicht mehr spontan kommen.

Alles Liebe,
Joyce

Pashenzi, Tanganyika,
den 29. Oktober 1958

Liebste Freundin, die so viel weiter weg zu sein scheint, als vor zwei Monaten:
ein paar Kritzeleien, nur um Dich auf dem laufenden zu halten. Wir stecken immer noch in einem Wust von Auspacken und Einziehen in ein sehr altes, geräumiges, hier und da auseinanderfallendes Haus voller Schaben und Nester von weißen Ameisen. Noch sind wir nicht ganz zu Atem gekommen nach unserer fast überlangen, aber herrlichen Safari. Die Kinder lieben es hier schon und wir auch. Das Haus ist enorm, und man wird sehr viel damit machen können, wenn es uns in den nächsten drei Jahren nicht überm Kopf zusammenfällt. Das Planschbecken steht auf der Veranda und sieht richtig luxuriös und amerikanisch aus. Unser ganzer Kram ist, Wunder über Wunder, heil aus Mahali hier angekommen, mit Ausnahme von ein paar kleinen Keramiksachen. P. liebt sein kleines Krankenhaus (halb so groß wie das in Mahali), und ich schiele leicht besorgt nach einem riesigen und verwilderten Garten, der sich einige ungepflegte Hektar groß um das Haus herum ausbreitet.

Unsere Autofahrt von Südafrika hierher war ein riesiges Unternehmen, woran ich mit gemischten Gefühlen denke, es war beinahe zuviel. Ich *muß* das hier heute per Luftpost abschicken. Einmal die Woche kommt nämlich ein Postflugzeug zu uns, das von Dezember bis Juni unser einziger Kontakt zur Außenwelt ist, und auch jetzt, während der Trockenzeit, ist es immer aufregend, wenn es mit all unserer Post und den Zeitungen einer ganzen Woche, mit Würsten, Käse usw. landet.

Das Klima ist hier tausendmal besser als in dem dampfenden, alten Mahali, und ich glaube, wir werden uns sehr wohl fühlen, wenn wir auch viel weniger Geld haben werden, denn die Lebenshaltungskosten sind hier sehr hoch wegen der Abgeschiedenheit. Es ist ähnlich wie einige Gegenden im Innern Kaliforniens – die Straßen gesäumt von vielen anmutigen Eukalyptusbäumen, eine Blumenpracht in den Gärten (selbst jetzt in der Trockenzeit), morgens und abends eine kühle Brise.

Ich lese gerade Durrells *‹Justine›* (bruchstückweise) und bin begeistert. Wir haben kurz vor unserer Abreise aus London *‹Doktor Schiwago›* bekommen. Wir warten jedoch, bis sich hier alles beruhigt hat, so daß wir unsere ungeteilte Aufmerksamkeit einer Sache widmen können, die es verdient.

Ich hoffe, daß es Dir in Milwaukee gefällt. Schreib mir einen langen Brief. Du schuldest ihn mir.

Viel Liebe,
Pat

Milwaukee,
den 4. November 1958

Liebste Pat,
hier läuft jetzt alles sehr gut und soviel glücklicher als letztes Jahr. Ich fühle mich großartig, außer starker Schmerzen mitten in der Periode, die sich, nach unverhältnismäßig großen Kosten, als etwas herausstellte, was mit dem guten, altmodischen deutschen Wort «Mittelschmerz» bezeichnet wird und wogegen man nur sehr wenig tun kann. Vielleicht würde ein kleiner Bruder für Reinhard die Sache zeitweilig zu Ende bringen. REG DICH NICHT AUF; leider kann ich meine Fruchtbarkeit nicht so genießen, wie ich es möchte. Ich hab nämlich geradezu schmerzliche Sehnsucht nach einem zweiten Kind, aber darauf müssen wir noch ein bißchen warten, wenigstens so lange, bis das Schuljahr für mich zu Ende ist.

Für nächsten Sommer haben wir große Pläne. Wir haben schon eine Anzahlung gemacht, um Plätze auf dem neuen amerikanischen Linienschiff *Banner* zu reservieren (lieber wären wir holländisch gefahren), das am 7. Juni abfährt und eine Woche später in Amsterdam vor Anker geht. Zwar lieben wir Milwaukee, und es tut uns ehrlich leid, daß wir in wenigen kurzen Monaten hier weg müssen, aber ich weiß, daß Hans endlich drüben anfangen will, und das kann ich ihm kaum übelnehmen.

Alles in allem schäme ich mich fast, daß ich mich nicht dazu durchringen kann, ein ständiges Leben in Europa rückhaltlos und mit Enthusiasmus zu akzeptieren und mich darauf zu freuen. Irgendwie fällt mir das doch sehr schwer. Nicht, daß ich Amerika so anbete, aber ich kann mich irgendwie nicht mit dem Gedanken befreunden, zehn Jahre oder noch länger in Deutschland zu leben.

Wahrscheinlich hätte ich dasselbe Gefühl, wenn es um Frankreich oder Spanien oder selbst um Schottland ginge. Seltsamerweise nicht um Beirut, obgleich es doch noch weiter von der Familie entfernt war. Schreib mir mal darüber. Vielleicht verstehst Du mich besser als ich mich selbst.

Ich weiß, dies ist nicht nur das, was Hans braucht und will, er ist auch fest dazu entschlossen, und ich muß einfach mitmachen, aber ich will es nicht bloß stillschweigend akzeptieren; nein, ich möchte ihm aktiv dabei helfen – helfen, über die Rückkehr zu jubilieren. Aber ich bringe es nicht fertig, bin ein richtiger Trauerkloß. Klar ist mir allerdings, wieviel es ausmacht, wenn man nur zeitweilig in Übersee lebt und dann Vergleiche zieht. Frankreich war faszinierend, aufregend, weil es anders war, weil es meinen Vorstellungen, ja mir selbst, wertvolle neue Perspektiven gab. Aber es kommt mir so unwahrscheinlich vor, die ganze Konstruktion auf den Kopf zu stellen, so daß Europa das stabile Zentrum wird, mit dem man Amerika vergleicht.

Ich schreibe bald wieder.

All meine Liebe,
Joyce

Milwaukee,
den 25. November 1958

Liebste Pat,
ich habe wirklich ein schlechtes Gewissen, wenn ich die Möglichkeit in Betracht ziehe, daß Du nichts von mir gehört hast. Was ist bloß mit der Post los? Vielleicht hast Du jetzt aber schon den ganzen verbalen Rückstand und das Gesamtbild ist wieder klar. Aber jedesmal wenn ich Reinhard den kleinen Dufflecoat anziehe, denke ich an Dich mit der ganzen Wärme, die solche Gedanken immer begleitet. Er sieht ganz besonders süß darin aus und trägt ihn ständig, in dieser feuchten Kälte, die einem durch und durch geht. Zusammen mit Hans, der auch einen blauen, großen Dufflecoat trägt, gibt das ein wunderschönes Team.

Ich habe mit dieser Arbeit an der Schule viel zu tun, aber im großen und ganzen macht es mir sehr viel Freude. Ich bin als Lehrerin zweifellos immer am besten, wenn ich meine eigene Begeisterung für Literatur mit einbringen kann, auch wenn die Mädchen all diese Ideen für sich so abwegig finden, wenn alles so tragisch unwirklich für sie ist.

Dabei will ich gerne zugeben, daß *ich* vielleicht nicht der richtige Vermittler bin, der ihren Enthusiasmus auf irgend etwas Bedeutsames lenken kann, aber mein Gott, niemand scheint dazu fähig zu sein. Die Schwestern sagen das auch. Im ganzen genommen ist die amerikanische Szene so etwas wie ein häßliches, tragisches Schauspiel, und ich meine wirklich Schauspiel. Ich schick Dir die Kopie eines interessanten Artikels zu diesem Thema in *The New Republic*. Und dazu noch das Heft zum 101. Jubiläum von *The Atlantic*. Das wird aber eine Weile dauern.

Fast überall, wohin ich auch sehe, findet man viele Anfänge und Anzeichen von Verfall. Jeden Tag und mit wachsender Besorgnis erkennen Hans und ich und andere, mit denen ich rede, daß es so einfach nicht weitergehen kann. «Wahrlich – der Tag der Abrechnung ist nahe» – ich meine das ernst. Ich würde mich nicht wundern, wenn noch zu unseren Lebzeiten die Revolution ausbrechen würde. Ich hoffe es. Ich hoffe nur, daß es nicht der allerschlimmste Holocaust wird. Aber dieses In-der-Schwebe-Halten allen Lebens kann auch nicht unbegrenzt weitergehen. Nimm die moderne Kunst, zum Beispiel.

In was für eine hoffnungslose Sackgasse ist die wieder geraten! Da ist etwas so Nihilistisches, so total Hilfloses an dieser New Yorker Schule à la Kooning usw.

Vielleicht wird man das weiterhin «abstrakten Expressionismus» nennen, aber wenn es diesen Namen behalten will, dann muß es zu irgend etwas zurückkehren, das mit dem menschlichen Geist zu tun hat, das mehr zu sagen hat als «Nr. 120» oder «Labyrinth» oder «Dunst» oder «Verkrümmung» usw. Nein. All diese verschmierten Ausflüchte! Ich weiß schon, daß ich selbst auch so eine Art «Schmier» bin, aber wenigstens versuche ich nicht, das einzurahmen oder zu verkaufen.

Camus ist eine wichtige Stimme für mich. Wir haben eigentlich nie Gedanken über ihn ausgetauscht, und doch besitzen wir all seine Bücher, haben sie geliebt und aus den meisten etwas gelernt und finden darin eine nie versiegende Quelle der Stärke. Was meinst Du dazu? Und dann all dieser Schund am Broadway, Theaterstücke, die kommen und gehen. Mir scheint, ein gutes Stück ist die größte Seltenheit der Welt.

Reinhard und Hans und ich sind einkaufen gegangen – «Christmas», weißt Du, aber sie nennen es «Xmas» hier («Christ» wird durch den nichtssagendsten Buchstaben von allen ersetzt). Was für ein Rummel! Die Geschenkabteilungen übervoll von «modernen» (Gott soll schützen!) Keramiken und Lampenfüßen, Imitationen von Brancusi, die ihm Brechreiz verursachen würden, winden sich unter dem Fuß gigantesker Lampenschirme aus spottbilliger Chinaseide. Ich schwöre, man muß ein Snob sein, ein echter, bedingungsloser Snob, um sich als armes Schwein dagegen zu wehren. Sobald nämlich die Kleinbürger eine Idee in ihre von Modeschmuck strotzenden Finger bekommen, ist es aus damit. Ich fürchte, so tief bin ich schon gesunken. Stimmt's – oder hab ich recht?

Ich sende jedenfalls große Wolkenberge voll Liebe

Joyce

Pashenzi,
den 3. Dezember 1958

Liebe Joyce,
dies wird keine richtige Antwort auf Deinen Brief. Ich war zu müde (Asthma), übelgelaunt und frustriert, um irgend etwas zu schreiben, das auch nur halbwegs menschlich klingt, aber ich wollte wenigstens diese Bilder mit dem heutigen Postflugzeug abschicken.

Wir sind total pleite, es macht also nichts, daß Pashenzi winzig und langweilig ist und nur sehr wenig Geselligkeit bietet. Der allgemeine I. Q. ist hier etwa 20 Punkte höher als in Mahali. Ich habe in meinem ganzen Leben keinen stupideren Haufen von Leuten kennengelernt als die, mit denen wir drei Jahre lang in Mahali gelebt haben. Hier scheinen sie im ganzen aufgeweckter zu sein und sich mehr für alles mögliche zu interessieren. Was außerordentlich wünschenswert ist, da P. und ich seit etwa anderthalb Jahren kein Gespräch mehr gehabt haben. Ich hatte immer gehört, daß Ärzte lausige Ehemänner sind, und weißt Du was, ich glaube langsam, das stimmt. Ich weiß nicht, vielleicht geschieht das jedem nach vier oder fünf Jahren Ehe, aber wir scheinen einfach den Kontakt verloren und uns auf unterschiedliche Wellenlängen eingestellt zu haben, an irgendeinen Punkt unseres Zusammenlebens, ohne daß uns das ganz bewußt geworden ist.

In den letzten zwei Wochen hatten wir ständig Besuch, alle vom H. Q., die noch einmal hereinschauen wollten, bevor die lange Regenzeit anbricht (sie steht unmittelbar bevor). Ich werde Dir etwas über meinen gegenwärtigen Zustand berichten, ich glaube nämlich, ich stehe kurz vor einem Nervenzusammenbruch. Ich glaube wirklich, daß ich momentan ganz verrückt bin. Irgend etwas ist da irgendwo gerissen. Ich habe überhaupt nichts über Deine enormen Probleme gesagt, liebe Freundin, aber nachgedacht habe ich sehr viel darüber, und in ein paar Tagen werde ich das auch durchdiskutieren.

All meine beste Liebe,
Pat

Pashenzi,
den 5. Dezember 1958

Liebste Kampfgenossin,
so einen dämlichen Brief hab ich Dir das letzte Mal geschrieben, bitte ignorier den. Ich fühlte mich einfach deprimiert. Dabei habe ich dir soviel zu sagen, ich weiß gar nicht, wo ich beginnen soll. Keine besonderen Neuigkeiten, nur Dinge, die so vor sich hin köcheln.

Seit unserer Rückkehr, und jetzt, wo alles wieder mit einer gewissen Routine läuft, habe ich meine Schreibmaschine wieder herausgeholt und tippe ganz pflichtbewußt jeden Nachmittag. Ich will ein paar Kurzgeschichten, die ich während unserer Tour in Mahali so schnell hingefetzt habe, gründlich überarbeiten. Ich habe auch eine Art Tagebuch angefangen, ein Buch mit Ideen, Notizen und Zitaten, was ich mittlerweile für unverzichtbar halte, wenn jemand auch nur das geringste schreiben will, und ganz besonders, wenn die Gedanken so unorganisiert, die Disziplin so hoffnungslos und das Erinnerungsvermögen so unzuverlässig ist wie bei mir. Außerdem ist es eine gute Übung, wie Tonleitern. Wenn wir in diesen letzten trockenen Jahren nicht unseren Briefwechsel geführt hätten, wäre ich so eingerostet, daß ich nicht mal mehr einen Absatz ohne unmittelbare Gefahr eines geistigen Zusammenbruchs schreiben könnte.

Aber ich habe versucht, mich Dir gegenüber einigermaßen intelligent und sogar mit einem Quentchen sprachlicher Eleganz auszudrücken. Ich danke Gott dafür, daß es Dich gibt in dieser Welt, mein Prügelknabe, mein Gebetskissen, meine Muse, mehr oder weniger.

Was Philip und mich betrifft – ich weiß nicht, vermutlich führen wir eine Gewöhnungsehe. Aber auch die hat ihre Augenblicke, und man kann wirklich nicht zuviel verlangen, sonst hat man am Ende überhaupt nichts. Wahrscheinlich würde ich letzten Endes doch nie mehr in den seligen Stand der Ledigen zurückkehren wollen. Dazu ist jeder zu sehr ein Teil des anderen geworden, wir sind schrecklich abhängig voneinander. Zum erstenmal seit unserer Eheschließung vor fünfeinhalb Jahren bin ich es, die anfängt, sich ein wenig zurückzuziehen, sich weniger zu öffnen, ein bißchen weniger von meiner Seele, meinem Selbst, meinen Ideen, meinen Kommentaren zu geben. Und vielleicht ist das gut so.

Später: Du wolltest mehr Einzelheiten über unser Leben hier in Pashenzi wissen. Wir haben ein sehr altes Haus, deutsch, aus der Zeit vor dem Ersten Weltkrieg. Bis nächsten Juni sind wir durch einen ganz milden Regen von der Straße abgeschnitten, nicht wie in Mahali, wo es bis zu 6 Zoll Niederschlag in einer Nacht gab; nein, hier strömt der Regen sanft und gleichmäßig herunter, unter ganz schrecklichem Donnern und Blitzen. Wir liegen auf dem Gipfelpunkt eines ganz allmählich ansteigenden Hanges, der von der Stadt zu den *Boma* (Regierungsbüros) und dann zu uns hinaufführt und dann wieder hinab zu den anderen sechzehn Europäerhäusern, die über eine Fläche von etwa zwei Meilen verstreut liegen. Unser Haus hat zwei winzige und zwei riesige Schlafzimmer, eine lange, schmale Küche mit Holzherd, enorme Eß- und Wohnräume und eine offene Veranda, die sich um drei Seiten des Hauses zieht. Es ist mit den üblichen, von der Regierung gestellten Möbeln ausgestattet, einfach und adäquat. Wir haben ein paar Tische mit schmiedeeisernen Beinen und Tischplatten aus afrikanischem Mahagoni, die uns gehören und die ich entworfen habe, dazu natürlich massenhaft eigene Bücherregale für die Hunderte von Büchern, die ich ständig ein- und auszupacken scheine (aber eher würde ich mich von Kleidern trennen). Wir haben fließend Wasser, aber keine Elektrizität, kein Telefon, kein Gas, nichts dergleichen.

Wir haben vier Diener: Saidi, der Hauptboy, macht den größten Teil der Hausarbeit, serviert das Essen und hält die anderen auf Trab; Mohamed, der *Dhobi*, ist ein hoffnungsloser Alkoholiker und scheint schlimmer geworden zu sein, seit er hierher zurückgekommen ist; Bahati, der Gartenboy, kümmert sich auch um Christopher, wenn er draußen spielt (keine Hecken oder Zäune und eine Menge Schlangen und Skorpione); und Elias, der erste gute Koch, den ich je gehabt habe. Er hat mir sogar angeboten, unseren «Kilisimasi keki» [Christmas Cake] zu machen, aber ich habe gesagt, das würde ich schon tun!

Wir stehen um halb sieben Uhr auf, wenn Saidi den Morgentee bringt, eine alte englische Sitte, die in England zusammen mit den Dienern leider, leider aus der Mode gekommen ist, die sich aber in den Außenposten des Empire, wo es billige Diener gibt, noch hält. Dann frühstücken wir (ich bereite das Essen für die Kinder und füttere sie), und P. geht um acht Uhr aus dem Haus. Ich mache ein bißchen Gartenarbeit, nähe, trödle so rum, schreibe Briefe, mache die Toiletten sauber (ja! das tun sie *nicht*), kümmere mich um Rechnungen, gehe in die sogenannte Stadt zum Einkaufen, trinke um elf Uhr meinen Morgenkaffee, sehr häufig bei einer oder zwei anderen Memsahibs, oder sie kommen zu mir. P. kommt um halb eins nach Hause, die Kinder essen zu Mittag und gehen dann ins Bett, unser Lunch ist um 1 Uhr, Kaffee im Wohnzimmer. P. muß um 2 Uhr zurück ins Krankenhaus, dann schreibe ich bis 4 Uhr, wenn die Kinder aufstehen, dann mach ich rum mit ihrer Milch, sie müssen aufs Töpfchen, angezogen werden usw., bis P. um 5 Uhr heimkommt. Wir nehmen unseren Tee im Wohnzimmer ein (ich hab auf der Hinfahrt in Madeira ein ganz bezauberndes besticktes Tee-Set bekommen), dann in den Garten oder in den Klub, Tennis spielen (direkt gegenüber von unserem Haus) bis halb sieben, dann füttere ich die Kinder, bade sie und bring sie zu Bett. Wir essen um 8 Uhr zu Abend; Saidi stellt jeden Abend das Tablett mit dem Kaffee für meine zwei oder drei Tassen ins Wohnzimmer und geht fort.

Unser Klub ist eine ziemlich trübe Angelegenheit, außer einem hohen Standard im Tennis und einer langweiligen Sauferei jeden Samstagabend, an der wir kurz nach unserer Ankunft hier einmal teilgenommen haben, nur um uns wenigstens zu zeigen. Wir sind beide nicht mehr wild auf diese Art von Unterhaltung, es sei denn, da wären die richtigen Leute. Sie sind schon nett hier, aber doch nicht wirklich Leute, die man sich als enge Freunde *aussuchen* würde, besonders die Frauen, schrecklich britische «Hausfrauen» der Mittelschicht. Ich habe die Nase so voll von Gerede über Babies, Ärger mit den Boys und Gärten, daß ich schreien könnte. Aber wenn man drei Jahre lang mit denselben dreizehn Familien leben muß, dann schreit man eben nicht.

Ich habe angefangen, an drei Vormittagen der Woche mit der österreichischen Frau des Polizeimenschen hier Französisch zu lernen. Wir sind beide ganz begeistert. Es wird jetzt davon gesprochen, Abendkurse für Erwachsene einzurichten, und zwar für Afrikaner, die schon lesen und schreiben können und ihr Englisch verbessern wollen oder Geschichte und Staatskunde etc. lernen wollen, und ich würde liebend gern ein paar Abende in der Woche unterrichten, wenn das zustande kommt und Philip mich das machen läßt.

Wir (ich sollte sagen, Philip, wenigstens für die ersten paar Wochen) haben einen großen Garten angepflanzt, mit Gemüse und Blumen, der jetzt langsam Gestalt annimmt. Es gibt hier Hunderte von Mangobäumen rundum, die ihre gräßlichen, schwammigen alten Mangos überall fallen lassen und Millionen von Mangofliegen anziehen, ein ganz besonders scheußliches Insekt.

Wir bekommen jeden Tag frisches Fleisch, Rind, zäh wie Schuhleder, voller Knochensplitter und einfach nur so vom Tierkörper abgehackt; außerdem ist es in Wasser eingeweicht, damit es mehr wiegt, runde 42 Cents das Kilo. Wir bekommen auch Wurst, zweimal die Woche Schweinekotelett und einen monatlichen Schinken, alles mit dem wöchentlichen Postflugzeug. Wir trinken Trockenmilch, essen die kleinsten Eier, die ich je gesehen habe, und die Hälfte davon ist so grausig befruchtet, wenn man sie aufschlägt beim Kuchenbacken, aber sie kosten nur etwa 3 Cents das Stück. Wir bekommen Säcke mit jeweils 30 Kilo braunem und weißem Mehl (womit *ich* das ewige dämliche Brot backe, täglich zwei Laib, sieben Tage die Woche, ad infinitum), von der enormen deutschen katholischen Mission 15 Meilen von hier, außerdem Schweineschmalz (5 Gal. auf einmal) und Sauerkraut für mich und für Philip diese schauderhafte Blutwurst. Das einzige Obst sind im Augenblick Bananen und hier und da eine Papaya. Vor zwei Wochen haben wir jeder 30 Pfund importierte italienische Pflaumen bekommen, und während P. auf Safari war, habe ich Marmelade daraus gemacht – nur um dann herauszufinden, daß er keine Pflaumenmarmelade mag! Eine dieser unerklärbaren ehelichen Wissenslücken. Ich wünschte, ich könnte Dir was davon schicken.

Weil ich nach einer langen Periode der Depression mehr oder weniger glücklich bin, werde ich wieder sehr schlank. Je glücklicher ich bin und je härter ich arbeite, desto weniger Appetit habe ich, und wenn ich mich nicht ständig vollstopfe, werde ich wirklich sehr dünn. Aber ich scher mich nicht im geringsten darum, denn ich fühle mich sehr wohl. Wie steht's mit Deinen ewigen Gewichtsproblemen seit Reinhards Geburt? Hat ihm der Dufflecoat *wirklich* gepaßt? Hast Du ‹*Doktor Schiwago*› gelesen, wie Du mich gefragt hast? Weil ich das Buch so liebe, mußte ich es einfach mit Dir teilen, so habe ich Dir vor zwei Wochen ein Exemplar geschickt. Mein Gott, so zu lieben – wie das wohl sein muß?

Aber genug von mir, reden wir jetzt mit Dir von Dir. Meine Liebe, Du kennst meine Einstellung zu dieser Sache mit der Nabelschnur und auch dazu, wo die Ehefrau hingehört. Es tut mir leid, so sehr leid, daß meine Mutter Christopher und Julian noch nie gesehen hat. Und ihr auch. Aber sie muß hierher kommen, um sie zu sehen. Ich könnte, glaub ich, nie wieder in den Staaten leben, und solange das Reisegeld, hin und zurück für uns alle, Philip zwingen würde, an Notwendigem zu sparen, gehe ich nicht. Das ist vielleicht eine grausame Einstellung, aber es ist noch grausamer, ein Kind so zu erziehen, daß er oder sie zwischen Pflichten gegenüber seiner gegenwärtigen und seiner eigenen Familie hin- und hergerissen wird, Pflichten, die mit dem Erwachsenwerden zu Ende sein sollten.

Eltern haben (oder sollten es wenigstens) ein eigenständiges, würdiges Leben zu leben. Die Jahre, die vor Dir liegen, sind lang, schwierig und in sich selbst erfüllt. Die Welt ist grün und aufregend und kurz vor einer ungeheuerlichen Wende. Wir befinden uns in der Kindheit einer neuen Ära, und wir selbst sind jung und befähigt, ihr ins Auge zu sehen. Ich ziehe die europäische Haltung und Position vor, in der Mitte zwischen den beiden Kolossen – USA und UdSSR. In bezug auf Amerika stimme ich vollständig mit Dir überein, aber ich habe dieselbe Einstellung Rußland gegenüber. Du mußt Deine eigene Zeit und Deinen eigenen Raum für den Rest Deiner Tage wählen, unbeeinflußt vom Zug des Wiegenbandes, und nicht nur das, Du hast außerdem noch einen echten europäischen Mann, Gott sei Dank, ohne die Immigrantenmentalität (Straßen mit Gold gepflastert etc.), und so ist auch Philip. Wenn Philip in Frankreich praktizieren könnte (er kann es nicht), würden wir immer noch lieber in Paris als irgendwo anders leben, und nach dieser Tour wissen wir einfach nicht, wohin oder was wir tun werden.

Aber für jeden kommt einmal im Leben die Zeit, in der eine enorme, risikoreiche Entscheidung getroffen werden muß. Für mich war das, als ich Philip heiratete. Du weißt, wie unsicher ich war, als ich in den Flitterwochen durch Salt Lake kam. Aber die Richtigkeit dieser Entscheidung hat sich mir mit den Jahren langsam eingeprägt, und der Gedanke an irgendeine Art von Trennung war für mich nie ein Ausweg, ganz gleich, wie unmöglich manche Aspekte unseres Lebens manchmal auch schienen. Einen gewissen

Mangel an Liebe, der in meinem Leben existieren mag, den werde ich durch andere Dinge wettmachen. Was, schließlich, muß ich mich immer wieder fragen, ist denn für mich das wichtigste im Leben? Und am Ende läuft doch alles auf die gute, alte Suche nach dem eigenen Ich hinaus. Nun gut, wie macht man das denn am besten? Bevor Du damit überhaupt anfängst, mußt Du Dir darüber hinaus klarwerden, daß Du jemand fürs *Leben* gewählt hast, Dir zu helfen und sich von Dir helfen zu lassen, gleichviel, auf welche Weise Ihr Euch entscheidet, einander zu helfen.

Die geographische und kulturelle Situation ist hier von größter Bedeutung, glaube ich, ganz gleich, wo Du schließlich landest, denn es ist anzunehmen, daß Du diesen Punkt als den besten zur Lösung verschiedener Probleme gewählt hast. Und wenn finanzielle Vorteile und die Nähe zu dem Ort, an dem Du aufgewachsen bist, am wichtigsten sind, nun, dann sei's, Du kannst die Nachteile, die jener Ort mit sich bringt, akzeptieren. Aber da Du in den letzten anderthalb Jahren so offensichtlich *un*befriedigt warst, solltest Du lieber anderswo etwas anderes ausprobieren, nicht wahr? Solange Du die zwei Menschen, die Dir am teuersten sind, glücklich und gesund bei Dir hast, dazu ein Dach über dem Kopf und Kleidung, die Dich warm hält, und einen vollen zufriedenen Bauch, das sollte doch wohl die Basis für den Anfang jenes Lebens sein, nach dem Du strebst.

Ich weiß, das ist alles nicht genug, aber es sind die feinen Schattierungen der Dinge um Dich herum, die Du sorgfältig auswählen und den Seitenpfaden Deiner Gedankenwelt und ureigensten Kultur anpassen kannst. Und die konkreten Reste der Vergangenheit dürfen bei dieser Entscheidung nicht zählen! Was ich am liebsten tun wollte, als wir heirateten, war, eine hübsche, kleine Universitätsstadt finden und «für ein Weilchen» da leben, genau wie S. L. C., und wenn Philip mir nachgegeben hätte, wären wir heute noch da, verfaulten langsam im akademischen Elfenbeinturm, zu Salzsäulen erstarrt, wir beide. Ich hätte den Wunsch, Dich mit gutem Rat zu überschütten, nicht nachgeben sollen, aber ich liebe Dich so, Du bist meine einzige Freundin unter 1½ Milliarden Menschen, und ich kann das Leben auch nur durch mein eigenes, schmutziges, kleines Wohnzimmerfenster sehen, und vielleicht ist alles ganz falsch, was ich sage, aber Du mußt für Dich selbst entscheiden und glücklich (oder unglücklich in kongenialer Umgebung) sein, so daß Du SCHREIBEN KANNST! Wenn ich jetzt noch eine Seite schreibe, muß ich noch eine Briefmarke aufkleben, und ich hab schon viel zuviel geschrieben. Du kannst Dich ruhig zu allem, was ich gesagt habe, äußern. P. und ich lesen nie die Briefe des andern.

So sehr viel Liebe – und schreib!
Pat

Milwaukee,
den 12. Dezember 1958

Liebste Pat,
Dein letzter, ach so kurzer Brief hat mich bekümmert. Jedoch war viel von Deinem Kummer ganz im Einklang mit vielem, was auch ich empfinde. Natürlich möchte ich dringend mehr hören und hoffe sehr, daß die Verstimmung, wenn auch vielleicht chronisch, aber nicht lethal ist. Was bedeuten Dir die «Dreißiger»? Ich bin dicht dran, aber sie bedeuten mir nicht das, was sie für Mutter waren. «Die wärmste Zeit Deines Lebens, Ihr seid zusammen, und Eure Kinder sind noch jung.» Schon ganz zu Anfang unserer Ehe hatte ich erwartet, daß es all dies bedeuten könnte, ja, aber ein ganz starker Instinkt sagte mir, es würde noch mehr bedeuten, ein Alter der Untreue. Und je näher ich diesem Alter komme, desto deutlicher spüre ich, daß sich jene unerfreuliche Intuition als richtig erwiesen hat. Ich bin mir nicht ganz sicher, ob ich an dem Konzept der Treue in der Ehe festhalte. Ist es das alte Puritanerblut, das sich, bigott und entschlossen, bemerkbar macht? Oder ist es, weil das einfach das bessere Leben ist? Ich habe die oberflächliche Treue dieser intakten, gesunden Mormonenehen immer verachtet, vielleicht ist es jetzt, da ich zum erstenmal im Begriff bin, Protagonistin der Handlung zu werden, daß ich davor zurückscheue?

In so einem Fall bin ich einfach ein Feigling, der nach dem leichtesten Ausweg sucht, wenn ich mit dem wirklichen Leben der Erwachsenen konfrontiert werde, ich, die sich stets als ein Mensch begriffen hat, der darauf vorbereitet ist, den Dingen, wie sie wirklich sind, kraftvoll und ehrlich ins Auge zu schauen, und jetzt bin ich total unfähig dazu. Und doch kann ich das alles von mir selbst nicht ganz glauben. In glücklicheren Tagen bin ich gewarnt worden, niemals einen unerfahrenen Mann zu heiraten, sondern einen zu wählen, der in seinen Junggesellentagen reichlich Gelegenheit gehabt hat, sich auszutoben.

Aber schon seit unseren ersten Tagen in Santander, in ersten Gesprächen, sogar bevor ich mit ihm geschlafen hatte, wußte ich, daß er einer war, der nicht genug Freiheit zu erkunden und zu siegen gehabt hat, und daß er das einmal wettmachen müßte und würde – nach der Heirat. Jedes Gespräch, das wir damals und seitdem hatten, bringt unaufhaltsam jene noch gesichtslosen, aber nicht fernen Frauen näher, die ihm bei dieser Bestimmung helfen werden.

Es ist eher ein Wollen als eine Bestimmung, aber der Wille ist da, und der Wille schafft das Schicksal. Ich sollte also vorbereitet sein. Aber ich bin es nicht. Ich hasse es und weiß, daß ich es verabscheuen werde, wenn es passiert. Ich weiß auch, daß ich unfähig sein werde, in gleicher Weise darauf zu reagieren; mit anderen Worten, den gelassenen, bequemen Weg zu wählen, nicht Rache oder Vergeltung, sondern Symmetrie. Wenn ich jemals tatsächlich dazu fähig sein würde, dann hätten mich Gewalten, Umstände und die Jahre doch sehr verändert. Dann würde meine im Grunde zutiefst ehrenhafte Einstellung zum Ehegelübde (als *Realität*, nicht Respektabilität) «zum leeren Schaugepräng' erblaßt» sein, und ich hätte damit rückhaltlos zugegeben, daß wir, in der Tat, nur «solcher Stoff, wie der zu träumen» sind. Du wirst Dich fragen, worüber ich hier eigentlich phantasiere. Hans ist nicht dabei, mich zu betrügen, nur dabei, sehr in Versuchung zu geraten, und ich glaube, es ist eine starke Versuchung. Ich schreibe nur, weil ich spüre, daß ich an dieser Schwelle von Angst, Leiden, Trennung und unwiderbringlich verlorener Einheit bin, die ich so lange schon vorausgesehen habe.

Bitte schreib mir, ausführlich und oft, und erzähl mir von Dir. Alles Gute zum Weihnachtsfest. Wie liebend gerne ich Dich sehen würde!

Viel Liebe,
Joyce

Milwaukee,
den 16. Dezember 1958

Liebe Freundin,
vor mir habe ich Deinen Brief, den ich schon mehrmals gelesen und wieder gelesen habe. Ich weiß nicht, warum mir die Begriffe Treue und Untreue so wichtig sind, wenn ich über familiäre und persönliche Tragödien nachdenke, und dabei bin ich immer der Verlierer, außer, daß ich vielleicht bisher immer – andersherum – den Löwenanteil gehabt habe, vielleicht ist das eine Art poetischer Gerechtigkeit, daß die schlimmste Pein jetzt auf mich zukommt, wenn dies das Schlimmste ist.

Und Hans kennt nicht dieses rücksichtslose Eindringen in ein Herz, das ich früher mit soviel Nonchalance praktiziert habe. Ich weiß also nicht, ob es schlechtes Gewissen ist oder Besitzgier (denn ich kann, wie ich jetzt herausfinde, ganz fanatisch, eifersüchtig und physisch besitzergreifend sein, wenn es um Hans geht). Außerdem sehe ich mich plötzlich einer Art professioneller Bedrohung knallhart gegenüber. Ob zu Recht oder nicht, ich habe die Hilfe, die ich Hans als Künstler, bei seiner Malerei, geben konnte, immer als unzulänglich empfunden (und Du hattest davon gesprochen, daß wir hier sind – aus eigener Wahl, meine ich – zum Teil, um einander zu helfen). Ich weiß so wenig und verstehe kaum mehr. Ich besitze eine gewisse armselige Intuition, die ihm manchmal helfen kann, aber meine kritische Perzeption ist keinen Pfifferling wert.

Das einzig Gute an mir ist der tiefsinnige Wunsch, ihm zu helfen, aber das kann sehr leicht lästig werden. Wie leicht kann man übereifrig sein! Und die Liebe mag das gar nicht. Ich kann für ihn Modell stehen und tue es manchmal, als Akt, was wunderschön ist, weil jedem von uns der Körper des anderen Freude macht. Das kann herrlich aufreizend sein (aber – und spricht da nicht die schrecklich bürgerliche Ehefrau mittleren Alters aus mir? – es könnte doch ebenso aufreizend auch mit anderen Modellen sein, nein?).

Nebenbei bemerkt, fühle ich mich sehr wohl dabei, wenn ich ihm Modell stehe, denn mein Körper ist, nicht seit Reinhards Geburt, sondern seit meinem Anfall von Meningitis, der mir 30 Pfund abgenommen hat, wie neu und viel schöner geworden. Er sagt, ich sollte

Bänder um meine Brüste binden und dann nichts weiter tragen als einen Rock. Sie sind nicht mehr, wie sie einmal waren; das Stillen hat sie ein paar Zoll gesenkt, aber ruiniert sind sie keineswegs. Im Ernst, seitdem bin ich physisch eine ganz neue Persönlichkeit, und zwar eine, für die ich dankbar bin. Bevor ich Dich kannte, als ich etwa zwanzig war, da hatte ich auch eine hübsche Figur, schöner als jetzt, denn damals hatte ich eine schlanke Taille, die leider, leider weg ist. Aber zwischen damals und Reinhard war es ein ständiger Kampf, und in Beirut habe ich sogar einmal 150 Pfund gewogen! Was für elende Gedanken mir jeden Tag durch den Kopf gingen! Es macht schon was aus. Ich fühle mich in diesem Punkt weiblicher, kosmopolitischer, femininer, graziöser – oder was man sonst noch will. Aber, wie du aus meinen Briefen siehst, rumort es im Inneren, verschiebt sich einiges, reguliert sich wieder oder auch nicht.

Kannst Du glauben, daß Religion immer noch ein Problem für mich ist, mich in die Zange nimmt, mir weh tut, mich beunruhigt, mich quält, mich ängstigt? Hätte ich das Problem nicht inzwischen irgendwie lösen müssen? Und es hilft auch gar nicht, daß ich mit einem Mann verheiratet bin, der eine schöne religiöse Sensibilität besitzt, daß ich, das Produkt einer unitarischen Erziehung, von Anfang an eine Art Mini-Mystikerin war und Freunde habe, unter denen es ebenso zynische Atheisten wie eine Schwester Frances gibt, noch daß ich Bücher über *Zen* habe und *‹The Fear and The Trembling›* und sowohl Gerard Manley Hopkins als auch William Carlos Williams liebe. Auf der anderen Seite gibt mir das aber einen verdammten Respekt vor den vielen verschiedenen Möglichkeiten. Kleine Entschädigung.

Verzweifle nicht an mir wegen *‹Doktor Schiwago›*. Ich hab noch keine Zeit gehabt, und danke Dir schon im voraus ergebenst.

Hans liest gewöhnlich Deine Briefe, weil sie, und Du, ihm so viel Freude machen, so sehr, daß er sagt, er hätte beinahe Lust, Dir auch zu schreiben.

Tja, Amerika ist jetzt ziemlich häßlich, mit seinen rosa und türkis gefärbten «Xmas»-Bäumen und Trillionen von Menschen, die alle über- und durcheinander am Einkaufen sind, und mit diesen schauderhaften Warenexzessen. Man kann aber doch noch wunderschöne Sachen finden, und in Milwaukee gibt es hier und da ganz reizvolle Ecken. Uns gefällt's. Es ist ein glücklicher, glücklicher Kontrast zu Des Moines.

Dank für all Deine Worte und Gedanken und Freundschaft. Ich schreibe bald wieder.

Joyce

Sechster Teil

Januar 1959–Februar 1960

Überall um mich herum
gehen Ehen in die Brüche

Milwaukee,
den 20. Januar 1959

Sehr liebe, liebe Pat,
Eure drei kleineren und größeren Geburtstage sind schon wieder vorbei und ohne pünktliche gute Wünsche von mir. Aber wenn Du weißt, wie die Gedanken an Dich mir Gesellschaft leisten, dann kannst Du Dir sicher ausrechnen, daß ich an Dich und Christopher und Julian gedacht habe und an die Tage, die Eure Lebensanfänge zelebrieren. Ich weiß nur nicht, wann Philip Geburtstag hatte und wann dieser Tag sich wiederholt. Herzliche Glückwünsche zum Geburtstag, Euch allen. Ich wünsche mir nur, daß das kommende Jahr uns endlich wirklich zusammenbringt, und das ist diesmal wörtlich gemeint, wenn's auch nur kurz wäre.

Also, eine Möglichkeit besteht da schon. Europa scheint doch immer mehr das Ziel zu sein, das durch das schmale Ende des Teleskops näher kommt. Und wenn ich wirklich schwanger bin, dann wäre es schwierig, mit einem neuen Baby zu unterrichten, und töricht, hier zu bleiben, ohne daß ich unterrichten kann. Ich bin erst fünf Tage über meine Zeit, aber für mich ist das ungewöhnlich (und dabei habe ich mich gerade erst auf eine entzückend eitle und kokette Größe 36 heruntergehungert, verflixt noch mal). Sieh mal, es ist ja nur das Geld, weswegen wir hier sind, damit wir in Frankreich ein verlassenes Bauernhaus mit Obstgarten für 1000 Dollar kaufen können. Außerdem würde eine Rückreise im achten Monat sicher offiziell verboten sein, nicht? Na ja, alles immer noch ziemlich hypothetisch. Aber, auch wenn es nicht so wäre, Hans spürt den Druck, drüben endlich richtig anzufangen; auf welche Weise – das weiß der Himmel.

Ich wette, Du spürst in Dir eine kleine, stirnrunzelnde Enttäuschung über mich anwachsen, wer hätte das gedacht, Jobs sind so wichtig für sie …! Aber wir geben hier einen so schönen Wohnort auf, und ich habe eine Abneigung gegen so vieles in Deutschland … da hast Du's! Und außerdem, in ironischem Kontrast zu meinem letzten selbstgerechten, höchst verächtlichen und sehr selbstsicheren Brief fand ich mich in etwas hineinkatapultiert, das ziemlich nahe an eine Liebesaffäre grenzt. Geschieht mir verdammt recht! Ich kämpfe täglich dagegen an, widerstehe dem Wunsch zu telefonieren, gebe nach, telefoniere, sehne mich danach, mit ihm zusammenzusein, bloße Nähe in irgendeiner Gruppe macht mich schon selig, ich fühle mich so wohl, wenn ich nur mit ihm rede. Es mußte natürlich ein Kollege von Hans sein, ein Künstler auch noch, ein begnadeter Kunstdrucker – Holzschnitte, Radierungen.

Es ist so schmerzlich bedeutungsvoll, daß ich beschämt bin, und ich bin erstaunt, daß eine so niedrige und doch so himmlische Sache wie körperliche Attraktion uns beide so schmerzlich-intensiv stimulieren kann. Bis jetzt noch keine Sünde. Nur eine abgrundtiefe Sehnsucht. Wenn du davon schreiben willst, schreib mir ans Mt. Mary College.

Und Deine Wehwehchen – was ist damit? Ja, ich verstehe nur allzu gut.

Du bist meine ganz große Freundin.

Alle Liebe,
Joyce

Pashenzi,
den 4. Februar 1959

Liebste Helfershelferin,
beinahe – aber doch nicht ganz – beim Verbrechen. Vermutlich passiert das jedem, der Hormone hat, meinst Du nicht? Wie diese bezaubernde Kurzgeschichte von Colette, ‹*Le blé en herbe*› – wenn Du reif bist, fällst Du. Und liebe Güte, bin ich gefallen. Ich weiß nicht mehr genau, wieviel ich Dir darüber geschrieben habe, seit wir in Pashenzi angekommen sind, aber ich fange jetzt mal mit den profanen Einzelheiten ganz von vorne an.

Irgendwie ist etwas in mir erwacht, das ich längst für tot gehalten habe, etwas, was sicher fünf oder sechs Jahre lang geschlummert hat. Wir hatten uns hier eingerichtet, waren gerade zwei oder drei Wochen hier und spielten eines Tages Tennis; ich beobachtete meinen Partner beim Spiel und plötzlich, in einer gefrorenen Sekunde, während der sein Körper in jenem herrlichen Augenblick, bevor der Schläger den Ball trifft, schwebte, habe ich mich voll und ganz in ihn verliebt, und seit diesem Augenblick habe ich in den letzten drei Monaten kaum einen Gedanken im Kopf gehabt. Er ist seit acht Jahren verheiratet, mit einer mürrischen kleinen Irin, hat zwei Töchter, ist fünfunddreißig, Agnostiker, liebt seine Arbeit und die Afrikaner, ist so stark gegen das Eindringen einer anderen Persönlichkeit isoliert, so scheu und argwöhnisch, daß ich nicht die geringste Hoffnung habe, mit ihm innerhalb eines Jahres auch nur mal Händchen zu halten.

Warum muß ich bloß immer auf die Unmöglichen und Unerreichbaren hereinfallen? Er und seine Frau kommen nur einmal alle drei bis vier Wochen in den Club, und dann tanzen Stephen und ich gewöhnlich den ganzen Abend, bis zugemacht wird. Keiner sagt ein Wort, da ist nur diese wunderbar warme, spürbare Nähe, und ich wünschte in diesem Augenblick, ich könnte sterben. Philip weiß Bescheid (ich verstelle mich nicht sehr gut, wie Du vielleicht noch weißt), und wahrscheinlich ist er ein bißchen eifersüchtig, denn meine Gefühle müssen sehr stark scheinen, aber er tröstet sich mit der Frau eines Wildhüters.

Sie ist gräßlich, und wir kommen nicht gut miteinander aus, aber ich bin für Philip froh wegen dieser ganzen Sache. Ich nehme an, diese Situation wird sich so lange hinziehen, wie wir alle zusammen sind, und dann wird langsam einer nach dem anderen von hier weggehen und versetzt werden, und alles wird schließlich vergessen. Ich Arme! Ich habe vom vielen Tennisspielen die Farbe eines reifen Mexikaners angenommen, denn Stephen spielt jeden Sonntag (augenblicklich nicht so oft, es regnet fast jeden Nachmittag). Ab und zu habe ich kleine Hoffnungsschimmer, wenn er zu uns herüberschlendert, um ein Buch auszuleihen oder eine Zeitschrift, in der ein Artikel steht, von dem ich ihm erzählt habe. Er ist leidenschaftlicher Verehrer von Proust, Joyce und Austen, liest aber fast überhaupt keine zeitgenössische Literatur.

Gott, ich fühle mich so verloren und ungeliebt und nicht gebraucht. Ich kann Dir nicht sagen, wie sehr ich mich nach diesem elenden Mann sehne. Aber es ist so ein einsamer Kampf, immer bergauf. Als ob ich mit dem Kopf durch die Wand will. Ach, meine Güte, das Leben wird plötzlich so kompliziert und verwirrend, dabei könnte doch alles so einfach und klar sein, wenn wir nur die richtigen Menschen lieben könnten.

Das hat mich alles so unvorbereitet getroffen, hat mein Herz und meine Seele in einem so schmerzhaften Würgegriff, daß mir die Konsequenzen oder die Zukunft oder andere Menschen völlig egal sind. Wirklich, ich wünsche mir nur eins: daß meine *Gefühle* erwidert werden. Dann wäre ich zufrieden; dann könnte ich meine langweiligen täglichen Runden drehen, in dem Gefühl, von dem Geliebten geliebt zu werden, und das ist das einzig Wichtige.

Klingt das alles zu schmutzig und zu lächerlich? Aber ich habe Dir nur die bloßen Umrisse der Situation skizziert, und Du mußt sie mit meinen Tagen voller Sehnsucht ausfüllen, mit einem abwechselnd vor sich hin brütenden und aufbrausenden Philip und mit einem Stephen, der leichtherzig, warm und freundlich ist, mehr aber nie. Die Schranken sind zu immens, die Komplikationen und Konsequenzen zu verworren und schädlich, als daß jemand, der so grundgut und einfach ist wie Stephen, sich darauf einlassen würde. Und so fürchte ich, daß ich weiterhin nutzlos leiden werde, bis ein Jahr nach dem nächsten Mai, wenn sie ihren Urlaub haben.

Und Du, *ma chère amie*, wie laufen Deine Affären? Ist alles Licht und zitternde Freude und ebensolches Glück? Wenn ja, dann beneide ich Dich so! Wie schwierig unser Leben jetzt doch ist, obwohl wir doch so viel Gutes haben, so viele wundervolle Dinge teilen, aber gerade das Teilen wird einem so entsetzlich schwer gemacht. Mir scheint, ich habe jedes Gefühl und jeden Sinn für Moral verloren und habe jeden Gedanken an zugefügten Schaden oder elende Selbstsucht weit von mir geschoben und beschäftige mich nur noch mit diesem schönen Stephen, von dem ich wünschte, daß er mein wäre, wenigstens in meinen *und* seinen Gedanken. Ich werde Dich vom Fortschritt (oder Nichtfortschritt, was wahrscheinlicher ist) auf dem laufenden halten. Aber ich möchte diese Explosion der Leidenschaft in mir nicht um alles in der Welt missen. Ich dachte schon, daß ich längst tot wäre und alt würde. Aber ich bin jung, *jung*!! Und so vital, voll Leben und wieder zur Liebe bereit, wie schon seit Jahren nicht mehr. Nihil desperandum.

All diese Liebe, die nicht Stephen gehört,
ist Dein, meine Liebe,
Pat

Milwaukee,
den 11. Februar 1959

Liebe Pat,
es geht mir besser, bin aber noch nicht wieder gesund. Mein Brief kann nicht lang sein. Ich habe sehr lange nichts gehört. Ist bei Dir alles in Ordnung? Hast Du mein Weihnachtspaket und meine letzten Briefe erhalten?

Seit Weihnachten habe ich eine schlimme Zeit durchgemacht. Wie ich Dir schrieb, dachte ich, daß ich vielleicht schwanger sei. Das stimmte, aber wiederholte Anfälle unglaublicher Schmerzen warnten mich schon, daß etwas nicht in Ordnung war. Am letzten Montag konnte ich es nicht mehr aushalten. Der Arzt kam, diagnostizierte sofort eine ektopische Schwangerschaft mit Blutungen und ich wurde (unbekleidet) sofort zum Notoperationssaal geschafft, wo man mir den linken Eileiter, der nahe am Durchbruch war, und den linken mit Zysten verseuchten Eierstock herausoperierte. Bluttransfusionen, Spritzen und dann, endlich Zeit, um ‹*Doktor Schiwago*› zu lesen (und reichlich Tränen darüber zu vergießen). Wie sehr ich das Buch geliebt habe, liebe Pat. Vielen Dank! Es ist tröstlich zu wissen, daß Schiwago zwar tot ist, Pasternak aber noch am Leben.

Jetzt bin ich zu Hause, noch im Bett, aber es geht schon besser – dünner als je, aber immer hoffend, daß das, was ich an Fruchtbarkeit noch übrig habe, mich nicht im Stich lassen wird. Es schmerzt, aber ich laufe schon und fühle mich insgesamt nicht allzu elend.

Schreib mir – bald. Ich brauche es. Es wird einen Monat dauern, bis ich wieder unterrichten kann. Wie geht es mit Deinem Schreiben? Erzähl mir alles. Ich habe kürzlich einige Gedichte überarbeitet, und ich bin froh, das wieder in die Hand zu nehmen. Oh, das schöne Buch. Es hat mich unheimlich angerührt. Das Leben ist so verwirrend und so, so schön.

Liebe,
Joyce

Pashenzi,
den 14. Februar 1959

Liebste Joyce,
würde es Dir wohl viel Umstände machen, das beiliegende Geld einzuwechseln und mir fünf Yard Chintz zu schicken, such Du ein Design oder Muster aus, von dem Du denkst, ich mag es – Grün (nicht Kelly) oder Rot (Scharlach, nicht Mauve) – und das für ein kurzes Tanzkleid passend wäre, und einen langen Reißverschluß (für die Rückenöffnung) in einer dazu passenden Farbe. Es ist praktisch unmöglich, hier draußen anständige Baumwolle zu bekommen, aus Dar oder Nairobi. Die schicken die dämlichste verdammte Auswahl an Mustern, weißt Du, kleine Rosenknospen in Blaßgelb auf hellblauem Grund, so daß ich es praktisch aufgegeben habe, aber ich möchte mir so wahnsinnig gerne ein anständiges Kleid für die Tanzabende jeden Samstag im Club nähen.

Mußt Du Dich von morgens bis abends abhetzen? Wie Du das nur immer geschafft hast, die ganze Zeit mit Reinhard, all Euren Reisen und Deinen Krankheiten, mir wird ganz schwindlig, wenn ich daran denke, hier in diesem faulen, ruhigen Brackwasser von Leben, das ich jetzt führe, ein Leben voll chaotischer Bedeutungslosigkeit. Bist Du wirklich wieder schwanger?

Ich bin in einem meiner Tiefs, und alles scheint unaussprechlich trübe und hoffnungslos, ob ich nun geliebt werde (was ich nicht werde) oder nicht, gebraucht werde oder nutzlos bin, kreativ oder nicht funktioniere (das letztere trifft ganz sicher zu). Ich habe wieder angefangen, Gedichte zu schreiben. Meine Gedichte sind idiotisch, aber irgendwie befriedigend. Mein Tagebuch fließt über und ist sehr, sehr privat. Wie lange läuft man nur mit solchen Gefühlen herum, bis man sich endlich mit dem unausweichlichen Schicksal abfindet, bevor das Gewicht jahrelangen Kummers alle Hoffnung, Freude und Ekstase in Dir erdrückt? Gott, wie schäbig und schal erscheinen die kommenden Tage, bar aller Liebe, ohne Verstehen oder Empathie, nur ein Nichts aus gesellschaftlicher Höflichkeit, eine endlose Reihe immergleicher Tage, angefüllt mit den Dingen, die gemacht werden müssen, um Kinder großzuziehen und einen Haushalt zu führen. Mir scheint, ich habe all meine Lebensfreude verloren, das ist es vermutlich. Vielleicht bin ich auch eine Generation zu spät, und es sollte jetzt eigentlich ungefähr 1925 sein. Oder gehöre ich dieser «Beat-Generation» an, von der man soviel liest? Oder bin ich zehn Jahre zu alt dafür? (Schon 28, denke ich mit Grausen.) Musik ist das einzige, was einen noch retten kann, und ich lasse mich jeden Abend nach dem Essen bis zur Schlafenszeit von Musik aus unserem neuen, von einer Taschenlampenbatterie betriebenen Plattenspieler einlullen.

Erinnerst Du Dich, als Du, ich, Liza und Benny durch den Schnee nach Provo gefahren sind, um Abel Johns Gruppe Vivaldis Gloria-Messe spielen zu hören? Eine ganz scharf gestochene Erinnerung für mich. O Joyce, sag mir, daß das Leben fröhlich, aufregend und voller Charme und Überraschungen an allen Ecken ist, daß irgendwo wieder Liebe auf mich wartet. Ich fühle mich so grau und griesgrämig.

Viel Rapport und Liebe von dieser Seite des Atlantiks,
Pat

Pashenzi,
den 18. Februar 1959

Liebste, bettlägrige Freundin,
ja, das Leben ist in der Tat verwirrend, aber schön, doch im Augenblick wohl vor allem verwirrend. Ach, Joyce, wenn ich dir nur die Hälfte meiner robusten Gesundheit geben könnte (minus Asthma) und meine *ganze* abstoßende Fruchtbarkeit (nein, ich bin *doch* nicht wieder schwanger, aber jeden Monat drücke ich mir von neuem die Daumen, daß ich es wieder mal erfolgreich vermieden habe). Oh, meine Liebe, was für trügerische, heimtückische Medien unsere Körper doch sind, und doch, wie herrlich manchmal und so unersetzlich. Mein Herz tut mir weh für Dich, in Deinem Schmerz und Leid über diesen erneuten Verlust. Ich hoffe sehr, daß Du wenig-

stens diesmal eine anständige Versicherung hattest und daß Dich das nicht auch noch mit mehr Schulden belastet. Ich fühle mich so machtlos, weil ich Dir nicht helfen oder auch nur Trost spenden kann. Aber Du weißt, daß mein Herz und meine Liebe bei Dir sind.

Und nun zu meinen eigenen Problemen, mit denen ich Dich – selbstsüchtig und rücksichtslos in Deiner schweren Zeit – auch noch belasten werde. Soll ich's gleich rundheraus sagen, oder soll ich Dich erst langsam darauf vorbereiten? Ich denke, das letztere. Du weißt doch von meinem lieben Stephen aus meinem vorletzten Brief. Ich habe so starke Schuldgefühle und ein so schlechtes Gewissen gehabt, daß ich jetzt nur noch 105 Pfund wiege, jede Nacht Asthmaanfälle habe und im Haus und mit den Kindern völlig nutzlos bin. Stephen und ich haben kaum ein persönliches Wort ausgetauscht. Wir tanzen nur (ungefähr einmal alle zwei Wochen) und schwärmen uns gegenseitig an, auf dem Tennisplatz, oder winken scheu, wenn ich an seinem Büro vorbeitänzele – auf dem Weg zur Post, unter irgendeinem lächerlichen Vorwand. Wir tauschen Bücher aus, Zeitschriftenartikel, Gedichte – mit Unterstreichungen und Randkommentaren – aber ach-so-delikat und am Eigentlichen vorbei, im Jane Austen-Stil, wer hätte gedacht, daß im Jahre 1959 eine so süße, wirklich und wahrhaftige, aufblühende Romanze noch möglich wäre.

Ich habe versucht, nicht an die Zukunft zu denken, mir zu sagen, daß ich wirklich nichts weiter von Stephen will, als daß er meine Zuneigung erwidert. Und doch, weißt Du, mitten in all diesem Wirbel überkommt es mich plötzlich ganz heiß, daß ich in irgendeiner lächerlichen Farce eine Rolle spiele. Was ist nun die Realität?

Zur gleichen Zeit ist es mir ziemlich schmerzlich bewußt geworden, daß Philip von einer sehr britischen und sehr englischen, vornehmen Frau eines Wildhüters hier sehr angetan ist. Also, um es kurz zu machen, ein paarmal, wenn Philip und ich Samstag abends vom Klub heimgekommen sind, jeder von uns stimuliert durch die eigenen Phantasien, haben wir uns, voll von Vertrauen und Johnnie Walker, hingesetzt und über außereheliche Beziehungen diskutiert. Sind die gut, schlecht oder ohne Bedeutung? Würden *wir* noch die gleichen sein? Unter welchen Umständen sollte man sie haben? Eine große Liebe außerhalb der Ehe, die diese Ehe ernsthaft in Frage stellen könnte, oder rein physische Attraktionen oder was einem gerade in den Kram paßt, wenn es sich halt so ergibt, oder was? Und wie sollte man sich dem Ehepartner gegenüber verhalten, während die Sache läuft? Und so weiter, und so weiter, ohne daß wir zu einem Einverständnis kommen konnten. Ich litt immer Seelenqualen teils aus Schuldgefühlen, teils aus Liebe zu Stephen, verstand Philips Vernarrtheit überhaupt nicht, hatte aber auch nicht das geringste dagegen oder gegen sie oder ihren schrecklich eifersüchtigen Mann (sie hat schon mehrere Affären gehabt; hat es mir selbst erzählt). Plötzlich, wie ein Blitz aus heiterem Himmel, geht Philip fort und verbringt die Nacht mit ihr (der Mann verbringt mehr Zeit auf Safari als zu Hause), und ich bin völlig erschlagen und wütend, voll Gift und Galle, Verzweiflung und Zorn und Haß.

Das war vor zehn Tagen, und Philip ist so verstört über mein Verhalten, und ich selbst bin's auch! Ich dachte, ich würde modern, zivilisiert, vernünftig, nicht eifersüchtig und nicht besitzergreifend sein. Also, das ist alles verdammt ambivalent, denn ich will ja Philip gar nicht, eigentlich heute weniger denn je, und ich sehne mich jetzt sogar noch mehr nach irgendeinem Signal von Stephen, um mich geliebt, verehrt und ersehnt zu fühlen, aber ich glaube, er hat gar keine Ahnung von dem, was hier vorgeht, und würde wahrscheinlich entsetzt sein über die ganze Sache.

Philip sagt immer wieder: «Aber *einer* von uns muß doch anfangen, und du weißt, du hattest die Absicht!» Aber hatte ich das wirklich? Wäre ich bei diesem Seiltanz um Sex-oder-nicht-Sex mit Stephen schließlich doch abgestürzt? Ich kann es mir nicht vorstellen, aber das sind vielleicht nur moralische saure Trauben. Und jetzt? Jetzt weiß ich einfach nicht, was ich will, nur irgend jemand soll mir, wenn auch nur vorübergehend, das Gefühl geben, daß ich einzigartig bin. Gott, was für ein Schlamassel. Ich bin so verdammt tugendhaft, seitdem ich verheiratet bin – ICH – das ist einfach nicht wahr.

Und da bin ich nun, die immer noch keusche, aber betrogene Ehefrau, und doch ist das nur die halbe Wahrheit. Es war alles so offen, Philip war die ganze Zeit völlig ehrlich, gelogen hat er nur, als er an dem Abend sagte, wohin er ginge, während ich meine Zuneigung zu Stephen geheimgehalten habe, aus reiner Angst, muß ich dazu sagen. Er ist so lieb und sanft, so unmodern und unzynisch und vertrauensvoll – und er merkt überhaupt nichts! Ich habe diese billigen, schicken Witzeleien aus den Rezensionen und diese oberflächlichen (schon fast automatischen) Antworten so satt. Aber siehst Du, schon bin ich wieder dabei! Auf meinem schizophrenen Kurs in bezug auf Stephen, während mein bürgerliches häusliches Ich wie ein Fischweib dem Philip Beleidigungen an den Kopf wirft, weil er unsere Ehe, unsere Kinder, unsere sechs Jahre keuschen Zusammenlebens verraten hat. Wie *kann* ich nur so ambivalent sein?! Ehrlich gesagt, sind mir Philips Gefühle für mich verdammt gleichgültig. Meine romantischen Gefühle für ihn sind längst gestorben, und doch ist jetzt etwas Unvorhergesehenes aus unserer Ehe gegangen. Ich verstehe nicht, wie diese Reaktionen beginnen, woher sie kommen. Du kennst diese wundervollen Zeilen von Yeats: «Und einer liebte deine Pilgerseele.» Siehst Du, das ist es, was dem ehelichen Auge unsichtbar wird, was ein brav-häusliches Leben für den Partner abtötet. Ich leugne nicht das Wesentliche in Coventry Patmores Gedichten über die Ehe oder daß vielleicht etwas Größeres und Besseres (aber ich glaube, es ist nur anders und älter, durch Erfahrungen temperiert) an Stelle dieses (hm, hm) ersten erlesenen, sorglosen (*zärtlichen*) Entzückens wächst, das in einer Ehe verlorengeht. Aber soll mir dies für den Rest meiner Tage versagt bleiben? Dies ist meine erste Erfahrung, seit ich vor sechs Jahren geheiratet habe, und sie hat kaum zu etwas anderem geführt, noch wird sie dazu führen, als zu einer tiefen, inneren, nicht mitteilbaren Verzauberung, bedeutet das dann also, daß es wirklich einmalig ist oder nur der erste in einer immer schmutziger werdenden Reihe von Fluchtmechanismen, die mir aus einer immer trister werdenden Ehe heraushelfen sollen?

Aber ich kann jetzt auf keine meiner Liebesbeziehungen mehr anders als mit zärtlicher Erinnerung zurückblicken, einige vielleicht temperiert mit einem etwas schiefen Lächeln. Und vielleicht wird Einmaligkeit auch im Augenblick verliehen, wenn es rein und sauber, in sich gut und ehrlich ist. Wie heißt das noch? «Am Ruhepunkt der sich drehenden Welt», und jede Verbindung könnte so in Zeit und Raum einzigartig sein. Ich weiß nicht. Ich weiß es einfach nicht. Simone de Beauvoir würde dem oben Gesagten wohl zustimmen und möglicherweise zu Recht, wer kann das schon sagen?

O Joyce, warum sind wir so verdammt durcheinander und sehnen uns nach Anerkennung und Liebe und Selbstbewußtsein immer nur dadurch, daß ein *anderer* uns anerkennt und versteht? Ehrlich, das Leben ist ganz schön mühsam, nicht? Stephen und ich könnten einander soviel geben, das Philip und ich nie hatten. Philip liest ein bißchen, aber diese tiefe und beständige Liebe zur Literatur, zum geschriebenen Wort und ein Gespür für dessen höchste Bedeutung, nein – aber wie Du sicher erkennst, Stephen hat es. Und Oper, Chormusik, Madrigale; und Sinn für Kommunikation der Seelen, die Du und ich in unseren Ehen so vermißt haben; nicht, daß viel davon zwischen Stephen und mir je offen ausgedrückt wurde, denn er ist ja so scheu, aber ich spüre intuitiv, daß hinter einer bestimmten Barriere (nicht Sex, nur offenes Aussprechen des Erkannten) dieses wundervolle Land analytischen Erforschens liegt, dieses Land, in dem ich solange nicht gewesen bin, außer in Briefen an Dich und in meiner eigenen, privaten Welt, die langsam ein bißchen verrückt wird von allzuviel Introspektion.

Ich habe Dir noch gar nicht gesagt, was mich an Philips schmutziger kleinen Affäre (die weiterläuft, glaube ich) am meisten empört hat und das ist, daß er noch nicht einmal in sie verliebt ist, obgleich sie (ihrem Mann gegenüber, der's P. gesagt hat, der mir's gesagt hat) behauptet, P. zu lieben, aber das ist alles so niederträchtig und berechnend und verdammt schmutzig, und dafür nun die Sauberkeit einer Ehe zu zerstören. AUS LIEBE, ja – das ist verständlich, aber für nichts weiter als Vögeln, das übersteigt mein Fassungsvermögen.

Aber ich sag mir immer wieder, ist es von *meinem* Standpunkt aus nicht besser so, als wenn seine Gefühle für sie die gleichen wären wie meine für Stephen? Sollte das nicht meinen Stolz viel weniger verletzen, viel weniger demütigend sein? Aber irgendwie empfinde ich das nicht so. Es macht unsere ganze sechs Jahre lange, mühevolle Beziehung in einer seltsam undefinierbaren Weise billig.

Hab Geduld mit mir und sage mir, was Du von dem Ganzen (und von mir) hältst, nach dieser knappen Skizze der Situation. Meine Liebe, ich habe (so egoistisch) nicht viel über Deinen Schmerz und Verlust gesagt, aber ich denke an Dich und liebe Dich und brauche Dich hier, und es ist so notwendig, daß Du glücklich und wohlauf bist.

Pat

Milwaukee,
den 27. Februar 1959

Liebe Pat,
Dein deprimierter Brief mit der Geldanweisung ist gerade angekommen. Deine letzten vier Briefe, die Freude, mit der Du vom Schreiben sprachst, die aufwühlende Unsicherheit und die Sehnsüchte nach Stephen und heute dieser Brief – all das läßt mich nichts sehnlicher wünschen als die Gelegenheit, eine lange, *lange* Zeit mit Dir verbringen zu können, einfach dazusein und alles mit Dir teilen zu können. Ein ziemlich nutzloser Wunsch. Und dieser kurze Brief wird Dir auch keinen Trost geben, fürchte ich.

Langsame Genesung, die Energien, die ich kaum habe, um das zu geben, was ich geben muß, das Haus und Reinhard normal und ordentlich genug zu halten und *mir* Ruhe zu verschaffen, die Vorbereitung für meinen Kurs übers 16. Jahrhundert – all dies hat mich so ausgelaugt, daß ich kaum einen Satz mehr artikulieren kann. Das Problem ist, daß ich mich nicht konzentrieren kann. Wenn es mir gutgeht, kann ich es durchaus verkraften, wenn Reinhard an mir herumzerrt, und kann immer noch meine Gedanken an Dich in Deine Richtung schicken; im Augenblick endet der bloße Versuch beinahe in Hysterie. Also versuche bitte zu verstehen.

Wir haben uns gerade entschlossen, noch ein Jahr hierzubleiben. Milwaukee ist eine reizvolle Stadt. Ich bin glücklich darüber, daß ich noch ein Jahr unterrichten kann (und da ich die Vorbereitungen schon einmal gemacht habe, wird es nächstes Jahr zum großen Teil Wiederholung sein). Und außerdem verkaufen sich langsam die Bilder von Hans, er malt gut. So können wir die Sommermonate dazu benutzen, Möglichkeiten in Südwestdeutschland zu erkunden, brauchen aber dabei nicht unsere Sicherheit hier aufzugeben. Das klingt vielleicht allzu vorsichtig, aber zwei Jahre in einem Ort, wo man glücklich ist, sind nicht zuviel.

Pat, ich will hier nicht das bittere Thema Zusammenhalt anschneiden, aber darf ich mal fragen, was und wie Deine Beziehung mit Phil unter diesem Druck eigentlich ist? Es ist vielleicht häßlich oder schwer auszudrücken, aber das Thema hat für mich jetzt, in meinem Fall, so große Relevanz, daß ich Dir dankbar wäre. Überall um mich herum gehen Ehen in die Brüche, und ich frage mich, wieviel Selbstbeschneidung notwendig ist, wieviel von einer ganzen Individualität überhaupt leben kann, wenn man will, daß diese seltsame Union beständig und lebendig bleiben soll. *Vielleicht* habe ich zuviel Glück gehabt. Ich könnte in Sekunden diese «nicht eheliche Liebesleidenschaft» aufflammen, brennen und ihre Opfer fordern lassen. Aber ich frage mich wirklich. Wir, Du und ich, brauchen Stunden und Stunden.

Alle Liebe,
Joyce

Milwaukee,
den 2. März 1959

Liebe Pat,
jetzt muß ich aber meine Gedanken sortieren, um Deine Probleme anzugehen, bevor ich Freitag wieder arbeiten gehe, sonst komme ich nie mehr dazu. Ich versuche mich damit auseinanderzusetzen, *nur* weil Du meine Freundin bist und nicht etwa weil ich denke, daß ich zum Aufdröseln Deiner Probleme auch nur das Geringste beitragen könnte. Manchmal wünschte ich, daß ich stärkere Überzeugungen besäße, die sich sozusagen *ex cathedra* artikulieren ließen, aber ich weiß nur, daß der Schock für Teilnehmer und System nur noch drastischer wird, wenn man ein Problem mit allzu festgefahrenen Regeln und Normen angeht. Auf der anderen Seite, wenn man im Leben nur den Augenblick die Normen setzen und die Prinzipien artikulieren läßt, dann fordert man, denke ich, ein anderes Problem heraus, nämlich dieses quälende Gefühl der Unbeständigkeit, an dem so mancher reine Sinnenmensch, den ich gekannt habe, gelitten hat.

Sie glauben an den Augenblick, ja (und zu Recht, meine ich), und sind dennoch so unbefriedigt von dem Leben, das daraus resultiert. Was Grundprinzipien zum außerehelichen Sex betrifft, da bin ich ganz sicher, daß außerehelicher Sex proportional auch den Sex in der Ehe verletzt und eine herzlose, vorgetäuschte Beziehung innerhalb der Ehe nur noch eine schäbige Karikatur dessen ist, was Ehe eigentlich sein sollte. Übrig bleibt dann nur der schlimmste Zusammenhalt aus Pflichtgefühl, und das ist noch schlimmer als Altjungfernschaft, möchte ich wetten.

Ich habe nur einmal eine Ehe gesehen, wo das Dogma der freien Liebe wirklich funktioniert hat, und das war eine Ehe, in der beide Partner nichts anderes voneinander wollten als intellektuelles und häusliches Leben. Da gab es keine Verletzten, keine Eifersucht und keine Liebe, eben, die man hätte verraten können. Aber mit diesem Verständnis haben wir zwei nicht geheiratet oder sagen wir, mit diesem Mißverständnis. Du sagst so wenig von Philip, von Philip als Ehemann, daß ich nicht weiß, wogegen Du ankämpfst und was Dir in Deiner Ehe so wertvoll ist, daß Du es gesund und lebendig erhalten willst und was Du bereit bist, aufzugeben. Ich habe Menschen gekannt, Du auch, die mit erneuter Kraft aufeinander zugegangen sind nach den Qualen der Untreue. Und ich habe andere gesehen, die mit ihrem Ehebruch den schlimmsten Skandal und Scheidung auf sich genommen haben um einer zweiten Ehe willen, in der sie sehr glücklich schienen, obgleich beide Partner überall verstreut menschliche Wracks hinterließen und häufig Kinder, die dann dagegen ankämpfend aufwuchsen.

Aber mein Ton gefällt mir hier nicht. Trotzdem, wenn ich mich nicht irre, dann signalisiert Philips Handeln Dir den Anfang einer Auflösung, genau das, was ich fürchte, und ich verstehe Deine «Fischweib-Gefühle» nur zu gut.

Es kommt einem so logisch vor, wenn sich diejenigen, die den Prozeß begonnen haben, sich ihm nicht mit reiner Willenskraft widersetzen. Ich kann nur sagen, daß bewußte Entscheidungen etwas damit zu tun haben, nicht nur Fleischeslust oder Sehnsucht oder blinde Leidenschaft, Empathie oder sogar Seelenkommunikation. Wir haben beide genug erlebt und dafür bezahlt, als daß wir nicht genau wüßten, wie und wann der WILLE operativ werden muß, ODER (wenigstens ungefähr) die Konsequenzen unserer Entscheidung zu erkennen.

Und doch, ich bin Yeatsianerin und befürworte trotz allem nicht Sicherheit als solche statt Risiko. Ich glaube immer noch an «that dolphin-torn, that gong-tormented sea» mit all seinen unvorhergesehenen Qualen. Aber Entsagung, gleichviel von welcher Seite, ist Teil jener See – für Yeats der grausamste Teil. Bedeutet Dir dies alles irgend etwas? Ich mache keine Vorwürfe, noch gebe ich Ratschläge, ich artikuliere nur, was ich kann. Übrigens, ich glaube, Du hast ganz und gar Unrecht, wenn Du meinst, daß der alltägliche Kram einen für die «Pilgerseele» des anderen blind oder gefühllos macht. Freilich, ohne Liebe würde man aufhören, das anzuerkennen. Aber gerade dies ist der Herzschlag in unserer Ehe, das, was ich am wenigsten betrügen könnte, der Urquell meines Vertrauens, eines Vertrauens, das vielleicht durch tägliche Schwankungen geprüft, aber immer wieder erneuert und repariert wird, dadurch, daß man die Kämpfe im anderen miterlebt. Bitte, schreib mir, was Du empfindest.

Was uns betrifft, wir begeistern uns beide für ein reizvolles Projekt. Ich hatte es schon erwähnt. Wir wollen in Frankreich, auf dem Lande, ein altes, leerstehendes Bauernhaus kaufen, und diesen Sommer hoffen wir es zu finden. Am 8. Juni werden wir uns hier einschiffen. Einige Zeit werden wir in Solingen verbringen, und dann fahren wir nach Paris. Wir wollen versuchen, eine Vespa oder etwas Ähnliches zu mieten und uns dann, hoffentlich mit einigen guten Ratschlägen versehen, auf den Weg machen. Auf ein Stück Land wagen wir nicht zu hoffen, höchstens auf etwa einen Hektar, und alles, was wir sonst noch brauchen, ist eine solide Bausubstanz mit Dach. Alles andere machen wir schon selber.

Ich gebe zu, daß Stephen sehr ansprechend klingt. Und ich sende meine wärmste Liebe,

Joyce

Pashenzi,
den 5. März 1959

Liebste Freundin,
ich habe Deinen letzten Luftpostbrief (neues Design, wie ich sehe) erst gestern erhalten, und dies wird Pashenzi erst in sechs Tagen mit dem nächsten Postflugzeug verlassen, aber Philip ist bis morgen auf Safari, und so habe ich hier eine Oase von Ruhe und Frieden ganz für mich, und die will ich mit Dir teilen. Ich weiß kaum, wo ich beginnen soll, denn konkret hat sich nichts ereignet; die Dinge tuckern einfach so weiter, freilich nicht sehr zufriedenstellend. Stephen ist krank, er hat ein häßliches Tropengeschwür am Bein, das einfach nicht heilen will, und er war drei Wochen lang bettlägerig. Erst gestern ist er wieder aufgestanden, sieht sehr blaß und fahl aus, und mein Herz tut weh – für ihn und wegen ihm.

Vor drei Tagen ist Philip auf Safari gegangen, und ich lasse meinen Tagträumen die Zügel schießen, bis ich kaum zwischen Traum und Realität unterscheiden kann: Stephen erwartet mich um Mitternacht in der verlassenen *Boma*; Stephen kommt um 3 Uhr morgens und klopft leise an mein Schlafzimmerfenster – aber da er im Augenblick kaum laufen kann und ohnehin nicht so erfinderisch ist, ist das alles nicht sehr wahrscheinlich. Jedenfalls, wie alle guten Tagträume, die den Namen verdienen, hören auch meine an einem gewissen Punkt auf und setzen sich unbekümmert über Komplikationen und Konsequenzen hinweg.

Und Stephen ist so lieb, aber ach, so abwesend, und so wird mir diese einseitige Gefühlspest doch langsam über. Ich bin sicher, daß es für mich so wahrscheinlich viel besser ist, als wenn ich in so ein verfilztes kleines Dickicht verwickelt wäre wie Philip.

Physisch fasziniert sie ihn, und wenn ich fair sein will, muß ich zugeben, sie hat einen schönen Körper, einen Kopf für Bücher und liest und denkt viel. Ihren Mann kann ich nicht leiden, und eigentlich kann ich ihr diese Affäre gar nicht übelnehmen.

Also, wenn ich Dir jetzt erzählen soll, wie das alles Philip und mich im täglichen Leben berührt, kann ich das nur indirekt tun, durch eine Reihe von Impressionen. Wir sind beide manchmal launenhaft und zerstreut, selten zur selben Zeit in der gleichen Stimmung. Nach dem ersten bösen Schock der Erkenntnis, daß die Unbeflecktheit unserer Ehe wirklich verloren war, bin ich jetzt wieder zu meinem *modus vivendi* zurückgekehrt, das heißt, die Kinder wachen immer noch jeden Morgen auf und verlangen etwas, Mahlzeiten werden immer noch gekocht, Witze, über die P. und ich seit Jahren miteinander lachen, sind immer noch ganz komisch, all dies zögernd zuerst, vielleicht aber sind wir letztlich in unseren alten Lebensstil mit einer Leichtigkeit wieder hineingerutscht, die mich schockiert. War mir vielleicht von Anfang an alles egal?

Es klingt verrückt, und vielleicht wirst Du mir nicht glauben, nach all diesen Jahren und den Männern in meinem Leben, von denen Du gewußt hast, aber liebe Joyce, mein Körper hat gerade erst begonnen, sexuelle Erregung zu entdecken – seit Julians Geburt, oh, ein bißchen nach dem ersten Baby, vielleicht ein halbes dutzendmal und ein paarmal nach Christopher, aber nicht diese glühende Welle unmittelbar vor der Befriedigung, die man doch mit dem ganzen Körper spüren soll. Es ist nur in mir selbst und verpufft, und ich weiß nicht so recht, was ich damit anfangen soll.

Hast Du je Noel Coward gehört? Es gibt einen reizenden kleinen Song von ihm mit dem Titel «A Bar on the Piccola Marina», der handelt von einer jüngst verwitweten Frau Wentworth-Brewster, die auf eine Weltreise geht und das Leben am Abend entdeckt. Ich komme mir augenblicklich auch ein wenig wie Frau Wentworth-Brewster vor. Sex scheint selbst vom Tau der langen Gräser auszuströmen. Ich muß (innerlich) lachen, wenn Philip mir ernsthaft erklärt, daß es praktisch seine Pflicht ist, Elizabeth zu lieben, weil sie in ihrer Ehe nie einen Orgasmus gehabt hat. Ich schauspielere eben zu gut! Und wir haben über *unser* Sexualleben nie reden können.

Gestern abend bekam ich plötzlich Besuch (jeder weiß immer, wer auf Safari und wer zu Hause ist) von Derek, dem District Officer, einem Junggesellen, mit dem ich Samstag abends gewöhnlich im Klub tanze, wenn Philip nicht da ist. Derek ist nämlich ein großartiger Tänzer und wirklich lustig, macht großen Schmus und erzählt ulkige Anekdoten, macht mir viele Komplimente; aber er kam um 9 Uhr abends vorbei, ich hatte schon gebadet und trug meinen Morgenrock und die Brille und las Chaucer, jedenfalls kam er unter einem fadenscheinigen Vorwand und wollte irgend etwas borgen, und ich mußte ihm einen Drink anbieten. Plötzlich fing er an, mir sein Herz auszuschütten. Meine Liebe, schon lange habe ich nichts mehr erlebt, was meine Stimmung gerade zur rechten Zeit derartig gehoben hätte. Da saßen wir also und ließen uns ganz gemütlich mit Brandy vollaufen. Ich fuhr ihn nach Hause, und dann habe ich etwas gemacht, was ich seit den Collegetagen nicht mehr getan habe – im Auto rumgeschmust wie ein Teenager, nur schöne, lange, ruhige Küsse und Liebesworte von ihm. Stell Dir vor! Ich bin wirklich ganz verrückt und demoralisiert. Dieser arme Junge schwärmt anscheinend seit unserer Ankunft hier für mich. Ich sehne mich nach Stephen, bin verheiratet mit Philip, der auf Elizabeth geil ist, und doch, es gibt tatsächlich ein paar Lichtblicke, und was auch immer in den kommenden Tagen und Monaten geschehen mag, so schlimm kann's auch wieder nicht sein.

Aber es ist wirklich so, als ob man das große Los gewinnt und gar nicht weiß, daß man eins gekauft hat, wenn man sich für A verzehrt und plötzlich erfährt, daß B seit Jahren verrückt nach einem ist und einfach nicht mehr an sich halten kann.

Ich könnte im Augenblick wirklich nicht sagen, daß all dies Philip und mich näher gebracht hätte; im Gegenteil, ich merke, daß ich jetzt Dinge für mich behalte (manchmal notwendigerweise), die ich früher offen herausgesagt hätte, aber wir können einfach nicht weiter so durch die Jahre gehen und analysieren und einander erforschen, wie ich da bis jetzt versucht habe. Besonders hier draußen, wo das ganze Leben so beengt und verplant ist und wir so dicht aufeinander leben. Ich lese gerade eine Chaucerstudie, die mich dazu gebracht hat, wieder ‹*Troilus und Cressyda*› zu lesen. Man vergißt, wie bezaubernd das ist, schon die erste Zeile: «These woful vers, that wepen as I write.» (Diese traurigen Verse, die weinen, während ich schreibe.) Ich weiß, was Du meinst, Geoffrey, alter Knabe. Ich weine auch, während ich schreibe.

Jedenfalls, wenn ich auch die meisten meiner wachen Augenblicke damit verbringe, dieses verwirrende Problem der Mann-Frau-Beziehungen zu wälzen, mitsamt den Fragen nach dem Warum, Wozu und Wie, so geht das Leben doch weiter: ich mache ab und zu Gartenarbeit, spiele Tennis, lese, tanze, koche, nähe, denke über die H-Bombe und chinesischen Kommunismus und Little Rock nach, die Aufstände in Nordrhodesien (erschreckend nahe), Callas als *Norma*, Kindererziehung, Liebling Stephen, so unmöglich unnahbar, Derek, der süße Distrikt-Aufseher, der mich liebt. Wie hungrig ich auf ein gutes, saftiges, zartes Steak bin, einen frischen Pfirsich, ein Glas pasteurisierte (nicht abgekochte) Milch, sogar einen *Hamburger* – aber es gibt Tage, manche Tage, da ist das Leben ruhig und gut und lustig und vielversprechend. Wie Du siehst, ist meine Kurve seit dem letzten Brief ansteigend. Ich hoffe, es geht Dir genauso gut.

Meine liebe und einzige Vertraute, meine Liebe und Dankbarkeit für Dein Verstehen,

Pat

Pashenzi,
den 31. März 1959

Liebste Joyce,
entschuldige mein längliches Schweigen (im Vergleich zu unseren letzten Briefen), aber ich habe Deinen Brief erst mal verdaut und beobachte die Situation hier, warte auf ihre Weiterentwicklung. Eigentlich stimme ich nicht mit Dir überein, wenn ich auch Deinen Ton bewundere und die ganze offensichtliche Überzeugung, die Du unserem Thema entgegenbringst. Zumindest, was mich betrifft – mal ganz grob herausgesagt, obgleich ich das mir selbst gegenüber noch nie zugegeben habe, geschweige denn jemand anderem, seit ich verheiratet bin, also ich liebe Philip nicht und habe ihn auch nie in dieser wilden, rauschhaften Weise geliebt. Wir teilen ein gutes, glückliches, intelligentes und vernünftiges Leben. Wir lieben das Herumziehen in der Welt und kommen manchmal ganz außerordentlich gut miteinander aus, und höchstwahrscheinlich hätte das noch Jahre und Jahre so weitergehen können, wenn ich mich nicht in andere Leute verliebt hätte, und nun leide ich die Qualen der Verdammten zweifach: einmal, weil alles, was dabei herauskommen kann, unmöglich ist, und zweitens, Schuldgefühle, Schuldgefühle, weil es möglich sein könnte, daß ich anderen Männern das geben kann, was ich in sechs Ehejahren Philip nie geben konnte.

Aber, irgend etwas ist da gerissen in unserer Beziehung, die schon immer so dünn und undefinierbar war, für Philip und ganz sicher auch für mein eigenes verheiratetes Ich. Ich bin zu dem Schluß gekommen, daß ich ganz plötzlich wieder in jenem Stadium angelangt bin, in dem Du und ich vor unseren Ehen ständig lebten, in dieser ständigen köstlichen Erwartung von Liebe, Liebe, die jeden Tag plötzlich vor der Tür stehen kann. Ich *weiß*, daß meine Ehe «für immer» ist, bloß – ich fühle mich nicht mehr «für immer».

Obwohl Philip derjenige ist, der die Ehe gebrochen hat, bin ich im tiefsten Herzen die Untreueste von allen; und vermutlich muß ich dagegen ankämpfen und diese Sehnsucht nach Liebe zurückdrängen, diese Sehnsucht, geliebt zu werden, wie es hätte sein können, wenn ich einen anderen geheiratet hätte (wen, das wüßte ich gar nicht; ich glaube, ich habe ihn nie kennengelernt, ehrlich gesagt). Irgendwie muß das doch einer Frau am Gesicht abzulesen sein; seitdem wir in diesem winzigen Ort angekommen sind, bin ich so mit meinen Gefühlen für Stephen beschäftigt, daß ich mich überhaupt nicht um andere gekümmert habe, und da entdecke ich jetzt hier, mit einem gewissen Erschrecken, aber zugegeben, auch sehr geschmeichelt, drei Männer (leider ist Stephen nicht dabei), die sich viel zu sehr für mich interessieren und mir Dinge sagen, wenn sie alkoholisiert sind, die ich seit Jahren nicht mehr gehört habe.

Es ist schon erstaunlich, und es liegt wohl eine bittere, ironische Gerechtigkeit darin, daß ich mich ausgerechnet für den Mann interessiere, der mir gegenüber kalt wie ein Fisch bleibt. Wahrscheinlich ist das gut so, denn es bewahrt mich davor, in eine Affäre hineinzuschlittern. Jedenfalls glaube ich, daß ich langsam über Stephen hinwegkomme. Seine Frau ist so entsetzlich eifersüchtig und macht so fürchterliche Szenen, daß man kaum in aller Öffentlichkeit fünf Minuten lang über die politische Lage in Nyassaland diskutieren kann.

Das ist jedenfalls seine Einstellung, und ich sehe das auch langsam ein. Aber diese ganze gegenwärtige Situation ist gar nicht das eigentlich Wichtige, wichtig ist nämlich, daß ich das Gefühl habe, über gewisse Aspekte meines Lebens die Kontrolle verloren zu haben, und wenn jetzt jemand käme, der ganz bewußt die Dinge in Bewegung brächte, und wenn ich dann wieder von diesen Gefühlen überrumpelt würde, dann würden die Dinge einfach laufen wie sie wollten. Bin ich schwach? Albern? Unmoralisch? Gelangweilt? Kolonialistisch? Zu analytisch (waren wir das nicht immer?)? Andererseits, vielleicht auch nicht.

Philip steckt immer noch mitten drin in seiner Affäre, und ich glaube, sie wird ihm ein bißchen langweilig mit ihren ständigen Intrigen, die sie betreibt, um sein Interesse und alles andere in Aufruhr zu halten. Es ist mir wirklich völlig gleichgültig, was die beiden tun oder wie oder wann, wenn man mich nur in Ruhe läßt, damit ich mich in meinen Augenblicken des Alleinseins und wenn die Kinder im Bett sind und alles still ist, mit diesem höchst geheimnisvollen Leben auseinandersetzen kann.

Ich bin sehr froh, daß Du wieder an Deinen Gedichten arbeitest. Hast Du schon etwas eingeschickt, ist irgend etwas veröffentlicht worden, seitdem Du wieder in den Staaten bist? Ich habe ganz schüchtern ein paar gruselige afrikanische Kurzgeschichten an einige US-Magazine geschickt, aber sie kamen alle zurück, kein Wunder. Ich habe mich ja noch nie zum Redigieren meines elliptischen Stils durchringen können. Aber es ist auf alle Fälle gut für die Seele, dranzubleiben. Zum erstenmal seit Jahren habe ich wieder mit einem umfangreichen Tagebuch angefangen. Meine Briefe müssen sich so anhören, als ob ich den ganzen Tag rumsitze und über Männer, Frauen und Liebe nachdenke, aber ich lebe wirklich ein ganz normales Leben, Philip und ich tun das überraschenderweise beide.

Menschen können tatsächlich unter den erstaunlichsten Umständen ganz friedlich miteinander weitertrotten. Es geht uns allen gut, Julian ist hinreißend, aber entwickelt sich sehr langsam. Christopher ist jetzt ein sehr lieber kleiner dreieinviertel Jahre alter Bub, sehr britisch und mit vorzüglichen Manieren, wie sein Vater. Ich hoffe, Du bist jetzt wieder ganz genesen und glücklich, liebe Freundin, meine einzige Vertraute in der Welt!

Viel, viel Liebe,
Pat

Die Briefe, die Pat zwischen April und September schrieb, existieren nicht mehr, da sie Joyce gebeten hatte, sie zu vernichten. Diese sechs Monate waren für Pat ein Mahlstrom verwirrender Emotionen. Philip hatte in Pashenzi eine zweite, diesmal ernsthafte Affäre mit einer verheirateten Frau angefangen. Es kam schließlich soweit, daß er Pat um die Scheidung bat, so daß er diese Frau heiraten könnte. Inzwischen hatte sich Pat in eine Affäre mit Derek, dem District Officer, geflüchtet. Dieser wollte sie heiraten und versprach, ihre zwei Söhne zu adoptieren und sie wie seine eigenen zu behandeln.

Pat verließ Philip und nahm Christopher und Julian mit. Ein paar Stunden vor der Abfahrt des Zuges war er zusammengebrochen, hatte ihr gesagt, daß er die Scheidung nun doch nicht wollte. Trotzdem ging sie und blieb in Dar-es-Salaam, gerade lange genug, um die Scheidung einzureichen. Mit den beiden Jungen verbrachte sie ein paar Wochen in der willkommenen Ruhe und Abgeschiedenheit eines kleinen Hotels am Kilimandscharo. Hier konnte sie über Alternativen und mögliche Konsequenzen nachdenken und änderte ihre Meinung fast täglich. Schließlich nahm sie die Scheidungsklage zurück und kehrte nach Pashenzi zurück, wo sie ihre tägliche Routine genau da aufnahm, wo sie sie unterbrochen hatte. Das Familienleben ging nach außen hin weiter, als ob nichts geschehen wäre.

Aber die romantische Sehnsucht der letzten anderthalb Jahre, der Hunger nach Liebe und Geliebtwerden, erreichten in diesem Jahr schließlich ihren Höhepunkt in Pats Bindung an den Mann, den sie Joyce gegenüber als die Liebe ihres Lebens beschreiben wird. Sie hatte ihn zu Beginn des Jahres kennengelernt, mitten in all dem ehelichen und außerehelichen Tumult. Der «jammervolle» Brief, von dem Joyce oben spricht, ist der erste, in dem Pat ihr schreibt, daß sie und Philip sich scheiden lassen werden, daß Philip sich sofort danach wieder verheiraten wird, daß sie, Pat, einem Mann, der sie heiraten will, sehr zugetan sei, aber nicht genau wisse, ob sie ihn liebe. Trotzdem war sie zu diesem Zeitpunkt schon beinahe entschlossen, ihn zu heiraten, weil sie für sich und die Jungen finanzielle und emotionale Sicherheit braucht.

Das Problem des Sorgerechts für den Ältesten war der Hauptgrund dafür gewesen, daß sie zu Philip zurückgekehrt war, denn als dieser plötzlich keine Scheidung mehr wollte, drohte er ihr mit einer Klage und Entzug des Sorgerechts, falls sie die Scheidung durchsetzen wollte. Als Ausländerin ohne eigenen Verdienst, in einem Land mit britischen Gesetzen, bei denen also der Mann in einer Scheidungsklage immer besser fährt (das hatte ihr jedenfalls der Rechtsanwalt gesagt), warnte sie ihr Instinkt davor, dieses Risiko auf sich zu nehmen, und so kehrte sie gehorsam an den ehelichen Futtertrog zurück.

Milwaukee,
den 27. Juni 1959

Liebe Pat,
Dein jammervoller Brief ist angekommen und hat mich sehr bekümmert, weil er mit so vielen anderen Dingen zusammenfällt. Liebe Freundin, o Pat, es tut mir so leid. Ich kann solche Unordnung nicht ausstehen. Klingt das nicht wie Nörgelei? Aber ich habe genug hinter mir. Ich kann es kaum aushalten, auch nur darüber zu lesen. Obgleich natürlich ein ereignisloses Leben genauso widerwärtig ist. Aber Du mußt wirklich durch die Hölle gehen. Das heißt, wenn Du

für Philip noch irgend etwas empfindest, muß das alles die reine Folter sein. Und so gräßlich. Verzeih mir, aber siehst Du jetzt nicht, was ich gemeint habe, zum Thema Ehebruch? Ich meine den Akt der Kopulation mit dem Ehepartner eines anderen Menschen. Also, rein körperlich kann ich das gut verstehen. Aber zerstört es nicht mit jedem sukzessiven Akt den Stoff, aus dem eine Ehe gewebt ist?

Dies ist keine Sentimentalität. Es ist wie eine organische Reaktion der Körperchemie. Die Zellen der Ehe verändern sich unwiderruflich. Ich kann mir nicht helfen, aber so empfinde ich das, und jeder Ehebruch, von dem ich weiß, gibt mir recht. Natürlich ist die Veränderung für einige zum Guten, eine echte Bewegung zum Positiven aus einer, sagen wir, hoffnungslosen Ehe heraus zur wirklichen und nicht nur körperlichen Erfüllung. Aber wenn man so etwas einfach aus einem physischen Juckreiz heraus geschehen läßt, ich weiß nicht, dann scheint mir das doch die Ursache von großem Ehekummer zu sein, wenn die Ehe vorher in Ordnung war.

Ich phantasiere nur. Mehr als alles andere möchte ich bei Dir sein. Ich habe eine fast schmerzliche Sehnsucht danach. Sind Dir Deine Kinder überhaupt ein Trost? Gibt es zwischen Dir und Philip überhaupt noch Empathie oder Sympathie? Schlaft ihr miteinander? Alles scheint möglich zu sein, also frage ich danach, denn Grausamkeit schimmert überall durch. Es ist besser, man nennt die Dinge von vornherein beim Namen; die ganze Welt stinkt sowieso. Und bei der Liebe einmal einen Orgasmus zu erleben, das habe ich auch noch vor mir. Ist das nicht völlig absurd? Ich habe schon Männer gekannt, die wußten, wie man's macht, aber das waren nie diejenigen, die ich geliebt oder mit denen ich geschlafen habe.

O Gott – und Geld, Geld, Geld! Das ist alles, worüber die Leute reden, und ich gehöre auch dazu – man macht kleine Listen, wie, wofür (oder auch nicht) Geld ausgegeben wird. Und Kreativität – das ist es, worüber wir anderen reden. Wenn wir uns dabei ertappen, über Geld zu reden, und auch dazu gehöre ich, dann tun wir einen Abend lang so, als ob wir darüber erhaben wären, kreieren aber auch nicht das Geringste. Ich übertreibe. Ich kenne wirklich wundervolle Leute – Dich und mich usw. Ich hasse mich selbst. Der District Officer liebt Dich? Deine kleinen Jungen kennen meinen kleinen Jungen gar nicht. Und ich bin irrsinnig wütend über irgend etwas, aber ich weiß nicht, was. Vielleicht ist es bloß, weil ich Heuschnupfen habe. Ansonsten liebe ich Dich sehr und wünschte, Du würdest mir jeden Tag schreiben,

Joyce

Solingen, Deutschland,
den 10. Juli 1959

Liebe Pat,
mir fehlt die Kraft, irgend etwas außer den nackten, grausamen Tatsachen zu schreiben. Ich habe sie schon so oft schreiben müssen, wegen der Versicherung und allem möglichen, daß dies wirklich die letzte Anstrengung ist, die ich machen kann.

Unser Sommer ist zur Tragödie geworden. Von all den Kämpfen, die wir in den letzten vier Jahren durchzustehen hatten, ist dies wohl der schlimmste und traurigste. Während Mutter in Salt Lake im Krankenhaus lag und sich einer Operation unterziehen mußte, bei der möglicherweise Krebs entdeckt würde, wie der Arzt befürchtete, lag Hans hier in Solingen und begann gerade, von einer Gallenblasenoperation zu genesen. Bei beiden ist alles gutgegangen. Aber am nächsten Tag kamen die Röntgenaufnahmen von Reinhards Hüftgelenken zurück. Wir hatten sie machen lassen, als eine Nachbarin ganz nebenbei bemerkte, daß er ein wenig hinkte. Als er die Aufnahmen sah, bekamen wir vom Arzt sofort eine sehr schlechte Nachricht. Reinhard hat eine seltene Krankheit der Hüftgelenke, die vor allem bei kleinen Jungen auftritt. Sie heißt Perthessche Krankheit, und das Krankheitsbild zeigt eine Erosion der Hüftgelenke, die nicht mehr zu reparieren ist, wenn sie nicht früh genug erkannt wird. Wird sie aber früh genug erkannt (das ist schwierig, weil es keine äußerlich sichtbaren Symptome gibt), dann kann sie vollkommen geheilt werden, und zwar durch monatelanges Liegen im Gipsbett. Bei Reinhard sind beide Hüften betroffen, und rechts ist die Krankheit schon gefährlich weit fortgeschritten. Die Ärzte sagen, er muß ein Jahr lang im Gipsbett immobilisiert werden, und selbst dann können sie nichts versprechen.

Ach, es ist alles so sehr, sehr schwer. Es ist nicht lebensgefährlich und bedroht auch nicht seine organische Gesundheit, aber dennoch eine nahezu tragische Sache. Er ist so schön, Pat, so ungewöhnlich schön, wie ein Liebling der Götter. Er war immer eins der Kinder, die einen angeborenen natürlichen, unwiderstehlichen Charme besitzen. Jeder hat das gefühlt. Und es ist bitter, ein Jahr lang von ihm getrennt zu sein. Außerdem, wie in Gottes Namen wollen wir das finanzieren? Amerikanische Versicherungen zahlen nie länger als 60 Tage. Es wurde schon vorgeschlagen, daß wir ihn hierlassen sollen, im orthopädischen Krankenhaus in Köln, wo es genau viermal billiger ist als in Amerika. Ich darf noch gar nicht daran denken. Du kannst doch verstehen, warum ich glaube, ich kann dieses Jahr nur überstehen, wenn ich selbst schwanger bin, mit dem positiven Gefühl eines in mir wachsenden Lebens. Es müßte freilich geplant sein, so daß ich trotzdem unterrichten könnte, was für mich ohnehin die beste Therapie ist.

Europa ist mir vollkommen gleichgültig. Bitte schreibe. Ich bin so ziemlich am Ende. Erzähl mir von Deinem Leben, Pat, von allem.

Alle Liebe,
Joyce

Solingen,
den 22. August 1959

Liebe, liebe Freundin,
die Welt ist für mich jetzt auch ziemlich hektisch, und ich antworte Dir nur in diesen sporadischen Ausbrüchen (statt einen anständigen Brief zu schreiben), weil ich Dich liebhabe und weil Du wissen sollst, daß meine Gedanken immer bei Dir sind, in Deinem Schmerz und Deiner Courage. Liebe Pat, wenn ich Dir nur näher wäre, wie gut könntest Du Dich an meiner Schulter ausweinen. Dein letzter Brief wartete schon auf mich, als wir von unserer ergebnislosen Reise nach Frankreich zurückkehrten, ergebnislos insofern, als wir uns auf der Suche nach einem Haus total verausgabt hatten, nur um schließlich festzustellen, daß wir uns den Kauf gar nicht leisten konnten.

Aber viel wichtiger, Pat, ist Dein neuester Brief, in dem Du von Deiner neuen schmerzlichen Entscheidung berichtest. Du Arme – wie unbeschreiblich schwer das alles sein muß! Ich finde es klug, abzuwarten. Eine Versöhnung mag unmöglich sein, und vielleicht entscheidest Du, daß ein Leben mit Philip das pure Elend ist, wenn Du nur sicher bist, daß *Du* alles versucht hast und daß die Kinder bei Dir bleiben, oh, diese beiden Dinge scheinen mir so wichtig zu sein.

Schreib mir sooft Du magst; sei tapfer. Ich meine wirklich, was Du jetzt tust, ist das Vernünftigste, aber gerade wegen dieser Vernünftigkeit kann ich mir so gut vorstellen, wie Du leidest.

Am 31. fahren wir, mit Reinhard. Wie ich ihn vermisse!

Immer,
Joyce

Pashenzi,
den 22. September 1959

Liebste Freundin,
ich hatte in Dar-es-Salaam keine Gelegenheit, den versprochenen langen, alles erklärenden Brief zu schreiben, aber jetzt sitze ich hier bei Kaffee und Zigaretten, Julian liegt mit einem leichten Fall von Masern im Bett, Christopher ist in der Schule (9 bis 12 Uhr) und der Haushalt läuft wieder einigermaßen glatt nach einem großen Durcheinander seit meiner Rückkehr heute vor vier Wochen. Es kommt mir alles wie ein Traum vor, aber soviel im Leben ist ja so, daß man kaum eine Trennungslinie zwischen Illusion, Phantasie und Realität ziehen kann. Nicht, daß es etwas ausmacht, solange man in den vorgeschriebenen Bahnen bleibt. Angst und Schrecken dieser letzten Monate haben mich jedenfalls eins gelehrt: die Dinge, die für meine innere Harmonie am kostbarsten sind, vor anderen verborgen zu halten, und weit entfernt, und nicht einmal den *Versuch* zu machen, das im Grunde nicht Mitteilbare mitteilen zu wollen, sondern mich zu einer inneren Einkehr zu zwingen, um das Gefühl der Rechtfertigung meiner eigenen substantiellen Werte in mir selbst zu finden. Und noch eine härtere Lektion habe ich lernen müssen, und davon werde ich auf der ganzen Welt niemand außer Dir erzählen. Ich habe herausgefunden, unter anderem, daß ich überhaupt kein Recht auf Entschädigung habe, ganz egal, was mir angetan wird. Ich habe herausgefunden, daß mir nichts gehört als

die Kleider auf dem Rücken, nicht einmal eine Schiffskarte zurück nach USA, wo ich für mich und Christopher und Julian sorgen könnte, *wenn* ich sie illegal aus Ostafrika hätte herausbringen können. Ich habe nicht einmal das Recht, sie bei mir zu haben, ganz gleich, eine wie gute Mutter ich bin, wenn ein Richter oder der Ehemann bestimmt, daß ich sie nicht bei mir haben darf. Eigentlich habe ich also herausgefunden, daß ich völlig rechtlos bin, keinen legalen Status besitze und daß ich, zu meinem Erstaunen, dem Willen anderer untergeordnet werden kann, und zwar durch eine Kombination von Macht und Drohungen. Aber bei Gott, wenn ich auch in der Öffentlichkeit *und* privat etwas vortäuschen muß – mein Geist und meine Seele gehören immer noch mir ganz allein.

Zum erstenmal im Leben habe ich sexuelle Leidenschaft und Erfüllung erlebt, traurigerweise mit der falschen Person. Ich hätte das nie für möglich gehalten. Aber so geht's; das Leben ist eine ständige Enthüllung, daß man immer und in jeder Hinsicht unrecht hat. Und nun bin ich wieder im eigenen Heim, bei meinen beiden lieben Jungen und mit einer sehr notwendigen Routine und dem Gefühl der Sicherheit im Hinblick auf die Zukunft, was wir alle bitter nötig hatten, und bei Philip, der trotz allem seiner Frau, die sich so ernsthaft bemüht hat, seine ehrliche Liebe zu erwidern, ein guter Ehemann ist. Ich tue mein Bestes, um die Täuschung nun aufrechtzuerhalten.

Ich habe es schließlich jahrelang getan, bis ich mich plötzlich auf emotionalen Seitenwegen fand. Seit Julians Geburt war Philip nicht besonders verständnisvoll oder mitfühlend gewesen, und die Einsamkeit und Leere meines Herzens wurde plötzlich offenbar, als die zerbrechliche Schale, die ich um mich herum gebaut hatte, zerbarst. Daher diese schwierigen anderthalb Jahre, wir hatten beide schuld, ich vielleicht mehr als Philip, in mancher Hinsicht, weil ich ihn geheiratet hatte, ohne mir klar darüber zu sein, ob ich ihn liebte oder nicht. Nicht daß ich Dir auch nur annähernd sagen könnte, was Liebe, meiner Vorstellung nach, sein könnte. Vielleicht ist es nur ein Bewußtseinsstand, durch Gottweißwas entzündet, und wenn Du Dir nicht bewußt bist, daß Du liebst, dann liebst Du auch nicht. Ich weiß es nicht.

Jedenfalls, weil ich mich selbst von dieser und jener Emotion zu überzeugen versuchte und weil Philip hier mit dieser ersten Frau zu schlafen anfing (zum Teil meine Schuld; ich war ziemlich unerträglich, aber er hätte mir natürlich auch helfen können), und dann habe ich eine ganze Phantasiewelt um diesen albernen Stephen herum aufgebaut. Und der gute Derek, der von Anfang an so hoffnungslos verliebt in mich war. Er war immer da, wenn ich jemand brauchte, um meine Einsamkeit zu lindern, um mich meines Eigenwertes als Frau und Mensch zu versichern, Derek, der so ein wundervoller Geliebter und ein so feiner Mensch war, aber, und da hattest Du recht, *kein* Ehemann für mich.

Aber, nun ja, wenn man dieses Jahr überhaupt verstehen will (und *irgend jemand* muß das ja, da ich nicht an Gott glaube; *irgendeiner* muß es, wenn ich nicht völlig verrückt werden soll), dann muß ich meinen Stolz auf logisches Verhalten hinunterschlucken und Dir alles erzählen.

Ich habe mir das nicht einmal im Flüsterton selbst eingestanden (und schon gar nicht jemand anderem gegenüber) bis jetzt (bis zu meiner Rückkehr nach Hause, meine ich), aber seit Ostern ist tatsächlich jemand anders auf dem Schauplatz erschienen. In den Feiertagen kam ein Ehepaar Kirkley (Ian und Alice) von einer Station in der benachbarten Provinz hierher, das ist ein winziger abgelegener Ort, etwa 220 Meilen von hier entfernt, wo er Distriktskommissar ist. Er ist sechsunddreißig, kommt aus Schottland. Seine Frau ist eine entsetzlich hochnäsige «Koloniale» von den Fidji-Inseln. Jedenfalls waren sie vier Tage hier, und wir haben uns ziemlich oft gesehen. Beim Tanzabend im Klub, Samstag abend, fühlte sich Derek nicht wohl und ging früh nach Hause, und ich verbrachte schließlich Stunden mit Ian, der mir zu meinem größten Erstaunen prophezeite, daß ich mit Derek eine Affäre haben und mir das sehr guttun würde, daß Philip über seine zweite Affäre, «ein albernes kleines Gänschen», hinwegkommen würde (die Angelegenheit war zu diesem Zeitpunkt schon allgemein bekannt) und daß dies alles überaus schade sei, denn er, Ian, und ich wären füreinander bestimmt. Ich kann Dir einfach nicht beschreiben, wie diese paar Sätze so ganz nebenbei herauskamen, während der paar Stunden, die wir zusammen verbrachten, beim Tanzen, vor der versammelten europäischen Bevölkerung von Pashenzi.

Also, wir luden dann die beiden zu einem mexikanischen Essen zu uns nach Hause ein, an ihrem letzten Abend hier. Ich legte eine

Platte mit Scarlatti-Sonaten auf, von Gieseking gespielt, und es stellte sich heraus, daß meine Lieblingssonate, die E-Dur, Nr. 23, auch die Ians war, und irgend etwas Unaussprechliches geschah zwischen uns bei dieser Musik. Jedenfalls gingen sie dann, und ich verbannte ihn aus meinen Gedanken als einen Flirt, einen Schwerenöter, einen unheimlich cleveren natürlich, der genau die richtigen Dinge zu sagen und Stimmungen zu beschreiben verstand, um einer Frau wie mir den Kopf zu verdrehen, und dann unterhielt ich mich ein oder zwei Tage später mit der Frau eines hiesigen Polizisten, meiner einzigen etwas näheren Freundin, und ich erzählte ihr, scherzend, von Ians kleinem Flirt mit mir und daß ich ihn so charmant und *simpatico* fand. Sie war verblüfft, denn sie und ihr Mann hatten ihre ganze letzte Tour, also drei Jahre, mit den Kirkleys auf der gleichen Station im Westen von Tanganyika verbracht. Sie meinte, er wäre überhaupt nicht so, sondern viel eher ein Frauenfeind, freilich auf eine amüsante, ein bißchen zynische Art.

Ich war geschmeichelt, aber weiter auch nichts. Ich konnte den Gedanken an irgendwelche *weiteren* Möglichkeiten einfach nicht ertragen, denn ich war schon so involviert. Im gleichen Zeitraum hatte Philip angefangen, mit einer zweiten Frau zu schlafen, die er zeitweilig sogar heiraten wollte, und ich hatte angefangen, mich immer häufiger mit Derek zu treffen. Ich wußte, daß ich früher oder später in seinen Armen landen würde, und dieses Wissen quälte mich, denn ich liebte ihn ja eigentlich gar nicht, hatte mich nur im Lauf der Zeit selbst dazu überredet, und nachdem ich einmal seine Geliebte geworden war, war das gar nicht so schwer.

Auf jeden Fall hat mich Ian schließlich ganz und gar von irgendwelchen noch übriggebliebenen Gefühlen für Stephen geheilt. Mir wurde klar, daß alles, was ich in Stephen zu sehen glaubte, entweder falsch oder nur halb durchdacht war, verglichen mit dem Mann, der Ian ist, stark und eindrucksvoll, schrecklich, ja geradezu beängstigend brillant, so musikalisch wie ein Berufsmusiker, ein Bücherwurm, aber eben ein Mann. Aber ich habe ihn aus meinen Gedanken verbannt.

Im Juni kamen sie wieder, für eine Woche, und da wurde mir beim ersten Zusammentreffen an diesem zweiten Wochenende klar, wie unheimlich anziehend er auf mich wirkte, gar nicht mal so sehr physisch als durch eine Art Seelenverwandtschaft, und ich fühlte mich

Derek und meinem Eigenbild als anständiger Person gegenüber so treulos, daß ich damals weder mit ihm sprach noch ihn anschauen wollte. Wir tanzten ein bißchen, und er sagte: «O nein, ich werde jetzt kein Wort zu Ihnen sagen. Ich warte, bis Derek von der Bildfläche verschwunden ist, und dann kommen wir zurück, und dann werde ich Sie dazu bringen zu verstehen, was für Menschen wir sind, Sie und ich.» Ich sagte, ich würde nach Dereks Fortgehen nicht mehr hier sein. Ian lachte und sagte: «Vielleicht nicht, aber Sie kommen zurück. Sie lieben ja Derek nicht, Sie lehnen sich nur an ihn an, und Philip wird zurückkommen und sich an Sie anlehnen. Sie werden vom Regen in die Traufe kommen, das Schlechte für das Schlimmere eintauschen.» Er sagte: «Und überhaupt, ich bin es, der diesen Platz in Ihrem Herzen einnehmen sollte, nicht Derek oder irgendein anderer.» Ich ließ ihn mitten auf der Tanzfläche stehen, sagte, ich würde solchem gefährlichen Unsinn überhaupt nicht zuhören und ging an meinen Tisch zurück.

Tja, und so habe ich Pashenzi verlassen, hatte mein beängstigendes kleines Abenteuer mit Rechtsanwälten und war nun allein mit den Kindern, schrieb ein paar Liebesbriefe an Derek, die wirklich ehrlich gemeint waren, wenigstens *versuchte* ich, sie ehrlich zu meinen, die aber auch falsch klangen, wenn ich alle Nerven anstrengte, um die Sätze so zu hören, wie sie wirklich dastanden. Also schrieb ich an Philip und sagte, wie albern wir beide doch gewesen wären und – soll ich zurückkommen? Er schickte umgehend ein Telegramm, daß ich heimkommen sollte; ich charterte eine winzige Cessna; und wir drei flogen nach Hause, über eine Entfernung, die uns wie das halbe Afrika vorkam. Dann habe ich mich von einem falschen Gefühl der Sicherheit und einem echten Gefühl für bürgerliche Werte einlullen lassen; und vor zwei Wochen kamen dann, vier Tage lang, die Kirkleys über uns (Philip hatte sie während meiner Abwesenheit eingeladen).

Und ich muß Dir sagen, es war zum Teil auch der Gedanke an Ian, der mich zurückgebracht hatte. Nicht der Gedanke, ihn wiederzusehen oder ihn zu lieben oder eine Affäre mit ihm zu haben oder mit ihm durchzubrennen, war es, sondern der bloße Gedanke, daß es ihn wirklich gibt, den Mann, der jedem meiner Ideale als Mann, Dichter, Träumer und Geliebter entspricht, und daß dieser Mann auch in mir den Ausdruck seiner Ideale einer Frau sieht. Es ist zu spät für mich oder für ihn oder ganz sicher für irgendein Konzept von UNS. Aber da oben in meinem einsamen Hotel am Kilimandscharo bin ich abends in den kalten Nebeln herumgewandert und habe darüber nachgedacht, wie grundgut Philip eigentlich war und wieviel wir gemeinsam hatten, unsere Kinder und unsere Familien und die Jahre, die schon hinter uns lagen, und wenn Philip auch langweilig war und mich ganz brutal mit zwei Frauen betrogen und mich praktisch in die Arme eines anderen Mannes getrieben hatte, dann war ich in all diesen Jahren doppelt treulos gewesen, weil ich ihn nicht liebte und wußte, daß ich ihn nie lieben würde, und das einzige, was ich tun könnte, ob es in dieser Welt nun Ians gab oder nicht, Ians, die sich in mir wiedererkannten, das einzig Richtige war es, zurückzukommen und eine gute, wenn auch heuchlerische Ehefrau zu sein, die Philips Vorstellung von mir entspricht. Von jetzt an werde ich diese Rolle getreulich weiterspielen, eine lebendige Lüge, die im Lauf der Jahre, um der Familie willen, vielleicht sogar Wahrheit werden kann. Das ist meine Absicht.

Ian hat gesagt, es ist notwendig und gut, daß wir weiterhin unsere Familien großziehen (sie haben zwei Jungen, so alt wie Christopher und Julian) und daß wir einander in den kommenden Jahren in Tanganyika hin und wieder sehen werden, aus einer gewissen Distanz, und wir werden wissen, daß unsere Illusion real existiert.

Seitdem ist er für mich fast eine Art eingebildeter Begleiter geworden, während dieser schwierigen Wochen, und ich werde weder zu Dir noch zu mir selbst und schon gar nicht zu ihm sagen, daß ich ihn oder irgend jemand liebe; er ist ganz einfach der vollkommene Ausdruck eines Ideals, von dem ich gar nicht sicher bin, ob ich es sehen oder als solches erleben möchte.

Im zweiten Wochenende im Oktober werden wir sie besuchen und sie uns für vier oder fünf Tage zu Weihnachten; dann kommt ihr langer Heimaturlaub, und nach ihrer Rückkehr gehen sie ans entgegengesetzte Ende von Tanganyika. Aber wie ich schon sagte, ich habe mir selbst gegenüber nie zugegeben, daß ich seine Gefühle erwiderte, bis sie dieses letzte Mal hier waren, und dann schien es nichts mehr auszumachen. Meine Gefühle sind schon derart zerschlagen, daß ich kaum noch weiß, wer oder wo ich bin. Ich kann nur als gute Ehefrau weiterleben, und das tue ich, aber in den verborgensten Winkeln meines Herzens und meiner Seele, da ist diese

Sehnsucht, diese seit Jahren schon bestehende gähnende Leere, nun endlich erfüllt worden. Um so besser, wenn es eine unerfüllte Illusion bleibt, ein unerreichbares Ideal. So wird es nicht befleckt, Erwartungen brauchen nicht durch häusliche Pflichten heruntergeschraubt zu werden, nur das Wissen zählt, daß die andere Hälfte irgendwo da ist, einfach existiert und ganz bewußt diese andere Hälfte *ist.* Er ist die Vollendung dessen, was ich jahrelang in allen Männern, die ich kannte, gesucht und nur bruchstückhaft gefunden habe. Und genau da, auf diesem Podest, soll er für mich bleiben.

Christopher ist neuerdings so erwachsen, wenn er zu seiner winzigen Spielschule trabt. Er schnattert unaufhörlich, wie das beinahe Vierjährige so an sich haben, befindet sich ständig auf Forscherpfaden, ärgert Julian und konkurriert mit ihm um unsere Zuneigung. Der als Baby so fett und freundlich war, ist auf dem besten Wege, sich in Mister Jähzorn persönlich zu verwandeln. Wenn er nicht bekommt, was er will, schlägt er vor Wut mit dem Kopf auf den Zementfußboden. Ich habe die Hälfte unserer Diener rausgeschmissen und arbeite selbst schwer, was meiner Seele wohltut, von unserer Kasse ganz zu schweigen, denn unsere Ersparnisse und einiges darüber sind durch unser kleines Abenteuer restlos aufgebraucht worden – Flugkarten, Honorar für den Rechtsanwalt, Hotelrechnungen etc. Wir werden ein Jahr brauchen, bis wir wieder in die schwarzen Zahlen kommen. Aber das ist alles nicht so wichtig. Ich habe Unmengen von guten Grammophon-Platten, Berge von Büchern zu lesen, meinen Garten zu beackern, ich kann zuschauen, wie meine Kinder heranwachsen und Philip einigermaßen glücklich und zufrieden machen. Nur so kann ich bei Verstand bleiben.

Ich hätte Dir gar nichts von Ian erzählt, wenn ich nicht das Gefühl gehabt hätte, daß die Sache in kommenden Jahren helfen wird, dieses ganze verrückte Jahr zu erklären. Ich habe dies alles jetzt noch einmal durchgelesen, und es klingt beinahe wie das «Tagebuch einer Wahnsinnigen». Und doch ist das alles Wirklichkeit, es war kein Traum. Ich bin jetzt innerlich sehr zur Ruhe gekommen, und seelisch und körperlich fühle ich mich besser als in der Zeit vor Julians Geburt, vor fast zwei Jahren, also haben all diese Verrücktheiten vielleicht doch ihr Gutes gehabt. Das Leben kommt mir unerklärlich und sinnlos vor, aber das scheint mir nicht so wesentlich, und auch das ist wohl so eine Art von innerer Zufriedenheit.

All meine wärmste Liebe,
Pat

Milwaukee,
den 4. November 1959

Sehr liebe Pat,
also anscheinend muß es erst eine Katastrophe geben, bevor ich mir die Zeit zum Schreiben nehme, obwohl meine Gedanken bei Dir sind. Ich mußte jetzt schon fünfmal meine Klassen absagen und zu Hause bleiben, jedesmal kurz davor, ins Krankenhaus geschickt zu werden. Nichts Ernstes, es ist nur so traurig – die Schwangerschaft nämlich, die wir so gewünscht und für die wir vielleicht allzu sorgfältig geplant hatten, wird wahrscheinlich wieder zur Fehlgeburt. Im Augenblick stehe ich noch unter der Wirkung einer Hormonspritze und verliere kein Blut, aber alles ist sehr ungewiß, was die Zukunft dieses Kindes betrifft. Jedenfalls sollte ich am 25. Juni entbinden – zeitlich ideal, wie wir dachten, denn ich hätte noch weiter unterrichten können, und ohne mein Gehalt würden wir glatt umkommen. Aber nun sitze ich hier, fast ohne Hoffnung, und weiß leider sehr genau, daß wir eine geplante Schwangerschaft noch ein Jahr aufschieben müssen, solange ich arbeiten muß.

Deine Neuigkeiten, Pat, fand ich eigentlich gut. Ich hoffe von ganzem Herzen, daß ich damit recht habe. Irgendwo habe ich neulich mal gehört, daß manche Menschen einfach nicht miteinander leben können, bis sie zusammen praktisch durch die Hölle gegangen sind. Und ich freue mich für Christopher und Julian; es ist doch soviel besser für die beiden! Es gibt so wenig, was ich Dir dazu sagen kann, persönlich oder auch für uns alle, außer, daß wir im Herzen bei Dir sind und Dir alles Gute wünschen.

Wenn ich an das Barrett-Browning-Konzept der ehelichen Liebe denke, das ich als Zwanzigjährige mit mir herumgeschleppt habe, muß ich mich schütteln oder laut lachen. Denn so was hab ich jedenfalls noch nie kennengelernt.

Das Leben steht häufig in einem so schrecklichen Gegensatz zu der Vorstellung, die man sich einmal davon gemacht hat, und ich denke oft, daß wir mehr in der irrealen als in der realen Welt leben. Vielleicht kommt daher unsere Liebe zur Dichtung.

Ich muß wieder ins Bett. Sorg für *alle*. Schreib oft und wünsch mir Glück.

Immer in Liebe,
Joyce

Milwaukee,
den 22. November 1959

Sehr liebe Pat,
von meiner Seite des großen Wassers her hat es wirklich eine merkliche Ebbe in der Korrespondenz gegeben. Nichts allzu Ernsthaftes; verschluck Dich nicht gleich vor Schreck. Es scheint mir schon fast vorhersehbar, wie Leute auf unsere ständigen Probleme reagieren. Was um Himmels willen habe ich Dir letztes Mal geschrieben? Weißt Du, daß ich schwanger bin und die verdammtesten Schwierigkeiten habe, um eine Fehlgeburt zu verhindern? Hatte ich Dir das schon geschrieben? Wenn nicht, dann weißt Du's jetzt. So was nennt man «geplante Elternschaft». Wir hatten das so geplant, daß ich mein lausiges Gehalt noch bis zur Entbindung beziehen würde, und ich glaube, die Götter bestrafen uns jetzt dafür, daß wir versucht haben, in ihren Haushaltsplan hineinzupfuschen. Auf jeden Fall ist das schiefgegangen, denn der Arzt besteht auf Bettruhe, wöchentlichen Hormonspritzen sowie darauf, daß ich mich jeglicher Freuden enthalte und ganz allgemein die Rolle der ziemlich frigiden reichen Nichtstuerin spiele – eine Rolle, die mir gar nicht liegt. Das heißt, daß ich letzte Woche meinen Job aufgeben mußte. Folglich sind wir dabei, mal wieder in den finanziellen Abgrund zu ru
u
u
u
utschen.

Dies ist ein höchst egozentrischer Brief, und Du mußt nicht denken, daß mich Deine Probleme etwa nicht mehr interessieren. Ich denke so oft an sie und noch viel öfter an Dich, und wie immer wünsche ich Dir nur das Allerbeste.

Immer Deine Freundin,
Joyce

Milwaukee, den 19. Dezember 1959

Liebe Pat,
ich habe schon ziemlich lange nichts gehört, und da Liebe und Vertrauen zu Dir in meinem Leben einen so einzigartigen Platz einnehmen, kommt es mir noch länger vor. Gestern habe ich zwei Bücher für DICH abgeschickt. Diesmal wollte ich ein Weihnachtsgeschenk für Dich ganz allein, und ich wollte es eigentlich per Luftpost schikken, fand aber heraus, daß das über sechs Dollar kosten würde. Nun bekommst Du sie also zu Pfingsten. Tut mir leid – hätte früher daran denken sollen.

Hier sind unsere Neuigkeiten: Ich hatte eine Art Fehlgeburt, einen «verhaltenen Abort». Auf jeden Fall ist der Traum von der Schwangerschaft dahin und mein Job leider auch. Die Nonnen sind sehr lieb, sie lassen mich zu Beginn des zweiten Semesters wieder anfangen, aber bis dahin herrscht das totale Chaos. Wir sind einfach zu große Verschwender, um mit Hans' 4500 Dollar auszukommen. Aber er ist zum Assistenzprofessor befördert worden, mit einer Gehaltsaufbesserung von 400 Dollar, und damit ist ihm ein liebgewordener Traum erfüllt worden, der sicher, davon bin ich überzeugt, etwas mit dem Respekt der Deutschen vor verdienten Titeln zu tun hat. Er strahlt also. Wir werden noch ein Jahr in Milwaukee bleiben in der Hoffnung, uns hier endlich finanziell zu sanieren. Unsere medizinischen Probleme sind ENDLOS. Kaum geht es Reinhard besser, da bekommt Hans plötzlich etwas mit den Augen, und ich bin ständig beim Zahnarzt und habe bohrende Schmerzen in der rechten Seite, um die ich mich kümmern muß. So fliegt unser Geld weg. Aber vor zwei Tagen hat Hans einen Holzschnitt (für 40 Dollar) verkauft – seit drei Jahren sein erster Verkauf –, und ich hoffe wirklich, daß dies ein gutes Omen für das kommende Jahr ist.

Liebe,
Joyce

Pashenzi,
den 12. Januar 1960

Liebste Freundin,
seitdem Du mir vor zwei Monaten zum erstenmal geschrieben hast, daß Du im Bett bleiben mußt, um Dein Baby zu behalten, bist Du ständig in meinen Gedanken, wenn die auch ziemlich durcheinander sind. *Wie* gerne würde ich Dir meine geradezu widerwärtige Fruchtbarkeit, meine anscheinend durchaus bewohnbare Gebärmutter und neun Monate meines Lebens leihen, um ein Baby für Dich zu haben. Wenn das möglich wäre, würde ich es mit der größten Liebe und Bereitwilligkeit tun.

Ian und Alicia Kirkley sind Weihnachten fünf Tage lang bei uns gewesen; es war so schwer zu verbergen, wie glücklich ich war. Joyce, glaubst Du mir, wenn ich Dir sage, daß ich endlich der Liebe meines Lebens begegnet bin? Zum ersten- und einzigenmal habe ich die Gewißheit, daß es für uns keine andere Möglichkeit gab, als einander tief und wahr zu lieben, mit einem gegenseitigen Verstehen, das mich aufrüttelt und geradezu beängstigt. Ich habe ihn gefragt, ob ich Dir davon schreiben und Dich einweihen dürfte. Er hat ja gesagt und wünschte nur, er hätte auch jemand, dem er sich anvertrauen könnte. Seine Ehe scheint so hoffnungslos, leer und einsam zu sein wie meine, und genau wie bei mir stand auch in seiner Ehe das Wissen darum von Anfang an im Raum. Aber irgendwie fühlte er sich (genau wie ich) schicksalhaft gebunden und unwiderstehlich da hineingezogen. Ach, ja.

Alicia ist eine liebenswürdige Frau, die perfekte Ehefrau und Mutter, ziemlich intelligent, schrecklich weltgewandt und aristokratisch. Sie und Philip verstehen sich sehr gut und flirten seit Monaten wie toll miteinander, vermutlich zum Teil aus Selbstverteidigung, denn eigentlich liegt ihr das gar nicht, aber Philip scheint im Augenblick für die Damen unwiderstehlich zu sein. Ian und ich sind uns einig darüber, daß wir sofort heiraten würden, wenn die Kinder nicht wären, aber die sind einfach zu jung, als daß wir unsere Verantwortung einfach ignorieren könnten.

Joyce, ich habe ihn noch nicht einmal geküßt, aber die «zehn Prozent von dem, was wir füreinander fühlen», wie wir unsere physische Anziehungskraft aufeinander nennen, sind so verzweifelt stark, daß es fast körperlich weh tut, wenn wir zusammen sind.

Aber es ist nicht das Wesentliche; es würde jetzt sogar alles billig und destruktiv machen. Wir haben einen zögernden, angstvollen Briefwechsel angefangen, unter allen möglichen Schwierigkeiten, wobei wir natürlich gezwungen sind, uns anderen Menschen anzuvertrauen. Vermutlich sehr töricht von uns. Aber ich konnte den Gedanken an den Verlust seiner körperlichen Nähe einfach nicht ertragen (obgleich ich natürlich ertragen hätte, wenn er nicht Briefe vorgeschlagen hätte).

Als wir im November bei ihnen zu Besuch waren, hat er mir ein Büchlein mit Zitaten über Musik geschenkt, eine seiner ganz privaten Kostbarkeiten; ich habe ihm zu Weihnachten meine geliebte Oscar-Williams-Anthologie gegeben, eigentlich nur, weil sie John Crowe Ransom's ‹*The Equilibrists*› enthält. Vor zwei Tagen haben wir sie wieder besucht und sind zweimal über Nacht geblieben. An unserem letzten Abend hier kam Ian vor dem Essen heraus, während P. und Alicia noch beim Anziehen waren, kniete vor mir nieder, nahm meine Hand, um mir einen Ring an den Finger zu stekken, und sagte, der sollte mir für immer gehören. Als ich auf meine Hand schaute, sah ich, daß es ein in Gold gefaßter Siegelring war. Ich wollte mehr darüber wissen, aber er meinte nur, er würde mir «eines Tages» davon erzählen. Wahrscheinlich ist das Siegel sein Familienwappen. Es ist mein wertvollster Besitz und das kostbarste Geschenk, das ich je empfangen habe.

Wir haben uns im Scherz verlobt und uns versprochen, in siebzehn Jahren zu heiraten, wenn nämlich unser letztes Kind mit der Schule fertig ist, aber ich glaube nicht (jedenfalls von mir aus gesehen), daß dieser Stand der Dinge so lange aufrechterhalten werden kann. Ich liebe Afrika, aber mir ist dieses oberflächliche, seichte, zeitvergeudende Leben so über, daß ich vor Frustration fast umkomme. Mit den Jahren hier liest Philip immer weniger, und er scheint sich nur noch für seine Arbeit und unser gesellschaftliches Leben zu interessieren, was zwar bewundernswert ist und wohl für die meisten Leute genug wäre, aber ich will hier keine falsche Bescheidenheit heucheln und sagen, daß ich «die meisten Leute» bin.

Ich bin es so leid, niemand zu haben, mit dem ich das, was mich begeistert oder was mir gefällt, und vor allem Musik und Bücher, teilen kann. Wie leer würde Deine eigene Ehe sein, wenn Ihr nicht Eure Liebe zur Musik gemeinsam hättet? Ich weiß nicht, ob ich Dir das schon erzählt habe, aber es war diese plötzliche gegenseitige Entdeckung von Musik in unseren Seelen, die uns sofort zueinander hinzog; dann kam Lyrik und *simpatico* und alles andere, langsam und in der «richtigen» Reihenfolge. Wir denken und wir sind einander manchmal so ähnlich, daß es fast beängstigend ist. Und er ist ja so viel intelligenter als ich, daß ich schreckliche Angst habe, er könnte meine Oberflächlichkeit erkennen und davon abgestoßen sein – von meiner Faulheit, Schlampigkeit, dem ständigen Zaudern, der geistigen Lethargie. Und was Musik angeht, da bin ich doch vergleichsweise unbedarft, während sie seine ganz große Liebe ist.

Trotz allem, was vor uns liegt, die vielen Jahre, die noch kommen, fühle ich mich zum erstenmal in meinem Leben endlich glücklich und gerechtfertigt. Endlich habe ich mich verliebt, ohne gleich wieder davonzulaufen, ich habe das Gefühl wachsen sehen, und jetzt weiß ich, was Liebe eigentlich sein sollte. Das Physische tritt in den Hintergrund; wie ich schon sagte, ist die körperliche Anziehungskraft zwischen uns beiden sehr stark, wenn wir zusammen sind, aber das sind wir ja nicht oft, nur noch einmal für Gott-weiß-wielange ein Wochenende, bevor sie ihren Urlaub antreten. Aber auch diese Seite unserer Beziehung bekommt langsam den Stellenwert, den sie haben sollte – wunderschön, erreichbar (unter den richtigen Umständen), aber nicht notwendig. Ungeheißen und unversehens ist das alles auf mich zugekommen, und ich bin so dankbar dafür, daß mir dieser kostbare Schatz zuteil geworden ist (wie ich ihm sagte), daß es geradezu vermessen wäre, jetzt noch mehr zu verlangen, wenigstens, bis wir durch irgendeine Prüfung (*Zeit*, nehme ich an) Wert und Wahrhaftigkeit unserer Liebe bewiesen haben.

Er spielt Geige, und ich habe ihn zwar noch nie spielen hören (keine Geige hier), kann mir aber auch ohne ihn zu hören vorstellen, wie gut er sein muß. Alicia hat mir soviel über ihn erzählt, was das bißchen, das er von sich selbst berichtet, viel größer und schöner erscheinen läßt. Fürs Internat und für Oxford, wo er Geschichte studierte, bekam er Stipendien. Er ist klug, offen, sauber und viel zu gut für mich. Aber ich akzeptiere das stillschweigend und bete zu Gott, daß er Herz und Sinn nie ändern möge. Siebzehn Jahre sind kaum genug, um einen genügend auf das Leben mit einem solchen Mann vorzubereiten.

Du mußt mich wirklich für schlecht halten, wenn ich Dir das nach fast siebenjähriger Ehe schreibe, und Philip weiß nichts davon. Aber wir haben so wenig Gemeinsamkeiten in den wesentlichen Dingen, und ich sehne mich schon so lange nach einer Liebe, die wirklich ihren Namen verdient. Es tut mir leid, und ich fühle mich schuldig, aber gegen diese große Liebe kann ich nichts tun, und eigentlich besteht unsere Sünde ja nur aus den Briefen, die niemand weh tun und es uns möglich machen, die einsame Plackerei des täglichen Lebens ein wenig leichter zu ertragen.

Ich wage kaum, darüber nachzudenken, was eine Ehe mit ihm sein könnte. Ich bin jetzt schon so lange faul und nachlässig, und er ist so anspruchsvoll, ein geistiger Perfektionist. Das ist es, was ich mir wünschte, und nicht dieses ständige denkfaule Nachplappern vorgegebener Meinungen. Wir haben uns auch keiner verbalen Untreue unseren gegenwärtigen Partnern gegenüber schuldig gemacht. Wir haben viel zuwenig Zeit, und es gibt viel zuviel, was wir einander noch sagen wollen, um uns mit dem Augenfälligen abzugeben – mit dem Warum und Wieso unserer trostlosen Ehen. Genug, daß wir uns gefunden und erkannt haben.

Meine Liebe und guten Wünsche für Dich,
Liebe,
Pat

Pashenzi,
den 24. Februar 1960

Liebe Joyce,
nur ein Zettel, um Dich auf dem laufenden zu halten, und bitte schreib mir, wenn Du einen Augenblick Zeit hast.

Meine Tage sind voll; ich versuche dauernd, immer mehr Arbeit zu finden. Manchmal ist das bloße Geschäftigkeit, das gebe ich zu, aber ich würde verrückt werden, wenn ich hier nur herumsitzen und brüten sollte. Ich beneide Dich darum, daß Du einen Beruf hast, der den Einsatz von Intellekt und Energien von Dir verlangt. Ich spiele jetzt jeden Tag Blockflöte, und es macht mir sehr viel Freude, obwohl es schöner wäre, wenn jemand mitspielen würde; eine Flöte allein klingt ein wenig dünn und klagend. Ich lese im Augenblick sehr intensiv, besser und mehr als seit Jahren. Außerdem *versuche* ich, ein halbes Dutzend miserable Kurzgeschichten aufzupolieren, um sie dann schüchtern anzubieten. Wenn ich nur einen Lektor hätte oder auch nur ein paar Adressen. Könntest Du einen *Writer's Market* für mich auftreiben und mir schicken? Ich glaube, wenn wir eins finden können, das billig genug ist, dann möchte ich für die nächste Tour hier draußen ein Klavier kaufen. Es wäre so schön, wieder Klavier zu spielen und dazu zu singen. Dafür spare ich jeden Shilling aus meinen mageren journalistischen Einkünften.

Ich versuche, nicht an die Zukunft zu denken oder daran, was die kommenden Jahre bringen werden, sondern genieße einfach die kleinen Freuden des Alltags und versuche, so gut wie möglich mit Philip auszukommen, und vor allem freue ich mich an meinen Kindern, die ja der Hauptgrund für dies alles sind.

Ian und ich haben uns vor ein paar Wochen (sechs – ist das möglich?) verabschiedet, und sie sind nach Hause gefahren, auf ihren langen Heimaturlaub. Wir schreiben uns jede Woche, töricht und gefährlich vielleicht, aber das hält mich am Leben. Für mich ist er eine ständige Erinnerung daran, welche Höhen der menschliche Geist erstreben kann und welchen Richtlinien ich weiterhin folgen sollte. Es gibt einfach keine einfachen Lösungen oder Nachlässigkeiten in seinem ganzen Bezugssystem. Er ist ein wahrhaft edler Mensch. Er hat in meinem Leben so viel verändert, hat ihm Richtung gegeben zu einem Zeitpunkt, da ich solche Veränderung und Richtung verzweifelt nötig hatte. Jetzt habe ich meinen Ring und ein paar Briefe. Das Bild auf dem Siegel ist ein Turmfalke. Seltsam, nicht? Das Gedicht von Hopkins ist dasjenige, das mir seit Jahren in Augenblicken höchster Verzückung immer wieder in den Sinn kommt. Und nun habe ich meinen eigenen Turmfalken. Schreib mir, bitte schreib.

So viel Liebe,
Pat

Siebter Teil

April 1960–April 1961

Lehrt uns Erfahrung je etwas anderes,
als daß Erfahrung schmerzhaft ist?

Milwaukee,
den 8. April 1960

Liebe Pat,
unser Briefwechsel scheint mir im Winter etwas gelitten zu haben. Ich bin mit Arbeit nicht nur eingedeckt, sondern ganz und gar zugedeckt und habe seit Januar kaum ein Lichtlein gesehen. Aber Hurra! Nächste Woche fangen die Ferien an, wenigstens für zehn Tage. Meine Arbeit an der Universität ist ziemlich anstrengend, aber Gott sei Dank fangen wir jetzt endlich an, einiges abzuzahlen. Wenn wir im April unsere Gehälter bekommen, wird es das erste Mal sein, daß die Wölfe nicht schon vor der Tür stehen und darauf warten. Wir haben es hier sehr kalt gehabt. Der Winter ist immer noch hier; heute morgen hat es geschneit. Kein bißchen Grün in Sicht. Aber heute morgen haben Reinhard und ich ein paar Spatzen beim Nestbauen entdeckt.

Ansonsten: Hans hat sich jetzt auf Lithographie verlegt; nächsten Herbst wird er hier an meinem College eine Ausstellung haben, er ganz allein. Als Galerie ist das hier nicht so toll, aber besser als gar nichts. Marie trägt neuerdings meine Büstenhalter und benutzt meine Kosmetika, was mich verdammt wütend macht, denn es bedeutet, daß ich herumschnüffeln muß, um meine Sachen wiederzubekommen, und das macht mich verrückt. Es fällt mir sehr schwer zu glauben, daß sie und Hans Geschwister sind. Reinhard wird jetzt langsam ein wenig aufsässig und ist einfach bezaubernd; liest und baut mit Begeisterung (malen macht ihm weniger Spaß, obwohl ganz wunderschöne kleine Sachen dabei rauskommen, wenn wir ihn dazu kriegen); körperlich geht es ihm nicht viel besser als vor drei Moanten. Ich: bin noch nicht schwanger, obwohl ich es versuche; freue mich, daß wir diesen Sommer nicht nach Europa fahren, denn ich möchte zur Abwechslung einmal lesen; habe die Nase voll von Arbeit und meiner Schwägerin, aber nicht von Hans (obgleich er einen auch manchmal zur Verzweiflung bringen kann); bin meiner selbst oft überdrüssig; vermisse Dich und anständige Freunde überhaupt.

In der Politik geht es hier jetzt ziemlich hitzig zu, besonders in Wisconsin, aber ich bin immer noch für Stevenson und würde Kennedy nur wählen, wenn Stevenson sein Außenminister werden würde. Ansonsten. Also, schreib.

Liebe, soviel wie immer,
Joyce

Milwaukee,
den 11. Juni 1960

Liebe Pat,
es ist schon lange her, daß ich einen so ausführlichen Brief von Dir erhalten habe, und noch länger, daß sich ein Brief von Dir so entspannt und gelassen anhörte. Rundheraus gesagt, Du klingst einfach vernünftiger. Und ich freue mich ganz schrecklich darüber. Deine letzten Jahre waren so voll Kampf und Mühen, vielleicht all die Jahre, wer weiß es? Ist das nicht die Natur der Dinge?

Dies ist ein ziemlich armseliger Brief, denn ich fühle mich ganz unphilosophisch und ohne jede Inspiration. Aber ich wollte Dich wenigstens wissen lassen, daß meine Gedanken bei Dir sind. Ich bin ganz begeistert, von Deinen vielen kulturellen Unternehmungen zu hören und von Deinem Wunsch nach einem Klavier. Das würde ich auch gern haben.

Ich bin wieder schwanger. Es war geplant, insofern als wir es gehofft hatten; vor allem wollte ich die ersten Monate mit ihrer Übelkeit hinter mich bringen, bevor der Unterricht wieder beginnt, und außerdem sind das auch die Monate, in denen die Gefahr einer Fehlgeburt besteht. Ich habe, ehrlich gesagt, ziemliche Angst, daß ich es nicht schaffe.

Jetzt ist es Samstag, der 2. Juli. Die ersten Anzeichen von Schwierigkeiten waren schon da. Jetzt können wir nur darauf warten, in welcher Richtung sich die Schwierigkeiten entwickeln. Oh, oh – es ist so entmutigend. Mein *élan vital* ist in trauriger Verfassung. Ich könnte jetzt eine Dosis Deiner Lebenskraft gebrauchen – aber ein bißchen angeschlagen hat das Leben Dich wohl auch.

Glaubst Du, Ihr könntet in England leben, wenn Ihr Afrika verlassen müßtet? Also Pat, dies ist überhaupt kein richtiger Brief, nur ein kleines Zeichen des Gedenkens von einer Geschlagenen an die andere, nicht minder Geschlagene. Ich denke oft an Dich, aber ich habe schon seit Monaten, oder Jahren, nichts Gutes mehr geschrieben.

Alle Liebe,
Joyce

Für diese Monate fehlen ein oder zwei kurze Briefe und Postkarten von Pat an Joyce. Der folgende Brief von Joyce ist in Antwort auf eine Postkarte und einen Brief von Pat, in denen sie Ferientage beschreibt, die sie mit ihrer Familie zum Teil an der Küste und zum Teil auf der Insel Sansibar verbrachte. In Dar-es-Salaam waren sie zehn Tage bei Ian und Alicia Kirkley zu Gast gewesen, die inzwischen vom Urlaub in England zurückgekehrt und in der Hauptstadt stationiert waren. Im nächsten Brief berichtet Pat von einigen Ereignissen während dieser Zeit in Dar-es-Salaam.

Milwaukee,
den 10. Oktober 1960

Liebste Pat,
Post aus Sansibar! Wie weit entfernt das scheint. Wenn ich auch durch unseren Aufenthalt im Mittleren Osten mit dieser Welt bekannt geworden bin, wie weit, wie ungeheuer weit weg von Milwaukee einem doch die Welt da draußen immer noch vorkommt. Neulich hatten wir Gäste aus Beirut, und die kosmopolitische Aura, von der sie umgeben waren, machte uns fast ein wenig schwindlig vor Nostalgie.

Eure Reise klingt einfach phantastisch und ich hoffe, die Zeit in

Dar-es-Salaam war wirklich so zauberhaft, wie sich das anhört, mit den Liedern. Habt Ihr die Absicht für immer und ewig in Afrika zu bleiben? Das ist sehr geradezu gesagt, aber ich möchte wirklich wissen, wie lange Ihr noch bleiben werdet. Unsere Aufenthalte sind überall immer nur von so kurzer Dauer, daß sie kaum erwähnenswert sind, und ich staune, daß Ihr es so lange aushaltet.

Ich habe wirklich mit Vergnügen von Deiner Gesangsgruppe gelesen und mit wieviel Enthusiasmus Du dabeibist.

Natürlich unterrichte ich wieder und habe unheimlich viel zu tun, mit allem, was dazugehört. Außerdem, aber das weißt Du wohl schon, bekommen wir am 26. Februar ein Baby, das heißt, ich habe jetzt genau die Hälfte meiner Zeit hinter mir. Reinhard fragt: «Wann ist es fertig?» und es ist schwierig, ihm klarzumachen, daß die Zeit tatsächlich immer kürzer wird. Die ersten drei Monate waren die Hölle, aber es war schon gut, daß ich in so dramatischer Weise all die richtigen Symptome hatte. Diese Woche habe ich zum erstenmal Leben gespürt.

Reinhard rennt jetzt überall herum, höchste Zeit für den Kindergarten, leider wird er das Aufnahmedatum haargenau verpassen, bloß weil ich nicht schlau genug war, ihn mit dem späteren Schulanfang im Sinn zu empfangen. So wie's jetzt aussieht, wird er fast sieben sein, bevor er in eine Situation kommt, wo ihm jemand das Lesen beibringt, was wirklich schade ist, denn er ist so herrlich aufgeweckt und ganz wild darauf, seine Energien in Lernen umzusetzen.

Im September war ich für drei Wochen in Salt Lake City, habe glücklicherweise den ungewöhnlich heißen Sommer dort verpaßt und konnte die Schönheit der Berge und das wundervolle, weite Tal restlos genießen. Habe nur sehr wenige Leute besucht. Ich hab mich nicht damit aufgehalten, alte Freunde von der Universität ausfindig zu machen. Das ist ohnehin vorbei, findest Du nicht?

Hans hatte eine Ausstellung, die ziemlich gleichgültig aufgenommen wurde, und verkauft hat er nichts, aber ich meine doch, daß sie auf bestimmten Gebieten sehr stark war und bin unheimlich stolz auf die Fortschritte, die er in Holzschnitt und Lithographie gemacht hat. Er fängt jetzt an, seine Arbeiten in wichtigen überregionalen Ausstellungen zu zeigen, und sein Professor in Madison hält ihn für einen begabten Graphiker. Alles in allem, abgesehen von endlosen

Rechnungen und sogar gelegentlicher Androhung von Zwangseintreibung, halten wir alles ganz gut zusammen und beten, daß Nixon bei der Wahl verliert, fürchten aber, daß das Gegenteil der Fall sein wird. Schreib oft, wie früher.

Immer Liebe,
Joyce

Pashenzi,
den 20. Oktober 1960

Meine liebe Joyce,
wie ich mich über die Nachricht von Deiner Schwangerschaft freue, und Deine ruhige, sichere Einstellung, so ganz in Erwartung guter Dinge, beschämt mich richtig in meinem gegenwärtigen Seelenzustand. Ich bin sehr glücklich für Dich. Deine medizinischen Probleme, darum bete ich, *müssen* endlich einmal zu Ende komen. Wir alle sind geradezu unanständig gesund, wenigstens physisch.

NIE, NIE, NIE WIEDER. Es hat elf Jahre gedauert, bis ich mich wieder so verliebt habe. Zwei Jahre mit gebrochenem Herzen und eine Ehe aus Trotz (die folglich auch in die Brüche ging) sind das Ergebnis davon, daß ich mich so vorbehaltlos verliebt habe, wie man das mit achtzehn tut. Seitdem habe ich mein Herz und meine Gefühle nie wieder so hingegeben – bis jetzt, und dies ist viel schlimmer, und hier sitze ich nun und bereue die Konsequenzen bitterlich. O Gott, wann werde ich JEMALS lernen? Aber NICHTS ist wirklich geschehen, also mach Dir keine Sorgen. Es ist nur so schwer, wieder hierher zurückzukommen, nach diesen zehn Tagen in Dar-es-Salaam, unseren verstohlen hingeworfenen Schnipseln von Privatgesprächen, ein Satz oder ein Blick im Vorbeigehen, Momente (absolut zählbar), in denen wir miteinander tanzten; einmal waren wir sogar einen ganzen Abend allein, während die anderen ins Kino gingen. Wir haben mindestens ein Dutzend Schumann-Lieder gesungen, den ganzen Messias, und wollten gerade mit Liedern von Händel anfangen, als sie zurückkamen. An dem Abend haben wir kaum gesprochen.

Tatsächlich haben wir in den zehn Tagen weniger geredet (und wenn, dann nur mühsam) als in den achtundvierzig Stunden, die wir immer zusammen hatten, wenn sie bei uns oder wir bei ihnen mal übers Wochenende zu Besuch waren. Da war, scheint's, so wenig zu sagen, nach unseren Briefen, und jedesmal, wenn ich den Mund aufmachte, habe ich sowieso das Falsche gesagt. Wir haben uns mit der unumstößlichen Tatsache abgefunden, daß wir über diesen Schmerz, mit dem man einfach nicht leben kann, hinwegkommen müssen, und daß wir uns ab und zu sehen werden, solange wir alle in Afrika leben (das nächste Mal wenn wir unseren Urlaub haben, irgendwann nach dem nächsten April, vielleicht aber auch später).

Ich sage mir immer wieder, daß die Zeit schließlich alles heilt. Neulich habe ich irgendwo gelesen, ich glaube, es war bei Marcus Aurelius, daß die Zeit ganz einfach durch Auslöschen heilt. Und es geht mir täglich besser und besser usw. Es macht alles irgendwie etwas leichter, mit Dir darüber zu reden, selbst über diese Entfernung hinweg.

Ich glaube, wir werden unseren Briefwechsel beenden, nachdem jeder von uns noch einen trostreichen, ermutigenden Brief geschrieben hat. Es ist eben doch viel schwieriger, den Anforderungen des Alltags gerecht zu werden, wenn man jeden Mittwoch verzweifelt auf das Postflugzeug wartet. Joyce, könnte ich Dich, meine älteste und liebste Freundin, um einen großen Gefallen bitten? Ich kriege es einfach nicht fertig, seine Briefe zu vernichten, und ich darf sie wirklich nicht mehr aufheben. Das Risiko ist zu groß. Wenn ich sie Dir in einem kleinen, versiegelten Päckchen schicke, würdest Du sie bitte irgendwohin stecken und dann vergessen? Ich weiß, ich mache mich lächerlich, und ich habe sie auch schon mehrmals zum Küchenfeuer gebracht, aber dann konnte ich sie einfach nicht hineinwerfen. Du bist der einzige Mensch, den ich darum bitten könnte. Bitte? Ich werde sie sorgfältig versiegeln. Es kann natürlich sein, daß der Zoll auf Eurer Seite sie wieder aufmacht, aber wenn sie das tun, würdest Du sie dann wieder versiegeln und irgendwo in Deinem Kram wegstecken, zwischen Sachen, die Du nie gebrauchst, aber auch einfach nicht rausschmeißen kannst! In fünf Jahren schreibe ich Dir vermutlich, daß Du sie doch verbrennen sollst. Das Wichtige ist, daß ich mir ganz stur immer wieder vorsage, Du machst Dich lächerlich, Du kommst darüber hinweg, jeder Mensch kommt schließlich über alles hinweg, und in fünfzig Jahren bist Du sowieso tot, und wen kümmert das dann überhaupt, verdammt noch mal?

Er ist der vollkommenste, der wirklichste Mensch, den ich je gekannt habe, nicht ständig von Selbstzweifeln und Selbstanklagen zerrissen, er sucht ganz ruhig einen Weg, dem man folgen kann, und dann folgt er ihm auch, und unterwegs notiert er alles, was er sieht, baut hier und da ein wenig auf und läßt dann die Dinge ein bißchen ordentlicher und die Menschen mit ein bißchen mehr Selbstrespekt und Ehrgeiz zurück als sie besaßen, bevor er ihnen begegnete. Ich glaube, es wäre sehr schwierig, mit ihm zu leben, denn er verlangt unheimlich viel von einem (auch von sich selbst), vor allem, daß man jederzeit all seine Fähigkeiten auf die gegebene Aufgabe konzentriert. Faulheit und Heuchelei gegenüber ist er schrecklich intolerant, und vielleicht erwartet er von den Menschen mehr, als sie geben können. Außerdem ist er ein hinreißender Musiker. Wahrscheinlich hat mich die Liebe auf einem Auge blind gemacht, aber nicht taub.

Wir haben es aufgegeben so zu tun, als ob unsere Liebe jemals zu etwas führen könnte; das war unvermeidlich und kam auch nur durch den Schmerz unserer ersten Trennung zustande. Nein, man muß verheiratet bleiben, seine Kinder aufziehen und die Gefühle aus der Struktur der Tage heraushalten. Aus der Struktur, sage ich, nicht aus dem Tiefinnersten, was von niemand gesehen wird. Und ganz sicher muß das Billige und Schäbige einer Affäre vermieden werden. Das muß ich wohl kaum betonen. Ein paar Monate lang habe ich völlig mit dem Rauchen aufgehört und tu es jetzt nur ganz selten, und Freude über Freude, zum erstenmal seit Jahren bekomme ich wieder so etwas wie eine Stimme. Es ist herrlich, ein A ohne Anstrengung singen zu können, diese langen Schumann-Phrasen durchzuatmen, ohne daß ich blau-rot im Gesicht werde und dicke Adern am Hals bekomme.

Ich glaube, P. und ich werden während des Urlaubs ein Haus kaufen, möglichst in der Nähe von London, und Zeit und Gehalt fürs Einrichten benutzen. Ich kann diese Wurzellosigkeit, diese Heimatlosigkeit nicht mehr aushalten; wir *müssen* irgendwo eine Basis haben, in irgendeinem Land, die für die Kinder das «Zuhause» bedeutet. Ich glaube nicht, daß wir jemals in Amerika leben werden. Ich fühle mich zu sehr als Expatriierte, bin zu ‹tropisch› geworden (das ist ein Euphemismus für träge), als daß ich den frenetischen Anforderungen des Lebens dort standhalten könnte.

Ich mag große, alte, vergammelte Häuser, und ich mag es, daß ich mir Haushaltshilfen leisten kann, was in England jetzt gerade noch möglich ist, wenn man mehr als 2000 Pfund im Jahr verdient. Und es gefällt mir auch, einer oberen Mittelschicht anzugehören, die sich ihrer Privilegien nicht schämt, aber auch ihre Pflichten erfüllt. Und ich mag es, daß mich die Gesellschaft als Exzentrikerin in Ruhe läßt, wenn ich das will. Natürlich repräsentiert das heutige England keines dieser Dinge ganz ohne Abstriche, aber es ist immer noch das geringste einer ganzen Reihe von Übeln, wenn uns die Tropen einmal nicht mehr haben wollen, mit all diesen schrecklichen Kolonien, die jetzt unabhängig werden. Zumindest ist Tanganyika bei weitem die beste von allen.

Ich schreibe dies später zu Ende. Jetzt muß ich Tee machen, mich zum Tennisspielen umziehen und die Lampen für heute abend füllen. Ist das nicht alles herrlich anachronistisch? Du würdest mich kaum wiedererkennen, so sehr habe ich meinen Lebensrhythmus verlangsamt. Einige der Frauen hier draußen haben schon fast ihre menschliche Form verloren, geistig sowohl wie körperlich.

den 21. Oktober

Ich war nicht ganz ehrlich, als ich sagte, «nichts» wäre geschehen; um Haaresbreite wäre es nämlich doch geschehen, und ich glaube, das einzige, was uns zurückhielt, war die Schwierigkeit, eine Rechtfertigung unserer Leidenschaft zu artikulieren. Ich glaube, er hielt sich zurück, weil er meinte, daß ich keine körperliche Nähe wollte, und ich tat es, weil ich fürchtete, er würde den guten alten männlichen Respekt vor der unbefleckten Frauenehre verlieren, oder wie man das heutzutage nennen mag. Also herrschen immer noch Zucht und Sitte; vermutlich sollte ich ein «Gott sei Dank» hinzufügen. Ich weiß bei so vielen Dingen nicht zwischen Recht und Unrecht zu unterscheiden, aber ich glaube, auf lange Sicht (das ist der Rest meines Lebens, des einzigen, was ich habe, der mir hier ins Gesicht starrt, und meine Kinder, die mit ihren eigenen Eltern aufwachsen sollen) – auf lange Sicht also ist es wahrscheinlich so am besten, daß wir ein unbeflecktes Bild voneinander mit uns nehmen, und wenn wir keine Liebe oder Befriedigung oder Vollkommenheit in unseren Ehen gefunden habe, aber spüren, daß diese Dinge subtil und unausgesprochen zwischen uns beiden existieren, dann ist es wohl am besten, daß sie unausgesprochen bleiben, daß wir unser Leben vom Image eines Ideals inspirieren lassen, anstatt das Leben vieler anderer Menschen zu zerstören, um vielleicht sogar, trotz allem, einmal genauso zu enden.

Am Anfang, ungefähr vor einem Jahr, habe ich einmal zu ihm gesagt, ich hätte Angst, daß häusliche Routine unsere Art von Liebe ruinieren und besudeln würde, und er bestritt das mit Vehemenz und redete weiter über die ideale Ehe, Sidney und Beatrice Webb, wenn ich mich recht erinnere, und allmählich, während des letzten Jahres, habe ich meine Gefühle gewissermaßen zu sortieren versucht, die durch meine eigenen Eheerfahrungen und die meiner Familie doch ganz schön verbogen waren, und jetzt glaube ich, wenn wir jemals die Möglichkeit hätten, dann könnten wir vielleicht doch eine dieser Ehen führen, die «im Himmel geschlossen» wurden. Und nun entdecke ich in unseren augenblicklichen Diskussionen mit schmerzlichem Erstaunen, daß wir die Rollen gewechselt haben. Er ist jetzt derjenige, der häusliche Routine und Familiendinge von unserer Beziehung fernhalten will, während ich, zugegebenermaßen mit einiger Anstrengung, ihn jetzt als den Ehemann sehe, dem ich mein ganzes Leben widmen könnte. Aber das ist eine rein akademische Frage ...

Du würdest baß erstaunt sein, wenn Du sehen könntest, wie ich neuerdings meinen Körper pflege. Eigentlich kanntest Du mich ja immer nur als «Campus-Schlampe» oder so ähnlich. Ich schminke mich sorgfältig und regelmäßig jeden Morgen und bin immer frisch gekämmt, gebürstet, gebügelt und ohne den geringsten Glanz auf der Nasenspitze. Wenn meine Mutter mich jetzt sehen könnte, würde sie überaus zufrieden mit mir sein. Jahrelang hat sie vergeblich gegen meine unbekümmerte Unordentlichkeit angekämpft, und ich muß bekennen, es war nur die englische Lebensart und letztlich Ians Freude an weiblichen Reizen, die mich schließlich gezähmt und aus dem windzerzausten College Girl auch äußerlich eine Frau gemacht haben.

Kommt es Dir nicht auch einfach unglaublich vor, daß wir (Du bist es, und ich bin nahe dran) in unserer vierten Dekade sind? Ich kann es einfach nicht glauben. Erinnerst Du Dich (oder fange ich mit jedem bevorstehenden Geburtstag davon an?), wie wir an meinem einundzwanzigsten Geburtstag durch den Schnee über den

Campus liefen, und Du das erwähntest, und ich in Tränen ausbrach, weil ich nicht einundzwanzig sein *wollte*? Einundzwanzig. Eine völlig andere Generation muß heutzutage einundzwanzig sein. Ich denke kaum noch an die Universitätstage. Wie Du schon sagtest, es ist vorbei, nicht wahr?

Christopher ist ein bezauberndes Kind, unheimlich aufgeweckt. Im Augenblick sind wir uns nicht so nahe wie Julian und ich, aber diese Stadien lösen einander ab wie die Jahreszeiten. Es sind beides sehr manierliche, höfliche, kleine Jungen, auch mit Fehlern, natürlich, aber sie zeigen doch das Resultat einer frühen, konsequenten Disziplin, zu der ich mich selbst gezwungen habe. Ich würde viel lieber die Achseln zucken und sie alles in Grund und Boden brüllen lassen, so wie ich das als Kind konnte, da mir ja zu Hause jede Kontinuität und Führung (oft sogar die Mutter) fehlte; statt dessen habe ich mich ziemlich konsequent für eine Erziehungsweise entschieden, bei der auch das Lernen von Manieren, von Disziplin, von bestimmten Verhaltensweisen nicht zu kurz kommt. Ich würde ganz gerne noch ein Kind haben, aber ich glaube, das muß noch ein paar Jahre warten, zwei oder drei wenigstens, vielleicht bis Christopher 1963 ins Internat kommt. Ich würde sehr gerne eine Tochter haben, und wenn ich jemals eine bekommen sollte, dann nenne ich sie Joy.

Wie sehr man doch Verbindungen verliert. Du bist der einzige Mensch, dem ich ausführlich, oder halbwegs ausführlich, schreibe. Ich schreibe meiner Mutter, aber kein Wort von dem, was wichtig ist. Sie würde es nicht verstehen, und ich glaube, über diese Entfernung hinweg ist es besser, Bromide zu verabreichen. Du bist mein Tagebuch, mein Mentor (sozusagen, jedenfalls: Ich liebe Deine nur mühsam verhüllten Ratschläge, wenn Du sie, leider allzu selten, anbietest), mein Beichtvater, und letzteren brauchen wohl alle Menschen, ganz besonders solche wie ich, mit losem Mundwerk und schwankendem Charakter.

Schreibst Du überhaupt noch? Lyrik, Kritik, irgendwas? Hast Du etwas veröffentlicht? Singst Du noch? Die Wiederentdeckung von Musik ist vielleicht noch das glücklichste Ergebnis dieses Jahres, und ich kann mir nicht vorstellen, daß ich das jemals wieder aufgebe. Ich besitze jetzt die Partituren zu vielen meiner Schallplatten, die mir Ian geschickt hat, als sie auf Urlaub waren, und das ist so, als ob man ein beliebtes und bekanntes Theaterstück zum erstenmal liest, nachdem man es Dutzende von Malen auf der Bühne gesehen und viele Feinheiten verpaßt hat, Nuancen, Subtilitäten, kurze Auftritte von Nebenpersonen, die man vorher kaum bemerkt hatte. Wundervoll, wundervoll – eine ganz neue Welt.

Was tue ich sonst noch? Ich spiele Minibrix mit Christopher, Ball mit beiden; beide wollen Tennis spielen, und manchmal tun wir das auch mit zwei alten, kaputten Tennisschlägern und einem großen Gummiball, ganz blödsinnig. P. geht in seinen unvermeidlichen Klub, nicht mehr ganz so oft wie früher, aber er geht; ich lasse mich dort kaum noch sehen, obgleich ich dort noch lästige Repräsentationspflichten habe (ich bin *Lady House Member*), was ich hasse, und ich weigere mich hartnäckig, weiterhin fürs Rote Kreuz zu arbeiten oder für den Tanganyika-Frauenrat, die Service-Liga der Frauen usw. Meine Singgruppe kommt einmal in der Woche für ein paar Stunden zusammen. Ich nähe viel und arbeite viel im Garten.

Unser Haus ist genauso wie alle anderen hier draußen, wenigstens was die Möbel angeht, wir haben es in gedämpften Tönen (und ziemlich preiswert) ausgestattet, mit Bildern, vielen Büchern und meinen geliebten Schallplatten – ich frage mich heute, wie ich unsere ganze letzte Tour in Mahali ohne sie ausgehalten habe. Und ich hoffe, während der nächsten Tour kommt ein Klavier dazu.

Wir haben eine Schmalfilmkamera, mit der wir alles gewissenhaft festhalten: die Fortschritte der Kinder, unser Älterwerden, unsere beiden Häuser hier draußen, Urlaub in England und auf dem Kontinent und die Schiffsreise. Philip spielt jeden Samstag Hockey, und wenn sie ein Team zusammenkriegen, auch Cricket. Die Engländer und ihr Sport! Bevor ich hierher kam, hatte ich noch nie einen Tennisschläger in der Hand gehalten. Als ich dann aber merkte, daß ich langsam zur Tennis- und Rugbywitwe wurde, da habe ich aus Selbstverteidigung Tennisspielen gelernt. Es macht mir sehr viel Freude, und ich bin eine etwas unregelmäßige Spielerin, aber gar nicht schlecht. Wir haben häufig Gäste (verdammt häufig), und es macht mir wirklich Spaß, eine schöne Dinner Party zu geben.

Letzten Juli war unser Gesundheitsminister vier Tage lang bei uns zu Besuch. Er repräsentiert wirklich das Beste, was Afrika produzieren kann, aber leider so selten wirklich produziert. Er hat Makerere College (Uganda) absolviert, ist intelligent, flink, kultiviert, sensibel und VERNÜNFTIG. Aber wie viele von Tanganyikas neun Millionen können eine solche Ausbildung erhalten? Mr. Nyerere, der Premierminister, scheint auf Zeit zu setzen; offensichtlich will er für die unmittelbare Zukunft noch keine Selbstbestimmung; im Interesse der Stabilität und Wirtschaft des Landes will er den Status quo. Aber er wird von den weniger intelligenten, nicht so gut informierten Mitgliedern der Legislative bedrängt, die Forderung nach Selbstbestimmung für nächstes Jahr anzukündigen. Er hält sie immer wieder hin, aber einmal muß es kommen. Was dann? Wer weiß? Eins ist sicher, wenn es einen gibt, der ein afrikanisches Land zum Funktionieren bringt, dann ist das Nyerere.

Alles was ich will ist, daß wir im nächsten Jahr pünktlich Urlaub bekommen; daß wir in England vernünftige Internate für die Kinder finden, wenn sie das Alter erreicht haben, ganz egal, wo in der Welt wir zu diesem Zeitpunkt sein werden; und ich will ein Haus, Wurzeln, irgend etwas, was ich im tiefsten Innern so recht genüßlich MEIN nennen kann. Außerdem will ich Ruhe und Frieden für unsere kleine Familie. Ist das zu viel verlangt? Nach den Aufregungen des vorletzten Jahres glaube ich nicht.

Ein vielleicht selbstgerechter, aber nicht ungerechtfertigter Abschluß dieser unwahrscheinlich langen Epistel. Aber die war ich Dir schuldig. Wie wäre es jetzt mit einem genauso konkreten «Dies ist Ihr Leben» von Dir?

Alle Liebe, wie immer,
Pat

Milwaukee,
den 8. November 1960

Sehr liebe Pat,
ich spreche für die ganze Familie und eine Anzahl von Freunden, wenn ich Dir für den großartigen Brief von vor ungefähr einer Woche danke. Hans hat ihn so sehr genossen wie ich, ja er hält ihn sogar für eine Art Dokument, das man stellenweise auch einer ganz unvorbereiteten Zuhörerschaft vorlesen könnte. Ich stimme ihm zu.

Einen durchgehend so flüssig geschriebenen Brief habe ich schon lange nicht mehr von Dir gehabt. Nicht nur das, er war gelassener, überzeugender – vielleicht einfach gründlicher.

Heute ist ein überaus wichtiger Abend für alle, deren Schicksal direkt oder indirekt mit Amerika verbunden ist. Wie Du Dir denken kannst, bin ich absolut für Kennedy, obgleich ich während des Parteitages die Demokraten am liebsten zum Teufel gejagt hätte, weil sie Stevenson nicht nominiert haben. Aber nach Nixons geschmackloser Wahlkampagne und dem erstaunlichen Erfolg seiner Sentimentalitäten, die vom Wahlvolk nur so heruntergeschluckt wurden, sehe ich ein, daß Stevenson, ohnehin ein zweifacher Verlierer, keine Chance gehabt hätte. Es sieht jetzt (etwa in der Mitte des Wahlabends) so aus, als ob es ein Kopf-an-Kopf-Rennen wird. Vielleicht ist das alles für Dich sehr, sehr weit weg, aber wärst Du jetzt hier, dann wärst Du bestimmt auch äußerst besorgt.

Mittwoch

Es war ein langer, aufreibender Abend bei Freunden, wo wir uns das spannende und dennoch quälend langsame Rennen zwischen Nixon und Kennedy anschauten. Wir sind zwar mit der Erwartung, aber keineswegs mit der Gewißheit eines Kennedy-Sieges heimgegangen. Aber gerade eben habe ich die Rede gehört, mit der er seine Wahl angenommen hat – am Mittag des folgenden Tages! –, und ich bin dankbar (das ist das einzig richtige Wort) für seinen Sieg. Ich glaube, er ist ein scharfsichtiger Mann, der Überzeugungen und Integrität besitzt. Natürlich sieht er vielleicht jetzt besser aus, als er ist, aber was haben wir sonst? Offensichtlich ist die religiöse Frage passé in Amerika. Wir fanden, seine Frau Jackie war eigentlich eher eine Belastung, schön, sehr modisch und schick genug, um eine ganze Menge Antagonismus auf sich zu ziehen. Aber es ist auch ganz schön, eine wirklich attraktive Frau als First Lady zu haben. Stell Dir vor! Sie ist *genauso* alt wie ich.

Wie Du weißt, unterrichte ich weiterhin den ganzen Tag, bis das Baby im Februar kommt, danach nur halbtags. Zermürbend, aber auch erfreulich. Ich wünschte, Du könntest mir zu diesem Punkt Deinen Rat geben. Du bist nicht hier, Du kannst unsere Probleme nicht kennen, denn ich habe Dir so wenig erzählt. Aber eine meiner größten Sorgen ist meine Arbeit; für Hans ist das nämlich eine sehr wichtige, vielleicht sogar die wichtigste Quelle der Unzufriedenheit mit unserem Leben. Ich weiß, als brave, pflichtbewußte Ehefrau müßte ich aufhören. Und doch bin ich gerade in diesem Punkt so starrköpfig wie ein Ochse, und jedesmal, wenn Hans davon redet, reagiere ich darauf mit Zorn, Beschimpfungen und Tränen. Ich weiß nicht, warum das so sein muß, teils weil es das ist, was ich schon immer wollte, teils aber auch, weil ich langsam genug Prestige gewinne, um endlich an die wirklich stimulierenden Literaturvorlesungen heranzukommen. Außerdem sind zwölf Wochenstunden Unterricht nun wirklich keine sträfliche Abweichung von häuslicher Routine (obwohl Hans natürlich recht hat, wenn er sagt, daß ich viele Stunden mehr daran gebe); und letztlich – wir brauchen das Geld. Aber die Situation hat sich inzwischen so zugespitzt, daß mir meine Freude an der Arbeit ständig dadurch vergällt wird, daß ich weiß, ich muß dafür mit einem Riß in der Harmonie unseres Heimes bezahlen. Und doch frage ich mich, *warum* muß das so sein? Ich will nicht aufhören, aber ich habe das Gefühl, ich müßte es, als Opfer oder aus Gehorsam Hans gegenüber. Er meint es gut, um des lieben Friedens willen in meinem und seinem Leben, aber ich hasse den Gedanken, etwas aufzugeben, was ich so gut mache.

Übrigens, hast *Du* mir ein neues Abonnement für *Times Lit. Supplement* spendiert? Wenn ja, dann sei tausendmal bedankt, ich genieße es so, aber es stand nicht drauf, von wem es kam. Eine lustige Nebenbemerkung: Mort Sahl, ein sehr witziger, sardonischer, politischer Humorist hat gesagt: «Hoffentlich verspricht sich Kennedy nicht und sagt, es war ein Wunder. Da könnte jemand auf die falsche Idee kommen.»

Genau wie Ihr, haben wir beide auch seit einiger Zeit den Wunsch, fast schon ein zwanghaftes Bedürfnis, ein Haus zu kaufen. Für uns würde das diese scheußlichen endlosen Abzahlungen bedeuten, was wir unbedingt vermeiden möchten. Aber wir haben noch nicht das Richtige gefunden und wir bedauern immer noch, daß es uns seinerzeit nicht gelungen ist, ein altes steinernes Farmhaus in Frankreich zu kaufen, so gern wir das wollten, weil damals ja Reinhards Krankheit dazwischenkam.

Ja, unser Junge ist voll und ganz genesen. Ich habe keine Ahnung, wie viele Fotos ich von ihm schon geschickt habe, oder ob ich welche geschickt habe, oder ob Du Dir überhaupt ein deutliches Bild von ihm machen kannst. Wie ich bereits *ad nauseam* wiederholt habe, ist er bildschön. Und ganz sicher das Liebenswerteste an ihm ist etwas, was ich mir gewünscht hätte, wenn mir denn so ein Wunsch freigestanden hätte – nämlich sein ganz besonderer drolliger Charme, seine Christopher Robin-Natur – eine Eigenschaft, die viele Menschen immer wieder zu der Bemerkung veranlaßt, er sei so gar nicht wie die meisten amerikanischen Kinder (wenn so ein Pauschalurteil nicht eigentlich himmelschreiender Blödsinn ist). Und das hat auch seine europäische Familie dazu gebracht, sein Wesen, seine kleine Persönlichkeit für sich zu reklamieren, ob aus überzeugtem Vorurteil oder nicht ist schwer zu sagen. Aber er ist sehr gewinnend. Im Januar kommt er in den Kindergarten.

Reinhard zeigt bisher noch keine besonderen Talente, außer einem, das freilich ganz besonders gut entwickelt ist: Er ist ein überaus geschickter Diplomat und gewinnt überall Freunde aller Altersgruppen. Dem Malen und Zeichnen hatte er sich bislang widersetzt und nur sehr schlechte Sachen produziert, aber ganz plötzlich hat er jetzt Spaß dran.

Seitdem Du mich das letzte Mal gesehen hast, habe ich mich körperlich sehr verändert. Wahrscheinlich habe ich das mit kaum verhohlener Befriedigung schon geschrieben, aber seit dem Sommer 1955 ist das eine ständige Freude für mich – diese Freude an der eigenen Person, die ich früher nur ab und zu mal empfand. Ich habe alles überflüssige Gewicht verloren, als ich während meiner Schwangerschaft mit Reinhard die Hirnhautentzündung hatte, und daraus ist eine hübschere und glücklichere Person hervorgegangen. Ich habe mich mehr um alles mögliche gekümmert, habe entdeckt, daß ich eigentlich eine recht gute Figur hatte, mit der man etwas anfangen konnte, und daß ich an modischen Kleidern praktisch alles tragen konnte, wenn ich nur den Mut dazu hatte. Seitdem habe ich mein ideales Gewicht von etwa 100 Pfund gehalten. Ich habe auch gelernt, mit einigem Geschick Make-up anzuwenden, was ich ja total abgelehnt hatte, bis ich siebenundzwanzig war. In Schuhen ohne hohe Absätze erwischt man mich jetzt nicht mehr, dafür aber ohne Hut, und ich habe mir mit viel Schwung, Leichtsinn und dem größten Vergnügen eine richtig schöne Damengarderobe zugelegt, die mir sehr gut gefällt und mir ausgezeichnet steht, davon bin ich überzeugt. Ich habe zwei Ehejahre gebraucht, bevor ich mich von meinen Söckchen getrennt habe, außer bei Gelegenheiten, wo es unvermeidlich war, und ich bin erst jetzt soweit, daß ich meine restlichen College-Sachen rauswerfe. Mit anderen Worten, man sieht mich heute eher in einer violetten Seidenbluse als in einem kellygrünen Sweater. Es macht Spaß, wirklich viel Spaß, und ich besitze ein paar wirklich hinreißende Kleidungsstücke. Hans ist in dieser Hinsicht herrlich kooperativ und sorgt dafür, daß meine Unterwäsche so schick ist wie die Oberbekleidung, und er kommt oft mit so einem entzückenden kleinen Ding nach Hause, exquisit und geschmackvoll. Ich habe sogar in der Schule und auf Parties so etwas wie einen Ruf für meinen besonderen Stil – schwer zu glauben, nicht? Trinken kann ich immer noch nicht. Beim Essen achte ich jetzt viel mehr als früher darauf, was gut für mich ist, und obwohl ich jahrelang viel geraucht hatte, habe ich während der Schwangerschaft damit aufgehört und fange vielleicht gar nicht wieder an. Aber irgendwie komme ich nie dazu, Sport zu treiben.

Unser gesellschaftliches Leben ist nicht so befriedigend, wie wir es gerne hätten. Die Leute, mit denen wir zusammenkommen, sind entweder älter, charmant und weltgewandt und sehr damit beschäftigt, amüsante «art nouveau»-Kleinigkeiten zu sammeln und überraschende Objekte daraus zu machen, und sie befinden sich in einem ständigen Konkurrenzkampf der Gastlichkeit (in einem Ausmaß, dem ich unmöglich nacheifern könnte) und des Trinkens. Oder aber sie sind so eine Art Durchschnittsrepräsentanten der nicht-ganz-besten Frauen-Colleges, das heißt, es sind einigermaßen stimulierende, ernsthaft engagierte und recht erfreuliche Kolleginnen.

Muß hier aufhören. Schreib bald wieder, und viel. Ich bin in Gedanken oft bei Dir.

Liebe,
Joyce

Pashenzi,
den 28. November 1960

Liebste Joyce,
in den letzten Tagen hatte ich wirklich Lust, Dir mal wieder einen langen, ausführlichen Brief zu schreiben, aber so unglaublich das klingt, in diesem winzigen, abgelegenen Ort, ich hatte einfach nicht die nötige Zeit, zusammenhängende Zeitspanne, meine ich. Die habe ich jetzt auch nicht, aber ich fange einfach mal an und schreibe dann in Bruchstücken weiter. Ich stecke in einer Depression von nie gekannten Ausmaßen, so schwarz, anhaltend und hoffnungslos, und suche überall nach einer Erklärung dafür. Ich habe meine Gesundheit, Kinder, Sicherheit, eine einigermaßen voraussehbare Zukunft, Vernunft, Intelligenz, und so meine ich, der Grund dafür kann nur darin liegen, daß ich einfach unfähig bin, mit den kleinen, alltäglichen Anforderungen des bürgerlichen Lebens fertig zu werden; nein, eigentlich nicht mit den alltäglichen Dingen selbst, sondern mit der Erkenntnis, daß *dies* das Leben ist, daß da nichts mehr kommt als immer wieder diese tägliche Runde, daß Spannung und Ehrgeiz und Enthusiasmus und echte Fröhlichkeit hinter mir liegen, irgendwo in den Zwanzigern, die schon fast vorüber sind.

Du hast noch nicht einmal erwähnt, daß Du dieses Jahr dreißig wirst! Dein Desinteresse an Zeit, Alter und den ganz konkreten Zeitspannen, die zwischen den Dingen liegen, ist mir völlig unverständlich. Du weißt ja, daß ich von diesem Vorübergehen der Zeit schon immer fast besessen war, von der Bedeutung des eigenen Alters, und wie wichtig es mir immer war, ein Ereignis in Zeit und Ort genau festzuhalten und sich daran erinnern zu können. Vielleicht ist meine Depression also darauf zurückzuführen, daß die Dreißig mir immer näher rücken.

Aber ich glaube doch nicht, daß die Sache einfach damit abgetan sein kann. Ein Großteil davon, wenn auch nicht alles, ist natürlich die Qual dieser Liebe, die ich nun von mir geschoben habe. Ich wußte, daß es so nicht weitergehen konnte, mit diesem Gefühl, daß irgendwie, irgendwo ... Verstehst Du! So konnte ich nicht leben und gleichzeitig die Pflichten meinem Mann und meinen Kindern gegenüber erfüllen, mit diesem Hoffnungsfunken ständig im Raum, lebendig in meinem Herzen. Wenn ich mir lange genug selbst einrede, daß es vorbei und vorüber ist, daß wir nur noch gute Freunde sind, dann wird das vielleicht einmal wirklich so. Ich bereue nichts. Er hat mich zerrissen und blutend zurückgelassen, seiner Gegenwart beraubt, die eine Zeitlang alle Einsamkeit von mir genommen hatte, und es ist im Augenblick unmöglich, dieses Vakuum zu füllen. Aber ich weiß, die Zeit wird früher oder später ihre gewohnte Arbeit leisten, MIT meiner Hilfe.

Ich hasse meine Prosa, das ist alles so verdammt trivial und dumm, und meine Lyrik ist noch schlimmer. So will ich jetzt versuchen, Sachartikel über Afrika zu schreiben. Wenn man danach gehen kann, was hier zu lesen ist, drucken die praktisch alles, wenn nur genug Bwanas und Hitze und Insekten drin vorkommen, usw. usw. Ich habe vor, ein paar Zeitschriften, von denen ich Adressen habe, mit diesem stereotypischen Schund zu bombardieren. Wenn ich Glück habe, kann ich mir davon mein Klavier und ein paar silberne Kandelaber kaufen, wenn wir in Urlaub sind.

Gott, wie gerne ich Dich sehen würde. Könntest Du eventuell nach England oder wenigstens Europa kommen, während wir dort unseren Urlaub verbringen? Wir haben für April eingereicht, aber ich bezweifle, daß wir vor dem Juli drankommen werden; vielleicht lassen sie uns auch erst die ganze dreijährige Tour absolvieren (gräßlicher Gedanke), und dann können wir erst im Oktober fahren. Warum verlaßt Ihr nicht einfach diesen Pfuhl schändlicher Mittelmäßigkeit und kommt zu uns hier draußen? Ich bin ganz sicher, Ihr könntet gute Jobs bekommen.

Ich betrachte mich eigentlich immer noch als einigermaßen gute Amerikanerin; das heißt, ich würde keine H-Bomben-Geheiminformationen an den Mars verkaufen, aber im großen und ganzen bin ich nach sechseinhalb Jahren in einer Umgebung, in der ich mich wirklich wohl fühle, doch zu sehr «Expatriierte» geworden, als daß ich mich je wieder zufrieden in einer amerikanischen Reihenhaus-Idylle niederlassen könnte. Außerdem verliebe ich mich immer mehr in Europa (hauptsächlich England).

Eigentlich wollte ich mit dem obigen Absatz aufhören, aber jetzt habe ich einen schönen, langen Brief von Dir bekommen, der mir das Gefühl gibt, wieder so richtig Kontakt mit Dir zu haben. Ich freue mich so, daß mit Deiner Schwangerschaft alles gut läuft. Ich denke sehr viel an Euch, und mir scheint, daß Ihr Euch auch als eher zeitweilige Bewohner der amerikanischen Szene betrachtet, aber irgendwie entschlüpfen einem die Jahre, und plötzlich ist es dann zu spät für eine umwälzende Veränderung. Was meint Ihr, werdet Ihr's schaffen?

Es macht wirklich nicht soviel aus; die Geographie hat sehr wenig damit zu tun. Ich könnte mich ebenso leicht in Los Angeles oder Peoria niederlassen, wie in Dar-es-Salaam oder dem weißen Hochland von Kenia oder Chipping Camden. Wonach man immer sucht bei diesem ständigen Umziehen (ob das nun mit Geographie zu tun hat oder auch mit vorehelichen Freunden oder auch mit bewußt gesuchten Alters- und Interessengruppen), das ist doch eigentlich ein Ziel, oder wie Du das nennst, «ein Sujet, das man malen kann», etwas, worüber man schreiben kann, was man bildhauerisch darstellen oder worüber man philosophieren kann, kurzum, man sucht nach etwas, was dem Leben Sinn und Zweck gibt.

Ian hat mir letztes Jahr ein entzückendes kleines Buch geschenkt, eine Sammlung mit Zitaten über Musik, und darin ist ein Zitat von Sydney Smith: «Wenn ich mein Leben noch einmal beginnen könnte, würde ich es ganz der Musik widmen. Es ist der einzige billige Wonnetaumel auf der Welt, für den man nicht bestraft wird.» Das ist mir sehr zu Herzen gegangen, und ich habe lange darüber nachgedacht, was aus meinem Leben geworden wäre, wenn ich meine zweitklassigen Talente und erstklassige Begeisterung der Musik gewidmet hätte. Und Plato: «Der Mensch, der Musik in der Seele hat, wird das Schönste am meisten lieben.» Selbst wenn man also sein Leben nicht dem widmen kann, was man am meisten liebt oder was man für das Allerwichtigste für die Welt oder auch nur einen selbst hält, so kann man immer noch ein paar kostbare Stunden in der Woche (oder halbe Stunden am Tage) dafür beiseite setzen, ein Abbild von Schönheit zu erschaffen – egal, wie winzig oder unvollkommen –, sei es durch Musik oder bildliche Darstellung oder irgendeine Form von Interpretation des Augenblicks, den wir Gegenwart nennen, in dieser ach-so-kleinen, unbedeutenden Welt, die wir bewohnen.

Was mich auf gewundenen Pfaden zu dem Punkt führt, an dem ich Deine Fragen zum Thema «arbeitende Mütter» beantworten will. Es hat mir immer sehr leid getan, daß Du diese Jahre mit Reinhard verpaßt hast, dies Gefühl der Totalität, wenn man ganz allein den Haushalt versorgt (ich meine die Zeit, nicht die Menge der getanen Arbeit), weil ich glaube, daß das doch für die Entwicklung einer Frau als solcher sehr wichtig ist. Und das andere, das ist ärgerlich, und Geldmangel ist in der Tat ein Problem (ganz gleich, wieviel man verdient, es ist nie genug; und so ist es ganz erstaunlich, wie gut wir alle mit zuwenig auskommen). Aber die geordnete Einfachheit (in den Augen des Ehemannes), die liebenswürdige Gepflegtheit die ein Heim nur durch eine Hausfrau erhält, die zuallererst eben das ist, Hausfrau, wenigstens in jenen frühen Jahren, in denen ein «Heim» erst entsteht und besonders, wenn die Kinder kommen, von ihrer Geburt bis sie in der Schule fest etabliert sind – diese liebenswürdige Gepflegtheit kann eben nur durch eine Frau erhalten bleiben, die nicht außerhalb des Hauses arbeitet, oder die vielleicht töpfert oder malt, aber dies innerhalb des eigenen Heimes. Ich fürchte, in dieser Hinsicht habe ich einen ziemlich unbeugsamen Standpunkt, und Du hast Dich an die Falsche gewandt, wenn Du ein Pflästerchen für Dein Gewissen erhofft hast oder eine typisch amerikanische Rechtfertigung für diese Art von «Partnerschaft», wo die prächtigen Kumpels Mann und Frau jeden Morgen zusammen aus dem Haus flitzen und abends ihre Fertigmahlzeiten gemeinsam aufwärmen usw. Nein, jetzt bin ich brutal. Ich weiß ja genau, daß es bei Euch keineswegs so zugeht, und ich habe den größten Respekt vor Deinem Intellekt und Deinem akademischen Wissen und vor der harten Arbeit, die Dich erst dahin gebracht hat, wo Du bist. Und glaub mir, niemand weiß besser als ich, was es heißt, immer weniger zum Leben zu haben und damit auskommen zu müssen. Aber ich glaube wirklich und ehrlich, daß Du 1. Hans, 2. Reinhard, 3. Dir selbst, K. J. H., 4. der Gesellschaft (banal?) erst mal das geben mußt, was Du ihnen als Frau schuldig bist, bevor Du Dich mit liebevoller Zärtlichkeit den Schönheiten der Renaissanceliteratur hingibst. Und diese Pflicht beginnt zu Hause.

Verdammt noch mal, was denkst Du denn, was ich hier mache? Ich kann Philip noch nicht mal sexuell ausstehen, das ist alles ein gräßliches Theater, was ich mache (dies ist nur für Deine Augen und Dein Herz, nicht für Hans oder irgendwelche Freunde; die Welt ist sehr klein), und das nun schon seit Jahren, mit monotoner Regelmäßigkeit. Wir gehen zivilisiert miteinander um; wir stimmen in allem überein, was sonst die meisten Ehen zerbrechen läßt – Geld, Politik, Religion, Kindererziehung, in welchen Hotels man in den Ferien wohnen sollte usw. Aber im Grunde sind wir nur angenehme Hausgenossen füreinander, die allein durch westliche Ehekonventionen dazu gezwungen sind, alles miteinander zu teilen. Wenn ich mich nicht immer wieder dazu zwingen würde, mir vorzubeten, warum es tatsächlich so wichtig ist, daß wir so weiterleben, wäre ich längst abgehauen und hätte irgendwo anders noch mal von vorne angefangen – als ein ICH, das für mehr Menschen wichtiger wäre, als es jetzt der Fall ist. Vor allem ist es wegen der Kinder. Um die Wahrheit zu sagen, wahrscheinlich langweile ich Philip ganz genauso, wie er mich langweilt.

Und wenn ich also hier weitermachen soll, mit diesem Leben, das ich mir immerhin bewußt ausgesucht habe (darauf hat Ian hingewiesen), auch ohne P. zu lieben, wieviel mehr bin ich dann dazu verpflichtet, es gut und richtig zu tun und eine GUTE HAUSFRAU und MUTTER zu sein als Du, die den unschätzbaren Reichtum einer auf Liebe gegründeten Ehe besitzt? Und doch läufst Du Gefahr, den wichtigsten Faden im Gewebe einer *Ehe*, besonders mit einem europäischen Mann, zu zerstören, nämlich den Respekt vor dem Familienoberhaupt. Es gibt nichts, was wichtiger ist. Ich fürchte, ich *muß* sagen, was ich für das Allerwichtigste in der Ehe halte, nämlich daß Du da bist, wenn Dein Mann Dich will, daß Du ein schönes, angenehmes, ruhiges, liebenswürdiges, gut geordnetes Heim führst, das wie am Schnürchen läuft, ohne daß man merkt, wieviel Arbeit und Mühe dahinter steckt.

Es gibt so viele Dinge, die ich gern haben würde; dieses Jahr mußte ich aus Geldmangel sogar zwei Zeitschriftenabonnements verfallen lassen. Seitdem ich verheiratet bin, habe ich weder für mich noch die Kinder Kleidung gekauft. Meine Mutter und meine Tante schicken fast alles, oder ich nähe es selbst. Guter Gott, ich mach sogar meine Taschentücher selbst, aus Philips alten Hemden! Ich stricke *all* seine Wollsocken für die kalte Jahreszeit und England und alle Stricksachen für die Kinder; und obwohl Corned Beef hier das billigste Büchsenfleisch ist, mache ich mit Salpeter unser Corned Beef selbst.

Was *will* ich denn damit sagen? Eigentlich nur, daß Du zurechtkommen *kannst*, wenn Du wirklich willst, aber dazu mußt Du Deinen Eigenwillen bezwingen. Und vielleicht bist Du dazu nicht bereit. Ich meine, daß er letztlich unwesentlich ist, im Vergleich zur Gesundheit und Sicherheit der Kinder, und er ist uns ohnehin nur zeitweilig geliehen (unser Wille). Aus Tarbert hast du einmal geschrieben, für Dich wäre es kristallklar, daß Hans in Eurer Familie das Talent besäße und daß seine Arbeit am wichtigsten sei. Wenn das so ist, sollte dann nicht sein Glück und Wohlbefinden, ohne die er doch sicher nicht sein Bestes geben kann, wichtiger für Dich sein als Deine Karriere als College-Professorin? Kannst Du nicht zu Hause schreiben, forschen, lesen und in Dir selbst und der Weltliteratur nach den Urgründen suchen, und wenn nicht nach Gründen, dann nach Rechtfertigung, wenn nicht Rechtfertigung, dann nach Lebensmustern?

Das Suchen nach der elften Realitätsschicht kann genauso zur Gewohnheit werden, wie jeden Tag eine Stunde von der Hausarbeit abzweigen, um Klavier zu spielen. Ach, meine Liebe, das kann alles in zwei oder drei Sätzen gesagt und durch Dutzende von Beispielen belegt werden, die freilich nicht die geringste Wirkung haben, wenn Du weiterhin entschlossen bist, Frau Professor Joyce Jerrell zu sein. Ich liebe und bewundere Dich (und wie Du vielleicht erraten hast, beneide ich Dich sehr um Deine Ehe). Und bei all Deinen Entscheidungen mußt Du immer das Beispiel Deiner Eltern, dieser wunderbaren Menschen, vor Augen haben. Meine Entdeckungen mußte ich alle allein machen: Matthew Arnold, Thomas Mann, G.M. Hopkins. Und hier und da ein paar Freunde. Und einen verlorenen Geliebten, der mich mehr als irgend jemand im Leben dazu gebracht hat, den Realitäten ins Auge zu sehen, die Dinge beim Namen zu nennen, ihnen die letzten Masken herunterzureißen und sie irgendwie, wohl oder übel, mit diesem Leben, in das ich mich so leichtfertig hineinkontraktiert habe, zu verknüpfen.

Aber mit den Jahren finde ich, daß meine Horizonte (die persönlichen) nicht mehr so weit oder grandios sind, vielleicht auch nicht näher kommen, aber doch deutlichere Umrisse bekommen, und ich meine, wenigstens für mich selbst ist es besser, meine Vision zu definieren, ihr einen Namen zu geben und *dann* sich ganz bewußt daranzumachen, manchmal vielleicht sogar mit einem fröhlichen kleinen Lied auf den Lippen, die Arbeit mit dem vorhandenen Material zu bewältigen, anstatt sich jenen vagen, quälenden Sehnsüchten nach etwas hinzugeben, daß wir nicht einmal benennen können, Sehnsüchten, nach irgendeiner mystischen Verbindung mit einer Gesellschaft, die wir nicht lieben, in der wir uns nicht heimisch fühlen können.

Ach ja, mir scheint, ich habe diesmal wirklich seitenlang prosiert, und Du bist sicher inzwischen verärgert und gelangweilt von der ganzen Sache. Aber genau wie ich Dich, hattest Du mich zu Beginn jener katastrophalen Zeit vor anderthalb Jahren oder noch länger zum Thema Ehebruch befragt, und Du hattest mir damals einen so guten Brief geschrieben, der mir sehr geholfen hat (und noch immer hilft).

Apropros Sex, weil Du einmal gefragt hattest und ich glaube, ich habe nie darauf geantwortet, als Frau bin ich körperlich erst in den letzten zwei oder drei Jahren erwacht, und dann nur mit den falschen Personen. Das ist ein ständig bohrendes, schreckliches Problem, für das ich in der Zukunft überhaupt keine Lösung sehe, denn die Menschen ändern sich in dieser Beziehung nicht, und jemand, der für mich physisch nicht attraktiv ist, wird es auch nicht, weder über Nacht, noch allmählich. Man trottet eben so weiter und zählt die anderen Dinge, die wichtig sind. Und weniger denn je sprechen wir jetzt über Intimes, über Gefühle, über unser Innenleben, unsere Sehnsüchte.

Für mich ist das eins der traurigsten Kapitel dieser aufgegebenen Liebe, denn obwohl wir bis zum Ende mehr oder weniger keusch blieben, wurde mir doch schockartig klar, was Sex eigentlich hätte bedeuten können zwischen zwei Menschen, die sich liebten und deren Körper wirklich füreinander bereit waren und die das dann alles aufgeben mußten, für Teetassen und Kaffeelöffel.

Aber dennoch, als Sublimation für den Körper gibt es ja immer Tennis, Tanzen, gelegentlich einen Whiskey, Gartenarbeit und die große Befriedigung, die man im Verstehen von Büchern findet, Manns ‹*Joseph und seine Brüder*›, zum Beispiel, was mich im Augenblick völlig in seinen Bann gezogen hat. Und die Zeit heilt. Sie tut es wirklich. Sie heilt alles, zumindest den Schmerz, der mit allem verbunden ist. Und so entflieht mir Sex, in seiner möglichen Totalität, immer noch und immer wieder. Wie so viele Teilaspekte des Lebens, von denen wir glaubten, sie würden sich im Prozeß unseres

Reifens leicht und natürlich zu einem Ganzen aneinanderfügen, scheint auch dies aus lauter Bruchstücken zu bestehen, die nur in unseren Köpfen zueinander finden.

Nachdem ich dies noch einmal durchgelesen habe, kommt es mir doch schrecklich selbstzufrieden und selbstsicher vor, was ich doch eigentlich gar nicht bin, muß ich schnell hinzufügen! Was alles andere betrifft, da kann ich nur eins mit Sicherheit sagen; das Leben ist anscheinend nicht viel mehr als ein endloser Kampf gegen letztlich undefinierbare und unbesiegbare Kräfte. Aber ein Kampf, den man weiterführen muß, wenn man nicht untergehen will und der, wenn man Glück hat, Vorbereitung und Konditionierung für etwas ist, was vielleicht schon vor der Tür steht. Pflicht ist so ein trockenes, steril klingendes Wort, beinahe schon aus dem amerikanischen Lexikon verschwunden. Ich hoffe, ich habe es nicht zu spät gelernt. Ich *hoffe*, ich habe es gelernt!

Ja, das *T. L. S.* kommt von mir. Ich freue mich, daß Du es immer genießt.

Heute morgen habe ich Dir in einer Keksdose all meine Briefe von Ian geschickt. Ich konnte es nicht ertragen, sie noch einmal zu lesen, hab sie nur hineingestopft, zugeklebt, mit Bindfaden zugebunden und bin damit zur Post gerannt, bevor ich mich anders besinnen konnte. Das sind Dokumente, sag ich Dir. Wenn ich von einem Löwen gefressen werde, dann darfst Du sie alle lesen.

Über Deine Ansichten zur Wahl habe ich mich gefreut. Wir sind auch für Kennedy, wenn es auch aus dieser Entfernung schwer ist, die notwendige Parteilichkeit für einen Fremden aufzubringen.

MUSS SCHLIESSEN!!

Viel Liebe, redselig die Deinige,
Pat

Milwaukee,
den 13. Dezember 1960

Liebe Pat, lieber Philip und liebe Familie,
unsere Weihnachtsgrüße kommen zu Euch auf der Rückseite dieses verschmierten kleinen Steindrucks, den Reinhard gezeichnet und Hans gedruckt hat. Er richtet sich besonders an Christopher und

Julian – wünscht ihnen und Euch beiden glückliche Feiertage und ein gutes neues Jahr.

Wir werden ein ruhiges Weihnachtsfest haben, Marie ist fort, das Baby noch nicht hier und Mutter und Vati kommen nicht. Bitte schreibt bald, bleibt gesund und wisset, daß wir an Euch denken.

Liebe,
Joyce, Hans, Reinhard

Pashenzi,
den 15. Dezember 1960

Meine liebe Joyce,
Du mußt mir wieder mal Gehör schenken, während mich die Einsamkeit fast überwältigt und ich beim Teppichknüpfen (kannst Du Dir das vorstellen?) innehalte. Mir fiel plötzlich ein, daß mein letzter Brief an Dich doch unsagbar wichtigtuerisch und selbstzufrieden war und obendrein nicht nur feige, sondern auch verlogen. Verzeih mir, bitte, wenn ich diesen Eindruck erweckt habe. Und dazu mein Jammer über unsere Armut. Dabei ist Armut immer relativ, wenn man einmal über das Stadium der absoluten Notwendigkeiten hinaus ist. Wenn ich ein oder zwei Zeitschriftenabonnements abbestellt habe, meine Taschentücher aus alten Hemden mache, Gurken und Marmelade einmache, dann tue ich das, weil es mir Spaß macht und es mir mehr Geld für die Dinge läßt, die mir wichtiger sind. Und im Flüsterton gebe ich sogar zu, daß ich Dich um Deine Arbeit beneide.

Ich fange jetzt erst an zu erkennen, was für ein Fehler es war, mit dieser Korrespondenz zu beginnen, die ich (wir) vor allzu kurzer Zeit beendet haben, denn erst jetzt fühle ich mich langsam frei, bin diese fast krankhafte, hoffnungslose Sehnsucht los, die mich anderthalb Jahre lang stündlich und täglich verfolgt hat. Gott sei Dank, das ist vorbei. Er hat, glaube ich, dasselbe Gefühl, denn ich bekam vor einer Woche den letzten (hoffentlich) unsicheren, fast flehenden Brief, und ich fühle mich wie von einer ermüdenden, gefährlichen und hoffnungslosen Last befreit. Das Ganze erfüllt mich immer noch mit Dankbarkeit, aber ich bin doch schrecklich erleichtert, daß dies Kapitel nun abgeschlossen ist. Kürzlich kam mir in den

Sinn, wie häufig wir Klischees benutzen, die ganz schlimme Wahrheiten enthalten: verrückt nach ihm (oder ihr); wahnsinnig über..., irrsinnig über ..., liebeskrank, sich verzehren nach ... usw. Ich glaube, im ganzen gesehen, sind Flickenteppichweben und Pflaumenmuseinkochen wesentlich befriedigendere Beschäftigungen als Seelenforschung, sei's nun die eigene Seele oder die eines anderen. Dennoch bin ich verrückt genug, mir darüber klar zu sein, daß ich meine Lektion wahrscheinlich immer noch nicht gelernt habe. Und wer tut das schon jemals? Lehrt uns Erfahrung jemals etwas anderes, als daß Erfahrung schmerzhaft ist?

Es ist genauso wie mit Gartenarbeit in Afrika: man steckt den Samen in diese unfruchtbare Erde, verdrängt jeden Gedanken an Mehltau, Heuschrecken, Dürre, weiße Ameisen, Fadenwürmer, Mißernte oder Regen und hofft auf das Beste, und einmal von hundertmal geschieht tatsächlich das Beste, und die Hälfte von dem, was übrigbleibt, ist weniger als das, womit du einmal glaubtest, dich arrangieren zu können, und der Rest ist schmähliches Versagen, in deinen Augen und in den Augen der Welt.

Allmählich verstehe ich auch, daß Reife etwas damit zu tun hat, daß man sich mit den Gegebenheiten arrangiert, diese in eine möglichst angenehme Form bringt und seine unmöglichen Jugendträume vergißt; daß man seinen Horizont gutwillig (so kann man es vermutlich nennen) einengt, dabei aber nicht vergißt, daß es immer noch ein Horizont ist und keine unübersteigbare Mauer.

den 5. Januar 1961

Die Zeit scheint nur so vorbeizurasen, die Feiertage und die ständigen Aktivitäten unserer kleinen Gemeinde haben jeden freien Augenblick ausgefüllt.

Eigentlich bin ich vermutlich sogar froh, daß ich Dreißig werde (in zehn Tagen). Es ist eine Erleichterung, die ganze *junge* Jugend hinter sich zu haben. Der fruchtbare Teil der jüngeren Lebensjahre müßte ungefähr hier und jetzt beginnen. Vielleicht verändern sich die eigenen Ansichten über die Trennungslinien, wenn man älter wird, aber ich glaube wirklich, die mittleren Jahre fangen erst in der Mitte der Vierziger an. Aber was zum Teufel macht das schon aus? Es kommt, wir altern, wir sterben. Also sollten wir wirklich pflichtschuldigst das Fröhlichste und Beste daraus machen und versuchen, einen ordentlichen Fleck zu hinterlassen, egal in welcher Form.

Ach Liebe, ich kann im Augenblick nichts mehr schreiben. Mein Asthma ist wieder da, und ich fühle mich heiß, müde und irritiert, und mein Gehirn funktioniert nicht, also werde ich mich bis später in der Woche zurückziehen, und mein Brief wird das Flugzeug in dieser Woche gerade verpassen.

den 8. Januar 1961

Und jetzt habe ich ganz aufregende Neuigkeiten. 1961 komme ich ganz bestimmt zu Besuch nach Hause. Es wird ein kurzer Besuch, vier oder fünf Wochen, ohne die Kinder, ohne Philip, weil wir uns das einfach nicht leisten können. Hauptsache ist, daß ich meine Verbindungen wieder aufnehmen kann, Freundschaften, Beziehungen usw., nach diesen sieben langen Jahren. Jetzt können wir uns das leisten, weil die Regierungsgehälter nicht nur erhöht, sondern auch rückwirkend ausgezahlt werden, und die Pauschalsumme reicht für meine Flugkarte.

Ich kann es einfach nicht glauben! Werde ich 1961 wirklich mit Dir zusammen eine Tasse Kaffee trinken und eine Zigarette rauchen, und das Ganze abgerundet mit abstrakten Gesprächen? Ich darf einfach nicht zu sehr damit rechnen, sonst geht bestimmt wieder etwas schief. Ich habe nicht mehr die geringste Ahnung, wie's in Amerika ist. Ich werde mir wie ein schüchterner Immigrant vorkommen. Auf jeden Fall habe ich immer noch meinen amerikanischen Paß, damit wird es keine Schwierigkeiten geben. Wir werden definitiv für eine weitere Tour hierher zurückkommen, wenn wir nicht auf unbestimmte Zeit hier bleiben. Es ist immerhin ein gutes Leben, man hat viel Zeit zum Denken und Lesen und eine Familie großzuziehen. Philip leistet außerordentlich wertvolle Arbeit, die er liebt, und außerdem, noch besser, sieht der neue Kontrakt eine kürzere Tour von nur zwei Jahren vor, statt wie früher, drei. Man bemüht sich also offensichtlich um den unruhigen Europäer, der hier verzweifelt gebraucht wird. Die politische Atmosphäre ist natürlich eine ganz andere Sache, und da müssen wir eben durch, und jeder muß seinen eigenen Beitrag leisten.

Auf jeden Fall komme ich. Ich kann kaum noch an etwas anderes denken, wie Du Dir vorstellen kannst, und ich kann nur beten, daß nicht irgend etwas Gräßliches dazwischenkommt – ein Atomkrieg, eine Abwertung des Pfund Sterling, Tod, Krankheit usw. – morbides Geschöpf, das ich bin.

Schluß mit der Schwafelei. Die Bank hier, deren Adresse Du hast, ist der einzige sichere Ort, an den Du mir privat schreiben kannst. Alles ziemlich schmierig, aber Philip ist immer so verärgert, wenn ich ihm nicht absolut alles vorlese; die gesamte ankommende Post im Krankenhaus geht zuerst durch seine Hände, siehst Du, und er weiß, wann und von wem ich Briefe bekomme. Wenn ich ihm einmal einen Brief vorgelesen habe, ist alles in Ordnung, denn er würde nie meine Sachen durchsuchen. Ich möchte bloß wissen, ob alle Ehepaare, die sich nicht mehr lieben (nicht, daß ich es je getan hätte), einander so als Fremde empfinden wie wir uns? Wir leben ganz freundschaftlich miteinander; der einzig wirklich gräßliche Aspekt unseres gemeinsamen Lebens ist die Sache mit dem Sex, wovon ich jahrelang glaubte, es sei meine Schuld (was mir auch gesagt wurde), und jetzt weiß ich, daß es nicht so ist. Wir sind ganz einfach in dieser Hinsicht inkompatibel, und das ist alles. Ich glaube nicht, daß sich das je ändern kann, und ich weigere mich, noch darüber nachzudenken, mir Sorgen zu machen oder mich zu fragen «vielleicht, wenn jemand anders ...», denn das ist auch keine Lösung; das bringt alles nur noch um so schlimmer durcheinander, wie ich aus bitterer Erfahrung gelernt habe.

Es gibt so viel anderes in meinem Leben. Ich sehe recht gut aus, habe eine gute Figur, habe ein gut entwickeltes Verständnis für Bücher und Musik, zwei wundervolle Söhne – warum sollte ich jammern, weil dieser eine Aspekt des Lebens mir nicht vergönnt ist? Und doch, es ist schon seltsam.

Man macht also einfach weiter, hofft auf ein einigermaßen vernünftiges «Bestes» und schaut zu, wie die Jahre vorbeischlüpfen, und hier und da fügst du deinem kleinen Wissensvorrat etwas hinzu, ebenso deinen kostbaren materiellen Schätzen, und hast einige wenige unschätzbare Freunde, die nicht ersetzt oder für irgend etwas eingetauscht oder noch einmal gewonnen werden könnten. Ian hat einmal geschrieben, als ich ihm einen sehr unglücklichen Brief geschickt hatte: «Wenn Du trauerst, scheint unsere Liebe keine Bedeutung zu haben; schließlich hätten wir ohne uns zu kennen elend sein können, warum also jetzt Zeit damit verschwenden? Ich muß mich selbst daran erinnern, daß ein Blick in den Himmel mich emporziehen sollte und nicht die Schatten um uns herum vertiefen. Du hast mich davon überzeugt, daß Deine Füße auf dem Pfad nach oben sind.»

Und jetzt bin ich in der Tat allein – eine pointierte und bewußtere Einsamkeit als ich je zuvor gekannt habe, nach dem, was vor anderthalb Jahren war, aber auf der anderen Seite bin ich stärker geworden, um das ertragen zu können, und ich entdecke jetzt eine Vernünftigkeit und Freude in der Einsamkeit, die ich nie gekannt habe – auch dies danke ich dem Geist und Herzen dieses noblen, sanften Mannes, die sich mir unerklärlicherweise enthüllten, mir, die seiner Liebe so unwürdig ist. Ob der Wert von alledem nur darin liegt, kann ich jetzt noch nicht sagen, aber ich fühle mich nicht unglücklich; ich bin stolz darauf, daß ich von ihm geliebt wurde, und nun kann ich zu dem zurückkehren, was schließlich mein *wirkliches* Leben ist, pragmatisch gesehen. Sex hat also damit sehr wenig zu tun.

In meiner Phantasie habe ich tausendmal mit ihm geschlafen; wir sind jeden Tag nach Griechenland durchgebrannt und haben Pflichten, Kinder, Verantwortung, zerstörte Familien hinter uns gelassen. Ich fühlte weder Schuld noch Scham, sondern wurde durch Liebe belohnt. Ich wurde alt mit dieser Liebe, badete mich bis zur endlichen Sättigung in ihrem warmen Glanz, und hier bin ich nun die brave, kleine, bürgerliche Hausfrau, die vielleicht doch nur einen ziemlich gefährlichen Flirt hatte, wie ihn fünf von sechs gelangweilten Ehefrauen an irgendeinen Punkt ihrer Ehe erleben, eine allzu gewöhnliche Sache. Mein Erlebnis war einzigartig, wunderschön, unberührbar, ein Meilenstein in meinem Leben und die Offenbarung einer bisher ungekannten Welt.

Es ist alles so sonderbar. (Ich glaube, das ist der am häufigsten wiederkehrende Satz in meinen Briefen!) Ich WÜNSCHTE, ich könnte mich dazu überwinden, jeden einzelnen Tag zu SCHREIBEN, Tag für Tag, Monat für Monat. Ich WEISS, mit beständiger Anstrengung könnte ich ein Buch produzieren. Das ist alles, was dazu gehört, wenn man eine gewisse Grundintelligenz besitzt und eine gewisse Fähigkeit im Umgang mit dem Wort, was Du hast, was ich habe, in bescheidenen Ausmaßen. Aber es ist genau wie mit jeder anderen Kunst oder Kunstfertigkeit. Es wird besser durch

Übung, selbst wenn Genie oder außerordentliches Talent fehlen. Daß zwingt mich zu dem Schluß, daß ich selbst Frances Parkinson Keyes und Nevil Shute mehr bewundern muß als die noch ungeschriebenen Romane von undisziplinierten Genies, denn die haben sich, schließlich, nicht HINGESETZT UND BÜCHER GESCHRIEBEN.

Viel Liebe, meine liebe, liebe Freundin,
Pat

Milwaukee,
den 21. Januar 1961

Sehr liebe Freundin,
es gibt Unmengen von Dingen, über die ich im Detail mit Dir reden will; so viel, so tief, daß einzig und allein ein persönlicher Besuch helfen kann, und daß so ein Besuch nun tatsächlich am Horizont steht, erfüllt mich mit soviel Erwartungsfreude, wie ich schon lange nicht mehr empfunden habe. Du mußt aber länger bei uns bleiben als nur ein oder zwei Tage! Und natürlich weißt Du, daß jede Zeitspanne letzten Endes zu kurz sein wird. Und Hans freut sich auf Dich genauso wie ich, denn wie ich Dir ja schon oft berichtet habe, hat er Dich im Lauf unserer Korrespondenz immer lieber gewonnen und interessiert sich sehr für Dich!

Und dann, herzliche Glückwünsche zum dreißigsten Geburtstag! Ha-ha-ha. Aber das ist nicht zynisch gemeint, und ich wünsche wirklich, daß dies die Inauguration einer guten Dekade für Dich ist, ich habe nämlich das Gefühl, daß es so sein wird. Denn meine Gedanken passen gut zu Deinem Zitat von den Füßen auf dem Pfad nach oben. Alles in allem gibt mir Deine Haltung das Gefühl, ganz unverantwortlich, unreif, undiszipliniert zu sein für jemand, der immerhin *noch* älter ist als Du. Ich glaube, Hans fragt sich immer noch, wann ich, wenn überhaupt jemals, damit anfange, «meine Horizonte zu begrenzen», sie anzuerkennen und innerhalb ihrer Reichweite ein Ziel anzustreben. Und er hat ja so recht. Ganz sicher sieht er wie ich immer wieder meine Ziele und Energien in alle Winde verstreut, und all das nur wegen eines blödsinnigen Impulses, dem ich mich vor ein paar Jahren hingegeben habe. Schon allein deswegen könnte Dein Besuch mir und uns einen gereinigten und erneuerten Antrieb geben.

Alle Liebe und Entzücken bei
dem Gedanken daran, daß wir uns
sehen werden,
Joyce

Pashenzi,
den 21. Januar 1961

Meine liebste (und einzige) Freundin,
ich lege hier ein paar letzte (glaub ich) Briefe bei. Und damit zerbricht eine Kette, die mich – wie lange? – in Fesseln gehalten hat? Mindestens anderthalb Jahre. Ich fürchte mich bei dem Gedanken daran, ihn noch ein letztes Mal allein in Dar-es-Salaam zu treffen, falls ich und wenn ich im Urlaub noch vor Philip in drei Monaten in die Staaten fahre. Es nützt überhaupt nichts, wenn ich zu mir sage, sei stark. Ich weiß genau, daß ich nachgebe, wenn ich darum gebeten werde. Ich wünschte, ich könnte Sex verstehen. Ich wünschte, ich wäre Herrin meiner selbst. Ebensogut könnte ich sagen, ich wünschte, ich wäre tot, was natürlich nicht wahr ist. Ach, ja. Ich wünschte wirklich, Du könntest ihn kennenlernen. Von all den Menschen, die in diesen Jahren in meinem Leben aufgetaucht und wieder verschwunden sind, ist er es, den Du kennenlernen solltest. Wer weiß, vielleicht wirst Du es eines Tages, in einem anderen Kontext. Die Welt ist ja so klein.

Ich lebe augenblicklich sozusagen mit angehaltenem Atem, bis ich genau weiß, ob und wann ich zu Besuch nach Hause komme. Ich habe jetzt wirklich genug von Pashenzi. Manchmal bin ich doch sehr einsam. Dabei habe ich meine Musik, die Kinder, das Haus, Philips angenehme, unkomplizierte und selbstverständliche Gesellschaft, meinen Garten, gelegentliche Geselligkeit und Gäste, und doch spüre ich eine immer drängendere Ruhelosigkeit wie die Wirkung eines schleichenden Giftes. Man nennt das hierzulande Tourende-itis …

Zu Weihnachten und zum Geburtstag habe ich eine Menge Bücher bekommen, die ich sehr schnell durchgelesen habe, mit Ausnahme von zwei Faulkner-Romanen. Wie deprimierend der doch ist! Pasternaks ‹*Der letzte Sommer*› habe ich geliebt, und das hat mich dazu gebracht, ‹*Doktor Schiwago*› noch einmal zu lesen, besser als zuvor. Ich habe mich danach nicht mehr so blöd gefühlt, weil ich meine Gedanken so vollkommen von der Liebe beherrschen lasse.

Mit meinem neuesten Versuch, das Rauchen aufzugeben, habe ich keinen Erfolg gehabt und verachte mich selbst wegen meiner Schwäche. Dies ist ein idiotischer Brief, kaum des Namens wert, also mache ich lieber Schluß und warte, bis ich eine vernünftigere Inspiration empfange. Ich denke so oft an Dich in den letzten Wochen der Schwangerschaft, und ich bete, daß alles gutgeht. Meine Liebe Euch dreien, wenn Du dies erhältst, vielleicht schon vieren.

Deine alternde Freundin
Pat

Milwaukee,
den 16. Februar 1961

Geliebte Freundin,
Du sollst die erste von allen sein, an die ich schreibe, und eine der ersten, an die ich denke, an diesem 16. Februar, dem Geburtstag unserer 6 Pfund 12 Unzen schweren Tochter, Andrea Dominique Hohlwein. Denn ich liebe Dich und die ganze Welt für dieses winzigkleine, perfekte Kind.

Mein Arzt beschloß, die Wehen einzuleiten. Die Fruchtblase wurde also um 8 Uhr morgens eröffnet, und ich bekam prompt Wehen bis mittags, und dann kam ich für eine mörderische Stunde in den Kreißsaal. Das Baby war irgendwie in Drehlage, und mir kommt es immer noch so vor, als ob die Riesenfaust meines Arztes in meiner Vagina herumwühlt. Ich war weder so tapfer, noch so entschlossen, wie ich es mit Reinhard gewesen war und bat schließlich um ein Anaesthetikum. Und es kam mir trotzdem noch *sehr* lange vor. Aber jetzt ist es vorbei, und ich bitte Dich sehr, mit mir zu jubeln.

Ich sehe sehr wenig Grund zu der Annahme, daß wir möglicherweise gen Afrika ziehen könnten. Hans ist gerade dabei, endlich Fuß zu fassen; er beginnt jetzt so zu unterrichten, wie es ihm vorschwebt, das heißt, er lehrt Drucktechniken statt Theorie. Wir haben gestern eine wirklich schöne Wohnung gefunden, die wir eventuell für länger als ein Jahr mieten werden, da wohnen wir vielleicht, wenn Du kommst. Bitte komm bald und nimm Dir *soviel Zeit wie möglich*, um bei uns zu sein.

Ich sende Dir meine tiefste Zuneigung,
Joyce

Pashenzi,
den 7. März 1961

Meine liebste Freundin,
ich bin ja so glücklich für Dich. Ich habe vor Freude geweint, als Dein Brief ankam. Gott sei Dank ist alles vorüber und diesmal ohne Schwierigkeiten. Jetzt wirst Du schon gesund und munter zu Hause sein und die winzige Andrea genießen. Dürfte ich bitte (eine) Patin sein, wenn das nicht unbescheiden ist? Ich würde liebend gerne eine Patentochter haben, wenn ich schon keine eigene haben soll. Ich werde ihr bezaubernde kleine Sachen schicken, die sie so jung eigentlich noch nicht tragen sollte, wenn sie gerade anfängt, zu den Teens zu zählen; ich werde die mysteriöse, lebenserfahrene und der Welt ein wenig überdrüssige Patentante sein (wenn Du willst?), zu der sie kommen kann, wenn sie ihren ersten Liebeskummer hat; sie kann bei uns in London leben und Kunstgeschichte oder Wandteppichweben oder Ballett studieren. Ich bete sie jetzt schon an.

Wie ich vielleicht erwähnt habe, ist mir so ein bißchen danach, auch noch eins zu haben, nicht etwas verzweifelt, verstehst Du, aber mir ist so «brüterisch», wie die Engländer sagen, aber Philip ist absolut dagegen. Vielleicht ist es besser so; ich befinde mich in einem wundervollen Zustand, irgendwie schwebend, aber mit einem Baby ist es nicht gut, umherzuschweben (wenn auch nur im Geiste). Sie spüren das, und ich bin sicher, es beunruhigt sie. Ob du nun alles in allem wirklich recht hast oder nicht, wenn Dein Kind noch ganz klein ist, dann solltest Du in allem, was Du tust, absolut sicher sein. Wenn ich mich da klar ausdrücke. Es ist schon so lange her, seit ich das Trauma der Geburt erlitten habe, und die Kinder werden schon so erwachsen, daß ich mir kaum noch vorstellen kann, jemals Mutter eines winzigen Babys gewesen zu sein, sondern es kommt mir beinahe so vor, als hätte ich sie mit anderthalb oder zwei Jahren unter einer Kohlstaude gefunden. Immer wieder diese geistigen Häutungen, wie eine verrückte Schlange.

Weißt Du, ich kann dir gar nicht sagen, was unser Briefwechsel für mich bedeutet. Das ist wie ein Schiffsruder in diesem wahnsinnigen Ozean, oder wie ein Leuchtturm, der mich von den gefährlichen Klippen und Felsen hinwegleitet. Wie hat Matthew Arnold das genannt? Prüfstein, das war's! Ich weiß, wenn Du auch sympatisierst und Mitgefühl empfindest mit dem meisten, was ich Dir erzähle, wirst Du doch ehrlich antworten, wenn ich Dich nach bestimmten Dingen frage, und Du wirst mir Deine ehrliche Meinung sagen, wenn irgendein abwitziges Projekt, daß ich im Kopf habe, oder ein idiotischer Zustand, in dem ich mich plötzlich befinde, Dir allzu überkandidelt vorkommt. Ich habe soviel Respekt vor Dir und bin so dankbar dafür, daß Du meine Freundin bist. Je älter ich werde und je mehr Menschen ich kennenlerne, desto deutlicher erkenne ich, wie überaus selten doch die Qualität einer Beziehung, wie der unsrigen ist.

Ich arbeite im Augenblick schwer daran, die Begleitung zu einer Osterhymne zu lernen, die mein kleiner Chor einübt. Macht mich ganz wild, daß ich nicht gleichzeitig singen und spielen kann. Aber es ist doch sehr gut für mich. Nichts bringt Dich schneller wieder auf Draht als musikalisches Begleiten. Es ist das merkwürdigste Gefühl, wenn Du noch nie begleitet hast, dieses Gefühl, daß Du von einer unwiderstehlichen Welle von Rhythmus, mit der Du Schritt halten *mußt*, einfach mitgerissen wirst und bei Gott, Du *tust* es; daß ist das Seltsame daran. Ich habe meine Sorgen (wie auch Freuden) dieses Jahr in Musik ertränkt. Philip, Gott segne ihn, sagt, daß ich im Urlaub, wenn ich will, Musikstunden nehmen kann, und außerdem werden wir ein Klavier haben; wenn ich es mir also leisten kann, werde ich das machen. Da wir ja ein Haus kaufen und es schnell und billig einrichten wollen, haben wir diesmal nicht soviel Zeit zum Reisen und Geldausgeben wie letztes Mal.

Hast Du in den letzten paar Jahren überhaupt etwas geschrieben? Schreibst Du jetzt regelmäßiger Gedichte, fühlst Du Dich ab und zu von der Muse geküßt, und kommen Dir wundervolle Zeilen so plötzlich in den Sinn, schweben ein wenig herum und segeln dann weiter, ohne daß Du sie auf Papier aufgefangen hast? Ich merke, daß mir das so oft passiert. Das ist nämlich die große Sache beim Schreiben, absolut jeden Satz aufzuschreiben und ihn dann abzulegen, damit er eines Tages verwendet werden oder auch ausgesponnen und mit etwas anderem verwoben werden kann. Führst Du Tagebuch? Ich glaube, das ist auch sehr wichtig! Ich bezweifle, daß ich je die nötige Selbstdisziplin und Willensstärke aufbringen werde, um ein längeres, konzentriertes Stück Prosa zu schreiben, das wird mir langsam klar.

Bitte schreib und erzähl mir ausführlich von Andreas ersten Wochen und wie es Dir geht.

Dir und Deinen dreien meine tiefste Liebe,
Pat

Pashenzi,
den 9. März 1961

Meine liebste Freundin,
ein hysterisches und hastiges Geschreibsel, um es noch einmal hinauszujubeln, ja, ja! ICH KOMME HEIM! Am 3. Mai fliege ich nach Dar-es-Salaam, am 4. nach London, von da nach New York auf dem billigsten Wege, von da dito nach Los Angeles, eventuell mit dem Zug; ich bleibe bis Ende Juni zu Hause, etwa sechs Wochen, dann geht es langsam mit dem Bus zurück nach New York, ich kann zwar so an die 24 Stunden Busfahrt auf einmal aushalten, mehr aber nicht. Ein paar Tage Las Vegas (Horden von Tanten, Onkeln, Kusinen und Vettern), nur eine Nacht in Salt Lake City, um – wen zu sehen? Wer immer gerade da ist – ein schneller Spaziergang über den Campus, eine Krokodilsträne für meine vergeudete Jugend – einen Abend, jedenfalls – dann – zu Dir!! Nach Milwaukee – zwei Tage? Und für wie lange könntet Ihr mich ertragen? Ich muß bis zum 15. Juli wieder in London sein. Philip und die Jungen fliegen am 19. Juli von Dar-es-Salaam dorthin. Würde es Dich verrückt machen, wenn ich bei Euch eine Woche lang rumhänge? Würden wir uns heiser reden? Ich wasche das Geschirr ab und fahre Andrea in ihrem *pram* – entschuldige, *baby buggy* spazieren – was? Eine Woche, einen Tag für jedes Jahr, seitdem wir uns zuletzt gesehen haben? Sag es bitte ehrlich, wenn das nicht geht. Ich kann *immer* in einem Hotel in der Nähe wohnen, und

sagt es, um Himmels willen, wenn es Euch nicht länger als einen oder zwei Tage paßt. Ich verstehe das ganz bestimmt. Ich würde zuerst zu Euch kommen, möchte mir das aber lieber bis zuletzt aufheben, wie Nachtisch und Kaffee und Brandy.

Ich bin ja so aufgeregt, wie Du Dir gut vorstellen kannst. Alles andere ist völlig aus meinem Kopf verschwunden, mit der Spannung vor dieser Reise, jetzt da es feststeht, daß ich fahre. Es klingt verdammt kitschig, aber ich weiß, sobald ich in New York aus dem Flugzeug aussteige, gehe ich in den Drugstore und kaufe mir eine *New York Times*, einen Hamburger und eine Tasse Kaffee, und dann gehe ich zum Empire State Building, in den Aussichtsturm ganz nach oben (wo ich noch nie war) und dann zu den *Cloisters* (wo ich schon gewesen bin) und dann zu – wohin? Ich weiß nicht, ich bin wie verrückt! Noch siebeneinhalb Wochen, und ich kann schon nicht mehr schlafen. Bitte beeile Dich und schreibe, bevor ich abfahre, und sag mir Bescheid.

Ich werde mir ganz und gar wie ein Landei vorkommen, eine Expatriierte frei nach Henry James, so lange habe ich jetzt schon am fremden Mais geknabbert. Weißt Du, was ich alles nicht gesehen habe? Fernsehen, sechs Jahre lang; nur einen Film in zweieinhalb Jahren; einen Supermarkt oder eine sechsspurige Autobahn oder einen Dieselzug seit sieben Jahren! Kaum glaublich. Der einzige Schatten ist, daß ich die Kinder so lange verlassen muß, aber sie sind ja in guten Händen und im eigenen Heim. Ich muß noch viele Briefe schreiben, um den Druck abzulassen, damit ich nicht explodiere. Liebe Euch allen, meine liebe, liebe Freundin, die ich bald beim Wiedersehen umarmen werde,

Pat

Milwaukee,
den 18. März 1961

Liebe, liebe Pat,
Hallelujah! Nur noch zwei Sachen zu klären. Erstens, entschuldige Dich doch nicht dafür, daß Du Andreas Patentante sein willst. Ich fand das überhaupt nicht unbescheiden, sondern schrecklich lieb, und wie Du das ausgedrückt hast, das hat mich fünfmal hintereinan-

der zu Tränen gerührt. Du weißt doch, wie liebend gern ich Dich als Patentante hätte.

Zweitens, ich kann mir nicht vorstellen, daß wir jemals Deiner müde werden könnten. Eine Woche ist viel zu kurz, aber wenigstens sind fünf Tage besser als lausige zwei, bitte glaube mir! Wenn Du das nicht tust, schreibe ich Dir nie wieder. Wir befinden uns in einem unglaublichen Chaos, in einem Strudel von Entscheidungen und Widersprüchen oder Risiken und Spekulationen und Rückschlägen, die mich völlig außer Atem gebracht haben. Das Resultat, was Deinen Besuch betrifft, ist nur dies: Ich habe keine Ahnung, ob wir Anfang Juli noch in Milwaukee sein werden. Bis Ende Mai ganz sicher, und dann haben wir auch Platz für Dich, aber dann unterrichten wir beide. Und ich kann den Gedanken an eine Unterbrechung unserer Zeit zusammen kaum ertragen. Ich wünschte, wir könnten irgend etwas Dramatisches arrangieren, Dich in Salt Lake City abholen und zusammen zur Ostküste fahren, oder wohin wir sonst ziehen. Aber zu dieser Stunde, nur ein paar Tage, nachdem Hans impulsiv und mir zunächst unverständlich seine Stelle hier gekündigt hat, haben wir tatsächlich nicht die geringste Ahnung, *wo* wir nächstes Jahr sein werden. Aber was auch immer das nächste Jahr bringt, nichts wird uns daran hindern, eine ruhige und herrliche Zeit für uns beide zu arrangieren. Ich kann es kaum erwarten. Ich werde Dir viele kleine, geschäftige Briefe über alles mögliche schreiben, bevor Du Afrika verläßt.

Unser Baby ist ein Traum; Du wirst ganz bestimmt stolz auf sie sein. Vielen Dank für die Familienbilder. Die Jungen sind wundervoll. Ich sehne mich danach, sie zu sehen.

Alle Liebe,
Joyce

Pashenzi,
den 23. März 1961

Meine liebe Joyce,
ich glaube, noch sechs Monate in einem Ort wie diesem würden mich völlig fertigmachen. Philip und ich, wir spinnen beide ein bißchen von den zweieinhalb Jahren hier, mit nur einem kurzen Ur-

laub weg von hier, letzten September. Philip ist furchtbar überarbeitet, und er ist so nervös, daß er manchmal fast so aufbrausend ist wie ich. Die neue Regelung der Zeitspanne einer Tour ist uns sehr willkommen. Ich kann Dir sagen, es ist nur gerecht. Für die ersten zwölf Monate hüpfst Du einen angenehmen, rosenbepflanzten Pfad entlang, genießt alles und lernst und beginnst Projekte, die nächsten neun befindest Du Dich auf einer sicheren Ebene gut gelernter Routine und Umgebung, Gesichter, Konversationen, während der nächsten sechs geht's langsam, ganz allmählich abwärts mit Dir, nur ein kleines bißchen jede Woche und jeden Monat, aber definitiv abwärts, und dann, Zerfall, aber *rapide*, setzt ein mit einem Knall, und die Dinge beginnen überall in diesem verflixten Ort aus den Fugen zu gehen.

Nicht nur körperliche Gesundheit (Gott, Mahali war ein Höllenloch; ich habe mich nie im Leben so permanent unwohl gefühlt. *Niemals* war mir so verdammt ununterbrochen *heiß* für so lange Zeit, drei verdammte Jahre), aber in einem Ort wie Pashenzi, mit gemäßigtem Klima, aber so entsetzlich isoliert, klein, und abgeschnitten, da degeneriert Deine geistige Gesundheit so sehr im letzten Jahr einer dreijahrelangen Tour. Wenn jemand mir sagen würde, ich müßte jetzt noch sechs Monate oder ein Jahr hier durchhalten, ich wüßte wirklich nicht, was ich tun würde.

Ich habe Robert Graves' *‹Goodbye to All That›* gelesen. Es ist ein unglaubliches Buch. Der Erste Weltkrieg kommt einem so weit entfernt und so unnötig vor, eine ganze Lebensweise ist damit untergegangen, das Edwardische England vielleicht mehr als alles andere, was nach dem letzten Krieg aus dem Leben verschwand, mit Ausnahme natürlich der schrecklichen Tragödie mit den europäischen Juden. Von Graves' Gedichten habe ich nur wenig gelesen. Magst Du ihn?

Wie geht es Dir? Wie geht es Dir wirklich? Wie geht es Andrea? Ich muß zu Ende kommen, gib Hans und Reinhard meine Liebe, und schreib mir und sag mir, daß Du nicht nach Alaska oder den Andaman-Inseln gehst in der ersten Juliwoche. Ich warte sehnsüchtig auf Nachricht von Dir. Nur noch fünfeinhalb Wochen, bis ich abfahre.

Huiiii.
Euch allen viel Liebe,
Pat

Milwaukee,
den 6. April 1961

Liebe Pat,
gestern kam Dein Brief an, und es hat mir sehr gutgetan, von Dir zu hören. Oh, ich warte sehnsüchtig darauf, mit Dir reden zu können, ich brauche es dringend. Vielleicht kannst Du mir helfen, einiges in eine andere Richtung zu bringen oder auch zu bestätigen. Die Zeit wird nie lang genug sein, Dich in der Nähe zu haben, und ich versuche mir augenblicklich eine Möglichkeit auszudenken, wie wir uns in Salt Lake City treffen und zusammen quer durchs Land fahren könnten (wahrscheinlich mit den Kindern) zurück nach Milwaukee oder sonstwohin. Denn Du hast doch meinen letzten Brief erhalten, in dem ich Dir ganz kurz davon erzählte, daß Hans seine Stelle gekündigt hat und wir nun nach einer neuen Position suchen, nicht? Er ist ziemlich außer sich – ist so ein zerquälter und in vieler Hinsicht ineffektiver, chaotischer Mensch – so viel Talent ohne Disziplin, Sehnsucht, ohne Überzeugung zu glauben, Mitgefühl ohne ein Quentchen Freundlichkeit und mit einem schockierenden Mangel an menschlichem Verständnis, aus der Nähe betrachtet. Ach ja, Du wirst ja sehen.

Wir haben keine Ahnung, wo wir sein werden. Hans sehnt sich nach dem Mittelmeer, und ich möchte einfach nur aus dem Mittelwesten raus. Ich möchte gern in Richtung Montreal, Boston oder Nordwesten ziehen, aber würde natürlich auch sehr gern wieder nach Europa gehen, wenn es da Arbeit für Hans gäbe, die herausfordernd genug für ihn wäre – eine verspätete Chance (entschuldige die Redewendung), um einen Mann aus ihm zu machen. Es ist ziemlich ermüdend, mit einem Mann zu leben, der so unreif ist, und offen gesagt sehne ich mich manchmal nach dem Fertigprodukt, dem Mann, der sich selbst und das Leben besser unter Kontrolle hat und der einen dynamischen Intellekt in seinen Umgang mit den Dingen dieser Welt einbringt. Es gibt, wie Du sehen wirst, seltene und feine Entschädigungen, aber manchmal, jetzt zum Beispiel, fühle ich mich, ach, so schrecklich einsam.

O Pat, ich freue mich *so*, daß Du kommst!

Liebe,
Joyce

Milwaukee,
den 15. April 1961

Liebe, liebe Pat,
nur noch drei Wochen! Ich bin so aufgeregt für Dich, für mich, für Deine Eltern, für Deine Patenkinder und für Hans. Es ist alles zu wundervoll! Warum rufst Du uns nicht von New York aus an, wenn Du ankommst, als R-Gespräch? Oh, ich hoffe so, daß alles gutgeht, für Dich. Vermutlich brauche ich mir keine Sorgen zu machen, daß Du von allem hier enttäuscht sein wirst, denn höchstwahrscheinlich hast Du ja die durch Erfahrung leicht bewölkten Illusionen der Expatriierten und nicht die himmelblauen der Immigranten, und vielleicht bist Du sogar angenehm überrascht. Dein erster Hamburger und Kaffee in einem New Yorker Drugstore könnten eventuell ein bißchen schlimm werden, und der Schock der schlampigen amerikanischen Aussprache wird wie ein Faustschlag sein, aber danach wirst Du Dich vielleicht entspannen und das Gute zusammen mit dem Schlechten annehmen können, Dich an der majestätischen Geographie des Landes erfreuen und an der Vielfalt seiner Menschen. Vieles wirst Du verändert finden, vieles verschlechtert, den Wahnsinn des Verkehrs haarsträubend, den Schick der Fifth Avenue bezaubernd, die Intensität von allem um Dich herum ziemlich abschreckend. Und der Lärm – nach Pashenzi – oh, der Lärm! Ich kann es nicht erwarten, Dich zu sehen! Ich bin fast sicher, daß wir in der ersten Juliwoche in Milwaukee sein werden. Gibt es irgend etwas B:E:S:O:N:D:E:R:E:S, was Du tun möchtest – Chicago oder sonst was –, wofür ich im voraus planen könnte? Soll ich Chianti einlagern oder Zinfandel, oder was? Hast Du einen britischen Akzent? Darauf wette ich!

Jedenfalls, tausendmal willkommen! Du hast ja keine Ahnung, wie entnervt ich schon den ganzen Winter über bin wegen einer unvollständigen Liebesaffäre, die Hans angefangen hat. Mehr davon, wenn Du kommst.

Alles Liebe,
Joyce

Pashenzi,
den 25. April 1961

Liebste Freundin,
es ist einfach zu unglaublich, daß ich morgen in zwei Wochen tatsächlich wieder Heimaterde unter den Füßen spüren und in der Stadt der Engel sein und am Busen meiner Familie ruhen werde – eine herrliche Sammlung von Klischees, die zweifellos zu den banalsten Erfahrungen gehören. Morgen in einer Woche fliege ich hier ab und brauche nur eine Woche, um dort anzukommen, auf dem Luftweg, mit all den Zwischenlandungen und Wartezeiten. Ich spüre (wenn ich auch niemandem, auch nicht Philip, irgend etwas anderes als wachsende Aufregung gestanden habe) den Anfang einer erschreckenden Leere, als ob man einen tauben Freund hätte, der nicht wüßte, daß er taub ist, und sagte ihm immer wieder, WARTE nur, bis Du Beethovens Fünfte hörst, und ginge mit ihm ins Konzert und dann ... Phhhht, nichts als leeres Seifenblasen im Kopf. Bin ich allzu ent-amerikanisiert? Ist das überhaupt möglich? Habe ich mich allzusehr in das Wertsystem der Mittelschicht einspinnen lassen und in die Anstrengung, mich in das Abbild einer respektablen Matrone der oberen Mittelschicht zu verwandeln? Zu sehr, um die Heimkehr wirklich zu genießen, meine ich.

Ich habe William Whytes *‹The Organization Man›* gelesen und apropos Thomas Wolfe sagt er, sehr witzig, der Grund dafür, daß die meisten jungen Amerikaner nicht wieder nach Hause können, ist der, daß es einfach nicht da ist, wenn man ankommt; was ich höchstwahrscheinlich bei meiner Ankunft in Los Angeles auch feststellen werde, denn das veränderte sich ja schon von einem College-Semester zum anderen. Und in Salt Lake City, was werde ich da finden? Ich denke, genug für eine leichte Nostalgie. Sagen wir, ich werde sicher das verlassene Gebäude eines heißgeliebten Theaters sehen, wo ich einige sehr unterschiedliche Stücke gesehen habe – manche tief bewegend, andere trivial, manche ein bißchen schmutzig, aber allesamt sehr wichtig für mich, und alle haben ihre Laufzeit beendet. Niemand ist da, den ich sehen will, außer vielleicht Deine Eltern. Gott, ich fühle mich uralt.

Ich kann davon nicht viel aufs Papier bringen, das heißt, ich könnte schon, aber dazu würde ich 20 Seiten und mehrere Tage brauchen, die ich im Augenblick nicht habe, um Dir von meiner

Beziehung zu meinen Kindern zu erzählen, die sich erstaunlicherweise (für mich unmütterliche Alte, freilich nicht für jeden erkennbar) als das wichtigste Element in meinem Leben erwiesen hat, und das, wenn nichts anderes, verdanke ich Ian.

Um Himmels willen schreib mir nach Los Angeles, sobald Du etwas über Eure Situation im Juni und Juli weißt, denn ich will mit meiner Mutter Pläne machen, und Dich muß ich unbedingt sehen. Ich meine, es wäre zu dumm, diesen ganzen langen Weg zu machen (was ohnehin so selten vorkommt!) und Dich zu verpassen, wenn ich ohnehin nur komme, um Dich und meine Mutter zu sehen. Meine Güte, ich wünschte, ich könnte sofort zu Dir kommen, aber das würde meine Mutter zutiefst verletzen, wenn ich zuerst woanders hinfahren würde. Wenn Du nur irgendwo wärst, wo ich Dich mehrmals während meines Aufenthaltes besuchen könnte.

Liebe, Liebe, bis wir uns sehen,
Pat

Achter Teil

Mai 1961–Dezember 1961

Eine lange Freundschaft ohne Heuchelei

Milwaukee,
den 22. Mai 1961

Liebe Freundin,
Dein kurzer Brief ist gerade angekommen. Ich kann mir aus eigener Erfahrung gut vorstellen, unter welchem Druck von Familie und Zeitmangel Du in diesen Tagen in Los Angeles stehst. In etwa sechs Wochen wird Dir das alles nur noch wie ein Atemzug vorkommen, halb Wirklichkeit, halb Traum. Aber ich will, daß unsere Zeit zusammen bleibende Wirklichkeit wird. Wir alle freuen uns so auf Dich, und Hans nicht am wenigsten.

Und das ist ein Grund, warum ich ernsthaft bezweifle, daß ich in der letzten Juniwoche nach Salt Lake City kommen werde. Hans ist so gespannt auf Dich, daß ich ihn nicht nur mit den Resten abspeisen will. Nicht, daß es nur so viel von Dir gibt und dann ist Schluß; vielmehr möchte ich, daß er an der ganzen Frische der Kommentare und geteilten Erfahrungen teilhaben kann, nicht nur durch aufgewärmte Wiederholungen.

Außerdem ist unser Einkommen für den Sommer ziemlich knapp, und da Hans jederzeit irgendwohin für ein Einstellungsgespräch gerufen werden könnte, ist das Reisegeld dafür eigentlich wichtiger, als es dieses wäre. Du wirst mit Mutter und Vater viel Freude haben und sie mit Dir, aber ich wäre doch eifersüchtig auf Zeit, die in meinen hochmütigen Augen unnütz verbraucht werden würde. Ich habe nur noch zwei Tage Unterricht und gebe zu, daß ich langsam zu strahlen anfange, wenn ich an meine bevorstehende Befreiung von diesem Druck und den Verpflichtungen denke.

Ich will im Juni, etwas verspätet, das ‹*Alexandria-Quartett*› lesen. Erstaunlich, wie schwer es ist, mit dem zeitgenössischen Zeug auf dem laufenden zu bleiben, wenn man über Dinge unterrichtet, die Jahrhunderte zurückliegen. Übrigens, mein Telefonanruf war mein Geschenk an mich selbst, zum einunddreißigsten Geburtstag. Sollen wir Zeit damit verbringen, unsere Dreißiger zu bejammern?

Schreib, was Du kannst, wenn Du kannst,
und alle Liebe,
Joyce

Milwaukee,
den 9. Juni 1961

Liebe Pat,
also, Du scheinst ja ein Exposé par excellence zu erleben. Wie Du sagst, gib den ‹*Organization Man*› und den ‹*Academic Man*› dazu, und Du wirst vielleicht einen ziemlich guten Einblick gewonnen haben. Ich habe aber doch meine Zweifel. Denn trotz der entsetzlichen Stereotypen besitzt das Land doch eine unendliche Vielfalt. Aber es tut mir leid, daß Du zu Hause in so eine schäbige Situation geraten bist. Aber diese Entzauberung kenne ich, wenn auch in kleinerem Ausmaß, und ich weiß, daß es einen fast wie ein Faustschlag trifft.

Ich bin total abgeschlafft und werde versuchen, mich vor Deiner Ankunft auszukurieren. Das bedeutet Mittagsschläfchen, Spaziergänge und, wenn's sein muß, Tranquilizer. Es bedeutet auch, mit dem Baby spielen und lesen, was mir Spaß macht, Knöpfe annähen und mit meinem Jungen Brücken bauen. Ich wünschte, Hans könnte das auch. Zur Zeit arbeitet er als Taxichauffeur (!).

Die letzten paar Wochen waren unheimlich anstrengend, mit Aufsatzheften, Abschlußarbeiten, Abschiednehmen. Und unter der Oberfläche ist immer die wachsende Sorge, ob Hans eine Stellung bekommt. Bis jetzt nichts. Und wir haben nur noch ein Gehalt zum Leben. Dazu kommt, daß wir überhaupt nichts sparen konnten. Aber ich glaube doch, daß er noch etwas findet.

Andrea schreit augenblicklich vor Schmerzen von einer Impfung, die sie heute morgen bekommen hat, und ich kann sie nicht beruhigen, es bricht mir fast das Herz. Sie ist sonst immer so brav und scheint selbst erstaunt zu sein, daß sie so weinen muß. Sie wiegt jetzt 12 Pfund und ist sehr lieb.

Also, weiter hab ich nichts zu sagen, und mein Baby ist so schrecklich unglücklich. Schreib, wenn und wann Du kannst.

Liebe,
Joyce

Nach sieben Jahren sahen sich die zwei Freundinnen in Milwaukee wieder, eine Woche lang, bevor Pat in Etappen mit dem Greyhound Bus nach New York zurückreiste und von da nach London. Joyce, Hans, Reinhard (jetzt fünfeinhalb) und Baby Andrea wohnten in einer hübschen Wohnung in dieser schönen deutschen Stadt am Seeufer. Worüber sie in dieser Woche sprachen, ist jetzt, im Detail, längst vergessen und wird in Pats erstem Brief aus London kaum erwähnt, aber vermutlich ging es weitgehend um dieselben Themen wie in den Briefen.

Jede der beiden erinnert sich jetzt, viele Jahre später, nur an wenige Einzelheiten und einige sehr deutliche Eindrücke in den Gesprächen. Die Beziehung scheint so unmittelbar, empathisch, warm, liebevoll und offen wie in den vergangenen Jahren gewesen zu sein. Sie sprachen über Liebe, Ehe, Sex, Berufe, Bücher, Kinder, Eltern, ihrer beider wahrscheinliche Zukunft. Bestimmte Eindrücke, die jede von der anderen hatte, teilten sie einander damals nicht mit, um der liebsten Freundin nicht weh zu tun. Inzwischen haben sie über diese Eindrücke und deren Gründe gesprochen.

Joyce erinnert sich an ihren großen Schock, als sie in Pat etwas entdeckte, was ihr wie die schlimmste Art von britischem Snobismus der oberen Mittelschicht vorkam, Pats einstudiert wirkende, kontrollierte Liebenswürdigkeit schien so ein Kontrast zu der impulsiven, ja sogar ein bißchen despektierlichen Freundin von vor einer Dekade, die nie ein Blatt vor den Mund zu nehmen pflegte. Pat ihrerseits war entsetzt, als sie sah, wie diktatorisch Hans seine kleine Ménage beherrschte und die schüchterne Ergebenheit ihrer früher so unbekümmerten Freundin gegenüber seinen launischen und irrationalen Forderungen.

Es schien jeder der Frauen, daß die andere in mancher Hinsicht eine groteske Parodie auf das Leben, das sie gelebt und für die andere aufgezeichnet hatte, geworden war: Joyce, der ewige Fußabtreter für einen Mann, der in sich die schlimmsten Stereotypen des Künstlers und deutschen Paterfamilias vereinte; Pat, die Memsahib, die den Kanon und die Manieren der britischen Kolonialbeamten perfekt beherrschte.

In ihren Briefen hatte Joyce von Hans' häuslicher Tyrannei nichts erwätnt, und Pat entdeckte zu ihrem Erstaunen eine Reihe von exzentrischen Wünschen, denen gegenüber Joyce machtlos schien, die sie weder in Frage stellte noch zurückwies. Hans hatte zum Beispiel eine Phase, in der er künstliches Licht ablehnte. Er war immer schon übermäßig geräuschempfindlich gewesen, so empfindlich, in der Tat, daß Joyce vor ein paar Jahren bemerkte: «Wenn Petrus mich jemals fragt, warum ich aus dieser Ehe raus mußte, werde ich nur antworten, daß Hans noch nicht einmal das Geräusch eines knarrenden Bügelbrettes ertragen konnte.» Seine Abneigung gegen diese zwei unvermeidbaren Komponenten des täglichen (oder vielmehr, abendlichen) Lebens führten allabendlich zu der folgenden Szene.

Hans hatte das Wohnzimmer als den Raum bestimmt, der für die abendliche Mahlzeit am besten geeignet war. Es lag an der Vorderseite der Wohnung, die Küche lag hinten. Die Fußböden waren aus poliertem Holz, und nur einige hier und da verstreute orientalische Teppiche dämpften das Geräusch der Schritte. Also ordnete Hans an, daß alle barfuß zu laufen hätten. Abend für Abend, wenn der Tisch gedeckt wurde, mußte Joyce nun den langen Korridor hin und her trotten, mit Geschirr, Gläsern, Bestecken und Tischdecke, mit den verschiedenen Gängen der Mahlzeit, mit Getränken – barfuß und bei Kerzenlicht. Der fünfjährige Reinhard hatte Schwierigkeiten, sich in dem Dämmerlicht zurechtzufinden und kleckerte gelegentlich, worauf es böse Worte vom Vater setzte, und darauf folgten Tränen von Sohn und Mutter, und schließlich Verweis des Sohnes vom Tisch.

Pat protestierte: «Sag nein. Es ist doch verrückt, so zu leben!»

Joyce antwortete unter Tränen: «Ich kann nicht. Es muß alles so gemacht werden, damit Frieden ist. Er ist Künstler.» Joyce erinnert sich daran, insgeheim gedacht zu haben, daß es für Pat ja ziemlich einfach sei, ihr entweder Rebellion oder einen «gepflegteren» Lebensstil zu empfehlen, sie hatte schließlich ein Haus voller Dienstbo-

ten; das stimmt natürlich, doch auch im Rückblick bleibt die Geschichte zumindest tragikomisch.

Während ihres Zusammenseins entdeckten die beiden auch, daß jede von ihrem Mann dazu gebracht worden war, sich elegant und modisch zu kleiden und mehr Körperpflege zu treiben; das war etwas, was sie nicht als Teil des eigenen Reifeprozesses aus sich selbst heraus begonnen hatten. Beide erinnern sich jedoch, daß sie ihr ‹neues› Image durchaus genossen, nachdem sie erst einmal soweit waren, Jeans und Hosen und amerikanische Western-Moden aufzugeben.

Jede nahm es als selbstverständlich an, meinen sie heute, daß dies vorübergehende Veränderungen in der anderen waren. Pat glaubte, daß Joyce eines Tages rebellieren würde; Joyce war sicher, daß Pat eines Tages ihre übertriebene Wertschätzung gesellschaftlicher Formen aufgeben und wieder zum alten Ich zurückkehren würde. Die Misere, die jahrelang in den Briefen ihren Ausdruck fand, bestätigte wohl diese Annahme, denn worüber die beiden Frauen so unglücklich waren, das war im Grunde nichts anderes als die Tatsache, daß sie sich am völlig falschen Platz befanden, wie eifrig sie auch bemüht waren, sich selbst davon zu überzeugen, daß es ein ganz herrliches Plätzchen war. Mit anderen Worten, beide hatten Lebensstil und Verhaltensweisen angenommen, die zu dem paßten, was von ihnen erwartet wurde – nicht nur vom Ehemann, sondern auch von ihrer gesellschaftlichen Umwelt. In Joyces Fall war das das künstlerisch-universitäre Ambiente, verbunden mit den Einstellungen eines deutschen Ehemannes zu Familienleben und Rolle der Frau; in Pats Fall war es das anachronistische Ambiente des Koloniallebens und die Einstellung des britischen Ehemannes zu denselben Dingen.

Joyce und Pat hielten an diesen angenommenen Lebensstilen fest, fühlten sich aber nicht wohl in ihren falschen «Gewändern». Erst nach vielen Jahren und vielen Gesprächen wurde ein Gutteil dieser Problematik von beiden artikuliert oder akzeptiert (und dann immer noch mit Vorbehalt).

London, England,
den 14. August 1961

Meine liebste Freundin, jetzt mehr denn je,

ach ja, leider war alles viel zu schnell vorüber, und wie viele Jahre wird es jetzt wieder dauern? Nicht ein Iota hast Du Dich verändert, außer, daß Du mütterlich, fraulich, weiblich anstatt mädchenhaft bist, liebend, anstatt kokett, aber das Sprühende, der Witz, die Intelligenz, der Charme, es war alles da und noch vertieft, glaube ich, vielleicht durch Deinen Kummer und Deine Sorge in diesen Jahren. Die haben ganz sicher Spuren hinterlassen, aber gute – Leuchtspuren könnte man sagen. Sie war nicht *lang* genug, diese gesprächige Woche! Sie war wie der Blitz vorbei, Schnipsel von undeutlichen Erinnerungen an diese und jene Konversation über dieses und jenes Thema hinterlassend, aber ich bin *so* glücklich, bei Dir gewesen und Dein Leben geteilt zu haben, wenn es auch nur für kurze Augenblicke war.

Aber ich muß jetzt meine Pflicht tun (mein Brot- und Butter-Brief, wie die Engländer sagen) – vielen Dank für Eure Gastfreundschaft in der Woche, für Eure Geduld mit meinen Predigten und Warnrufen. Ich hoffe so sehr, daß Hans inzwischen etwas gefunden hat und daß die Aussichten für die unmittelbare Zukunft nicht mehr so trübe erscheinen. Schreib, schreib und erzähle mir, wie alles läuft.

Joyce, ich weiß nicht, was ich über all die Dinge sagen soll, von denen wir sprachen. Im Augenblick denke ich gar nichts, denn alles ist noch so frisch, und überhaupt haben wir ja alles Wichtige gesagt und wissen, wie die andere empfindet, über uns und Ehe und Kinder und Kunst. Das Großartige ist, daß wir jetzt ausführlich weiterschreiben und Ereignisse und Menschen und Gefühle personalisieren können.

Hier in England ist Philip ein Meister in der Kunst, unsere Zeit zu gleichen Teilen mit und weg von den Kindern aufzuteilen. Das heißt, während wir in London sind, bleibt er den ganzen Tag bei ihnen, während ich herumlaufe und einkaufe und schaue, und abends bleibe ich zu Hause, während er ins Theater oder ins Kino geht, und am nächsten Tag tauschen wir die Rollen. Ein paar Tage in der Woche gehen wir en masse aus, und zwei Tage in der Woche nehmen wir uns einen Babysitter. Es funktioniert sehr gut. Ich gehe ohnehin liebend gern allein aus.

Wir haben ein großartiges Wiedersehen gefeiert; die Trennung hat uns beiden ungeheuer gutgetan, mir ganz besonders, glaube ich jedenfalls. Ich fühle mich jetzt viel ruhiger und zufriedener, mit P., mit den Kindern, mit meinem Los und der Lebensweise, die ich gewählt habe. Ich habe mich entschlossen, meine US-amerikanische Staatsangehörigkeit aufzugeben und einen britischen Paß zu beantragen, aber P. meint, ich sollte lieber warten, bis mein amerikanischer Paß nächstes Jahr abläuft und es dann erst tun (er kennt meine vorschnelle Art so gut). Aber ich glaube nicht, daß ich bis dahin meine Absicht ändern werde. London kommt mir diesen Sommer ganz besonders schön vor. Ist es die schmerzhafte Nostalgie einer alternden Schönheit, die über ihren Höhepunkt und ihre Wirkung hinaus ist und deren Macht nur noch darin liegt, daß sie in Männern Erinnerungen an vergangene Herrlichkeit und Triumphe hervorrufen kann? Gleichviel. Es ist alles so ein langsamer Prozeß. Jedenfalls wäre ich lieber beim Untergang des griechischen als des römischen Imperiums dabei.

Ich muß Dir meinen Artikel aus dem *Christian Science Monitor* vom 8. Juli schicken, mitten auf der Leitartikelseite, sogar mit einer regelrechten Verfasserangabe. Ich bin furchtbar stolz, auch wenn das vielleicht meine einzige Veröffentlichung bleibt. Sie haben ihn sogar mit einer Karte von Afrika hervorgehoben, Tanganyika passenderweise dunkel gedruckt, und mit einem großen Bild von unserem Premierminister, Mr. Nyerere. Ich habe noch einen geschrieben und eingeschickt, über Finanzen, und arbeite an einem dritten über Frauen.

Wir glauben, wir haben ein Haus gefunden, allerdings für mehr, als wir ausgeben wollten, auch ein bißchen größer – Wohnzimmer, Eßzimmer, Studierzimmer, Küche, Speisekammer, Toilette unten, vier Schlafzimmer und ein Badezimmer oben, einen 3 Morgen großen Garten (Rosen und Obstbäume) und ein paar Gebäude, die so aussehen, als ob sie früher als Kutscherhäuschen, Gartenhütte, Kohlenverschlag benutzt wurden. Wir haben 10 Prozent angezahlt und können jetzt nur darauf warten, daß unser Rechtsanwalt den Rest besorgt. Es wird wahrscheinlich noch drei oder vier Wochen dauern, bis wir einziehen können. Wir müssen eine Hypothek mit siebenjährigerLaufzeit aufnehmen und hoffen zu Gott, daß wir es möbliert vermieten können, während wir in Afrika sind, und zwar zu einem horrenden Mietpreis, sonst können wir nämlich unsere monatliche Belastung nicht abzahlen. Das dürfte aber nicht allzu schwer sein, das Vermieten, wenn wir genug gebrauchte Möbel zusammenkratzen können, um das Haus damit zu füllen.

Das nächstliegende Dorf ist in einer todschicken Gegend, und wir sind umgeben von großen Landsitzen, wir in unserer kleinen viktorianischen Villa (Villa ist in England ein herablassender Terminus, nicht etwa so wie die amerikanische Vorstellung von mediterraner Grandezza. Es ist ungefähr 100 Jahre alt, Ziegelstein, vorne mit großen Erkerfenstern; von der Straße ist es durch eine enorme Hecke und einen breiten Rasen abgeschirmt, und am Haus entlang führt eine kleine Straße, auf die man durch ein großes Doppeltor kommt.

Es gefällt uns sehr gut, und wir hoffen, bis zum 12. September einziehen zu können, dann sind nämlich die fünf Wochen in unserer gegenwärtigen Wohnung abgelaufen.

Ich muß schon sagen, es macht unheimlich Spaß, sich Land und Häuser anzuschauen, die mit einem Federstrich tatsächlich einem selbst gehören könnten. Man fühlt sich ziemlich allmächtig, wie ein König. Ich glaube, wenn alles klappt, werden wir mit unserem Haus in East Sussex sehr glücklich sein.

Ich wünschte, wir könnten es nach unserem eigenen Geschmack einrichten, aber Preis und Brauchbarkeit müssen die Grundkriterien für buchstäblich alles sein, vom Küchenregal bis zu Betten und Sofas, alles gebraucht, durch Anzeigen, auf Ausverkäufen und Auktionen – auch die Teppiche. Aber das Tolle ist, es wird uns, uns, uns gehören. Ein Nachbar hat Philip erzählt, daß die Erde so fruchtbar ist, daß ein früherer Besitzer seinen Unterhalt mit selbstangebautem Obst und Gemüse verdiente, das er auf dem Markt verkaufte. Ich verspüre plötzlich einen richtigen Landhunger.

Die Kinder lieben England und sind wundervoll wache Touristen, besonders Christopher, der von den berittenen Polizisten, den Rolltreppen in den Kaufhäusern, den U-Bahnen und der Elektrizität hell begeistert ist! Sie kommen sehr gut hin, mit neuen Babysittern am Abend, und lassen sich friedlich überall mit herumschleppen, mit dem Auto, zu Fuß oder im Bus. Christopher hat freilich all seine mühsam erlernten Buchstaben und Zahlen schon wieder vergessen.

Wir suchen also wie verrückt nach alten, abgenutzten Möbeln, mit denen wir unser Acht-Zimmer-Haus anfüllen können, und bisher haben wir Glück gehabt. Wir haben bis jetzt etwa 45 Dollar ausgegeben und haben schon eine Menge Zeug zusammen – ein Doppel- und ein Einzelbett, einen Schreibtisch, zwei lederne Sessel ($ 2 pro Stück!), einen Küchentisch, zwei Eßzimmertische, eine Kommode, ein paar kleine Schränkchen, einen großen Kerosinofen. So etwas ist erstaunlich billig in England, selbst Antiquitäten sind sehr preiswert.

Ich muß Schluß machen und den Kindern Eier und Brot zurechtmachen. Meine liebste Joyce, es ist, als wären all die Jahre nie gewesen. Du mußt gleich schreiben und mir von Jobs und Häusern berichten.

Viel, viel teuerste Liebe,
Pat

Columbus, Ohio,
den 29. August 1961

Meine liebe, liebe Freundin,
ich bin in Tränen ausgebrochen, als ich diesen ersten Brief von Dir seit Deiner Abfahrt in Händen hielt, diesen Brief, der wahrscheinlich eine neue Serie von Jahren – sicher von Erfahrungen einleitet. Und ich glaube, nur ein Brief von Dir oder Hans könnte so auf mich wirken. Ich denke mehr und mehr, daß ich völlig vernichtet wäre, wenn unser Briefwechsel aus irgendeinem Grund aufhören oder oberflächlich und bedeutungslos werden würde.

Deine Abreise hat ein Vakuum in meinem Leben hinterlassen, an dem ich wie an Entzugserscheinungen leide. Die Kürze des Besuches hat mich sehr gestört, und ich spürte eine bohrende Unruhe – die Du mit Sicherheit bemerkt hast, die ich aber inzwischen als unrealistisch und unproduktiv erkannt habe, wenigstens in der Konzentration auf Einzelheiten. Auf jeden Fall habe ich mich inzwischen mit der Tatsache und der Wahrheit abgefunden, daß unsere jeweiligen Lebensläufe uns natürlich verschiedene Möglichkeiten, Entscheidungen und Risiken diktieren müssen, und es ist töricht von mir, mich nach Dingen zu sehnen, die in den Kontext Deiner britisch bestimmten Lebensweise gehören.

Einen Tag, nachdem Du Milwaukee verlassen hast, erhielt Hans einen Fernanruf vom Leiter der riesigen und hochrenommierten Abteilung für bildende Kunst an der Landesuniversität von Ohio, der ihm sagte, er sei von zwanzig Kandidaten für die Stelle eines *Instructors* an der Universität ausgewählt worden. Wir waren beide ganz entzückt (nochmals, Du mußt Dir unsere Auswahlmöglichkeiten vorstellen), denn das ist ein echter akademischer Schritt vorwärts, wenn auch Columbus so eine Art Nullpunkt der Erde ist und Hans es bereits die «grüne Hölle von Ohio» getauft hat – was sich hauptsächlich aufs Klima, aber vielleicht auch auf die Umgebung bezieht.

Außerdem (Du wirst das für verrückt halten) hat Hans uns kurz, nachdem Du fort warst, auf einer Reise nach Columbus, ein Haus gekauft. Die Anzahlung war nur $ 500, erstaunlich wenig, und das Haus selbst, in ausgezeichnetem Zustand, kostet nur $ 14000 – astronomisch für Euch, aber billig für amerikanische Verhältnisse. Wir haben uns schon richtig fest eingelebt, und ich genieße die Ungestörtheit, die Geräumigkeit, den Garten und die Sackgasse, die mich von, sagen wir, drei Vierteln der Angstzustände befreit, die ich jedesmal bekomme, wenn ich Bremsen quietschen höre. All unsere hausbesitzenden Freunde versichern uns, daß Hans mit dem Kauf eine sehr vernünftige ökonomische Entscheidung getroffen hat, denn zumindest in Amerika, wo Immobilien in den vergangenen Dekaden immer noch die beständigste und sicherste Geldanlage gewesen sind, kann jemand mit ein bißchen Sinn für Wertsteigerung und dem Willen und der Fähigkeit, ein Haus gut im Schuß halten (ziehst Du hier die Augenbrauen hoch?), kaum Geld verlieren, sondern wird fast ausnahmslos seinen Kapitaleinsatz vermehren. Das heißt, selbst wenn wir schon nach drei Jahren Ohio verlassen, werden wir wenigstens die Miete, die wir gezahlt haben, wieder herausbekommen, und da wir die Absicht haben, das Badezimmer ganz neu zu machen, können wir vielleicht sogar $ 1000 daran verdienen. Wenn alles gutgeht und ich Deinen guten Tips folge, was ich beabsichtige (meinen Willen unterzuordnen), wie Du das nennst, hoffen wir, die Hypothek in 5 Jahren abzahlen zu können, und dann können wir mit dem Reingewinn arbeiten.

Das Haus selbst? Ein zweigeschossiges Haus mit drei Schlafzimmern, einem großen Wohnzimmer, einem durch Flügeltüren abgetrennten Eßzimmer, eine höchst angenehme, praktische Küche und mit einem prächtigen Kellergeschoß, das Hans als Atelier benutzen wird. Keineswegs ein gewöhnlicher Keller, der frühere Eigentümer hatte ihn in einen Arbeitsraum für sein Fotoatelier umgebaut. Daher ist da auch eine gute Deckenbeleuchtung, die für einen Maler ganz ideal ist, fast so gut wie ein Oberlicht, und dort hat er genug Platz und ist außerdem weit genug entfernt vom Tohuwabohu der Familien- und Kinderaktivitäten. Die äußeren Hauswände sind weiße Schindeln, typisch für den Mittelwesten und architektonisch nicht bemerkenswert, aber sehr sauber und attraktiv in seiner Art, mit den frischgestrichenen grünen Fensterläden, der breiten Veranda und einem Rasen vor und hinter dem Haus. Vorne haben wir einen bezaubernden kleinen Ahorn, hinten einen weitausladenden Apfelbaum und einen Garten, der freilich ein bißchen ungekämmt und voller Unkraut ist, der sich schräg zu einem Gäßchen hinunter zieht, durch Petunien, Wicken, Salat, Rhabarber, Studentenblumen, Möhren, Malven und Rosen, in ihren verschiedenen Stadien des Wachstums, und dann in einen Ziegelsteinpfad mündet.

Die Umgebung ist nicht so piekfein wie Eure offensichtlich, sondern nur stabil, bevölkert von soliden, lockengewickelten Mittelschichtsfrauen mittleren Alters.

Lieber Gott, wie ich dies Amerika der Mittelschicht hasse – fühle mich völlig, völlig entfremdet davon und kann seine Kinder fast nur als Monstren betrachten. Das Gefühl kommt und geht, ist aber zuweilen unerträglich.

Ich mache mir Sorgen, daß Philip Hans' Drucke vielleicht nicht mochte. Du brauchst mir nicht das Gegenteil zu versichern, aber ich hoffe doch, daß er sie irgendwo in Eurem neuen Heim aufhängen will, was übrigens wo ist? Ich will unbedingt wissen, wo Ihr zu Weihnachten seid, denn ich habe ein paar Kleinigkeiten, die ich schicken will.

Dieser Brief scheint kein Ende zu nehmen – es gibt, und vermutlich wird es immer endlose Dinge geben, über die zu reden ist, wie jetzt. Die grauenhafte Spannung in der Welt, die verdammten Bunker, die wir in unseren Gärten bauen sollen – wie ernst sollte ein verantwortungsbewußter Mensch das eigentlich nehmen? Ich bin bis zum Bersten voll von Zuneigung für Dich, von Stolz auf unsere Freundschaft.

Liebe,
Joyce

Columbus,
den 15. September 1961

Liebe Pat,
herzliche Glückwünsche Euch allen vier zum ersten eigenen Heim! Es muß ein großartiges Gefühl sein, tiefer und aufregender als unseres allein schon deshalb, weil Eure Ziele langfristiger sind, daß Eure Wahl gemeinsam getroffen wurde und das Land, für das Ihr Euch entschieden habt, doch letztlich befriedigender ist als unseres. Ich bin etwas traurig, daß ich über Euer Haus nicht stärker in Begeisterung geraten kann, und ich hoffe, es ist nicht nur eine gewisse Weltmüdigkeit in mir, die das verhindert. Aber ich kann nicht umhin, der Tatsache ins Auge zu sehen, daß ich Ohio niemals werde lieben können, noch irgendeinen Teil des amerikanischen Mittelwestens, und wenn man daran denkt, sich fürs ganze Leben zu irgend etwas zu verpflichten, dann muß das doch sicher etwas mit einer freiwilligen Verpflichtung aus Liebe zu tun haben? Außerdem hätte ich unser Haus nicht ausgewählt, wenn ich mir auch eher die Zunge abbeißen würde, als das Hans gegenüber, der wirklich sein Bestes versucht hat, zuzugeben. Wir werden eine Menge damit machen müssen, um es wirklich attraktiv für einen Käufer zu machen (Du siehst, wie kurzfristig unsere Pläne sind). Die konservativen Tendenzen hier in Ohio sind widerwärtig. Die Lokalzeitungen bringen Karikaturen von *Mister Public*, der stolz auf die pilzförmige Wolke starrt, mit der Unterschrift «Und wir wußten, daß unsere Flagge noch da war». [Aus der amerikanischen Nationalhymne] Sämtliche Leitartikel sind im schlimmsten Goldwater-Ton geschrieben.

Liebe den Jungen und Philip,
und besonders Dir,
Joyce

Sussex, England,
den 19. September 1961

Meine liebste Joyce,

WARNUNG! KEIN BRIEF! Es folgt einer in einer Woche oder zehn Tagen, wenn wir ein bißchen zur Ruhe gekommen sind. Ich schreibe, um Dein Glücksgefühl über Hans' Job (ich freu mich so; war entzückt, als ich den Poststempel aus Columbus sah) mit Dir zu teilen, um das Gefühl, zum erstenmal Hauseigentümer zu sein, gleichzeitig mit Dir zu genießen, und leider – damit Du unsere Trauer über Hammarskjölds Tod mit uns teilst, heute abend kam gerade die Nachricht. Mir kommen immer wieder die Tränen. Er war in den letzten paar Jahren für uns fast eine Vaterfigur geworden, den UN so eng verbunden, wie wir in Tanganyika es sind, und das Leben, das er Afrika gewidmet (und nun schließlich hingegeben) hat. Wehe, wehe, ein großer Mann gehet dahin und läßt uns wieder im Chaos und in Dunkelheit zurück. Er schien eine innere Vision von Stärke und Ordnung und Einfachheit zu haben, die für durchschnittliche Staatsmänner unerreichbar ist. Er brachte die UN zu den Anfängen einer echten Weltmacht. Er trug dazu bei, daß sie eine eigene Identität bekamen, so daß man anfing, zu denken, o ja, Smith (oder Wong oder Martinez), das ist der Mann von den UN. Nicht der Mann aus Amerika oder Formosa oder Ekuador. Die vorgeschlagene Troika wird einen schäbigen zweiten Platz nach ihm einnehmen im Wettrennen um den Frieden, Gott helfe uns. Es ist ganz außergewöhnlich, wie sehr wir diesen Verlust als sehr bitter und ungerecht empfinden. Tun das andere auch? Tut Ihr es?

Diese verdammten Belgier. Sollte sich wirklich herausstellen, daß es Sabotage war oder das Resultat belgischer Einmischung, werde ich denen nie, nie verzeihen. Was soll nun aus dem Kongo werden?

Das ist alles, jetzt. Oh, außer daß ich noch sagen muß – selbstsüchtiges, vergeßliches Ich –, daß Philip die Drucke sehr liebt. Wir lassen die Drucke von Sappho und von den islamischen Vasen hier in London passend einrahmen, und wir werden sie im Dezember mit ins Flugzeug nach Tanganyika nehmen und vorsichtig in der Hand nach Hause bringen. Die Kinder haben beide ihre Bilder von Reinhard schon aufgehängt und haben ihre ganz persönliche

Freude daran. Christopher fängt morgen in der richtigen Schule an – Uniform, Schulkrawatte, alles, was dazugehört! Nächste Woche schreibe ich einen richtigen Brief und beantworte alle Deine Fragen.

Viel, viel Liebe,
Pat

Sussex,
den 4. Oktober 1961

Liebste Joyce,
kommt Dir dies Papier bekannt vor, zum Briefeschreiben? Es ist aus meinem Schulheft! Vor ein paar Wochen sah ich die Anzeige für einen Abendkurs hier in Eastbourne, etwa 15 Meilen von uns entfernt, und dabei war ein Musikkurs, «Die Entwicklung des Concerto». Die Klasse besteht anscheinend hauptsächlich aus Hausfrauen wie mir, aber ich bin sicher, daß ich etwas lerne, und es macht Freude, sich mit der privaten kleinen Ecke meiner Welt ein wenig näher zu beschäftigen.

Aus London haben wir die gerahmten Drucke bekommen, und sie gefallen uns ungemein, ganz besonders «Sappho».

Wie weit seid Ihr inzwischen eingerichtet? Seid Ihr so eifrig beim Malen, Tapetenkleben, Schreinern, Nähen, wie wir? Jeder Augenblick des Tages ist vollgestopft mit Jobs, die, einmal getan, so hoffe ich vertrauensvoll, jahrelang nicht mehr wiederholt werden müssen. Wir haben jedes einzelne Möbelstück aus zweiter (oder elfter, vermutlich) Hand gekauft und machen alles selbst: Ablaugen, streichen, polstern, was immer. Wir renovieren innen alles und machen auch den ganzen gigantischen Garten selbst, nur nicht diese gräßlichen technischen Sachen wie Fußböden, Schornsteinaufsätze usw., die wir einfach nicht machen können. Außer einem oberflächlichen Durchfliegen der *Times* und viel Radiohören (Gott sei Dank für das dritte Programm der BBC) habe ich keine Gehirnzelle in Bewegung gesetzt, seitdem wir hier eingezogen sind.

den 16. November 1961

Liebste aller Freundinnen,
Du siehst in dem beigelegten abgehackten Anfang meine guten Ab-

sichten. Ich kann nur plädieren, daß ich Dich lieber habe als alle anderen und daß ich Dich nicht mit einem eiligen Luftpostbrief abspeisen will, wenn ich auch in letzter Zeit so viele von der Sorte bekommen habe. Jedoch, hier bin ich.

Wir sind hier in einer fürchterlichen Hektik, und es hängt mir langsam zum Halse raus – das Haus, alte Freunde, im Urlaub noch schnell Dinge sehen, die man unbedingt gesehen haben muß. Ich sehne mich nach dem alten vertrauten Trott in Afrika. Die Hauptarbeit am Haus haben wir fast geschafft; es sind nur noch Kleinigkeiten zu tun, streichen, nähen usw. Wir haben weit mehr ausgegeben, als unser Budget eigentlich erlaubt. Mieter für das Haus haben wir noch nicht gefunden, aber in den letzten zwei Wochen fahren wir auf jeden Fall zum Schilaufen nach Österreich.

Wir sind nach Zaliwa versetzt worden, das ist die Stadt, wo beide Jungen geboren sind, gleich gegenüber von Mahali, nur das große Tal ist dazwischen. P. wird dort wieder District Officer sein. Wir bekommen ein hinreißendes altes deutsches Haus, das wir schon besucht haben und sicher lieben werden. Ein anständiges Haus macht so verdammt viel aus in diesen entsetzlich heißen Gegenden. Was Zaliwa ganz sicher ist – heiß, schwül, niedrig gelegen, feucht, voll Sand und Moor, Moskitos und Fliegen, Sisal und Palmen. Brrrr – wenn ich auch Philip gegenüber Begeisterung ausgedrückt habe. Er freut sich, daß wir in diese Gegend zurückkehren, und ich möchte ihn nicht merken lassen, wie sehr ich es hasse, nach den drei schweißtreibenden Jahren in Mahali. Na ja.

Jedenfalls kann ich in der Hitze in einer Art statischer kolonialer Grandezza, wie in der Zeit vor der Unabhängigkeit, dahinwelken; im Garten ist sogar ein kleines Sommerhäuschen, wo ich die heißen Morgenstunden verträumen kann. Ich glaube, ich besorge mir besser einen 10 Zoll langen Zigarettenhalter, passend zum Haus. Wenigstens hab ich zum erstenmal seit sechs Jahren Elektrizität. Oh, es gibt hier tatsächlich viele Annehmlichkeiten, die wir noch nie hatten, die beste davon wird eine ordentliche Tagesschule für Christopher und Julian sein.

Verzeih mir, daß ich nicht eher geschrieben habe. An dieser Stelle könnte ich wieder einen meiner ungeschriebenen Romane einfügen: *I married a Social Climber* (Ich habe einen sozialen Aufsteiger geheiratet) – denn wir hasten, rennen, schreiben Kärtchen, beantworten dieselben (wie auch das ständige Telefon), sorgen uns, schmoren, folgen jeder gesellschaftlichen Mode, laden ein, werden eingeladen und bewirtet von Leuten, die mir völlig gleichgültig sind, aber die «eines Tages vielleicht nützlich sein könnten» (Anon.). Nun ja, in Afrika, siehst Du, ist der Arbeitstag eines Mannes wenigstens Freizeit für die Ehefrau, aber hier, mein Gott, es ist wirklich schlimm, wenn man versuchen will, diese Lebensweise aufrechtzuerhalten und nur zweimal in der Woche eine Putzfrau hat (die großartig als «Mrs. Lucas, unsere Haushälterin» eingeführt wird; allerdings nicht von mir). Ich habe auf unseren Fahrten nach London gewissenhaft Papier und Umschläge mitgenommen, aber im Gegensatz zu Rose Macaulay kann ich im Zug nicht schreiben. Jedenfalls werde ich alles, was mir in den Sinn kommt, von mir geben, als Versuch einer Wiedergutmachung, bis ich hier beim elektrischen Feuer einschlafe, und dann werde ich dies morgen früh in den Briefkasten werfen, beendet oder nicht.

Letzte Woche habe ich Dir ein winziges Weihnachtspäckchen geschickt. Tut mir leid, daß Reinhards so klitzeklein ist, aber wir verausgaben uns wie verrückt mit dem Haus und besorgen noch Sachen für Ostafrika. Das Buch (Rose Macaulays *‹Letters to a Friend›*) habe ich doppelt, eines für Dich und eins für mich. Ich liebe ihr Werk so sehr. Und bete nur, daß Du nicht gerannt bist und das Buch schon gekauft hast, als Du die Rezensionen gelesen hast. Kommt das *T. Lit. Supp.* schon an Deine neue Adresse? Ich habe ihnen geschrieben, die Adresse zu ändern. Das Kristall ist endlich von Harrods geschickt worden, vorige Woche, als ich einen Tag in London war. Denk an mich, wenn Du einen Weihnachtsdrink daraus trinkst. Und das Geschenk für Andrea (ein antiker viktorianischer Silberanhänger) ist echt.

Wie kommt Ihr vorwärts mit Eurem Haus? Ich liebe diese holzverschalten Häuser des Mittelwestens, sie sehen so beständig und kuschelig aus. In meinen frühen mittleren Jahren bin ich inzwischen rabiate Gegnerin von Bungalows im Hollywood-Stil geworden. (Du siehst ja, in was für einem seriösen Haus wir gelandet sind, nachdem wir uns Dutzende von echt imitierten Reetdachhäusern angeschaut hatten), und unser ganzes Dekor ist im wesentlichen recht konventionell – englisch, hauptsächlich wegen Mangel an Phantasie und Geld. Geht Dir Columbus auf die Nerven? Denk nur an Thurber – kommt er nicht daher? – und wie er das alles überwunden hat. Oder hat er? Glaubst Du, diese weiblichen Biester haben ihn endlich doch erwischt, den armen kleinen gehetzten Vorstadtpendler, den er immer gezeichnet hat? Eine Karikatur, die mich nicht losläßt, ist die, wo er von der Arbeit nach Hause kommt und sein Haus ist fast gänzlich überschattet von der riesigen, allesverschlingenden Figur der Ehefrau, die boshaft und drohend auf ihn wartet. Wie ich Dir in Milwaukee gestand, bekomme ich dieses Gefühl, daß ich wieder verschlungen werde, auch jedesmal, wenn ich nach Hause komme.

Gott sei Dank kann ich ein eigenes kleines Zimmer haben, wenn wir zurückkommen, *verschließbar*, wo mich für Stunden niemand stören kann oder wird, und man kann auch nicht eindringen. Philip wird sehr beschäftigt sein, es ist so ein großer Distrikt, die Kinder werden beide morgens in der Schule sein. Ich bete geradezu, daß dort in Zaliwa musikalisch etwas, *irgend etwas*, los ist. Auf jeden Fall habe ich da mein Klavier, auf dem ich herumhämmern kann.

Wenn Du mir jetzt vergeben hast, dann mußt Du mir schreiben und berichten, wie alles bei Euch aussieht – ob Hans seine neue Arbeit gefällt, Deine Englischklasse (was für Studenten können das sein? Gibt es wirklich Kinder, die man *Freshman* nennt, die Anfängerkurse in Englisch nehmen?), Eure Kinder, Euer Haus, Euer gesellschaftliches Leben. Wer kümmert sich um die Kleinen, wenn Du weg bist? Wie war Muttis Besuch? Wie steht's mit Deiner Gesundheit und den Finanzen? Wie geht's mit allem? Mir ist soooooooo kalt, englische Winter sind gräßlich, und ich sehne mich so nach einem bißchen Sonne, aber zweifellos wird sie mir nach einem halben Tag in Zaliwa bereits gründlich über sein. Ich schreibe sehr bald wieder. Du auch, liebste Freundin. Viel Liebe, weihnachtliche Grüße, Hände über Meilen hinweg usw.

Alle Zuneigung,
Pat

Columbus,
den 16. November 1961

Liebe, liebe Pat!
Was ist denn? Geht es Christopher und Julian gut? Und Du, wie geht es Dir? Ist alles in Ordnung in Deinem persönlichen Leben (was ich so gut zu kennen glaube?), oder gibt es da Belastungen und Reibereien, Schmerzen, die die Freuden des Urlaubs gestört oder verzerrt haben? Du mußt doch wissen, daß ich sehnsüchtig darauf warte, von Dir zu hören. In diesem so bitterlich fragmentierten amerikanischen Dasein, in dem ich mich dauernd von tausend Anforderungen und von dem tausendfachen Wunsch bombardiert fühle, dadurch zu helfen, daß ich diese armseligen Produkte einer elenden Kultur durch meinen Unterricht zu einem winzigen Grad von Selbsterkenntnis bringe, in diesem Dasein, also, brauche ich Deine Vernünftigkeit, Deinen Überblick, Deinen Idealismus und vielleicht vor allem – Dein Verständnis. Der Kampf um eine unerschütterliche Einheit des eigenen Ichs – wenn auch eine Einheit, in deren Innern Myriaden von Antithesen miteinander kämpfen –, dieser Kampf benimmt einem die Lebenskraft. Aber er muß ausgefochten werden. Und ungeachtet all der Vexierspiegel, die wir vor uns sehen, glaube ich weiterhin, daß der Spiegel, den eine Freundschaft ohne Heuchelei einem vorhält, der wahrste, der stabilisierendste ist. Der Grund dafür, daß ich sogar schlechte Lyrik schreiben will, ist genau derselbe, den Robert Frost nennt – weil es wie ein «momentaner Deich gegen das Chaos ist».

Ich fürchte, meine Sehnsucht – eine sehr echte –, Euch ein Weihnachtspaket zu schicken, wird vereitelt. Denn ich habe keine Ahnung, wo Ihr zu Weihnachten seid.

Deine liebende Freundin,
Joyce

Sussex,
den 20. November 1961

Liebste Schulter,
heute habe ich noch einen klagenden Luftpostbrief erhalten, und ich kann Dir gar nicht sagen, wie ich mich schäme und wie leid es mir

tut. Ich sollte im Augenblick eigentlich im Bett sein (es ist 1 Uhr 30 morgens), denn ich erwache jeden Morgen in monotoner Regelmäßigkeit um 6 Uhr mit Asthma, und morgen habe ich den ganzen Tag Gäste, und eine zweite Gruppe kommt für den ganzen nächsten Tag zu Besuch, dann zwei Tage Erholung, dann wieder Besuch übers Wochenende, und erst gestern haben wir drei Leute zum Zug gebracht, die das ganze Wochenende hier waren. Wie ich das alles *hasse*. Wenn ich *jemals* wieder die Wahl haben sollte, dann kommst Du hoffentlich hergesaust und steckst mich in eine Zwangsjacke, bevor ich nochmals heirate. *Egal, wer das ist!* Na ja – fast egal.

Ernsthaft, ich nehme diese Einbrüche in meinen Privatbereich immer mehr von Herzen übel, den Mangel an Einsamkeit und Ruhe, die Unmöglichkeit, sich mit irgend etwas zu befassen, das mehr als fünf Minuten an Konzentration verlangt. Ich kann einfach nicht verstehen, warum man die *ganze* verdammte Zeit Leute um sich herum haben muß, dieses endlose Geschwätz, eine Mahlzeit nach der anderen, wie die Jahreszeiten, für einen Haufen von Schlampen und Langweilern, mit denen ich mich in früheren Zeiten nicht im Traum eingelassen hätte. Na ja, man übertreibt immer sehr, wenn man in Urlaub ist; ich weiß noch ganz gut, wie wir uns kaum noch ausstehen konnten, als wir '58 nach Tanganyika zurückkamen. Das war vielleicht sogar die unmittelbare Ursache all unserer Probleme damals, aber das passiert nicht wieder. Alles, was *ich* will, ist allein sein, wie Garbo. In den beiden letzten Tagen habe ich über hundert Weihnachtskarten abgeschickt, (fast) alle an alberne, dämliche Leute, unvermeidliche Langweiler, wie Ian sie nannte, die ich nie wiedersehen will, die aber «eines Tages vielleicht von Nutzen sein könnten». Pfui Deibel.

Ich weiß nicht, alles ist so glatt an der Oberfläche. Wir beten unsere Kinder an, lieben unser Haus, kommen miteinander ganz gut aus – aber in Wirklichkeit gehen wir einander schrecklich auf die Nerven. Vermutlich ist Sex der Grund für das meiste, aber was der Grund *davon* ist, für jeden oder beide von uns, das weiß ich wirklich nicht. Ich habe keine Lust mehr, mir darüber den Kopf zu zerbrechen und wehre die Nörgelei von mir ab. Ich will ganz einfach in Ruhe gelassen werden, dann mache ich ganz willig alles, was sonst von mir verlangt wird, mit guter Miene. Alberne, idiotische Frau. Ich freue mich so aufs Schilaufen.

Du und ich, wir sollten zusammen durchbrennen und einen Haushalt gründen und nur nach einem späten Sonntagsfrühstück miteinander reden. Ach, die Kinder ... Na ja, ein andermal. Ich muß Dir Ians Briefe zur Aufbewahrung zurückschicken. Ich trau mich nicht, sie hier zu lassen. Ich habe zu große Angst, sie in meiner Bank aufzubewahren, falls mir einmal etwas passieren sollte, und ich kann mich absolut nicht dazu überwinden, sie zu vernichten, was ursprünglich meine Absicht war, als ich sie von Dir in Milwaukee wieder zurücknahm.

Viel Liebe,
Pat

Columbus,
den 28. November 1961

Liebste Pat,
nein, nicht schon wieder ein Klagebrief – nur ein dankbarer und verständnisvoller. Ich brauche wirklich keine zwei Briefe in einer Woche, aber ich muß wissen, daß alles in Ordnung ist – oder wenn das nicht genau, dann wenigstens, grob gesprochen, *wie* die Dinge laufen. Oder, um eine Rede zu wenden, wie es grob geht. Ich dank Dir für die Nachrichten, geschäftig und konfliktreich wie sie sich anhören.

Ich habe alle möglichen Briefe an Dich angefangen, einen langen (jetzt verlorengegangen) in Antwort auf Deine Frage, ob mich Dag Hammarskjölds Tod so bewegt hat wie Dich. Denn das war der Fall, ganz *ungeheuerlich*, und ich habe mich hier damit total alleingelassen gefühlt, denn wenn auch Ohio nicht gerade faschistisches Territorium ist, so ist es zumindest überaus reaktionär und mißtrauisch jedem gegenüber, der irgendwelche internationalistischen Neigungen zeigt. Gräßlich.

Reinhard wird morgen sechs und ist so hübsch, so schön geradezu, daß ich fast Angst für ihn habe, oder Angst, daß seine Schönheit meinen Sinn für Gerechtigkeit im Umgang mit ihm beeinflussen könnte. Er hat Geschenke für unsere Boys gemacht. Andrea krabbelt, hat vier Zähne, ist sehr aufgeweckt, weniger hübsch, aber fix, glaube ich, und hat schon ganz entschieden ihre eigene Persönlichkeit entwickelt, und die ist alert, aktiv, lustig und ein bißchen jähzornig.

Mit Mutti ist alles gutgegangen, obgleich ich sie am Ende einfach langweilig finde. Sie ist hochintelligent, aber hat sich (und ihre Fähigkeiten) von einem preußischen Pflichtgefühl zermalmen lassen. Und sie ist ständig damit beschäftigt, Sachen für andere zu tun und *redet* darüber (nicht selbstgerecht, sondern *technisch*) und hält endlose Mittagsschläfchen. Sie wollte mich unbedingt auch dazu bringen, aber ich habe mich vehement dagegen gewehrt, und ich weiß jetzt auch warum: endlose Mittagsschläfchen brauchen, das bedeutet ein Refugium suchen – nenn es ruhig Eskapismus (das tun alle) –, und so banal wie es klingt, da *ist* auch eine Spur des Todeswunsches drin.

Meine Arbeit ist eine andauernde Agonie für Studenten und Lehrer und repräsentiert die Torheit des amerikanischen Bildungswesens in seiner schlimmsten Ausprägung. Hans ist sehr lieb (und wenn er auch kein sehr subtiler Liebhaber ist, so ist er doch ein starker, und das genieße ich). Die Stadt Columbus ist tödlich langweilig, nicht aber die Universität. Ich fühle mich wohl und habe sehr viel Freude am Haus. Es ist so viel leichter in Stand zu halten als die Wohnung. Ich arbeite, denn wir WERDEN solvent sein. Es ist furchtbar wichtig für mich. Und um dieses Ziel zu erreichen, kaufen wir keine gotischen Statuen, essen keine Weinbergschnecken, planen keine Europareise und kaufen keine Bücher. Und ich bin ganz optimistisch.

Liebe,
Joyce

Dies unbetitelte Gedicht von Joyce wurde im Juni-Heft 1976 von New Sacramento *veröffentlicht.*

Für meine Schwiegermutter, die sagte, jedes Mittagsschläfchen ein Schilling auf dem Bankkonto der Gesundheit

Ein Mittagsschläfchen
ist eine monströse Begegnung
mit Leim, mit Klebestreifen, mit Saugnäpfen.
Gleichviel wie süß es ist, wie langsam

wie kühl auf einem Satinkissen,
gleichviel ob ich Dich herbeizaubere, aufrecht
und ruhig wie eine Benediktion.
Gleichviel ob ich falle,
locker wie ein nasser Handschuh,
in eine Hängematte der Lust,
oder ob meine Kleinkindheit mir zuruft,
ich soll herauskommen und spielen.
Der Abstieg ist verflochten
mit Stricken aus schwerer Molasse.
Ich bin unter verlorenen Geheimnissen geschichtet
deren Stimmen Schwärme
aus flachen Vokalen sind, rufend
ausrufend. Sturmflut.
Komm mit mir. Verschwinde.
Bleib unten.

Sussex,
den 12. Dezember 1961

Liebste Joyce,
hier sind wir also, Regierungsbeamte eines fremden Landes. Haben die amerikanischen Zeitungen überhaupt etwas über Tanganyikas Unabhängigkeitsfeiern gebracht? Es gab viele hier, denn so arm und unterentwickelt Tanganyika auch ist, ein Schaufenster für britische Kolonialpolitik ist das Land allemal. Wir können es kaum erwarten, zurückzukommen und zu sehen, was los ist.

Ich glaube, ich habe Dir schon berichtet, daß wir am 9. September, dem Tag der Unabhängigkeit, zu einem besonderen Dankgottesdienst in der Westminster-Abtei eingeladen waren, um den Tag zu zelebrieren. O Joyce, es war so, so richtig aufregend. Was für eine unglaubliche Nation die Engländer doch sind. Auf dem Weg zurück nach Sussex, im Zug, habe ich alles noch mal überdacht und erinnerte mich an etwas, das ich einmal über Indiens und Pakistans Unabhängigkeit gelesen hatte, damals 1947. Irgendein englischer Pundit bemerkte so ungefähr, daß in dem langen Leben des Britischen Raj diesem nichts so gut zu Gesicht gestanden hätte wie die Art und

Weise, in der er es verließ. Tanganyikas neue Nationalflagge in Grün, Gold und Schwarz flatterte vom Nordturm beim großen Westportal, als wir hinausgingen. Grün für das Land, Gold für seinen Reichtum, Schwarz für seine Menschen. Ich war unheimlich beeindruckt von der Echtheit und Ernsthaftigkeit des Gottesdienstes und der Menschen, die da waren, zu ziemlich gleichen Teilen Schwarze und Weiße, hier und da ein paar Braune (es gibt nicht viele christliche Inder). Wir sind sehr stolz darauf, daß wir Teil der Regierung eines solchen Landes waren und bleiben. In der Tat, Gott schütze und erhalte Tanganyika.

Für mehr habe ich jetzt keine Zeit; alles ist jetzt eine beängstigende Hetzerei, nur noch vier Tage bis wir fliegen, dann zehn herrliche Tage auf Schiern, dann zurück ins liebe alte Afrika, Sonnenschein, Dienstboten und Einsamkeit, wo wir bald statt rosiger Wangen wieder die übliche fahle tropische Hautfarbe haben werden. Liebe, und fröhliche Feiertage Euch allen. Gib R. und A. einen dicken Kuß von ihrer Patentante.

Alle Liebe und Glück, Dir und Hans,
Pat

Columbus,
den 26. Dezember 1961

Geliebte Pat,
die Feiertage gehen weiter, und ich genieße sie immer mehr und mit größerer Herzensfreude. Es gibt viel, wovon ich mit Dir sprechen möchte, und vielleicht wird Dich dieser Brief in dem aufregenden neuen Haus erreichen. Fühle Dich aber nicht bedrängt, sofort zu antworten – es ist ein horrendes Unternehmen, sich irgendwo neu einzurichten.

Ich hatte große Schwierigkeiten, mich irgendwie auf Advent einzustellen, mir des Christkindes bewußt zu werden, oder auch nur, einfache weltliche Freude auf die nahenden Ferien zu empfinden. Ich konnte sogar nicht einmal mit den verschiedenen traditionellen Weihnachtsplätzchen zu Rande kommen. Und der Teig liegt immer noch unbeachtet im Kühlschrank. Der Schmerz und das Chaos unseres Zeitalters schien alles, was doch eigentlich Gefühle von Freude und Segen der Weihnachtszeit sein sollte, zu vergiften. Vielleicht waren es die unaufhörlichen Elendssignale, die über die Nachrichtensendungen kamen, vielleicht war es die Vulgarität des Kommerziellen (und der Massenansturm, der dies auch noch fördert) in diesem Land, die jedes Bewußtsein für das Heilige entweiht. Auf jeden Fall war es schwierig, hineinzukommen.

Aber dann war plötzlich Heiligabend da. In der Nacht hatte es geschneit (genau wie zu unserer schottischen Weihnacht), und obwohl man wußte, daß in wenigen Stunden der endlose Matsch von verspritztem Schnee, Zeuge einer verkehrsgeplagten Zivilisation, die Szene ruinieren würde, für kurze Augenblicke – frühe Stille – blieb die Zartheit des Winters unberührt.

Außerdem, *einige* Intelligenz setzt sich schon durch. Der Rundfunksender der Universität brachte herrliche Musik, Bachs b-Moll-Messe und das Weihnachtsoratorium, und wir spielten unsere eigene wundervolle Aufnahme des *Festival of Lessons and Carols* vom Kings College, Cambridge. Und da wurde mir klar, ungeachtet dessen, was in den Kaufhäusern und Billigläden, in Tankstellen, Wohnhäusern und Schulen stattfindet, die Weihnachtsmusik behält doch ihre Macht. Sie ist zugleich Metapher und alle Bedeutung. Und wenn man auch vermutlich viel eher Sinatra mit «Santa Claus is coming to Town» oder irgendeinen saccharinsüßen, forcierten Kindersopran mit «Rudolph the Red-Nosed Reindeer» hören wird als das Weihnachtsoratorium, so hat man doch immerhin die Wahl. Denn es gab und gibt immer noch jene, die sich dem Geistigen gewidmet haben und mit genug Talent gesegnet sind, um dafür Zeugnis abzulegen.

Ich lauschte gerade dem *Messias*, als ich das Rose Macaulay-Buch aufmachte und Deine Widmung las. Und wie mit jenem, schien sich alles zu einem Ganzen zu fügen, an diesem Weihnachten, und irgendwie eine Integrität zu symbolisieren, nenn's eine Totalität, die ich vielleicht nicht erreicht habe, die aber noch als Möglichkeit existiert. Ich spüre, wie unser Leben mehr und mehr an Form gewinnt, und ich bin meinen und unseren Freunden sehr dankbar, die mit ihren so bewußt ausgewählten Geschenken oder mit den Worten, die sie schickten, einen lebendigen Rapport zwischen dem Wachsen in unserem und ihrem Leben herstellen. Das Buch ist in der Tat so wundervoll passend. Ich hab schon ziemlich weit hineingelesen und bin fasziniert von ihrer feinen Geistigkeit und Sensibilität. Ich frage mich wirklich, wohin die Jahre uns beide in dieser Hinsicht noch bringen werden.

Wir feiern Weihnachten ganz anders, als ich es als Kind kannte. Es ist jetzt sehr europäisch, nehme ich an und überaus befriedigend. Heiligabend kaufen wir einen riesigen Weihnachtsbaum – sehr billig, denn für Amerikaner ist das viel zu spät. Während die Kinder schlafen, stellen wir ihn im Weihnachtszimmer auf. Wir haben *immer* nur Kerzen (ich mußte lachen und habe mich gefreut, als Du letztes Jahr geschrieben hast, daß Ihr das auch so macht), ein paar ganz einfache Kugeln und hier und da kleine silberne Eiszapfen. Wenn alle Kerzen am Baum und auch sonst überall angezündet sind, kommt Hans und ruft uns, und wir alle, ganz fein angezogen – Cocktailkleid, Fliege usw. – treten ins Zimmer. Dann liest Hans die Weihnachtsgeschichte vor (manchmal auf deutsch, manchmal auf englisch), und wir machen die Geschenke auf. Es ist immer wunderschön, finde ich, und an diesem Weihnachten fand ich die Szene ungeheuer bewegend.

Hans hatte eine *gigantische* weiße Kerze gefunden, und als wir die herzzerreißende Beschreibung hörten, wie die West-Berliner brennende Weihnachtskerzen auf die Dächer stellten, so daß man sie von Ost-Berlin aus sehen könnte, haben wir diese Kerze mit einem Gebet für diese Stadt angezündet und auch für Elizabethville und all die anderen.

Ich hoffe sehr, daß Ihr auf Eurer Schireise viel Schnee und Spaß hattet, Sitzschwielen, aber keine gebrochenen Knochen, und reichlich alpinen Weihnachtsgeist. Es wird lange dauern, bis Ihr das wieder habt. Das Paket, das wir mit so viel Liebe und guten Wünschen geschickt haben, kommt sowohl zu Weihnachten als auch zu den Geburtstagen zu spät. Aber irgendwann wird es Euch erreichen.

Ich bitte Dich, schreib mir über die nächste Tour genauso ehrlich und offen und vollständig wie während der letzten beiden. Mögen diese Jahre Gutes für Euch bringen.

Alle Liebe,
Joyce

Neunter Teil

Januar 1962 – März 1963

Ich bin eine echte Marionette
meines Jahrhunderts

Zaliwa,
den 7. Januar 1962

Du hinreißende Kreatur Du, ich grüße Dich!
Wie herrlich, hier von einem langen Brief von Dir begrüßt zu werden. Ein schöneres Willkommensgeschenk kann ich mir gar nicht vorstellen. Und Deine Weihnachtskarte und Fotografien – wie bezaubernd Reinhard ist; Du hast wirklich hübsche Kinder.

Ich bin froh, daß Ihr Weihnachten so verbringt, wie Du es beschreibst. Wir ziehen uns auch festlich an, die Kinder dösen ein bißchen über ihrem Tröpfchen Sekt und lieben den flammenden Pudding am Ende.

Ich stimme ganz mit Dir darin überein, wie einfach und selbstgefällig und bigott es ist, «aus der Entfernung engagiert zu sein», und es hat fast gar keinen Einfluß auf die eigene Lebensweise, nicht wahr? Menschen in großen Mengen irritieren mich, und ich schätze meine wachsenden Zeitspannen der Einsamkeit und Selbst-Abhängigkeit, während die Jungen älter werden, sehr. Ich bin eine einigermaßen gute Mutter und liebe meine beiden über alles, aber sehr mütterlich bin ich eigentlich nicht. Auf der anderen Seite liebe ich Afrika sehr, die Hitze, die Insekten, die Idiotie der Afrikaner, ihre häufig bedeutungslose Wärme, ihr Lächeln, ihre Begrüßungen. Ich mag die Romantik, wenn man in diesen verrückten Gegenden ankommt, wo alle Chancen gegen die Möglichkeit stehen, daß man ein zivilisiertes Leben für sich selbst und seine Familie schafft oder gar den geringsten Eindruck auf dieses ungeheuer weite, amorphe Afrika macht, und doch ist man von diesem Missionarsgeist beseelt und hat das unheimlich starke Gefühl, irgendwie etwas Gutes zu tun, allein dadurch, daß man hier ist, von Philips Arbeit und etwaigen philanthropischen Aktivitäten meinerseits ganz zu schweigen, wie beispielsweise mein Englischunterricht für erwachsene Afrikaner während der letzten Tour. Was ich eigentlich meinte war, jedem sein eigener Weg! Mein Pfad ist nicht der Deine, könnte es gar nicht sein.

Österreich war herrlich – Himmel, wie ich die Berge liebe. Ich habe ganz im geheimen und tief im Inneren versteckt das Gefühl, daß ich mich eines Tages, wenn ich alt und grau und allein bin, in ein Städtchen oder Dorf irgendwo in den Bergen zurückziehen werde – Rockies, Alpen, Ural, wer weiß?

Wir sind wieder mit dem Zug nach Rom gefahren – nach der Ankunft fuhren wir mitten in der Nacht direkt vom Fiumicino-Flughafen zu unserem Zug und sahen absolut gar nichts, außer dem Colosseum, gespenstisch beleuchtet von orangefarbenen Scheinwerfern – und kamen frühmorgens in einer Pension auf der Via Nazionale an, die uns als sauber, billig und mit englischsprechendem Personal empfohlen worden war, da unser Italienisch (wie unser Deutsch) schlechter als miserabel ist.

O Joyce, was für eine Offenbarung, dieses Rom! Es ist vermutlich eine dieser Stätten, über die schon zu lange zu viel von zu vielen Leuten in Superlativen geschrieben worden ist. Ich war völlig hingerissen und verzaubert von dem Nebeneinander des antiken Rom, den Anfängen des Christentums, dem Mittelalter, der großartigen Renaissance, der vulgären Moderne – Gott, solch ein Opernhaus! Das könnte überall ein Schandfleck sein. Das Essen, die Sprache, das Beschwingte dieser Stadt – alles so vertraut, und doch von mir noch nie gesehen. Es war Liebe auf den ersten Blick, wie ich sie nur einmal schon verspürt habe, in Paris.

Und nun hinein in den alten BOAC-Comet, zoom, zoom, und da war schon Nairobi, hoch überm Meeresspiegel, heiß, afrikanisch, rundherum wird Suaheli geschwatzt, eine verwirrende Stunde auf dem Flughafen zwischen Flügen. Dann in einer kleinen DC-3 der East African Airways nach Dar, die bockt wie verrückt, Hühnersalat und Orangensaft kleckern auf den Schoß, alle sitzen hinten im Flugzeug, weil eine ganze Menge Fracht auf die vorderen Sitze geschnallt ist. Von Mombasa bis runter nach Dar sind wir in 5000 Fuß Höhe geflogen, und es war immer noch heiß, und als wir um sechs Uhr abends landeten, war es wie ein türkisches Dampfbad, 85 Grad (Fahrenheit), Luftfeuchtigkeit 98 Prozent. Wir wurden von Freunden abgeholt, sind ins Hotel gegangen und haben mit ihnen ein (ermüdendes) Dinner eingenommen, und sind dann früh am nächsten Morgen nach Zaliwa gefahren. Man fährt nur 3 Stunden mit dem Auto und auf gepflasterten Straßen, aber ein großer Teil des Pflasters ist kürzlich in der Flut weggeschwemmt worden. Es war eine hinreißende brüllende Hitze auf der Fahrt, Gras und Bäume grüner als ich sie je gesehen habe, Masais näher zur Küste, als ich sie je gesehen habe (bis vor kurzem war Dürre in ihrer Gegend); wir sahen eine ziemlich bösartig aussehende Pavianfamilie über die Straße eilen und einen Aasgeier, der zart an einem schon lange toten Schakal knabberte, und ein paar Schlangen. Dann wurde die blaue Silhouette der Berge hinter Zaliwa in der Ferne sichtbar, 6000 bis 7000 Fuß hoch, obgleich Zaliwa selbst nur 1000 Fuß hoch liegt. Wir haben ein gigantisches Haus, sehr alt (deutsch, aus der Zeit vor dem Ersten Weltkrieg, für hier ist das geradezu Steinzeit), halb zerfallen und schäbig, genau wie in Mahali und Pashenzi, aber riesige Zimmer, hohe Zimmerdecken, sehr viel Platz, und drei Badezimmer! Was für ein Luxus. Dann gibt es noch einen schönen angelegten Garten mit vielen Bäumen, aber stark überwuchert, und außer ein paar Rosen sind keine Blumen mehr da. Ich buddele und pflanze wie wild. Wir haben jetzt alles ausgepackt, und ich kann unsere alten Vorhänge aus Pashenzi auch hier verwenden, der Länge nach halb durchgeschnitten hänge ich sie zu beiden Seiten der Fenster auf. Es ist so heiß hier, daß wir sie ohnehin nie zuziehen werden.

Ich habe mich glatt geweigert, dem Roten Kreuz, der Frauenliga oder *irgendeiner* Organisation beizutreten, aber ich werde gern alles tun, was mit Musik zu tun hat (Kirchenchor usw.), und wenn Julian nächsten Montag in die Spielschule kommt (Christopher hat gestern in der Grundschule angefangen), dann werde ich zur Oberschule für Mädchen trotten (die von den amerikanischen Maryknoll Sisters geleitet wird) und meine Dienste gratis anbieten, unterrichten oder was immer sie möchten, einen oder zwei Tage in der Woche. Ich muß etwas tun, um meine Existenz zu rechtfertigen, und vorzugsweise etwas Vernünftiges.

Wir sind hier etwa anderthalb Meilen von der Stadt entfernt, hoch oben an einem Berghang, und überschauen das Tal. Es ist so seltsam, wenn ich daran denke, daß wir vor sechs Jahren auf unserer Veranda in Mahali gesessen haben und über *dasselbe* Tal geblickt haben! Es ist eigentlich schon seltsam, daß wir überhaupt auf unserer Veranda in Mahali gesessen haben, wenn man bedenkt, wer und was wir damals waren.

Ich hab den Nachmittag damit verbracht, die sehr stark angelaufenen Türklinken und Möbelgriffe aus Messing zu polieren. Ich tue das liebend gern, Silber und Messing polieren, ganz verrückt. Uhuru (Unabhängigkeit) scheint außerhalb von Dar-es-Salaam nicht viel verändert zu haben. Alles ist genauso heiß und schleppend und irritierend wie eh und je *und* so locker und freundlich und voll von Dingen, die man will. Tropische Dörfer sind bezaubernd; es ist genug Platz da, so daß sich der Schmutz und die Gerüche und die Armut verflüchtigen, von der Weite ringsum verschluckt werden können (und Zaliwa ist wirklich nur ein Dorf), aber tropische Städte und Großstädte sind zu gräßlich, physisch und spirituell. Dar besitzt vielleicht den schönsten tropischen Hafen der Welt, aber das ist auch alles, und selbst das wird jetzt ruiniert (höchst notwendig, das gebe ich zu) durch Mechanisierung und Dockanlagen, so daß die Schiffe nicht mehr in der Mitte des Hafens vor Anker liegen wie in früheren Zeiten, als alles – auch die Menschen – erst auf kleine Boote geladen und dann am Strand ausgeladen wurden. Das ist alles erst in den letzten paar Jahren geschehen. So abgehärtet wie ich durch Los Angeles bin, finde ich doch die Veränderung, fast über Nacht, in einem Volk, einer Stadt, einer Nation, ganz unglaublich, von innen betrachtet.

Ich habe eine halbe Stunde Pause gemacht, die Kinder zu Bett gebracht, und mir scheint, jetzt fällt mir nichts mehr ein. O ja, ein kleines Verandazimmer habe ich zum Teil möbliert und als eine Art Morgenzimmer zum Studier- und Arbeitsraum eingerichtet, für mich ganz allein, unantastbar. Etwas, was ich schon immer haben wollte und niemals hatte. Ich glaube, wenn ich noch mal die Wahl hätte, würde ich ledig bleiben, ganz egal, *wer* da käme. Ich vermisse die Einsamkeit und Frieden und Ruhe mit jedem Jahr mehr. Du nicht? Freilich, Du hast ja eher zu viel davon und ich nie, so scheint's. Meine Reise in die USA hatte den einen Nachteil, daß ich die Unverletzlichkeit des Privaten in den zehn Tagen so genießen konnte, daß ich mich Monate hinterher schrecklich danach sehnte. Jedoch, «zähle Deine Güter» usw., mit denen ich ja mehr als großzügig gesegnet bin.

Meine Güte, was für ein langer Brief! Leg Dich lieber hin, und tu ein feuchtes Wattebäuschchen auf die Augen.

Alle Liebe und Segen,
Pat

Columbus,
den 8. Februar 1962

Sehr liebe Pat,
ich lese jetzt das Simone Weil-Buch, das Rose Macaulay empfohlen hat. Es ist auch eine Reihe von Briefen, betitelt ‹*Waiting for God*›. Sie war eine höchst erstaunliche Frau, vielleicht wirklich, wie Leslie Fiedler sagte, «eine Heilige für unsere Zeit». Kennst Du sie? Da ist eine Stärke und eine Dringlichkeit in ihren Aussagen, die für mich fast ausschließlich auf einer unglaublichen Offenheit beruhen, einer Offenheit, die in mir ein Gefühl von Entblößung und Verirrung zurückläßt. Auf jeden Fall hat sie eine strenge und kompromißlose Einstellung zur Suche nach dem Glauben. Sie glaubt nicht daran. Für sie muß man einfach warten und Gott die Wahl überlassen. Meine ersten Kontakte mit dem Katholizismus waren von der absurd heuchlerischen, sophomorischen Art. Habe ich Dir nie etwas über meine Gespräche mit meinem einzigen signifikanten französischen Freund, dem M. Tricaud, Professor der Philosophie in Rennes, erzählt, der auf Grund dieser Gespräche Zusammenkünfte mit Gabriel Marcel für mich arrangierte? Nicht, daß ich dringend darauf aus war, wie jemand mit einem stärkeren Drang nach Überzeugung das getan hätte, aber sie (die Gespräche) und er (der Antrieb zum Glauben) haben mich nie, nie, nie verlassen. Du hattest Deinen Prüfstein des Verstehens als Kind im Konvent – ich habe das, was ich habe, was sicherlich weniger ist, als was Du hast, durch Lesen und einige wenige Menschen gewonnen. Aber wirklich, der Weg ist nicht das wichtigste. War es nicht St. John of the Cross, der schrieb, «Jeder Weg ist gut und jeder Weg ist derselbe»?

Aber natürlich habe ich enorme Vorbehalte, und da sie intellektueller und nicht emotionaler Art sind, kommen sie natürlich von meiner rationalistischen Erziehung her. Außerdem kann ich noch nicht das Konzept der vollständigen Gehorsamkeit verstehen. Denn sie sagt: «Wenn es denkbar wäre, daß ich durch Ungehorsam gerettet werden könnte, während ich zur ewigen Hölle verdammt würde, wenn ich Gott gehorche, dann müßte ich Gehorsam wählen.» Also, ich bewundere das, aber ich kann mir nicht helfen, da ist etwas in mir, das auch Prometheus bewundert, wenn er zu Zeus' Boten sagt: «Zeus ist mir gleichgültig. Soll er mit mir tun, was er will.»

Mit anderen Worten, ich kann mich nicht ganz für Hiobs gegen Prometheus' Antwort entscheiden. Aber vielleicht lerne ich allmählich, daß solche Alternativen absurd sind und nicht wirklich zur Sache gehören.

Dir, Philip, Christoph und Julian
meine Liebe,
Joyce

Dar-es-Salaam, Tanganyika,
Mitte Februar, 1962

Liebste Joyce,
wie Du siehst, sind wir woanders hingeschickt worden, gerade, als ich mit Umgraben, Düngen und Pflanzen in meinem Garten fertig war, die letzte Schicht einer dringend notwendigen Politur auf sämtliche Möbel und Fußböden aufgetragen und passende Vorhänge für die Fenster gemacht hatte. Ganz zu schweigen von den Kindern, die sich gerade in neue Schulen eingewöhnt und Freunde gefunden hatten, und Philip, der langsam mit seinem Job vertraut wurde. Und doch, dies ist das erste Mal, daß uns so etwas hier draußen passiert ist; manche Leute werden drei- oder viermal während einer Tour versetzt. Jedenfalls ist es für einen spezialisierten neuen Job im öffentlichen Gesundheitswesen.

Vielleicht wird das zu irgend etwas in der World Health Organization für uns führen, was mehr oder weniger das ist, was wir letzten Endes wollen. Philip tut es auf eine Art leid, die Klinikmedizin zu verlassen; er wird seine Patienten vermissen, besonders in der Chirurgie und Geburtshilfe, aber Allgemeinmedizin ist eine Sackgasse, und die meisten fachärztlichen Bereiche sind so eng begrenzt und spezialisiert.

Das Gräßliche an der ganzen Sache ist, daß wir in Dar leben müssen. Das Klima ist schauderhaft, die geringste Anstrengung macht einen total schlapp und läßt den Schweiß in Strömen fließen. Morgens wachst Du pitschnaß auf, abends gehst Du naßgeschwitzt ins Bett, das ganze Haus riecht nach Schimmel und Moder, selbst das Schwimmen im Meer bringt keine Erleichterung, wenigstens nicht für mich, denn das Wasser ist lauwarm und voller Seetang, was ich abstoßend finde, milde gesagt. Na ja, wenigstens sind die Lebenshaltungskosten (Lebensmittel, hauptsächlich) so niedrig, im Vergleich zum Hochland, daß wir uns ab und zu ein Steak leisten können und ein gelegentliches Päckchen Fertigessen, und GOTT, ICH KANN AUFHÖREN, BROT ZU BACKEN. Und *wie* ich das Kochen in diesem Klima hasse. Ich fürchte, wir werden bis zum Ende der heißen Jahreszeit, etwa im April, Büchsen- und Tiefkühlkost essen.

Ich habe einen Freund gefragt, ob er glaubte, ich hätte eine Chance, in der neuen amerikanischen Botschaft einen Job als Spion zu landen, für 100 Pfund in der Woche, und er meinte, akzeptieren Sie keinen Pfennig weniger als 150 Pfund. Botschaft, Schmotschaft, es ist so verdammt albern hier, Russen, Chinesen, Israelis, Deutsche, Yankees, es wimmelt nur so von ihnen, und sie tun so, als ob *es* (und damit auch *sie*) wirklich von irgendeiner Bedeutung wäre. Genau wie (und es wird täglich mehr so) in einem von Evelyn Waughs frühen Romanen; hast Du ‹*Scoop*› oder ‹*Black Mischief*› gelesen? Du solltest es tun, die gehören zu den zehn komischsten englischsprachigen Romanen des 20. Jahrhunderts, besonders ‹*Black Mischief*›, wo die Armee ihre erste Lieferung von Stiefeln aufißt, weil man ihnen nicht gesagt hatte, wozu die zu gebrauchen sind.

Letzten Monat, als einiges hier schiefging und die Dinge immer verrückter wurden, hier in Tanganyika, und der Premierminister seinen Job aufkündigte, um «die Partei umzuorganisieren», habe ich all die alten Evelyn Waugh-Romane hervorgeholt und gelesen, um mich davon zu überzeugen, daß hier nichts wirklich ernst zu nehmen ist. Es ist dasselbe mit dem Kongo. Was mir zum Kongo im Kopf herumgeht, ist etwas, was mir in England passierte. Ich hörte eines Abends die BBC-Nachrichten, und der Ansager rasselte mit einer perfekt modulierten BBC-Stimme die Nachrichten über *die Bombe*, Streiks usw. herunter, und dann kam etwas darüber, daß einige Leute von den Vereinten Nationen im Norden von Katanga von Baluba-Angehörigen des Stammes gefangengenommen waren und mit erstickter Stimme, voller Unglauben, sagte er «und sie … sie … haben sie geg … essen …», und dann verlor sich seine Stimme in einem kurzen Schweigen. Philip und ich schauten uns einen Augenblick an und brüllten dann vor Lachen. Wir konnten einfach nicht aufhören. Ich meine, nur so kann man Afrika in diesen Zeiten ertragen. Es gibt nur das oder Weinen. Auf jeden Fall ist Dar ein sehr guter Platz für die nächsten paar Jahre, und der Job, den P. jetzt hat, ist wirklich gut in jeder Hinsicht.

Dein Kommentar zu den Dreißigern, in denen wir beide uns ja jetzt befinden, hat mir gut gefallen. Gegen die Einunddreißig hatte ich überhaupt nichts; die Dreißig waren es, die mir im Hals steckenblieben und monatelang weh taten. Jetzt stört es mich nicht im geringsten. Ich werde mich für einige Dekaden in eine faszinierende Frau unbestimmten Alters verwandeln, bevor *ich* meinen Geist aufgebe. Als wir zuerst hier in Dar ankamen, hatte ich ein paar schlimme Augenblicke, als ich an letztes Jahr und Ian dachte, aber ich habe das alles weit hinter mein Bewußtsein zurückgedrängt; die Briefe haben ganz aufgehört, und es ist alles vorbei.

Wenn wir hier in unserem Haus richtig organisiert sind (wir sind noch nicht eingezogen und kampieren in einer Zwei-Zimmer-Dienstwohnung und haben den Friedhof auf einer Seite und den Scheiterhaufen an der Rückseite!), werde ich der Dar Music Society beitreten, und das wird mein ganzes gesellschaftliches Leben sein. Zum Teufel mit diesen Wohlfahrtsorganisationen. Ich habe hier draußen die Nase voll davon. Man hat uns ein ziemlich häßliches Haus mit zwei Schlafzimmern in der Stadtmitte zugewiesen, kein Garten, heiß wie die blaue Hölle, alt und verfallen und winzig. Ich kann mir nicht vorstellen, wo wir all unseren Kram unterbringen sollen. Außerdem ist da nur ein blankes Minimum an Möbeln drin.

Ich habe jetzt nur noch einen schwachsinnigen Diener; ich besorge die gesamte Kocherei in dieser verdammten Hitze selbst, versuche Geld zu sparen, und wir beschränken unser geselliges Leben auf einen Kinobesuch pro Woche. Na ja, was zum Teufel macht das schon? Genug gejammert. Vor unserem Umzug hatte ich so viel Freude an meinem Klavier, und sobald wir in das Haus hier einziehen und auspacken können, werde ich es auch hier genießen.

Mir fällt nichts mehr ein. Dies ist ein dämlicher Brief, und ich wollte Dir eigentlich so viel sagen. Ich warte sehnsüchtig auf Dein Päckchen und auf einen langen Brief auch. Hoffentlich geht es Euch gut. Du bist ein liebes Ding. In dieser besten aller möglichen Welten bist Du die beste aller möglichen Freundinnen.

Viel, viel Liebe – bitte schreib,
bald und ausführlich,
Pat

Columbus,
den 5. März 1962

Liebe Pat,
wie schön, Einzelheiten zu erfahren, zu wissen, daß alles in Ordnung ist, wenn auch ein wenig durcheinander. Ich muß jetzt die Briefe zählen, àla Rose Macauley – denn ich frage mich, ob Du die letzten drei bekommen hast, die ich seit dem Willkommensgruß zu Deiner Rückkehr geschickt habe? Ich staune wirklich über Deine Widerstandsfähigkeit und positive Einstellung. Ich würde mich ganz bestimmt schwer beklagen, wenn ich nach all der Arbeit in ein schlechteres Klima und ein kleineres Haus versetzt worden wäre.

Wenn Du mit Philips Veränderungen zufrieden bist, bin ich es gewiß auch. Die World Health Organization wäre wirklich eine Aufgabe, die Euer Engagement, Eure Fähigkeiten herausfordern und Euch ganz neue Möglichkeiten erschließen könnte. Ich warte auf alle Einzelheiten, über die Du in der Hitze berichten kannst, über Dar, die Jungen, Politik – über alles.

Unser Baby ist inzwischen ein Jahr alt geworden, und sie läuft. Sie ist so winzigklein, hat auch nie eine fette Phase gehabt wie Reinhard. Ihr Gesicht nimmt immer mehr die Proportionen an, die seins als Baby hatte, aber sie ist und bleibt ein richtiger Blondschopf.

Mich beunruhigt seltsamerweise etwas, was mir jahrelang vollkommen natürlich vorgekommen ist, und unsere intimen Gespräche im letzten Jahr haben mir klargemacht, daß Du vermutlich die einzige und sicherlich logischste Person in der Welt bist, mit der man über Sex in allen Einzelheiten reden kann. Außerdem glaube ich, daß wir ähnliche Probleme haben, und während man es, wie Du sagtest, «verdammt viel schlechter haben könnte», kommt es mir doch immer mehr zu Bewußtsein, daß ich etwas sehr Wichtiges vermisse. Außerdem habe ich das Gefühl, daß mir plötzlich das Etikett «frigide» angehängt wird, und das ist etwas, was ich am wenigsten je erwartet hätte. Aber wenn es denn Frigidität bedeutet, nicht zum Orgasmus zu kommen, dann ist der Schluß wohl unausweichlich.

Was bedeutet denn das alles, Pat? Ich habe die Schuld daran zu meiner eigenen Zufriedenheit immer in der Ungeschicklichkeit meiner Männer gesehen; war es schließlich doch meine? Wenn dies der Fluch gebildeter amerikanischer Frauen ist, gibt es da keine Hoffnung? Alles sehr naiv, aber ich lese (und ich stöbere in dieser mehr als verfügbaren Literatur herum wie ein Teenie, voller Angst vor noch unbekannten Welten), da jeder Mann genau merken kann, ob eine Frau frigide ist oder nicht, und zwar an den spontanen inneren Muskelspasmen, die sie hat und die er spürt oder eben nicht spürt.

Ich kann mir vorstellen, daß es kaum etwas in der Welt gibt, worüber Du in der Hitze von Dar-es-Salaam weniger gern nachdenken möchtest, meine Unfähigkeit, einen Orgasmus zu haben. Aber schreib mir offen, wenn Du einmal Lust dazu hast, denn ich bin plötzlich fast besessen davon und traurig darüber. Ansonsten: alles ganz in Ordnung, Reinhard liest sehr schön, schreibt (wie Du sehen wirst) in einer GRAUENHAFTEN Druckschrift. Und Hans findet langsam Beachtung in guten überregionalen Ausstellungen.

Liebe,
Joyce

Witz: Dimitri: Was würdest Du tun, Alexei, wenn die Bombe fiele?
Alexei: Mich in ein Leichentuch einhüllen und langsam zum Friedhof gehen.
Dimitri: Warum langsam?
Alexei: Um Panik zu vermeiden.

Dar-es-Salaam,
den 14. März 1962

Meine liebste (und einzige) Freundin,
ach ja, meine Verlorene, wie kann ich, die ich ohne Kompaß bin, Dich zu irgend etwas außer Konfusion und Mutlosigkeit und Schmutz hinführen? Es ist alles so erniedrigend und sinnlos und

raubt einem so den Selbstrespekt, daß ich langsam denke, Paulus hatte vielleicht doch recht. ICH HASSE SEX. Und doch ist mein Körper ganz darauf eingestimmt; wenn ich gelegentlich mit der einen oder anderen Person in Körperkontakt komme, zittere ich vor erregter Leidenschaft. Aber ob etwas daraus wird, wer weiß? Bei der einen Gelegenheit war die Zeit nicht da; dann wieder ergeben sich keine Gelegenheiten, und ich suche eigentlich auch gar keine. Aber laß nur mal eine *wirklich* perfekte Gelegenheit kommen und dazu die *richtige* Person (kennst Du einen?), und ich würde sooo leicht in einen Ehebruch hineinschliddern. Ich hasse mich selbst, ich hasse Philip sexuell. Ich hasse Sex. Es ist ganz einfach eine einzige riesige Langweilerei. Es ist alles so aussichtslos mit uns – und mit allem, was man als Amerikanerin sein Leben lang aufbaut (ganz zu schweigen von all den Büchern, die man gelesen hat), erscheint einem dann die Wirklichkeit, als ob man Exkremente als Lippenstift benutzt. Schockiere ich Dich? Der Vergleich fiel mir neulich nachts in einem besonders schlimmen Augenblick ein, und als es vorüber war, bin ich aufgestanden und habe Hopkins' *‹A Nun Takes the Veil›* *‹Eine Nonne nimmt den Schleier›* gelesen.

I have desired to go
Where springs not fail
To fields where flies no sharp and sided hail,
And a few lilies blow.

And I have asked to be
Where no storms come
Where the green swell is in the heavens dumb
And out of the swing of the sea.

Mein Begehren war, zu gehn dorthin
Wo Lenze nicht schwinden
Zu den Feldern, wo kein scharfer und schräger Hagel fliegt
Und ein paar Lilien blühn.

Und mich verlangte, zu sein
Wohin keine Stürme kommen,
Wo die grüne Dünung im Hafen stumm ist
Und den Wogen des Meeres entrückt.

Es gibt das Gute, es gibt das Schöne; und die *müssen* irgendwie mit dem zu tun haben, was wir Wahrheit nennen, aber ich frage mich ehrlich, ob sie wirklich mit Sex zu tun haben? Das heißt, Kopulation, Orgasmus, Erleichterung, Ekel – die vier Reiter der modernen Apokalypse. Oder sind das saure Trauben? Weißt Du, ich glaube, wir verlieren beide unseren Sinn für Humor, den Zauber der Jugend, der uns allen Kümmernissen gegenüber so widerstandsfähig machte, Schilfrohre, die sich in den stärksten Stürmen bogen und gleich wieder ihre unbesiegbaren Köpfe hoben. Wir staunen heutzutage so wenig. So selten habe ich das Gefühl, daß eine von uns beiden eine Stunde oder eine vorher nie gesehene Szene sozusagen in beide Hände nimmt und gebannt auf ihre Frische und Schönheit und Klarheit starrt. Aber (und ich werde ein wenig später erklären, wie ich darauf gekommen bin) ich habe das Gefühl, daß unsere Fähigkeit (darf ich Dich zitieren?), «den Vögeln zuzuhören», mit jeder neuen finanziellen Belastung, mit immer mehr materiellen Besitztümern abnimmt, von den Kindern werden einem Teile seiner selbst weggenommen (und deshalb, das *weiß* ich, waren die wirklich großen Schriftstellerinnen *keine* Mütter), stündlich, täglich, und das weitet sich aus bis zu jährlichen und schließlich dekadenlangen Verpflichtungen. Es sind all diese verdammten Verpflichtungen. Am Ende fühlt man sich wie eine Ablage, angefüllt mit all den richtigen Antworten und Lösungen, aber eben letzten Endes eine Ablage.

Ungefähr die einzigen bewußt erlebten Freuden, die mir einfallen (nicht-materielle, meine ich und abgesehen von Reisen, Kindern usw.), sind die bitteren, beim Wiederlesen von Büchern, die ich mit achtzehn gelesen habe, und in denen ich jetzt zum erstenmal verstehe, was Vergeblichkeit bedeutet. Ist mein Erwachsenwerden nichts weiter gewesen als ein achtzehn Jahre dauernder Kampf, um endlich die Bedeutung dieser vierzehn Buchstaben zu verstehen?

O Joyce, worauf können wir noch hoffen? Ich klammere mich immer noch verzweifelt an die Hoffnung, auf irgendeine Art von Kreativität, Selbst-Ausdruck. Aber sehr hilflos und ohne viel wirkliche Hoffnung. Ich bin Philip eine lausige Ehefrau und würde es vermutlich für jeden anderen auch sein. O ja, ich tue alles, was notwendig ist, einigermaßen gut und vollständig, schon um für den Mangel an einer wirklichen emotionalen Basis meinerseits zu kompensieren. Ich sehe mich (aber dies kann ich nicht ganz zugeben –

nur manchmal) als eine mäßige (könnte das sein?) Versagerin als Mutter. Und, um Himmels willen, *was* habe ich denn in den letzten acht Jahren *sonst* getan? Du hast wenigstens unterrichtet und bist wirklich erfolgreich darin gewesen. Ich habe überhaupt nichts vorzuweisen. Wenn ich mal ganz ehrlich sein soll, kann ich eigentlich nur zwei Dinge gut – stricken und kochen. Das ist schon was! Glücklich bin ich mit den Kindern nur, wenn ich mit ihnen für längere Zeit allein bin. Sie zanken sich so schrecklich und ununterbrochen, wenn Philip und ich zusammen sind, daß ich sie nicht ausstehen kann. Und P. auch nicht, und neuerdings redet er davon, Christopher nächsten Januar in ein Internat zu schicken, was ich wiederum *nicht ertragen könnte*. Joyce, er ist dann kaum erst sieben, *so* klein, so gar nicht darauf vorbereitet, das Internatsleben zu bewältigen. Aber Philip und sein Bruder sind in dem Alter aufs Internat gegeben worden, und «es wird gut für ihn sein, wird ihn härter machen»! Gott, ich bin ein wirklich verzweifelter Versager. Wie kann ich alles wiedergutmachen in dem knappen Jahr, das mir vielleicht verbleibt? Ich kann es wirklich nicht ertragen und werde Philip nie vergeben, wenn er wirklich darauf besteht. Ich habe so die Nase voll von allem, ich wünschte, ich könnte irgendwo sein, wo Ruhe ist, mit einem winzigen Haus und Garten, nur die Kinder und ich, weg von diesem wahnsinnigen Chaos von Ehe und zwei völlig entgegengesetzten Persönlichkeiten und dem endlosen Druck von Sex, was ich hasse, und diese heuchlerischen, dämlichen Aufsteigerleben in Dar. O Hölle, genug gejammert.

Ich werde von Deinem letzten Brief sprechen – Sex zuletzt. Den Witz fand ich herrlich. (P. lacht nie über Witze, er findet sie stupide, und es ist vielleicht idiotisch, auch das zwischen uns kommen zu lassen, aber es ärgert mich maßlos. Es gab doch immer – gibt es immer noch, mit anderen Leuten – soviel Humor im Leben.) Und ich warte sehnsüchtig auf Dein – was? Konterfei. Und auf Reinhards Druck auch. Gib Andrea einen verspäteten Geburtstagskuß von mir. Ich bin über die Hälfte fertig mit einem Sweater-Set in Größe 2, den ich vor etwa acht Monaten angefangen habe! Wie Du siehst, werde ich dies an Deine Schuladresse schicken, und ich bitte Dich, mir eine lange Antwort c/o Poste Restante, Dar-es-Salaam, zu schicken, Philip ist immer so übelgelaunt, wenn ich ihm meine Briefe nicht vorlese, wie Deinen letzten, und darüber hat er sich im stillen sehr geärgert. Du weißt doch, alles geht zuerst an sein Büro, er weiß also genau, was für Post ich bekomme.

Wenn keine Liebe da ist, muß man ständig nach Ausflüchten suchen. Mir fehlt mein Privatbereich so sehr! Entschuldige, ich wollte ja eigentlich nicht mehr jammern. Dar ist wirklich ganz okay, vom Klima abgesehen, und ich gewöhne mich schwitzend daran.

Wir sind leider schon wieder in einem Netzwerk von alten Bekannten gefangen, der Terminkalender ist jeden Tag, jede Woche ausgefüllt, mit Morgenkaffee, Dinnergesellschaften, an den Sonntagen Picknicks, Tees, Empfänge, und für all dies muß man sich natürlich revanchieren. Ekelhaft. Und die Kinder haben letzten Montag mit Klavierstunden angefangen und schienen mit der Lehrerin ganz glücklich zu sein, einer enormen, uralten Französin, die ein bißchen spinnt, sie könnte eine afrikanische Figur aus einem Evely Waugh-Roman sein.

Du sprichst von meiner Widerstandsfähigkeit, aber die existiert gar nicht, liebe Freundin. Ich kriege Kopfschmerzen, Asthma, Schwindelanfälle, plötzlich fällt mir ein, daß ich einen Saum nähen muß oder den *Observer* von der letzten Woche noch nicht gelesen habe, oder ich backe Scones zum Tee oder leg mich einfach aufs Ohr und lese – ganz egal was, alles nur, um die böse Stunde der Wahrheit über mich und meine Willenskraft hinauszuschieben. Ich habe neulich ein amüsantes Epigramm von Maurice Chevalier gelesen: «Altern ist gar nicht so schlimm, wenn man die Alternative bedenkt.» Ah, ja. Vielleicht. Ich erzähl Dir, wie's ist, wenn ich da bin.

Wie gesagt, wir haben uns mittlerweile im Haus eingerichtet, das Klavier ist gestimmt, der Eisschrank (immer noch mit Kerosin) funktioniert so einigermaßen, und alles in allem bin ich ganz zufrieden mit dem Umzug. Ich meine, es müßte sein, ich bin nun einmal hier, also mache ich das Beste daraus. Erinnerst Du Dich noch an die alte Redensart, «wenn Vergewaltigung unvermeidlich ist, genieße sie wenigstens?» Also ...

Ich kann das ziemlich gut, mich einrichten und einen neuen Ort schnell liebgewinnen und mich da zu Hause fühlen, außer, wenn die Zeit zu Ende geht und ich weiß, daß ich sowieso bald weg bin, dann wird mir der ganze Kram über. Aber mit Menschen bin ich schrecklich, besonders mit dem armen alten P. Er muß mich geradezu verabscheuen, so kalt und abweisend bin ich, und es ist mir auch so gleichgültig. Meistens versuche ich es ja zu verbergen, aber meine Gleichgültigkeit kann wohl sogar einem so unemotionalen Menschen wie P. nicht verborgen bleiben. Nicht nur sexuell, nein, allgemein. Und damit sind wir also mal wieder beim Sex.

Was kann ich Dir sagen? Du hast ganz recht damit, daß ein Mann, der auch nur das Geringste von Frauen und / oder Biologie versteht, weiß, ob sie einen Orgasmus hat oder nicht. Es heißt, daß man das nicht vortäuschen kann, und doch hab ich das jahrelang geschafft, nur um die ganze Sache möglichst schnell zu Ende zu bringen. Vielleicht bin ich auch frigide – zumindest kann ich unheimlich erregt werden, aber um wirklich befriedigt zu werden, muß ich's praktisch selber machen, wie ich Dir in Milwaukee erzählt habe. Aber ich weiß, zumindest seit den letzten Jahren, daß ich sehr wohl durch gewöhnliches Liebesspiel erregt werden kann, also klammere ich mich, genau wie Du, an die traurige kleine Hoffnung, daß es die Ungeschicklichkeit des Liebhabers ist und nicht meine eigene Unfähigkeit.

Daß ich mein Herz noch einmal verschenke, das ist wohl für lange, lange Zeit vorbei, sogar für immer. Ich empfinde immer noch, daß ich nur einmal in meinem Leben geliebt habe und hoffe zu Gott, daß mir das nie wieder passieren wird. Aber das war jetzt alles über mich, langweilige Alte, die ich bin.

Was Dich betrifft, so kann ich mir gar nicht vorstellen, daß Du *nicht* sexuell reagierst. Ich würde Dir kaum raten, einfach mal eine Affäre zu haben, was Ratgeber in schicken zeitgenössischen Romanen und Theaterstücken immer tun. Jedenfalls geht man sowieso nicht einfach aus und *hat* eine Affäre. Ist da *niemand*, der Dich anzieht? Hans? Bist Du – na ja, ich kann mich hier nur etwas lahm wiederholen – bist Du niemals leidenschaftlich entflammt? Fühlst Du Deine Haut kribbeln, Deinen Magen und Deine Fußsohlen brennen und möchtest am liebsten gleich hinter den nächsten Busch oder ins nächste Bett hopsen mit jemand? Irgend jemand? Hans? Ich meine, wenn *das* da ist, dann bist Du vielleicht ein Spätzünder. Der Himmel weiß, ich war's – achtundzwanzig oder dreißig – und noch immer nichts – ich meine, nicht *das* – habe ich gespürt. Aber im Augenblick ist mir das verdammt gleichgültig. Und ich wünschte, ich könnte für P. so tun, als ob ich etwas empfände, an Platos Dialoge denken oder Gartenarbeit oder mir vorstellen, ich wäre im Bordell, aber ich kann seine Berührungen oder seine ‹Methode› einfach nicht ertragen, und es ist eine zähneknirschend erlittene Tortur, die übrigens immer seltener wird, und ich weigere mich darüber nachzudenken, was für ein Ende das alles einmal nehmen wird. Ich hoffe bloß, daß Du nicht so bist wie ich. Es ist die gräßlichste Tortur. Mir kommt es jedesmal vor, als ob ich vergewaltigt würde. Und nie, *niemals* läßt er zu, daß mal offen darüber geredet wird. Es ist alles so deprimierend und unehrlich. Ich hätte nichts von alledem gesagt, und ich werde mich auch nicht noch einmal länger darüber auslassen, aber das ist alles, was ich über Sex weiß. Ich habe noch nicht einmal mehr Spaß an einsamen Freuden. Das kommt mir irgendwie zu traurig und sinnlos und lächerlich vor.

Ein obszöner Gedanke: Ich möchte mal wissen, wie sie die kleine Szene in dem Film *‹Tender is the Night›* gemacht haben?!! Also, meine Liebe, es ist sehr spät. Ich hab jetzt schon seitenlang ziellos drauflosgeredet. Vermutlich wird das nur dazu beitragen, Dich noch mehr zu deprimieren. Aber vielleicht ist die Hauptsache dabei, daß man sich nicht allein fühlt. Neuerdings denke ich oft, wie schön es wäre, die letzten Lebensjahre in einer hübschen kleinen Villa mit Dir zusammen zu leben, wenn wir alt und grau sind und dies alles hinter uns haben, und wir würden oft von unseren Söhnen und deren Familien besucht, und von vielen interessanten Leuten, die wir überall in der Welt kennengelernt haben, aber hauptsächlich, um ein ruhiges Leben mit vielen Büchern zu führen, auf dem Klavier zu klimpern, zwei geschwätzige alte Damen, die sich bei italienischem Essen (gekocht und serviert von einer kleinen Dienerin) ihren Erinnerungen hingeben und ihre Memoiren und exquisiten Kurzgeschichten und Berge von Briefen schreiben. Ich glaube, am Ende wirst Du der einzige Mensch sein, der mich je verstanden und geliebt hat.

Gute Nacht, liebe Joyce, Gott segne Dich und die Deinen. Der Himmel allein weiß, was uns beiden noch bevorsteht, Körper und Seele, aber ich nehme an, wir werden es meistern.

Große Liebe,
Pat

Columbus,
den 21. März 1962
(der erste Frühlingstag?)

Liebe Pat,
Dein «Hallo»-Brief, der gestern ankam, bringt mich unbeabsichtigt dazu, Dir aus meinen ganzen Qualen heraus zu schreiben, weil Deine Klagen und Unruhen nämlich auch meine an die Oberfläche gebracht haben, gleichzeitig mit der Gewißheit, daß Du, genauso wie ich, willens bist, der Verdrossenheit des Herzens zuzuhören. Ich hatte diesen Sommer den Eindruck, daß Du meine Klagen ein für allemal sehr weise und gerecht mit der Bemerkung zurückgewiesen hast, es gäbe nur eins: die Dinge ändern oder akzeptieren. Aber, wie ich aus Deinem Brief erkenne (nicht, daß ich die Gewitterwolken an Deinem Horizont etwa mit Schadenfreude bemerkt hätte, denn ich wünsche Euch wirklich eine «gute Tour», wie Du schreibst) und wie wir ja beide wissen, hat das Leben seine peinlichen kleinen Seitenwege, seine chamäleonhaften Unvorhersehbarkeiten, die immer neue Anforderungen an unsere Fähigkeiten zu akzeptieren stellen oder, was noch schwieriger ist, an unsere Fähigkeiten zu verändern. Wenn es kein Geliebter ist, dann eine Krankheit, oder Insolvenz, oder Reibungen mit dem turbulenten Unabhängigkeitsdrang eines heranwachsenden Kindes, oder auch die Angst vor dem großen Abgrund des Nichtseins, oder das Gefühl der unüberbrückbaren Ferne von Dir – meiner einzigen Freundin –, oder das erschreckende Gefühl der eigenen Winzigkeit, nachdem einem klar wird, daß wir (die Erde mit ihrem Elend und wir mit unseren grandiosen Leiden) nur Staubkörnchen am äußersten Rand einer Galerie unter Hunderttausenden von Galaxien sind ... und die Sorge, Angst oder Hoffnung, daß Christus wirklich für unsere kleinlichen und elenden Sünden gelitten hat. Immer wieder eine neue Neurose, eine neue Quelle für Selbstanalyse – der Versuch einer erneuten Selbstbestimmung. In diesem Zusammenhang war ich direkt froh zu sehen, daß selbst Rose Macauley sich für nichts weiter hält als ein Bündel von Posen und das «Selbst» darin erkennt, daß der Mensch keine Posen einnehmen kann, die sich allzusehr seinem wirklichen «Ich» unterscheiden.

Wenn Du das hier liest, ist das Schlimmste der heißen Jahreszeit bei Euch vielleicht vorüber, und Deine Beziehungen zu den anderen sind ein wenig positiver geworden, und so kannst Du heute als Gegenpol zu meiner Traurigkeit fungieren und mich aufmuntern. Aber ach, ach, wieviel besser wäre es, Dich in der Nähe zu haben. Als Du diesen Sommer hier warst, ist mir klargeworden, daß Gespräche doch sehr viel besser sind als ein Briefwechsel. Aber trotz allem ist dieser Briefwechsel die beste Kommunikation, die ich habe, denn Hans und ich ignorieren es, oder wissen nichts, oder können einfach nicht soviel vom Innenleben des anderen wissen.

Er ist gerade nach Chicago gefahren, um einmal die dortigen Galerien abzuklappern, und er hat sein Portfolio mit neuen Druckgraphiken, Zeichnungen und Reiberdrucken mitgenommen – eine keineswegs uninteressante Kollektion. So habe ich also Zeit (wir haben Frühjahrsferien) und die Freiheit (er wird dies nicht lesen), Dir so zu schreiben, wie Du gleich sehen wirst, voll weiblicher Gehässigkeit und Selbstmitleid. Wie vulgär das alles ist und wie unumgänglich für den angehenden Künstler, in dieser halsabschneiderischen und durchorganisierten Welt der Ausstellungen und Galerien, daß er sich immer wieder selbst entblößen und anpreisen muß, mit oder ohne Bescheidenheit. Es gibt so viel Bitterkeit in diesem Beruf; die Angst, man könnte unversehens die dünne Trennungslinie zwischen dem «jungen vielversprechenden» und dem unkündbaren «verausgabten» Professor überschreiten, sitzt vielen im Nacken; und die Kollegen, die man hier beobachten kann, drehen und wenden sich wie bei der Tanzgymnastik, um dem Etikett des nur örtlich bekannten Künstlers zu entgehen. Es gibt auch viel Trauriges dabei; das unausweichliche Gefühl, zum Beispiel, daß die moderne Kunst (wie Du, glaube ich, schon angedeutet hast) nicht gerade das ist, was die Welt dringend nötig hat, und wenn man ehrlich ist, dann ist da auch die Angst davor, die eigene innere Leere konfrontieren zu müssen, eine Angst, die zugleich auch als Urquell von Fruchtbarkeit, Kreativität und Liebe gilt. Das Resultat ist eine endlose Schraube aus Selbstbetrug und Angst, verwoben mit genug Talent und Zufriedenheit mit dem eigenen handwerklichen Können, um weiterzumachen, immer in der Hoffnung, daß Vision, Engagement, Inspiration schon noch folgen würden. Ungeachtet des Tons (in dem ich hier schreibe) glaube ich daran; ich glaube, daß der Versuch mit sich selbst, auch mit dem ungeschicktesten Selbst, durch Formgebung ins Reine zu kommen, sehr wohl ein Weg zur Selbstheilung sein kann. Wie St. John Perse sagte, «Wenn ich Gedichte schreibe, lebe ich besser». Aber ich lüge, denn ich schreibe jetzt gar nicht, und ich habe die Freude, die ich früher daran hatte, verloren – jene Freude am besseren Leben.

Worauf will ich eigentlich hinaus? Nein, es gibt keinen besonderen schmerzlichen Höhepunkt. Ich werde von allen Seiten mit den verschiedensten Schmerzen bombardiert, und es würde allerdings ein sehr langer Brief werden, wenn ich sie alle hier bewältigen wollte. Columbus ist scheußlich; es gibt keine Naturschönheiten hier, nicht einmal solche, die durch den Wunsch danach fabriziert worden sind, durch Parks oder gepflegte Gärten, auf die man stolz sein könnte – und der erste Anblick einer Landschaft, die nicht mit Tankstellen und Gebrauchtwagenmärkten gepfeffert ist, liegt viel zu weit weg. SEHEN kann man hier nur durch einen Prozeß des Ausschließens, ganz rigoros, indem man alle städtischen architektonischen Grotesken eliminiert und (höchst idiosynkratisch) gebannt nur auf das starrt, was man selbst für schön hält – eine gotische Statue, ein Kindergesicht, irgendwelche anonymen Hände. Aber zu dieser Stadt und ihrem Leben irgendeine Beziehung zu entwickeln, das ist unmöglich. Man lebt innerhalb des Universitätsbereiches (auch dies eine Serie von Gebäuden, die ihrem Aussehen nach eher für Zahnarztpraxen und Versicherungsbüros geeignet scheinen, als für die bildenden Künste) und innerhalb der Grenzen eines nicht besonders harmonischen Haushaltes.

Wie sehr ich mich nach liebevollem Austausch und Kommunikation zwischen mir und meiner Umgebung sehne. Amerika ist so ein gottverdammtes Land. Warum diese Vergewaltigung der Landschaft, diese Mißhandlung der kostbarsten Güter? Draußen, die Kinder: «Ich schieß dir gleich'n Loch in dein'n dämlichen Kopp, Kumpel!» «Peng! Peng!» Nebenan: Frau in Nachtkleidung, zur Mittagszeit, jagt den armen Cocker-Spaniel raus an seiner ständigen Drei-Fuß-Kette, wo er elendiglich um ein bißchen Freiheit jault; sie geht zu ihren zwei Fernsehern zurück, um zwei Uhr, in einer plötzlichen Explosion falscher Eleganz, geht sie mit den «girls» zu einem Lunch im Kaufhausrestaurant oder sonstwohin. In der Schule sind die Sechsjährigen bereits gründlich mit dem «rauhen amerikanischen Individualismus» indoktriniert, und der Konkurrenzkampf etabliert sich von Anfang an als die beste Methode, «Resultate zu produzieren». Sonntags heißt es natürlich, «Die Sanftmütigen werden das Erdreich besitzen» und «Lasset uns auf Gott vertrauen – alle anderen zahl bar.» Wie können zwei so hoffnungslos unvereinbare Ziele – den Nächsten wie sich selbst lieben und so schnell und rücksichtslos wie möglich nach oben kommen – jemals verfolgt werden, ohne daß ein Volk dabei todkrank wird?

Kennedy hat kein Glück mit dem Kongreß. Wahrscheinlich werden alle seine wichtigen Gesetzesvorlagen unter den Tisch fallen: Subventionen für Universitäten (der Druck wird langsam überwältigend); Zusammenarbeit mit der Europäischen Gemeinschaft; Gesetz, das zur UNO-Finanzierung mit Hilfe von Schatzbriefen beiträgt – da ist soviel Widerstand. Ach, Pat!

Ich war doch sehr bewegt von John Glenns Weltraumflug, von dem Gefühl, daß der Mensch nicht zurückzuhalten ist, von der Großartigkeit einer meisterlich erfüllten Aufgabe, von der Unmenge an Intelligenz, die in so eine Sache investiert worden ist – nicht von dem, was dic meisten Amerikaner empfanden, Stolz auf das wiedergewonnene Prestige und das Gefühl, «Wir werden's ihnen schon zeigen»! Aber wird all dies nicht für militärische Zwecke nutzbar gemacht werden? Das scheint mir ganz sicher. Und das Elend in Algerien, die Sorgen Berlins, die Hungersnot in China. Gott helfe uns.

Also, eigentlich hatte ich nur die Absicht, Hans schlecht zu machen, aber meine Malaise hat sich ausgeweitet und schließt alles ein, was mich bedrückt, und das ist sicher gerechter, wenn man nach Ursachen sucht. Ich denke auch viel über Religion nach, aber (vielleicht, wie gewöhnlich) ohne viel Wirkung. Ich spüre, daß ich gegen eine Erziehung in mir ankämpfe, die noch viel resistenter ist als Deine; dieser innere Zwang zur kritischen Analyse wurde von klein auf in mir gefördert; die Methoden zufriedenstellender Untersuchung wurden dabei freilich weniger beachtet. Daher bin ich nie wirklich wissenschaftlich orientiert gewesen, doch skeptisch, ganz sicher. Und jeder kleinste Ausflug in Richtung Glauben, jedes Studium mit theologischen Implikationen, sogar jede Bewältigung meiner Ignoranz in bezug auf christliche Terminologie war ein Bruch mit meiner Erziehung. Denn ich muß zugeben, daß meine Eltern zwar frei von Orthodoxie waren, aber es war eine Freiheit in Ignoranz, und deshalb keine wirkliche Freiheit; sie KANNTEN die christliche Tradition gar nicht, mit der sie brachen; sie assoziierten das Christentum nur, in der typischen Art des amerikanischen «Bibelgürtels», mit den negativen calvinistischen Restriktionen, die ihr Leben beherrschten. Daher habe ich auch nie die Bibel studiert, noch den großartigen theologischen Überbau, den das Christentum impliziert. Mutter weiß bis zum heutigen Tag nicht, was das Wort Inkarnation bedeutet. Ich war fünfundzwanzig, als ich zum erstenmal von Pfingsten hörte. Bevor ich also überhaupt mein trainiertes Talent für Skeptik anwenden konnte, mußte ich erst mal mühsam jene so entschieden mißachtete Doktrin aufstöbern. Und jetzt, mit einiger ungenauer Kenntnis davon, mit einer Mischung aus unitarischem Ungestüm, mormonischer Erinnerung, tiefer und natürlicher Sehnsucht nach Bedeutung, literarischem Bewußtsein dessen, was aus christlicher Symbolik gemacht worden ist, Bewunderung für katholischen Intellektualismus französischer Prägung, Verständnis des romanischen und gotischen Geistes (durch das Studium ihrer Kunst und Architektur mit Hans), einer Mischung auch aus monastischem Leben, wie ich es durch genaue Beobachtung der Schulschwestern von Notre Dame kenne, wachsendem Widerwillen gegen protestantische Verweltlichung («Ist Jesus Christus auf *Ihrer* Weihnachtskartenliste?») und einem überwältigenden Gefühl des Staunens angesichts der Schönheit des liturgischen Lebens – all dies habe ich zu geben. Vielleicht zählt die Angst vor dem Tode nicht, aber ich weiß so gut, was John Updike meint: «Jung wie ich bin, spüre ich doch manchmal, mitten in der Nacht, daß der Tod auf mich zurast wie ein Güterzug.»

Und dann, wenn ich glauben will, bin ich mir dennoch völlig bewußt, daß meine rechte Hand tut, was meine linke nicht sehen kann, denn es wird Jahre dauern, wenn überhaupt, bis ich das Gefühl von mir weisen kann, daß Vernunft diese Dinge einfach nicht zuläßt und daß Vernunft wichtig ist. Denn alle Zeugnisse dessen, was geschieht, wenn die Vernunft aufgegeben wird, sind *fürchterlich.* Ich habe kürzlich einen Dokumentarfilm über Nazideutschland gesehen; die Hirnlosigkeit von allem war so verheerend – die Macht der Vernunftlosigkeit; die Bereitschaft der Ungeschulten oder Faulen, sich vom Unwürdigen, ja vom Bösen leidenschaftlich begeistern zu lassen. Dennoch, wie ich schon sagte, ist die Vernunft hinter dem Bau von Weltraumraketen wahrscheinlich genauso böse.

Ergebnis: Ich bin eine echte Marionette meines Jahrhunderts.

Als Elternteil verantwortlich für Reinhards religiöse Erziehung, bin ich ein entsetzlicher Versager. Ich weiß nicht, was ich tun soll. Ich kann ihm die Bibel vorlesen, aber eher als Literatur denn als Wahrheit, als partielle, nicht totale Geschichte. Ich kann seine Fragen beantworten, indem ich ihm sage, er ist jetzt müde und muß schlafen, aber ich kann ihm nicht sagen, daß er für immer leben wird. Ich kann ihn zur Sonntagsschule schicken, damit er mit einer Tradition vertraut wird, die er kennen sollte; aber ich kann sie ihm nicht zur lebendigen Wirklichkeit machen, und er kann sehr leicht jedem Gefühl der Dringlichkeit, das damit in Beziehung steht, entkommen. Hans überläßt das mir, er meint, es sei die Aufgabe der Mutter, mit einem Kind abends zu beten, sie müßte entscheiden, wie und was vor den Mahlzeiten usw. gesagt wird, und er ist über meine Unbeweglichkeit in diesen Dingen enttäuscht. Aber vermutlich werden meine Kinder genauso wie so viele meiner Generation aufwachsen – von bohrenden Fragen gequält.

Alle metaphysischen, spirituellen, philosophischen Probleme werden akzentuiert in Proportion zu Harmonie oder Disharmonie des Lebens, das mich unmittelbar umgibt: dem mütterlichen, häuslichen und ehefraulichen Leben der Mrs. Hans Hohlwein. Wenn diese theoretisch engste Bindung gestört ist, dann stimmt fast alles andere um mich herum auch nicht. Deutet das auf eine übergroße Abhängigkeit von Hans? Auf jeden Fall braucht man kein Dramaturg zu sein, um ihn als überaus schwierigen und unsteten Charakter zu erkennen. Als ich ihn heiratete, habe ich Unruhe und totale Unberechenbarkeit geheiratet. Und manchmal bin ich darüber fast der Verzweiflung nahe, Pat. Du sagst, verlaß ihn oder leb mit ihm. Ich lebe ja mit ihm; ich habe mich dafür entschieden, genau wie er (denn ich weiß, auch er denkt über diese Alternativen nach), aber ich glaube, für uns beide ist es mehr und mehr ein Leben voll stiller Verzweiflung. Wir reden immer weniger, über immer weniger. Er erzählt mir, wo er ausstellt und wer sonst noch ausstellt, etc. Über die Kinder sprechen wir nie; ich kann noch nicht mal eine Diskussion über die Schule in Bewegung setzen. Ich bin sicher, daß gerade Du es gut verstehen wirst, daß ich mich NICHT trennen will, trotz Aufruhr und Klagen, denn gerade DU hast ja klar genug erkannt, was dabei herauskäme, wenn man tatsächlich eine Ehe zerstören wollte.

Was für ein erbärmliches Unterfangen! Aber ich fühle mich so steril mit Hans. Es war ein richtiger Schock für mich, als ein sehr aufgeweckter und sehr exzentrischer Student neulich zu mir sagte: «Sie scheinen so ganz natürlich das zu sein, was andere so gerne sein möchten und doch nicht sind.» Das Kompliment hat mich erschrecklich bestürzt, denn es zeigte ja so deutlich, wieviel lebendiger ich werde, wenn ich nicht zu Hause bin, was Hans schon immer festgestellt hat in Gesellschaft und auf Parties.

Abgesehen von Nostalgie und Bedauern versuche ich wirklich ernsthaft das Beste aus unserer Ehe zu machen. Das weißt Du ja. Ich habe zwar gearbeitet, wenn ich besser daheim geblieben wäre, und ich war auch manchmal kein besonders guter Manager, aber ich bin allem, was für Hans wichtig ist, unerschütterlich treu und ergeben geblieben, genauso wie meiner Rolle als Ehefrau, mit all den Opfern, die nun mal dazu gehören, wenn man mit einem Künstler von dieser Sensibilität und mit diesen Neurosen verheiratet ist. Ich glaube auch, daß ich eine ziemlich anständige Mutter bin, aber unser Familienleben ist ein Trauerspiel. Um es noch einmal zu sagen, Hans und Reinhard kommen überhaupt nicht miteinander aus. Ich bin überzeugt, Hans liebt ihn nicht einmal besonderlich. Er kann ihn überhaupt nicht um sich haben, macht nie etwas mit ihm zusammen, hört nicht hin, wenn der Junge die einfachsten Bemerkungen über die Schule oder irgend etwas anderes macht.

«Vati ...?» beginnt ein Gespräch.

«Nein!» endet es.

Diese Dinge bedrücken mich so, fragmentieren mich, zerreißen mich, einer spielt mich gegen den anderen aus. Die Folge ist ein Überkompensieren, ich bin dann mehr Mutter als Frau, lese lieber oder gehe mit Reinhard spazieren statt mit Hans ins Bett. Dies sind ernste Probleme, Pat, denn wenn so was einmal zur Gewohnheit wird, sind wir am Ende. Aber dieser liebe Junge, so interessiert an allem, so unverwüstlich, daß er immer wieder lächelnd zurückkommt, so aufgeweckt, wird langsam immer mehr kaputtgemacht, niedergetreten, und mir kommen beim Schreiben die Tränen, wenn ich daran denke, wie man überhaupt Intelligenz und Geist ersticken kann. Du kannst mir nicht helfen, ich weiß, aber was kann ich tun? Hans betet das Baby an, aber sie ist winzig, weich und abhängig, und ich merke schon, daß er nur wirklich lieb mit ihr ist, wenn sie fröhlich und still ist. Wenn sie weint, habe ich schon beobachtet, wie er Sachen auf den Fußboden geschleudert und sie sogar angeschrien hat.

Und an allem soll ich schuld haben. «Das Baby schreit doch bei mir nicht so.» – «Natürlich, hat Reinhard recht; natürlich bin ich im Unrecht.» Aber hat er nicht unrecht, wenn er Reinhard anbrüllt, nur weil er versucht, Andrea beim Laufen zu helfen oder wenn er ihr zeigt, wie ein Ball springt? Ich bin verloren, verloren, verloren, Pat, und ich fühle mich so einsam. Ich weiß sehr wohl, daß der erstbeste mit der Intelligenz und der Einstellung meines Studenten mich mit Leichtigkeit vom Pfad der Tugend abbringen könnte, und wenn er auch die Kinder liebte, könnte er uns alle drei von hier weglocken.

Auch Hans wartet, wie schon immer, gespannt auf seine Chance für einen Seitensprung. Ich habe davon oft genug geredet, aber er fragt mich häufig, was die Universität meiner Ansicht nach tun würde, wenn ein Dozent eine Affäre mit einer Studentin hätte, oder er erzählt mir, daß er liebend gern eine elegante orientalische Frau kennenlernen würde, und so weiter. Natürlich weiß ich, was er wirklich will und wahrscheinlich auch braucht, ist eine sexuell aggressive Geliebte, die ansonsten sieben Tage in der Woche und vierundzwanzig Stunden am Tag sein Ego besänftigt und streichelt, eine Geliebte, die ihren Lebensinhalt darin sieht, daß sie ihm jederzeit zur Verfügung steht – statt einer Halbintellektuellen, die im Umgang mit Ideen und Menschen weit besser bewandert ist als im Umgang mit Dingen (und mit ihm).

Das Baby ist ein liebenswertes kleines Ding, voll Charme und so winzigkleiner Anziehungskraft, und sieht genauso aus wie ihr Bruder, als er ein Jahr alt war. Sie läuft jetzt seitwärts, wie ein sehr blonder und sonderlicher Krebs. Früher oder später wird sie den Dingen von vorne ins Angesicht blicken müssen. Reinhard liest sehr gut, und obwohl er der Jüngste in der Klasse ist, gehört er zu den drei besten. Ich wünsche so sehr, daß er Christopher kennenlernen und mit ihm zusammen aufwachsen könnte. Das wäre wirklich mal eine schöne Sache.

Was für ein Haus habt Ihr jetzt? Ist Philip mit seiner Arbeit zufrieden? Bitte schreib mir so ausführlich wie möglich.

Alle Liebe,
Pat

Columbus,
den 25. März 1962

Liebste Pat,
heute war der erste Tag des Frühjahrsquartals, und als ich zur Universität kam, erwartete mich Dein wundervoller, einfühlsamer, lieber guter Brief. Ja, das Großartige – das Wichtigste – ist zu wissen, daß ich nicht allein bin, und solange Du schreibst und mit mir verbunden bleibst, bin ich's nicht. Es ist so gut, das zu wissen, denn Dir kann ich (und werde ich) alles, absolut alles sagen, und so eine Beziehung ist eben nur mit Dir möglich.

Die Krise der letzten Woche, die den langen, wortreichen Brief hervorbrachte, den Du vielleicht gleichzeitig mit diesem erhältst, ist vorüber. Ein Familienstreit war das, vielleicht so ähnlich wie jene Atmosphäre, die Du beschreibst, wenn Philip von den Kindern die Nase voll hat. Hans ist in sehr negativer Stimmung nach Chicago gefahren, hat mich aber am Abend angerufen, um das wiedergutzumachen. Trotzdem hat er mich merkwürdigerweise darüber informiert, daß er eine Frau in Milwaukee angerufen hat, die mir letztes Jahr so viel Kummer gemacht hatte und von der ich Dir wundersamerweise kaum etwas erzählt habe, als wir zusammen waren. Sie hatten während meiner Schwangerschaft eine einigermaßen heimliche Affäre, die mich doch sehr verstört hat, denn sie ist eine bemerkenswerte und eindrucksvolle Frau von neunundzwanzig, schwül und dunkeläugig, gut informiert und sehr aktiv im Bereich der bildenden Kunst – gutaussehend, mit messerscharfem Intellekt und ebensolcher Zunge, einem Seitensprung nie abgeneigt und fünf Tage in der Woche allein zu Hause, wenn ihr ebenfalls beeindruckender Mann – ein Anarchist, dessen politischer Sachverstand in bezug auf Europa ihn für Hans so faszinierend macht und der außerordentlich gut informiert ist über Kunst, Musik, Literatur usw. – wenn der also weg ist. Jedenfalls hat er sie angerufen und sie fuhr hin, um einige Zeit mit ihm in Chicago zu verbringen. Welcher Art diese Episode war, das hat er nicht für nötig gehalten, mir mitzuteilen. Auf jeden Fall passieren solche Sachen immer mit Hans, und das wird sich auch nicht ändern, was mich jedesmal, milde gesagt, einigermaßen aus der Fassung bringt.

Was mich betrifft, glaube ich, daß ich immer noch Anziehungskraft auf Männer habe, aber mir fehlt die Zeit. Ich meine das wirklich. Ich bin ja kaum lange genug in der Universität, um die auszusortieren, auf die ich anspreche (Antwort: Ja, natürlich *reagiere* ich auf Männer, wenn dies damit gemeint ist: Erregung, Rapport, Enthusiasmus, sexuelles und allgemeines Interesse, überhaupt alles – außer Orgasmus), dann muß ich schon wieder zurück in den Schoß der Familie, der mich gründlich einengt. Nicht, daß mich das frustriert; ich suche keine Affäre, wenn mir auch, ehrlich gesagt, völlig klar ist, daß ich heute viel stärker dafür empfänglich wäre als je zuvor. Warum, das ist schwer zu sagen. Aber Hans ist so nonchalant, wenn es um gewisse Grenzen und Restriktionen geht, vielleicht sind dadurch meine eigenen Hemmungen auch etwas gelokkert worden. Ich bin neugierig, ob ich jemals, in der Praxis, meinen eigenen gutgemeinten Ratschlägen zuwiderhandeln werde, die ich Dir zum Thema Ehebruch gegeben habe.

Auf jeden Fall, Pat, ist mein Sexualleben nicht wirklich miserabel. Hans ist potent und stark, wie ich Dir sicher schon erzählt habe, und ich kenne diesen mächtigen rhythmischen Pulsschlag, von dem Du sprachst, sehr wohl, er steht im Zentrum meines sexuellen Erlebens. Nie habe ich dagegen etwa eine Abneigung gehabt, nur sorge ich mich mit den Jahren mehr und mehr um meine Unfähigkeit, zum Höhepunkt zu kommen. Und Hans wird sicher nicht immer und ewig so unwissend bleiben. Ich nehme jetzt kein Blatt vor den Mund, aber mit Dir kann ich so reden. Hält Philip, der als Arzt ja Bescheid wissen wird, Dich für frigide? Oder ist diese Unfähigkeit, die sich nur auf das Letzte erstreckt, sehr weit verbreitet? Vielleicht besonders unter angehenden Englischlehrerinnen? Macht es Männer wütend? Achten sie darauf? Wäre es Dir peinlich, bei einer flüchtigen (oder auch weniger flüchtigen) Affäre? Oh, ich weiß nicht, wirklich, es ist alles so verrückt und unkontrollierbar, und ich will Dich damit nicht *ad nauseam* belästigen, das verspreche ich. Wahrscheinlich ist es eine vorübergehende fixe Idee.

Es gibt noch so viel anderes zu beantworten. Um jeden Preis müssen wir unsere Freude am Leben erhalten und die Überzeugung, daß das Leben, wenn nicht die Kunst, es wert ist, bewußt praktiziert zu werden. Die Kehrseite davon, und Du meintest, daß ich und vielleicht wir beide Gefahr laufen, da hineinzufallen, nämlich ein Verlust des Staunens und der Begeisterungsfähigkeit und Freude am Augenblick, macht sich im Leben so vieler Menschen (wie auch in meinem) schmerzlich bemerkbar. Eine sehr liebe und intelligente Freundin aus Milwaukee sagt, daß sie einfach nicht mehr so vital auf Musik reagieren kann und daß es schon fast unmöglich für sie geworden ist, das echte ästhetische Erlebnis ganz zu erfassen und zu zelebrieren. Sie ist so wunderbar feinfühlig und intelligent, aber längst nicht mehr spontan. Sie ist Shakespeareforscherin und meint, daß sogar Lyrik sie existentiell nicht mehr ergreift. Es ist intellektuell aufregend; aber es gibt ihr nicht mehr das Gefühl, das E. Dickinson beschrieb, daß sie nämlich beim Lesen von Gedichten das Gefühl hätte, «als ob ihre Schädeldecke explodierte». Ich WEISS, leider, was sie meint. Ich kann mich noch an Salt Lake City erinnern, ich las zu Hause auf dem Fußboden, tief eingetaucht in ein ekstatisches Glücksgefühl, während ich den späten Beethoven-Quartetten lauschte. Heute kann ich das nicht mehr. Ich kann's nicht. Deine Freude an der Musik regt mich an, hilft mir, stimuliert mich – und ich liebe sie immer mehr, mehr als jede andere Kunstform.

Was ich schreibe, ist bloß symptomatisch. Ich hatte wirklich geglaubt, das Leben sei als ein Prozeß fortwährender Ansammlung neuer Fähigkeiten und Möglichkeiten zu verstehen und sich der Dinge bewußt zu werden, und nicht ein systematisches Abschneiden, Stück für Stück, von den Gaben, die man ins Leben einbringen könnte. Ich werde mich noch nicht damit abfinden. Es muß einfach möglich sein, die Freude an einem bewußten Leben zu erhalten und weiterzugeben, statt sich immer mehr von der eigenen Bitterkeit und Sorge daran hindern zu lassen. Denn es gibt ja großartige alte Leute, und die müssen unsere Mentoren bleiben. Aber Du hast ja so recht, wenn Du sagst, der Zwang zu reagieren und eine Rolle zu spielen, läßt einen am lebendigen Ast verdorren, entzieht die besten Lebenssäfte. Alles, was ich sage, ist vielleicht nicht mehr als eine weitausschweifende Version des kleinen Witzes: «Das Leben ist eine Falle, und lebendig kommst Du da nicht raus.» Oder

Forgive, o Lord, my little jokes on Thee,
And I'll forgive thy great big one on me.

(Robert Frost)

(Vergib, o Herr, die kleinen Streiche, die ich Dir spiele, dann vergebe ich Dir den großen, den Du mir gespielt hast.)

Du bedeutest mir so viel,
Joyce

Columbus,
den 29. April 1962

Liebe Pat,
es kommt mir wie eine Ewigkeit vor, seit ich von Dir gehört habe, und in einer hartnäckigen, häufig wiederkehrenden und vermutlich unbewußten Weise scheint meine Beziehung zum Leben subtil verändert, wenn ich nicht weiß, wie es Dir geht. Da ist dann ein kleines, nagendes Gefühl von Verlust oder Unbehagen, so wie wenn ein Unterrockträger plötzlich reißt.

Es ist Frühling hier, und das macht selbst das graue, unansehnliche, verbaute und ungepflegte Columbus schöner. Frühling wird jedes Jahr zugleich bedeutsamer und niederschmettender. Vielleicht ist es nur das fürchterliche In-die-Länge-Ziehen aller unästhetischen Eigenschaften von Leben und Charakter hier im Mittelwesten der USA, das mich fast traurig macht vor Freude über das Wiederauferstehen von freier ungebundener Schönheit. Ich kann nicht drinnen bleiben. Ich muß allen Druck von Haushalt, Papieren und sonstigen Zwängen von mir schleudern – ich lebe nur, um draußen zu sein, um zu schauen, wie die noch ungeöffneten Apfelblätter dunkler werden, dann heller und dann fast weiß gegen den einfallenden Abendhimmel. Lange wird es nicht dauern. Bald wird es feucht und heiß sein, zu viele fette Frauen in Shorts, zu viele Teenies, die mit ihren aufgemöbelten Autos um die Wette rasen, so viele Kinder mit eisverschmierten Fingern, und ich beklage mich.

Aber im Augenblick ist es herrlich. Ich fühle mich geradezu resexualisiert. Ja, so wie ich mich jetzt fühle, könnte ich siebzig Männer vernaschen. Ist es nicht phantastisch? Ich hab so frivole Körpergedanken seit fast einer Dekade nicht mehr gehabt. Ziemlicher Kontrast zu meinen letzten Briefen, aber das macht die Jahreszeit, und es wird wohl bald vorüber sein. Ist Eure heiße Jahreszeit vorbei, und fühlst Du Dich besser? Und wie geht es Klein-Christopher?

Dies ist ein ganz unmöglicher Brief, ich weiß, aber es soll ja auch nur eine Stimme voll Liebe und Sorge sein, und der Wunsch, sich mitzuteilen und zu kommunizieren. Mit der Freizeit, die ich bald habe, werde ich ausführlicher schreiben können.

Alle Liebe,
Joyce

Dar-es-Salaam,
den 18. Mai 1962

Liebste Joyce,
ich setzte mich jetzt einfach hin und schreibe – zum Teufel mit allem anderen. Ich war total begeistert über Dein Paket, das endlich vorgestern ankam – ganz unglaublich, wie die Post hier immer schlechter wird. Ich bin ganz hingerissen, milde gesagt, von dem sehr Joyceschen Holzschnitt. Er sieht Dir so ähnlich, so eine Art blankgeschrubbte innere Knochenstruktur Deines Joyce-Ichs, «das ganze Entsetzen», aber immer noch blauäugig, trotz allem, und kein Dorian Gray.

Neulich bekam ich den seltsamsten Brief von Dir, alles über Deine erwachende Sexualität, und ich sage seltsam, weil ich dieser Tage Schwierigkeiten habe, irgendwo stillzusitzen. Ich möchte am liebsten herumschleichen wie eine Katze oder Vorübergehenden am Fenster den blanken Busen zeigen. Wie Du sagst, lauter merkwürdige, seltsame und wunderschöne Ideen, die aber leider alle keine Wirkung auf mein eheliches Sexualleben haben. Vielleicht ist es die Jahreszeit, der Frühling kommt hier am Ende der heißen Jahreszeit und bringt immer ein großes Wiederaufleben von Energien und der Fähigkeit, mit allem fertig zu werden. Ich muß schon sagen, ich habe da sehr heidnische Gefühle. Aber es ist so eine langweilige, zahme Welt, und alle anderen, genau wie ich, sitzen rum und warten darauf, daß jemand anders den ersten Schritt macht. Es muß schon eine enorme Anstrengung für Ian gewesen sein, mir eine Erklärung zu machen, obwohl er keine Ahnung hatte, wie ich das aufnehmen würde. Ich glaube, das ist die größte Barriere gegen die Liebe, wenn man älter wird und empfindlicher und vorsichtiger und außer Übung ist, sozusagen, und die Furcht vor Zurückweisung ganz obenan steht. Dennoch.

Ich bin so verdammt beschäftigt, daß ich kaum Zeit zum Atmen habe. Ich will Dich nicht mit Einzelheiten langweilen, aber ich habe mehrere Jobs gefunden, die ich in meiner freien Zeit machen kann, hauptsächlich zu Hause, Tippen, usw., um hier und da ein Extrapfund zu verdienen, und plötzlich summiert sich das so, daß der größte Teil des Tages damit ausgefüllt ist. Unter anderem mache ich Führungen durch Dar, für Schiffspassagiere, die hier an Land gehen, und jetzt ist mir die elende Touragentur in den Schoß gefallen, weil der Besitzer für drei Monate nach Europa gefahren ist, und so hab ich das jetzt bis Ende Juni am Hals, und ich habe eigentlich keine Ahnung, wie das hier laufen soll, die Organisation, meine ich. Aber die Führungen machen mir einen Heidenspaß, ich binde arglosen Touristen alle möglichen halbverdauten Falschinformationen auf. Außerdem werde ich dafür bezahlt, daß ich aus der *European Parents' Association* (die jetzt klugerweise *Tanganyika Parents Association* heißt) eine funktionsfähige Organisation mache.

den 25. Mai 1962

Ah la! Ich bin wirklich ein hoffnungsloser Fall. Ich kann Dich nur um Nachsicht bitten, als Entschuldigung kann ich nur Überarbeitung anführen, aber selbst das ist nicht gut genug. Aber heute werde ich dies wirklich zu Ende bringen. Philip ist seit drei Tagen fort, er muß bei einer Flutkatastrophe und Hungersnot helfen. Ich muß sagen, obgleich ich es nur sehr ungern zugebe, daß ich das Alleinsein sehr genieße. Die Kinder sind geradezu engelhaft; ich bin von morgens bis abends guter Laune; vom Aufstehen bis zum Schlafengehen gehört meine Zeit mir und den Kindern; nachdem sie abends im Bett sind, habe ich Zeit, über meinem Bauchnabel zu meditieren usw. Man kann den Frieden fast mit Händen greifen. Jedoch.

Die Kinder sind meine Liebe und Freude in diesen Tagen, und sie machen mich so von Herzen glücklich. Langsam komme ich zu dem Punkt (nachdem mir fast ein Jahr lang so «brüterisch» war, wie die Engländer das nennen), daß ich nicht nur ganz gern, sondern wirklich liebend gern noch ein Baby hätte, am liebsten ein Mädchen, aber Philip will keins. Wir werden sehen.

(...).
Viele Liebe,
Pat

Dar-es-Salaam,
den 7. Juni 1962

Liebste Patience,
vor ein paar Tagen habe ich eine alberne kleine Geburtstagskarte an Dich abgeschickt. Nur ungefähr zwei Wochen zu spät! Ich denke im Augenblick so viel an Dich. Es ist jetzt so wunderschön hier – vielleicht noch zu warm für Dein «nordisches» Blut, aber perfekt für Tess von den turbulenten Tropen, hier. Bei mir herrscht die große Hektik, und darum bekommst Du auch keine richtigen Briefe, aber bis zum Ende des Monats sind alle Jobs zu Ende mit einer Ausnahme, und das ist eine angenehme, regelmäßige, geradezu beruhigende Arbeit, nicht so nervenaufreibend wie diese fürchterlichen Stadtführungen. Immerhin hilft das aber, die Rechnungen zu bezahlen.

Die Situation hier ist nicht eigentlich unangenehm, aber man hat immer mehr Angst und muß sich ständig sehr vorsehen, damit man keinen Schwarzen irgendwie beleidigt. Von unseren afrikanischen Freunden sehen wir kaum noch etwas. Die haben zuviel Angst, von ihren eigenen Leuten «schwarze Europäer» oder «Neo-Kolonialisten» beschimpft zu werden. Alles sehr traurig, und wir fühlen uns nicht mehr als integraler Bestandteil des täglichen Lebens in Tanganyika.

Abgesehen davon keine besonderen Ereignisse. Philip und ich kommen nicht sehr gut miteinander aus (das sind Neuigkeiten?) – nichts Ernstes, wir haben's einfach satt, zuviel zusammen zu sein, und ich freue mich wirklich sehr darauf, einen *ganzen* Monat für mich zu haben, wenn er im Juli und August zu einer Konferenz fährt. Ich habe mich geweigert, mitzugehen, bis auf die letzte Woche, Ende August. Außerdem spiele ich in jeder freien Minute Klavier, gehe mal ins Kino (‹*Hiroshima, Mon Amour*› war ein erschütterndes Erlebnis – ausgezeichnet gemacht). Ich lese ein kleines bißchen – keine Zeit! Und ich sehe Stephen eigentlich zu oft – erinnerst Du Dich an meinen Schwarm in Pashenzi, zu Anfang der letzten Tour? Er ist jetzt in Dar stationiert und arbeitet nur zwei Häuser von uns entfernt und findet dauernd irgendeinen Grund, mal hier hereinzuschauen. Außerdem singt er, wie ich, in der Music Society, und weder P. noch S.'s Frau sind dabei – und da die Anziehungskraft und gegenseitige Zuneigung ja immer da waren, kannst Du Dir vorstellen, was im Gange ist. Was mich betrifft, macht mir das überhaupt nichts aus. Ich finde Stephen wundervoll, aber ich bin nicht verliebt in ihn, könnte es nie sein. Körperlich übt er große Anziehungskraft auf mich aus, aber doch nicht so stark, daß ich daran denke, wenn wir nicht zusammen sind. Also lasse ich mich einfach treiben, lasse den Dingen ihren Lauf.

Viel, viel Liebe,
einen herrlichen Sommer für Dich,
Pat

Columbus,
den 5. August 1962

Liebste Pat,
entschuldige das lange Schweigen. Ich sehe drohende Anzeichen für die Tage der Heuschrecken am Horizont, und deshalb habe ich nicht geschrieben. Ich kann gar nichts Genaues sagen, außer, daß das Baby zu einer sehr ungünstigen und finanziell ungeplanten Zeit kommt, daß Hans' wachsender Widerwillen (soll ich es «Haß» nennen?) gegen die Formlosigkeit und Häßlichkeit der amerikanischen Lebensweise eine Art Rebellion vorausahnen läßt, und daß er ein tiefsitzendes Ungenügen an der Rolle der Kunst in der heutigen Welt empfindet – ein Ungenügen, das noch verstärkt wird durch die ungeheure Zielstrebigkeit und Egomanie seiner sämtlichen Kollegen, deren Ziel vor allem eins ist: «AUFSTEIGEN». Ich kann einen Kommentar, den Du in Milwaukee gemacht hast, nicht ganz ignorieren – «Ist Kunst heutzutage wirklich notwendig, Joyce?» Wir fragen uns auch – ernsthaft –, und Hans kämpft innerlich dagegen an. Ich verspüre fast so etwas wie Bewunderung und Neid, auf Euch, auf Philip und seine Arbeit und den Sinn, der darin liegt, nenn es Mission, wenn Du willst, und das würde ganz sicher zu einem guten Job in der WHO gehören, existierte auch ganz sicher in der Arbeit, die er bis jetzt getan hat, und wäre von der Arbeit in den UN gar nicht wegzudenken.

Ja, in vielen fundamentalen Dingen beneide ich Euch. Ich beneide Euch um die Formalität, die zu Eurem Leben gehört, eine Formalität, die – würde man hier darauf bestehen – die reine Anomalie und Quälerei für die Kinder wäre. Ich beneide Euch auch um die Dichte, den unauflöslichen Faden eines politischen Bewußtseins, der ganz sicher das Gewebe eines jeden Tages in Afrika durchläuft. Ich beneide Euch um das Intime und das Wissen, das daraus erwächst. Ich beneide Dich auch ziemlich darum, daß Ihr (vielleicht) schon «die» Krise in Eurer Ehe gehabt habt, daß sie vorüber ist. Und alles in allem ist Euer Leben doch irgendwie würdevoller.

Reinhard ist fasziniert von Fossilien und prähistorischen Zeiten, und ich kämpfe ständig darum, ihn von den schlimmsten Aspekten in der Welt der Jungen um uns herum fernzuhalten (die Neigung zur Gewalttätigkeit, die entsetzliche Sprache, der Haß auf Schwarze, das Mißtrauen gegen Phantasie). Andrea ist winzig, zierlich und so blond wie ein Löwenzahn. Sie ist sehr clever und tollkühn, und ich stehe manchmal Todesängste um sie aus. Ich schreibe bald wieder.

Liebe,
Joyce

Columbus,
den 8. August 1962

Liebe Freundin und Beraterin,
ich werde klein schreiben, damit ich genug Platz habe, Dir soviel wie möglich von den Dingen zu berichten, die mich verwirren. Du hattest mir damals, in den Zeiten Deiner Trennungsschmerzen, so ausführlich geschrieben; vielleicht hilft es wirklich, einfach zu schreiben. Um welchen Preis rettet man eine Ehe, Pat? Hier bin ich nun, schwanger mit einem dritten Kind (das wieder im Februar kommen soll), und *noch nie* sind Hans und ich so meilenweit voneinander entfernt gewesen, so völlig entfremdet. Manchmal ist das ein tangibler, hörbarer, zumindest fast spürbarer Impuls, der uns immer näher an gegenseitigen Haß heranbringt. Ich muß die Wahrheit schreiben, und ich weiß, daß es so ist. Aber ich erinnere mich auch an dasselbe Wort in Deinen Briefen, und ist das vorübergegangen? Könnt Ihr jetzt das Leben miteinander genießen? Ach Pat, Hans hat mich etwas gelehrt, was ich nie für möglich gehalten hätte, nämlich einen Widerwillen gegen das Leben. So oft und bei so vielen Gelegenheiten hat er uns schon einen Weltschmerz von so kolossalen Ausmaßen vorgespielt, daß dabei eine geschlagene halbe Stunde in den grimmigen Untertönen draufgehen kann.

Ich konnte mich immer so freuen; jetzt freue ich mich fast nur noch auf die Zeit, wenn ich schlafen kann – ausschließen, leugnen, vergessen – wage ich, das Wort *zerstören* zu gebrauchen? Was ist Masochismus? Die Bereitschaft, sich auslöschen zu lassen? Manchmal kenne ich mich kaum selbst wieder, so grämlich und verkniffen bin ich geworden. Ich bin immer noch entspannt und gelöst mit meinen Kindern, *wenn ich mit ihnen allein bin*, aber ich kann nichts richtig machen, wenn wir alle zusammen sind. Die Leute finden mich immer noch nett, fröhlich, witzig, aber mit Hans bin ich ein anderer Mensch, und ich frage mich, wie es möglich ist, sich so schnell zu verändern.

Neulich abends habe ich eine ziemlich glanzvolle Dinner-Party gegeben, aber seitdem schreien Hans und ich uns an, knallen Türen und gehen einander aus dem Wege wie die Pest. Ich fühle mich immer so schlecht und müde in den ersten Schwangerschaftswochen, mir kommt es vor, als ob ich richtig verdumme, und Hans ärgert sich so darüber. Er hat nicht das geringste Mitgefühl. Aber die Entzweiung geht noch tiefer, und es kann sein, daß nur die reine Feigheit mich davon zurückhält, das Wort «Scheidung» oder wenigstens «Trennung» in unsere kurzen, periodischen, hitzigen Gesprächsfetzen auch nur einfließen zu lassen. Oh, ich könnte ein langes Gespräch mit Dir sehr brauchen, meine liebe Freundin.

Soll ich mal ein paar Kleinigkeiten aufzählen, die doch eine ernsthafte Kluft offenbaren? Hans gibt Reinhard überhaupt nichts. Ich weiß, das klingt wie eine Karikatur, die nur von einer hysterischen Frau gesehen werden kann, aber es ist die reine Wahrheit. Er bringt ihn nicht zu Bett, liest ihm keine Geschichten vor, hört ihm nicht zu, stellt ihm nie eine Frage. Er kommandiert ihn aber herum; er beklagt sich bei mir über ihn. Er kann den Mangel an Kommunikation nicht verstehen und behauptet, man *kann* an den Jungen nicht herankommen. Ich liebe Reinhard; wir streiten und haben Spaß miteinander; wir lesen – alles mögliche; und wir spielen Fußball. Wir stellen die Möbel um, und wir erfinden Geschichten. Und er hat ganz spontan gesagt, «Vati zwingt mich immer. Und ich lasse mich nicht zwingen! Es tut mir leid, so bin ich einfach». Und das mit sechs Jahren. Soweit ich das beurteilen kann, interessiert Hans an Reinhard nur eins *wirk-*

lich – seine Tischmanieren. Das heißt, ganz egal, *was* der Junge auch beim Essen sagen möchte, die *einzige* Antwort, die er je erhält, ist eine Kritik seiner Tischmanieren. Daß mir das alles weh tut, wirst Du verstehen.

Andrea betet er an, sie ist eine kleine Puppe und schmeichelt dem männlichen Ego, zweifellos, aber weint sie, wie Babies das nun mal tun, schickt er sie mit einem Klaps zu Bett und läßt sie dort schmachten, was jedesmal meinen aufgebauten schönen Zeitplan völlig durcheinanderbringt. Zum Essen will er sie nicht dabei haben, also muß ich irgendeinen ausgefallenen Platz für sie herrichten.

Und sollte er mal nach Hause kommen, wenn ich gerade eine Schallplatte spiele, dann reißt er sie runter und sagt, «Immer diese elende Kammermusik», und macht absichtlich einen Kratzer auf eine meiner geliebten Platten. In solchen Augenblicken möchte ich ihn am liebsten anspucken.

Und ich bin schwanger! Und so gern und so oft ich ihn verlassen möchte, im Augenblick könnte ich mich nicht lange selbst ernähren. Das ist wirklich eine Qual. Meinst Du, daß solche Krisen bei Euch vorbei sind – der Vergangenheit angehören – und daß zukünftige Rückfälle, da man so etwas ja schon kennt, besser bewältigt werden können? Vielleicht gehe ich im Herbst zu einem Psychiater. Jeder sagt, Hans sollte lieber einen aufsuchen, aber das würde er nie tun, und gerade darum könnte es mir vielleicht mehr Kraft zur Lebensbewältigung geben.

Ja, er macht sich gut an der Ohio State University, hat eine gute Gehaltserhöhung bekommen, aber gewinnt typischerweise keine Freunde. Er ist der Buhmann der Nachbarschaft, und alle Kinder hassen ihn. Ich denke an das Gelächter, das Gedränge bei den lustigen Spielen im Garten hinter dem Haus meiner Eltern – eine ganze Welt entfernt.

Meine Liebe,
Joyce

Baridi, Tanganyika,
den 18. August 1962

Liebste Joyce,
wie Du aus dem Poststempel ersehen kannst, mußte ich Philip zu seiner Konferenz begleiten, ob och möchte oder nicht.

Das wird jetzt eine geschwätzige Epistel, die ich in den nächsten Tagen ab und an schreiben werde. Deine traurigen Briefe sind ein paar Stunden vor meinem Abflug angekommen. Ich bin tief betrübt darüber, daß Du wieder schwanger bist. Ich glaube, diese Belastung ist einfach zuviel für Dich. *Warum* nur spielst Du dieses «Vatikan-Roulette», wie Du es nennst? Ach, Joyce, Joyce, ich wünschte, ich könnte da sein, um Dich zu trösten! Aber wenn's denn sein muß, dann sei's, und ich sende Dir all meine Liebe und Gebete und besten Wünsche für eine gesunde und leichte Schwangerschaft und Entbindung und für die ersten Monate.

Joyce, meine liebste Freundin, was könnte ich Dir sagen, das noch die Möglichkeit von Wahrheit *und* Hoffnung einschließen würde? Deine Situation ist ganz anders als meine vor dreieinhalb Jahren. Du hast ja eigentlich nichts getan, was dazu geführt hat, wie ich damals. Und Hans hat sich auch nicht so lange in einer für ihn ganz uncharakteristischen Weise verhalten wie Philip damals. Dein tägliches Leben hat sich auch nicht innerhalb eines Jahres grundlegend verändert. Es ist nur *mehr* vom Gewohnten in seinen wenigen attraktiven Aspekten, wenn Du verstehst, was ich meine. Ich weiß, es klingt gemein und für den Augenblick gar nicht tröstlich, aber ich kann nur wiederholen, was ich Dir letztes Jahr in Milwaukee gesagt habe: *Menschen verändern sich nicht.* Sie können nur ihre Reaktionen und äußerlichen Persönlichkeitsmerkmale verbergen oder so modifizieren, daß sie der Gesellschaft oder dem Milieu oder der Gruppe, der sie angehören, angepaßt sind. Wenn diese – Gesellschaft, Gruppe, Milieu – anders sind als jene, für die sie erzogen und in der sie aufgewachsen sind (oder es ist wie bei Oscar Wilde oder Gauguin, die von Natur aus inkompatibel mit ihrem eigenen Milieu waren), dann können sie ein anderes, besser zu ihnen passendes suchen und sich dorthin flüchten; oder – und das ist am schwersten für einen, der in «unmöglichen» Umständen gefangen ist, wie ein Häftling im Konzentrationslager oder ein Schiffbrüchiger auf einer Insel oder (ist es *‹The Lost Girl?›*) wie eine der Romanheldinnen bei

Lawrence, die sich in einer unerträglichen, unauflösbaren Ehe befinden – man tut alles, um sich den Umständen anzupassen, bis hin zur Veränderung des eigenen Ichs, gibt jedem Druck nach und hält sein ganz privates Fluchtventil in irgendeinem gänzlich unverdächtigen Winkel versteckt.

Liebst Du Hans noch? Ist die Ehe als solche Dir heilig, ich meine so, daß es für Dich *keine* Alternative dazu gibt, nur Alternativen für Deinen eigenen Seelenzustand? Hättest Du es lieber, wenn Reinhard so oder so aufwachsen würde – a) mit seinem eigenen Vater, hart, unnachgiebig, aber zweifellos, mit seinem Vater; b) ohne Vater; oder c) mit einem anderen Vater, den Du eventuell in ein paar Jahren heiraten würdest, wenn Du Dich jetzt scheiden ließest und Dir Zeit lassen würdest, bis die Wunden geheilt sind, die wirklich schlimm sind, glaub mir, selbst bei der kürzesten Trennung (unsere hat nur fünf Wochen gedauert!). Was die Sache mit dem Psychiater betrifft, TU'S NICHT! Du brauchst einen Psychiater nicht dringender als einen zweiten Kopf. Nein, ich bin entschieden gegen die Sache mit Psychiatern. Wir Amerikaner sind zu einem richtigen Haufen von Wundensondierern geworden. Psychiater sind ausgezeichnet für Menschen, die hilflos sind, aber das bist Du noch lange nicht.

Und Hans mit seiner Haltung Reinhard gegenüber – meine Liebe, das ist die typisch deutsche Erziehung, was Dich freilich kaum trösten wird. Der Vater ist *sehr* hart, der perfekte Zuchtmeister, leidenschaftslos, unnachgiebig, unerschütterlich und kleinlich. Vati hat *immer* recht, und wenn man selbst Vati wird, dann hat man eben auch immer recht. Nicht, daß Hans überhaupt keine Empfindungen oder Zärtlichkeit oder Vatergefühle hätte. Nein, er repräsentiert vielleicht ein Extrem teutonischer Disziplin, aber er verkörpert die Sitten der Gesellschaft, in der er erzogen wurde. Ich weiß, Thomas Mann ist in derselben Gesellschaft aufgewachsen, aber ist er nicht auch von derselben Gesellschaft ins Exil gehetzt worden?

Alles, was ich da geschrieben habe, ist so hart und hoffnungslos, und ich habe ein schlechtes Gefühl, wenn ich daran denke, daß Du arme Schwangere da in Columbus in der Augusthitze sitzt und das liest und nach dem kleinsten Silberstreifen am Horizont ausschaust. Bist Du denn schon einmal in die Höhle des Löwen gegangen, hast ihn beim Bart gepackt und gefragt, ob er sich darüber klar ist, was letzten Endes geschehen muß, wenn er Dich ganz und gar zu *seiner*

Lebensweise zwingen will? Hast Du ihm die Trennung angedroht, den Verlust seiner Kinder, usw.? Hast Du ihn gefragt, ob er nicht wirklich lieber frei wäre, anstatt an diesem unerfreulichen Zusammenleben festzuhalten? Hast Du mal daran gedacht, zu einem dieser Eheberater zu gehen? Meine arme Joyce, Dein Dasein muß im Augenblick so freudlos und undankbar sein. Sicher sind die Kinder das einzige, was es noch lebenswert macht.

Du fragst nach Philip und mir. Ja, ich glaube wirklich, daß wir die Zeit der großen Krisen hinter uns gebracht haben. Ehrlich gesagt, es besteht keine große romantische Liebe zwischen uns, wir (ich zumindest) haben das von Anfang an nicht gehabt, aber ich frage mich ganz ehrlich, ob so was überhaupt in einer Ehe existiert, jedenfalls auf beiden Seiten, nach ein paar Jahren und gelegentlichen größeren Krisen. Ich akzeptiere Philip, so wie er ist, mit seiner Kälte, Zurückhaltung, Unfähigkeit zur Kommunikation und allem, was dazugehört. Ich habe entschieden, daß wir Freunde sein sollten, und nun sind wir es auch, haben dabei eine ganz intime, private Struktur für ein Zusammenleben aufgebaut, vernünftig, intelligent, ehrgeizig, vorausschauend und familienorientiert, beinahe das Image einer «arrangierten» Ehe. Tatsächlich *war* es ja von mir aus fast eine arrangierte Ehe, denn ich wußte instinktiv, daß Philip mir vieles im Leben geben würde (*nicht* materielle Dinge), was ich alleine nicht erreichen könnte – die innere Sicherheit, ein Ziel und, ehrlich gesagt, den Zugang zu einer internationalen Welt, die ich so viel lieber wollte als die Welt der Reihenhäuser am Stadtrand oder sogar der Universität, so daß es sich im Grunde gelohnt hat, einiges dafür aufzugeben. Und ich weiß auch gar nicht, ob ich das andere wirklich je gefunden hätte. Und ich glaube wirklich, wir haben beide das Gefühl, nach allem, was wir durchgemacht haben und mit dem Guten, was wir jetzt haben, und mit den KINDERN, haben wir uns fest vorgenommen – nein, nicht einmal vorgenommen, miteinander verheiratet zu bleiben – das ist mehr eine bestehende Tatsache, wie Tod und Steuern. Ich mache immer noch erfolglose Versuche, größere Nähe zwischen uns herzustellen, aber das ist nicht möglich, weil P. dazu nicht fähig ist, und P. ist auch immer noch so ehrgeizig, daß es mich fast beängstigt, und er ist, glaube ich, bitter enttäuscht, daß *ich* aus meinen vielversprechenden intellektuellen Fähigkeiten nichts gemacht habe.

Aber weißt Du, wenn man drüber nachdenkt, paßt er als Ehemann viel besser zu mir als Ian, für den ich sehr schnell die perfekte Hausfrau geworden wäre. Meine äußerliche Unabhängigkeit ist nur eine dünne Tünche über einer wirklich beängstigenden inneren Unsicherheit, die mich zu Zeiten abgrundtiefer Depressionen sogar dazu gebracht hat, die Möglichkeiten einer permanenten, schnellen, leichten Flucht zumindest vorübergehend in Betracht zu ziehen – Marilyn Monroes Tod hat mich schrecklich aufgewühlt. Wir haben immer noch Streitigkeiten, aber wer in dieser Welt hat die nicht? Nein, ich würde sagen, im großen und ganzen liegt unsere größte Krise weit hinter uns, und ich freue mich mit hochgespannter Erwartung auf die nächste Dekade unseres gemeinsamen Lebens.

Ich weiß wirklich nicht, was ich Dir sagen soll. Ich weiß nur, da ich ja den häuslichen Hans kennengelernt habe, daß ich es an Deiner Stelle nicht halb so lange ausgehalten hätte. Aber ich bin nicht Du. Wenn Du ihn verlassen *würdest,* was würdest Du dann tun? Zurück nach Salt Lake und bei Deinen Eltern leben und an der U. unterrichten? Nach Übersee, wo es Dienstwohnungen gibt und Bedienstete reichlich und billig zu haben sind? Auf jeden Fall schreib Dir alles vom Herzen, und ich werde antworten, so ehrlich und gut ich nur kann. Ich warte immer mit Sehnsucht darauf, von Dir zu hören, und möglichst oft, auch wenn es nur ein paar Sätze auf Luftpostkarten sind, wenn Du keine Zeit für weitschweifige Episteln hast. All meine beste Liebe und gute Wünsche für Dich.

Liebste Freundin in der ganzen Welt,
Pat

Columbus,
den 27. September 1962

Liebe Pat,
ist es Wochen oder Monate her, seit ich Dir geschrieben habe? Ich habe den langen, ehrlichen und ziemlich schmerzhaften Brief erhalten. Die Zeit heilt ja, wie Du weißt, und bereitet mich gleichzeitig auf zukünftige Wunden vor. Die Übelkeit ist jetzt vorüber, und gestern abend hat sich das Baby zum erstenmal bewegt. Ich sehe gut

aus und fühle mich ganz munter und beschwingt, ich muß nämlich Schilddrüsenmedikamente einnehmen, seitdem sich bei einem Grundumsatztest die Werte als zu niedrig herausgestellt hatten. Das Auf und Ab mit Hans nervt mich doch sehr, und es scheint chronisch zu sein, aber es gibt immerhin auch mal ein «Auf».

Vor Beginn des Herbstquartals hatte er entschieden, daß wir nach New York fahren würden, als kleine Erholung vom Mittelwesten und Haushalt. Und wir sind auch gefahren – kaum einen Pfennig in der Tasche. Vorher hatte er mir noch ein wirklich schönes Umstandskleid gekauft; ich habe mir die Haare ganz kurz schneiden lassen, wir deponierten die Kinder bei unserem zuverlässigen Babysitter, und weg waren wir. Die City selbst regt mich immer wieder an, wenn auch die Umgebung von einer geradezu niederschmetternden geistigen Verwahrlosung zeugt. New Jersey und Brooklyn kamen mir wie ein einziger endloser Verkehrsstau vor, an beiden Seiten von endlosen Trödel- und Schrotthalden umsäumt. Diese Häßlichkeit, Pat, oh, oh, oh diese HÄSSLICHKEIT!

Aber Manhattan ist aufregend. Ich liebe seine Atmosphäre, seine Eleganz, von der Fähre aus gesehen, die Schlagfertigkeit, die witzige Art der Menschen, wenn sie auch kühl sind. So ein Kontrast zu dieser Laschheit in Columbus, der man einfach nicht ausweichen kann. Wir haben *zu* viele Galerien besucht, haben zu viele schauderhafte Experimente gesehen, die nur für den Reiz des Neuen da sind, und das Guggenheim-Museum hat mir buchstäblich Übelkeit verursacht – zum einen die Architektur, und dann die «Schau» selbst.

Wir haben ein haarsträubendes Problem gelöst, eins, das Du kennengelernt hattest – wie man die Spannungen erträgt, die daraus entstehen, daß ein Maler VERSUCHT, zu Hause zu arbeiten. Er tut's nicht mehr, und dafür bin ich unendlich dankbar. Die Universität hat ihm ein schönes, geräumiges Atelier zur Verfügung gestellt, und zu seinem 33. Geburtstag habe ich ihm ein ausgezeichnetes Transistorradio geschenkt, so daß er seinen Frieden und gute Musik haben und ich staubsaugen kann, wenn ich es für nötig halte. Dies war die Ursache von soviel Kummer, und es ist wirklich besser so.

Wie für Dich, sind auch für mich die Kinder eine enorme Beglükkung. Zu unserer großen Freude, und größeren finanziellen Belastung, ist Reinhard in die Universitätsschule hier aufgenommen worden. Er fühlt sich da sehr wohl und ist dadurch auch mit Erfolg seinen ziemlich grauslichen Spielkameraden aus der Nachbarschaft entzogen worden. Andrea ist irgendwie sehr ulkig, wie ich sicher schon gesagt habe, und es ist schwer zu beschreiben, wieso. Sie schwatzt unaufhörlich und lautstark, aber ihre ganz persönliche Babysprache spricht sie auch noch, mit ganz unerwartetem Charme.

So viele Deiner Fragen kann ich nicht ehrlich beantworten, weil ich die Wahrheit nicht finden kann. Ist mir die Ehe so heilig, daß ich sie für unantastbar halte? Nein; für viele Ehen ist es weit besser, daß sie auseinandergehen, aber ich *hasse* den Gedanken so, eine Familie zu trennen – Vater von Kindern –, und warum sollte ich sie teilen? Ich glaube ganz bestimmt, daß ich sie deshalb mehr liebe oder lieber bei mir haben will. Meine Ehe ist nicht einfach, weiß Gott, aber es gibt auch Entschädigungen, und ich habe Hans in jenem unglücklichen Brief sicher schwärzer gemalt, als es unbedingt nötig war.

Unser kulturelles Leben ist sehr beschränkt; ein großer Lichtblick ist das Kino, sind die Filme, die uns sehr viel Freude machen. Wir haben ganz in der Nähe ein ausgezeichnetes Programmkino für ausländische Filme, und wenn ich den Mut habe, unseren einheimischen Mördern ins Auge zu schauen (es gibt eine Menge hier), dann gehe ich schon mal allein in irgendeinen großartig bewegenden Film. Gute Filme helfen sehr, sie lassen einen in eine größere Welt entfliehen.

Ich sende, immer, so viel Liebe,
Joyce

Columbus,
den 20. Oktober 1962

Meine liebe und einzige Freundin,
viele warme und bedeutsame Dinge erzählen von Dir, aber in meinem chronischen Ungenügen sehne ich mich nach mehr. Es scheint so lange her, daß ich einen Brief hatte, und ich frage mich ständig, wie es Dir gehen mag.

O Pat, das bezaubernde Sweater-Set – so genau passend – kam vor zwei Tagen an. Du schaffst es immer, mich irgendwie ganz privat anzurühren, und ich liebe Dich für all die sorgfältige Arbeit, die Du da hineingesteckt hast, und für das entzückende Endergebnis. Ich habe einen marineblauen Faltenrock für sie gekauft, und das Ensemble ist hinreißend.

Winter ist fast schon bei uns. Ein strahlender Herbst, wie man ihn in den Tropen sicher nicht kennt, wird langsam grau und aschen, und wir sind jetzt alle in Pullover eingemummelt. Die letzte Rose hebt sich leuchtend gegen die beschatteten Türen ab, und überall riecht es nach verbranntem Laub. Drinnen eine Schallplatte mit elisabethanischer Lutenmusik. Ich wünschte, ich könnte mehr vom Leben mit Dir teilen.

Alles in allem laufen die Dinge ganz gut, Hans bekommt immer anspruchsvollere Aufträge und immer mehr Aufmerksamkeit. Reinhard liest jetzt sehr schön, alles mögliche. Und Andrea ist ein absoluter «Crackerjack», temperamentvoll und sehr clever. Ich unterrichte einen Haufen von Kretins, alle mit dem Ehrgeiz, Ärzte zu werden, in Englisch 400 (Förderklasse). Zitat: «Ich denke eine Menge und bin sehr intelligent – manche Leute halten mich sogar für sehr eingebildet.» Oder: «Die Vereinigten Staaten sind ein gutes Beispiel von Todesstrafe.» Was soll man tun, sie mit Gemüsebrei füttern?

Schreib mir – bitte. Niemand kann Dich ersetzen.

Liebe,
Joyce

Columbus,
den 28. Oktober 1962

Meine liebe Freundin,

unsere Positionen haben sich jetzt umgekehrt. Ich muß Dich fragen, warum, oh, warum höre ich nichts von Dir? Es kommt mir so endlos lange vor, seit ich von *Dir* gehört habe, von Dir persönlich, von den Dingen, die in Deinem Inneren vorgehen. Und ohne dies fühle ich mich ganz verlassen.

Trotz der wirklich ungeheuerlichen Leiden, denen das kubanische Fiasko Vorschub leistet und obwohl ich mir der potentiellen Ergebnislosigkeit dieser ewigen Selbstanalysen völlig bewußt bin, lassen mich doch die persönlichen Probleme, die uns allen im Nakken sitzen, einfach nicht los, ganz schlimm ist das manchmal. Und so ist und bleibt das Unterrichten ein echter «Stoßdämpfer». Ich kann mich nicht Wissenschaftlerin nennen, aber ich kann unterrichten, die Dinge *verständlich* machen – von Mensch zu Mensch – im Klassenzimmer. Und das scheint so häufig alles zu sein, was ich habe. In meiner Ehe fühle ich mich wie eine ausgedörrte Frucht, Pat. Und das beschreibt ziemlich genau, wie mein Körper sexuell reagiert. Daß ich in einem warmen, fleischlichen, weiblichen Körper stecke, spüre ich nur, wenn Babys Bewegungen in mir, wirklich tief in mir, ein süßes Erwachen verursachen.

Aber dieses ganze Frigiditätssyndrom, oder wie das die Seelenklempner nennen, wird zur traurigen Zwangsvorstellung. Ich muß immer an all die verquälten Jungen denken – einige widerlich, andere tapfer, aber sinnlos unglücklich –, die während ihrer Universitätszeit so oder so, oft in besoffenen Gesprächen, ihre Ängste abreagierten, ihre Unfähigkeit, auch nur zeitweilige Impotenz zu akzeptieren. Ich habe von mir selbst die Vorstellung einer wenigstens potentiellen Ganzheit, sehe mich als potentiell «ganzer» Mensch, ob durch Kunst oder Ehe oder Glauben. Und bloß diese simple Unfähigkeit, einen dämlichen, f... Orgasmus zu haben, soll mir diese erhoffte Ganzheit nehmen! Ach ja, vielleicht kann man damit leben. Vielleicht ist es am Ende des Lebens nicht trauriger, das verpaßt zu haben, als zu erkennen, daß man, na sagen wir, Musik oder Literatur verpaßt hat. Und doch wäre deren Verlust so tragisch.

Ich bete die Kinder an, beide. Es tut mir nie leid um die Zeit, die ich mit ihnen verbringe, wie das bei einigen meiner Freunde der Fall ist. Aber das ist sicher nur, weil ich ja noch meinen Beruf als Ventil habe. Es sind interessante Kinder, aber auch sie werden zu Dornen im Fleisch, weil das Familienleben eben nicht funktioniert. Oh, ich habe das alles schon gesagt, aber warum – warum verachtet Hans den Jungen so? Es scheint mir doch weniger am teutonischen Autoritätsdenken zu liegen als daran, daß Hans ganz persönlich dieses liebe Kind nicht mag. Es ist mir ein Rätsel. Sollte denn wirklich ein Stück Wahrheit in Freuds Theorie der sexuellen Eifersucht liegen? Kann es sein, daß Reinhard zu sehr als Amerikaner heranwächst? Ich spüre, daß mein Widerstand oder meine Weigerung, die Ehe weiterzuführen, letztlich von der Beziehung zwischen diesen beiden abhängt. *Du* hast es miterlebt. Du hast den Finger auf die

Wunde gelegt, seine Lieblosigkeit dem Jungen gegenüber, während er sich mit Andrea gar nicht genug abgeben konnte. Oder zersplittern alle Ehen auf diese Weise, Pat?

Ich lese und lese. Ich sehe gut aus und halte das Haus gut in Ordnung – wirklich. Aber vermutlich bin ich eine schreckliche Ehefrau. Wir sitzen da, in stumpfsinnigem Schweigen, oder ich stelle die erwarteten Fragen nach *seiner* Arbeit in einer Geste der Selbstverneinung. Bitte schreib. Du bist mir so lieb.

Joyce

Dar-es-Salaam,
den 4. November 1962

Liebste, wirklich liebste Freundin,
Deine Briefe fallen nicht in einen bodenlosen Abgrund. Ich nehme jedes Wort in mich auf, ich lese sie immer wieder und wieder, ich denke traurig und lange über Deine Probleme nach, und ich habe keine Ahnung, was ich Dir sagen soll, um auch nur einen winzigen Trost zu geben, außer einer Handvoll Aphorismen. Diese Dinge haben sich bei mir auch nicht geändert, nur daß ich keine Zeit mehr habe, mir Sorgen darum zu machen. Ich habe gerade einen neuen Job angenommen, er fängt in zwei Wochen an, und es ist wieder eine Arbeit, die ich in meiner eigenen Zeit zu Hause machen kann (wo schon wieder alles vollgestopft ist mit Ablagen usw.).

Ich habe alle meine gesellschaftlichen Verpflichtungen tagsüber aufgegeben, Sport, Französisch, Nähen, einfach keine Zeit. Und abends gehen wir so oft aus, es ist gräßlich. Ich lese überhaupt nichts außer dem *Observer* und *Encounter* – keine Zeit. Diese Woche sind wir zu einem Empfang in der russischen Botschaft gegangen (wie auf den Einladungen stand, «um den 45. Jahrestag der Großen Sozialistischen Oktoberrevolution zu feiern», ziemlich hübsch gesagt!). Dann, am folgenden Tag, waren wir in der amerikanischen Botschaft auf einer Abschiedsparty für ein Ehepaar, das nach Liberia versetzt wird, die Ärmsten. Auf der russischen Gesellschaft waren etwa 700 Gäste, anscheinend ebenso viele Kellner, massenhaft Wodka und ukrainischer Champagner, viel zu essen (echter Beluga-Kaviar), und mehr als die Hälfte der Gäste waren Afrikaner. Du wirst es nicht glauben, aber auf der amerikanischen Party war auch nicht ein einziger Afrikaner anwesend. Unglaublich beschränkt von denen.

Philip fliegt morgen für eine Woche nach Kampala zu einer Konferenz, und ich habe für diese Woche jede Einladung abgelehnt. Ich werde zu Hause bleiben und einiges schaffen, wie zum Beispiel Weihnachtskarten und Dir schreiben.

Ich werde nächste Woche einen langen Brief schreiben. All meine Liebe, mein Mitgefühl, und ich hoffe, mein Verständnis.

Immer Deine,
Pat

Columbus,
den 21. Dezember 1962

Liebe Pat,
Ich schicke diese neuen Fotos von den Kindern als eine Art späten Weihnachtsgruß von dieser Seite des großen Wassers. Hans macht weiterhin Pläne – ich spekuliere nur –, am 28. März per Schiff zu fahren. Es ist Torheit, meine ich, nicht wegen des Babys, sondern wegen unserer begrenzten finanziellen Mittel. Hans hat es sich in den Kopf gesetzt. Wenn ja, dann werden wir wahrscheinlich von April bis Oktober in Barcelona sein; ist da wenigstens die geringste Chance, Dich zu sehen?

Nicht das Weiterleben in der Vergangenheit ist es, was mir an Dir so lieb und teuer ist. Es ist der Kontakt, die Hände, die wir uns über den großen Riß von Zeit und Umständen hinweg reichen. Habt Ihr richtig Advent feiern können? Liegt darin wirklich eine Lobpreisung Gottes? Und herzliche Geburtstagswünsche, liebe Pat, für Christopher und für Julian. Ich habe keine Ahnung, wie lange die Post braucht. Schreib – bitte – dieses Jahr mehr als im letzten,

Liebe,
Joyce

Dar-es-Salaam,
den 25. Dezember 1962
Weihnachtsabend

Liebste Freundin, die es je gab,
ich war hingerissen von Reinhards Weihnachtskarte. Wie clever er ist! Ich hoffe, Euer Weihnachten war freudvoll und *gut,* Familie, Kinder, Pute, Weihnachtslieder, mit der Ankunft des Kindes ins neue Jahr hinein (was für mich immer schon zu Weihnachten beginnt). Hier gibt es keinen erwähnenswerten Kommerzialismus, aber auch kein Weihnachten, außer im eigenen Herzen und Heim. Wir tun unser Bestes, damit es für die Kinder so wird.

Christopher hat seinen Brief an «Vater Weihnacht» geschrieben (ich habe Julians Brief geschrieben, und er hat ihn unterschrieben), und die Briefe wurden pflichtgemäß und feierlich mit Briefmarken versehen und abgeschickt, und ich denke, sie glauben ganz fest daran.

Meine Schwiegermutter hat mir einen winzigen ramponierten schwarzen Ford Anglia gekauft, mit dem ich zur Arbeit in die sowjetische Botschaft fahren kann. Und wir haben uns gegenseitig wunderschönes Zeug geschenkt. Ich fühle mich sehr reich und glücklich – nur daß sie bei uns eingezogen ist, und dagegen habe ich doch einige Vorbehalte, die ich aber Philip gegenüber natürlich nicht äußern darf. Aber vielleicht hat sie (ohne es zu wissen) guten Einfluß, denn in ihrer Gegenwart können wir nicht stänkern und so häßlich zueinander sein, und es ist gut für die Seele, mal ein bißchen was zu unterdrücken (für unsere Seelen jedenfalls). Die Kinder haben sie zum Fressen gern, und sie scheinen ihr bis jetzt noch nicht so auf die Nerven zu gehen wie früher.

Was meinen Job in der sowjetischen Botschaft betrifft, da soll ich nächste Woche mit Englischunterricht für den Stab beginnen, Konversation und Idiomatik zu lehren, und ich habe bis jetzt noch keine Ahnung, wie ich das machen soll. Aber ich nehme an, daß mir schon noch irgendeine Inspiration kommen wird. Wie gewöhnlich habe ich mir den Job mehr oder weniger erschwindelt, habe ihnen praktisch erzählt, ich sei jahrelang Lehrerin bei Berlitz gewesen. Eine merkwürdige Sache ist im Zusammenhang mit diesem Job passiert. Eine Delegation von Damen der amerikanischen Botschaft besuchte mich, um mir mitzuteilen, daß ich den Job aus patriotischen Gründen nicht annehmen dürfte! Ich habe ihnen höflich gesagt, das ginge sie gar nichts an, und ich befände mich im tanganyikanischen Zivildienst, nicht im amerikanischen, und mein Patriotismus sei ausschließlich meine Sache. Ist es nicht ein Trauerspiel, diese Kalte-Kriegs-Spielerei?

In ein paar Tagen, wenn die Feiertage etwas ruhiger werden, schreibe ich einen richtigen Brief. Ich will doch hoffen, daß Du mit dem Allerwinzigsten gesund und munter bleibst.

Alle Liebe und wärmste Grüße
Euch allen,
Pat

Columbus,
den 8. Januar 1963

Meine gute, liebe Freundin,
ich habe mich so über Deinen fröhlichen Brief gefreut. Du scheinst in viel besserer Stimmung zu sein als zur Zeit Deines letzten Briefes. Euer Weihnachten klingt warm und gut, und vielleicht ist sogar die Anwesenheit einer richtigen Großmutter gut für alle.

Um Deinen Job in der russischen Botschaft beneide ich Dich. Das sollte für Dich und sie ideal sein, egal, mit was für Lügen Du auch dazu gekommen bist. Ich verlange einen ganz ausführlichen Bericht. Mir ist auch nicht klar, was im Augenblick mit Dir und Deiner Musik läuft. Übst Du viel? Singst Du Lieder? Was für gute Freunde hast Du, Frauen, meine ich? Sei mal ein bißchen genauer mit Deinen Plänen für 1964. Wirst Du lange in Sussex bleiben? Bei uns sieht es jetzt nicht so aus, als ob wir von Hans' freiem Quartal viel haben werden. Wir sind zu arm, um nach Europa zu fahren, obwohl sich Hans ganz verzweifelt exiliert vorkommt. Columbus ist ein so häßlicher, häßlicher Ort.

Also nimm dies als einen winzigen Geburtstagsgruß. Es scheint ja so, als ob Du ein gutes Jahr beginnst, und ich hoffe, daß es so wird. Ich wünschte, ich könnte das auch für mich sagen, aber vielleicht fällt doch noch ein wenig Manna vom Himmel. Oh, und vielen lieben Dank für das kleine Kompliment an meine Weiblichkeit, ich hatte es wirklich nötig. Ich mag so Sachen, wie das Sachet, gern und hab nur ganz wenige besessen.

Liebe,
Joyce

Columbus,
den 3. Februar 1963

Liebste Pat,
Deine Briefe kommen neuerdings in so großen Abständen, daß ich eine richtige Feier daraus mache, wenn einer ankommt, mit Zigaretten, Kaffee, wiederholtem Lesen, und dabei lasse ich mir viel Zeit zum Grübeln und Nachdenken. Ich wünschte wirklich, Du wärst näher, zum Reden, oder was genauso schön wäre, zum bloßen Beieinandersein. Deine Bemerkung über Deine Schwiegermutter hat mir wieder zu Bewußtsein gebracht, daß es wirklich prächtige alte Leute gibt. Ich kannte einige, da würde ich dafür bezahlen, daß sie bei mir leben würden, so beruhigend waren sie. Aber Du tust so, als ob dieser kleine Trick – «die Reaktionsfähigkeiten wach und lebend erhalten» –, als ob das so einfach wäre. Gerade weil es das nicht ist, setzt nämlich der Verfall ein. Gewohnheit attackiert ständig Frische und Enthusiasmus, so lange, bis die meisten Menschen nicht mehr wissen, wonach sie eigentlich gesucht haben. Ich bin gar nicht so sicher.

Ah ja, – Robert Frost ist tot. Ich habe geweint und geweint. Bevor ich ihn persönlich kennenlernte, hatten mir seine Gedichte noch nicht so viel bedeutet. Aber drei Sommer in Breadloaf, wo ich diesen Mann beobachten, das Wunder seiner Gespräche miterleben konnte, ließen mir seine Gedichte schmerzlich-schön werden, und wenn die amerikanische Literatur vielleicht auch nicht ihren größten Dichter verloren hat, so hat sie doch, davon bin ich überzeugt, ihren größten und weisesten Meister des literarischen Gesprächs verloren. Bis jetzt kenne ich immer noch keine Definition von Lyrik, die besser und genauer zusammenfaßt, warum ich sie so liebe und auch brauche, als diese – «Ein zeitweiliges Bollwerk gegen Verwirrung» (a momentary stay against confusion).

Das Baby kann jeden Tag kommen. Mutter wird am 10. hier ankommen, und ich freue mich sehr auf sie, Hans leider nicht. Ich habe das Gefühl, daß ich kurz vor einer Explosion stehe und wünschte, ich hätte sie schon hinter mir. Übrigens, Hans denkt jetzt (aber das ist noch vorläufig), daß er dieses Frühjahr allein nach Europa geht. Ich werde dann nach Salt Lake City fahren. Die Kosten für alle sind einfach *zu* hoch. Mehr Einzelheiten über den Unterricht bei den Russen, bitte. Es macht richtig Spaß, davon zu hören.

Liebe,
Joyce

Columbus,
den 20. Februar 1963
Riverside Krankenhaus

Meine einzige wirkliche Freundin,
die Schwangerschaft schien endlos. Aber die große Freude läßt das jetzt alles vergessen. Am Montag, den 18. Februar, um 14 Uhr 45 wurde uns eine zweite kleine Tochter geboren, nach eingeleiteten und leichten Wehen. Sie ist perfekt und völlig gesund, und die Erleichterung darüber kommt mir heute viel größer vor als je zuvor. Sieben Pfund, vier Unzen und 20 Zoll lang. Sie ist die größte von den dreien, aber sieht ganz ähnlich aus wie Reinhard, als er so klein war. Wir haben uns noch nicht für einen Namen entschieden, es soll entweder Anna Elizabeth oder Laura Elizabeth sein. Ich ziehe den letzteren vor. Da ich nie eine Patentante hatte und aus einer Familie stamme, in der man von solchen Dingen ohnehin nicht viel hält, bin ich mit der diesbezüglichen Etikette nicht vertraut. Ich weiß nur eins, ich wünsche mir, daß Du, vor allen Freunden, Familienangehörigen und Bekannten in der Welt, die spirituelle Beaufsichtigung dieses kleinen Mädchens übernimmst. Ich möchte Dich nicht auf Geschenke und Verpflichtungen in dieser Hinsicht festlegen, aber wirst Du mir, über alle Entfernungen hinweg, ihretwegen die moralische Unterstützung gewähren, die nur Du allein so gut geben kannst? Und wenn Dich das zu ihrer Patin macht, willst Du es sein? Du bist die einzige Frau, die ich wirklich kenne, die einzige, von der ich weiß, daß ich ihr vertrauen kann.

Mutter ist hier und kommt gut aus mit den Kindern, spielt stundenlang Monopoly mit Reinhard und ist ganz verliebt in Andrea.

Hans fährt allein nach Europa, er reist in etwa drei bis vier Wochen ab, und ich werde wahrscheinlich mit Mutter und den Kleinen nach Salt Lake City gehen. Von Juni an ist die Zukunft offen. Ich fühle mich sehr vital und dankbar und optimistischer als seit Monaten. Schreib ganz, ganz, ganz bestimmt.

Liebe,
Joyce

Dar-es-Salaam,
den 15. März 1963

Liebste Joyce,
entschuldige diesen scheußlichen Weihnachtsluftpostbrief, aber die Zeit drängt furchtbar. In den letzten vierzehn Tagen sind wir jeden Abend, außer Sonntag, ausgewesen, und vor uns liegt noch eine Woche mit denselben langweiligen Verpflichtungen. Eintönig ist das Leben ganz bestimmt nicht, solange ich dieses Tempo durchhalten kann. Philip hat gerade die Bestätigung erhalten, daß er an zwei Kongressen teilzunehmen hat, der eine nächsten Monat in Italien, der andere im August in Edinburgh, dieser Glückspilz. Ich werde das Telefon abstellen und mich nicht aus dem Haus rühren, mit Ausnahme meiner morgendlichen Besuche bei den Russkis.

Mit denen komme ich übrigens immer besser aus, wenn sie auch nur ziemlich mäßige Schüler sind. Sie strengen sich aber auch gar nicht an. Ich habe nicht allzuviel übrig für die Männer, sie sind so politisch und überzeugt von all ihrem marxistischen Unsinn, alles schrecklich unlogisch und starr und naiv. Es lohnt sich nicht, mit ihnen darüber zu streiten, ich korrigiere also nur ihre Grammatik und ihre Aussprache. Das Unterrichten selbst, abgesehen von einigen der Studenten, macht mir sehr viel Freude, es ist eine richtige Herausforderung und sehr befriedigend; ich könnte mir vorstellen, daß dies noch viel stärker der Fall wäre, wenn man es nicht nur so oberflächlich machen würde, mehr in die Tiefe gehen könnte. Zu meinem Erstaunen habe ich bemerkt, daß sie noch stärkere Rassenvorurteile haben (in der Sicherheit des Klassenzimmers) als die bösen alten Kolonialen!

Das wunderschöne Buch von de la Mare für die Kinderlein ist

angekommen; sie werden bald ein «Danke-schön» schreiben. Von Reinhards Brief waren wir entzückt. Die Idee kam von Christopher, der ist nämlich ganz wild aufs Briefmarkensammeln. Wie geht's mit Deiner neuen Mutterschaft? Wie geht es Baby Laura (bezaubernder Name), Andrea, Reinhard, Hans und Deiner Mum? Wirst Du diesen Sommer wirklich in Salt Lake sein? Ich *verspreche*, ausführlich zu schreiben. Heute sende ich Dir hiermit nur meine Liebe.

Und die ganze,
Pat

Dar-es-Salaam,
den 24. März 1963

Liebste Joyce, Mutter von dreien,
Du Schlaumeier. Kaum zu glauben, daß Du jetzt fünfzig Prozent mehr Kinder hast als ich. Ich würde so liebend gern mein zukünftiges Patenkind sehen. Und ich bin entzückt, daß ich wieder dran bin, es gibt einem so ein schönes Gefühl der Verantwortung und Kontinuität der Ereignisse. Und all so' n Kram.

Hier geht das Leben in demselben schwindelerregenden Tempo weiter. Ich kann kaum Schritt halten. Ich habe mich in viel zu viele schwachsinnige Unternehmungen eingelassen und habe überhaupt keine Zeit mehr, um den Jungens mal eine Geschichte zu erzählen oder Klavier zu spielen oder ein neues Kleid zu nähen. Das geht nicht so weiter, und ich muß mich langsam zurückziehen. Natürlich ist mir völlig klar, was dahintersteckt, einfach eine schamlose Orgie von *Aktivitäten* nach den sieben Jahren im Busch. Aber es geht trotzdem nicht so weiter.

Philip und ich hatten eine endlose Prozession von offizellen Besuchern, hauptsächlich Leute von den Vereinten Nationen, technische Experten und Berater. Fast jeden Abend war etwas los in den letzten sechs Wochen, als ob das nicht genug wäre, hat sich jetzt Philips Mutter (die uns erst vor fünf Wochen verließ, um nach drei anstrengenden Monaten nach Hause zu fahren) anders besonnen und kommt wieder zurück. Ich stehe der Sache ziemlich bitter und unnachsichtig gegenüber. Sie hat so eine Aura von Mißmut und Depression um sich, die beinahe körperlich spürbar ist, und in ihrer monotonen, langweiligen Weise kritisiert sie ständig aber auch alles, was ich tue. Ich habe Philip klipp und klar gesagt, daß ich das nicht noch einmal sehr lange aushalten würde, und er hat versprochen, ihr eine Wohnung bei uns in der Nähe zu besorgen, was uns natürlich ein Vermögen kosten wird. Na ja.

Wie geht es Dir? Wie sieht's mit Euren Sommerplänen aus? Ich hämmere immer noch auf meine Russen ein, aber ihre endlose Politik und ihre jingoistischen Prahlereien gehen mir ziemlich auf die Nerven – wie ein Haufen Texaner sind die! Was für ein vollkommen scheußlicher Brief – verzeih mir! Ich habe gerade Solschenizyns *‹Ein Tag des Iwan Denissowitsch›* gelesen – kennst Du ihn? Super, und so bewegend.

Ich sende all meine Liebe,
Pat

Zehnter Teil

März 1963 – Juni 1964

Ich bin ein Mensch im Werden,
wie wir alle

Salt Lake City
(Lieblingsjagdgründe meiner Studentenzeit),
den 28. März 1963

Liebe Pat,
denkst Du vielleicht, Du schreibst oft? Das tust Du nicht. Unsere Korrespondenz ist jetzt tatsächlich auf eine vierteljährliche Angelegenheit zusammengeschrumpft, und das macht mich traurig. Sollten wir, Du oder ich, uns erst in irgendeine emotionale Turbulenz verwickeln, damit wir Rat und Austausch brauchen und erbitten? Allen Ernstes, ich brauche mehr Kommunikation mit Dir. So vieles kommt mir schal und sinnlos vor, so vieles wie leere Eitelkeit. Unser Briefwechsel war das nie.

Hans ist jetzt mitten auf dem Atlantik, auf der *Queen Elizabeth*, und ich hier in Salt Lake mit meinen dreien. Nach aller Logik sollte ich eigentlich eifersüchtig sein, aber ich bin viel lieber hier im Westen, nach all diesem tristen Flachland, als daß ich jetzt auf dem Weg zum industrialisierten Deutschland wäre. Stell Dir vor! Ich bin den Big Cottonwood hoch nach Brighton gefahren, wo Reinhard und ich uns die Ausscheidungskämpfe der landesbesten College-Skispringer angesehen haben. Wir haben uns großartig amüsiert. Hinreißend. Er war völlig überwältigt von der Aufregung. Natürlich gibt es hier Schwierigkeiten. Die gibt es vermutlich immer, wenn verschiedene Generationen versuchen, irgendwo in der Mitte einen gemeinsamen Nenner zu finden. Dabei scheint es mir überlassen zu sein, einige alte und unpassende Angewohnheiten auszubuddeln, denn wenn alles hier glattlaufen soll, darf Mutters Ego nicht aus dem Gleichgewicht geraten. Daddy scheint es viel eher zu akzeptieren, daß ich ein Mensch im Werden bin wie wir alle, und es quält ihn viel weniger, daß ich nicht mehr die fröhliche, singende Siebzehnjährige bin. Jedenfalls sind es liebe Menschen, und ich bin froh, daß sie eine Zeitlang mit den Kindern zusammensein können.

Hans kommt im Juni zurück, und vielleicht gehen wir dann für den Rest des Jahres nach Mexiko. Wir werden sehen. Wie geht es den Jungen? Deinen russischen Studenten? Dir? Baby Laura ist ein Traum, wunderschön und unkompliziert. Mir geht's gut, wenn ich auch eine gewisse geistige Lähmung empfinde. Ich muß mich zu irgendeinem anstrengenden Studium zwingen. Schreib, bitte schreib.

Alles Liebe,
Joyce

Dar-es-Salaam,
den 5. April 1963

Liebste Joyce,
Salt Lake City? Ich hatte aus irgendeinem Grund gedacht, Du würdest erst im Juni gehen und war sehr überrascht, als ich den Poststempel sah. Diese Welt ist für mich so ganz und gar in der Vergangenheit begraben, so unwiederbringlich verloren, daß es mir irgendwie wie Zauberei vorkommt, daß Du tatsächlich da bist. Es ist, als ob die Menschen auch alle tot und weg sein sollten, genau wie meine Jugend (die Jugend, jedenfalls; ich bin mitten in einer Wiedergeburt), und da bist Du nun und kommunizierst mit ihnen. Wie seltsam das ist.

Joyce, verzeih mein langes Schweigen. Du weißt, auch ohne daß ich es sage, was dieser Briefwechsel, der jetzt ins elfte Jahr geht, für mein Leben und meine Fähigkeit, überhaupt klar zu denken, bedeutet. Ich bin hier in Dar ganz töricht gewesen und habe mir viel zu viel aufgehalst. Diesen Monat mache ich Schluß mit der Hälfte meiner Aktivitäten, und das wird eine große Erleichterung sein. Meine Russen liebe ich und finde sie grenzenlos faszinierend. Ich unterrichte neun Stunden in der Woche Englisch und dazu eine Stunde Französisch, die unterste Grundstufe, was ich eigentlich nicht wollte, aber ich wurde dringend darum gebeten, und gegen besseres Wissen tu ich's jetzt doch und mit Vergnügen. Allerdings nehme ich nun selbst wieder zwei Stunden pro Woche Unterricht, um wenigstens wieder ein einigermaßen brauchbares Konversationsfranzösisch zu beherrschen. Vielleicht versuche ich's sogar mal mit Russisch, die Frau des ersten Sekretärs geht nämlich diesen Monat nach Moskau in Urlaub und bringt mir Ende Juni die Linguaphone-Materialien für Russisch mit, ganz neu auf dem russischen Markt.

Sie machen mir die schönsten Geschenke und neulich, am 8. März, marschierte eine ernste kleine Deputation, bestehend aus meinen beiden männlichen Studenten, in meinen Unterrichtsraum in der Botschaft, hielt eine gewichtige aber kurze Rede, wobei sie ziemlich verlegen dreinschauten, und übergaben mir eine kitschige, kleine, schwarz-gelbe Pappschachtel, die eine Flasche Cologne und eine Flasche Parfum enthielt, «Moscow Nights», ganz wilde Sachen – ich dufte wie eine heiße Petunie. Anscheinend ist der 8. März der «internationale Frauentag», so was wie unser Muttertag, nehme ich an. Ich war *so* gerührt, wirklich! Und dann ging ein sehr liebes Mädchen vor ein paar Wochen fort, nach Moskau, ein ätherisches, hauchzartes Geschöpfchen, helles, rotgoldenes Haar, eine feine, feine Alabasterhaut, ganz zierliche Knochenstruktur und sehr graziös – sie hieß Lara (Larissa) Kuznetsova. Sie war eine sehr gute Schülerin und hatte viel gelernt. Ich mochte sie unheimlich gern und dachte, ich würde ihr ein winziges Souvenir von Afrika geben, eine Radierung, die ein Freund gemacht hatte, das Porträt eines Gogo-Chiefs, sehr einfach und schlicht. Ich brachte es am letzten Tag, bevor sie auf dem Weg in die Sowjetunion nach London flog, mit zur Klasse. Sie hatte mir eine Ausgabe von Gorkis ‹*Autobiographie*› (auf englisch) mitgebracht und eine kleine Mappe mit Postkarten von Gorkis Leben, Freunden, Wohnung usw., und wir ließen beide ein paar Tränen fließen und klopften einander verlegen auf die Schultern.

Es sind wirklich sehr nette, einfache Menschen, sehr viel ungekünstelter als *sämtliche* andere Diplomaten, die ich kennengelernt habe und sicherlich dem Untergang von uns allen verpflichtet. Obwohl ich persönlich viel zu unbeständig und müßig bin, um je eine gute Sozialistin zu sein, vom Kommunismus ganz zu schweigen, bin ich doch gar nicht so sicher, ob das nicht ein zumindest genauso gutes, wenn nicht besseres System ist als das, was unsere Hälfte der Welt bestimmt. Es sind sehr *saubere* Menschen. Ihre Mentalität hat genau definierbare, klar erkennbare Linien und Merkmale. Sie sind ungeheuer emotional, und ihr Humor kommt auf bleiernen Füßen daher. Politisch sind die Männer Fanatiker, und ich versuche, Logistik und kategorische Imperative zu umschiffen. Die Frauen schieben «all diesen Unsinn» mit einem slawischen Schulterzucken beiseite.

Jeder einzelne von ihnen haßt und fürchtet das Wiedererstarken Deutschlands und die schwankende Haltung der USA zum «Frieden». Ich versuche mein Bestes, dies alles aus der Perspektive eines Marsbewohners zu sehen. Mein Gott, wie haben sie unter Stalin und im Krieg gelitten. Und immer wieder betont jeder einzelne von ihnen, wie sehr Rußland jetzt endlich wieder «sie selbst» ist (Mutter Rußland, nicht Vater), wie diese schreckliche Last jetzt von ihnen genommen ist. Vielleicht ist es nur im Vergleich zu Stalin, daß sie Chruschtschow so verehren. Der junge Vadim Kuznetsov (der Mann von der lieben Larissa – ich unterrichte ihn in Französisch) sagte zu mir: «Unser Chruschtschow ist einer von uns; er ist unser Vater, aber er ist auch Rußlands Sohn. Das Land hat ihn geboren. Er ist ein Bauernsohn, und er ist immer noch ein Bauer. Wir lieben ihn als den besten Führer, aber als *ein Teil von* uns. Wie könnt ihr das sagen oder empfinden von eurem Kennedy mit seinen Privatschulen und Privatpalästen, der mit einundzwanzig schon Millionär war? Er ist euer Zar.» Was konnte ich ihm darauf antworten?

Ich fühle mich *so* unamerikanisch, leider. Aber ich könnte auch niemals außerhalb der angelsächsischen, englischsprachigen Traditionen leben. Ich würde es gar nicht wollen. Im Vergleich mit dem übrigen diplomatischen Corps hier kommen die Russen ausgezeichnet weg. Die Engländer sind fraglos am schlimmsten: Snobs, arrogant, eingebildete Monomanen der Oberschicht (Verlust des Imperiums und die Hochnäsigkeit der ehemaligen Kolonialuntertanen heutzutage). Die Franzosen und Amerikaner liegen Kopf an Kopf im Rennen um den zweiten Platz in Niederträchtigkeit und reiner Dickfelligkeit. Die Israelis sind lieb – auch wieder saubere, einfache, pflichtbewußte Leute mit einem Ziel vor Augen (ich weiß natürlich, daß ich übertreibe).

Ich weiß nicht, ob Du Dich jetzt schütteln oder totlachen wirst, aber gestern abend habe ich mir ‹*El Cid*› angesehen, der gerade erst nach Ostafrika gekommen ist. Und ich war tief bewegt. Den ganzen

Film hindurch ging mir Chaucers Zeile «vollkommener edler Ritter» im Kopf herum. Dann am Ende kniet natürlich der Mohr (oder wer immer das war: ich konnte vor Tränen kaum gucken!) nieder und bittet Gott, «die Seele dieses besten und reinsten und edelsten aller Ritter» aufzunehmen, während das wunderschöne weiße Schlachtroß auf die Berge zu galoppiert, mit Rodrigos Leiche immer noch aufrecht im Sattel. Sagt nicht die Legende, daß er immer noch reitet, darauf wartend, daß er in Spaniens Stunde der größten Not zurückgerufen würde? Jedenfalls war ich sehr tief gerührt, 70 mm Gigantorama, oder was für ein Format das war, und alles von dieser herben Vision eines großen, einfachen, edlen Mannes, der sein ganzes Leben einem moralischen Wert und einem Ziel widmet. Was ist mit uns geschehen? Wo gibt es sie heute, diese Standhaftigkeit, diesen glühenden Mut, diese enorme moralische Stärke? Ist uns der Osten hier tatsächlich voraus? Ich habe zwar einige Menschen dieser Art gekannt, aber meist waren es *ältere*, viel ältere Männer. Vielleicht aus einer anderen Zeit als der unsrigen?

Und das Peace Corps – man könnte sich vorstellen, daß es eine Vision wäre, gerade für die Art von Menschen, nach denen ich mich sehne in dieser Welt. Neulich abend hatte ich die Ehre eines kurzen Gespräches mit Dr. Nyerere auf einem dieser endlosen Empfänge. Ich fragte ihn, was das Peace Corps seiner Ansicht nach in unserem Tanganyika bewirken könnte. Er lächelte, schaute einen Augenblick lang in den Nachthimmel und sagte: «Ich sehe sie ein Jahr lang auspacken, geistig, meine ich, und dann das nächste Jahr lang wieder einpacken. Es war besser, als die Leute vom Kolonialdienst ihre Drei-Jahre-Tour hier absolvierten und genau wußten, sie würden für eine weitere und eventuell noch eine dritte Tour zurückkommen.» Und vermutlich hat er recht. Ich kann mir vorstellen, daß die jungen Leute ihre zwei Jahre weit weg von den Vereinigten Staaten für eine endlose Buße halten. Aber ich war erst 24, als wir in Mahali ankamen, um unsere dreijährige Tour zu beginnen! Ach ja.

Manchmal frage ich mich, wie ich mich jemals aus meinem verfilzten, unordentlichen Leben herauswinden kann. Es gibt da so viel Schutt und Müll, der mir wirklich zuwider ist. Ich liebe Musik, große und gute Bücher, einige Leute, meine Kinder ganz intensiv; und eine schemenhafte Vision von etwas, das ich nicht mal artikulieren kann. Ich glaube, Du bist der einzige lebende Mensch, der mich versteht. Mit meinem eigenen kleinen Privatleben (innerlich, meine ich) bin ich ganz zufrieden im Augenblick, und der Drang, in den bodenlosen Tiefen herumzustochern, läßt auch langsam nach, je weiter ich in die Dreißiger komme. Kann sein, daß ich langsam erwachsen werde.

Einen glücklichen April wünsch ich Dir,
Pat

Salt Lake City,
den 8. April 1963
Palmsonntag

Meine liebe Freundin,
für mich ist es auch schwer, mich hinzusetzen und einen einigermaßen zusammenhängenden Brief zu schreiben, nicht, daß ich jetzt so beschäftigt bin wie Du, aber ich bin irgendwie beunruhigt, ganz mit mütterlichen Dingen beschäftigt und *sehr* begierig, die Zeit, die mir nach Mutter- und Tochterpflichten bleibt, für mich zu haben, zu mir selbst zu kommen, zu lesen, mich in Fähigkeiten, die ich zu verlieren fürchte, wieder zu üben, zum Beispiel in der Fähigkeit, ein System zu erlernen oder die Logik einer Sprache und das auch festzuhalten. Vergib mir also, wenn ich Dir rundheraus (oder vielleicht oval) Vorwürfe mache. Es ist nur, weil ich hoffe, unser Briefwechsel kann Austausch sein statt Zusammenfassung. Ich schicke Dir einen von Reinhards Drucken für das Zimmer der Jungen. Hoffentlich magst Du ihn. Er hat zwei verkauft und spart das Geld auf sein heiß ersehntes Fahrrad.

Nach meiner Ankunft hier habe ich mich gänzlich introvertiert gefühlt. Ich habe niemand angerufen und bin kürzlich einigen Leuten, die ich vielleicht angerufen hätte, bei einem Vortrag absichtlich aus dem Wege gegangen. Das kann sehr leicht so weit gehen, daß ich einfach das Telefon läuten lasse. Wenn das Telefon sich taktlos verhält und meinen privaten Freiraum des Lesens stört, ignoriere ich es.

Gott segne Dich, liebste Freundin und mögt Ihr ein frohes Osterfest haben –

Joyce

Dar-es-Salaam,
den 7. Mai 1963

Meine liebste Joyce,
wir sind gerade von der allerschönsten Safari zurückgekommen, neun ganze Tage in einem kleinen Rasthaus, keine Elektrizität, Essen aus Dosen (von Tellern, meine ich, aber das Essen aus Dosen). Ich habe gelesen, gelesen, gelesen und habe an meinem Wandteppich gearbeitet und mit den Kindern gespielt und ihnen vorgelesen. Am Tage hat Philip gearbeitet, aber wir hatten zwei Sonntage und den 1. Mai (Nationalfeiertag) für Picknicks in der herrlichen Umgebung und sind stundenlang in der knisternd heißen Sonne auf den Felsen herumgeklettert. Sehr trockene und belebende Luft, in einer Höhe von etwa 5000 Fuß, was für ein Unterschied zu diesem faulen, enervierenden Klima hier unten. Ich mußte mit Wehmut an die kalifornische Wüste meiner Kindheit denken. Wirklich, das ostafrikanische Hochland ist ganz ähnlich!

Ich habe ‹*King Jesus*› von Robert Graves gelesen, sicher ein großes wissenschaftliches Werk, aber irgendwie doch sehr steril und unbefriedigend, wenn man den Gegenstand bedenkt. Es hat bei mir einen ganz leichten schlechten Geschmack hinterlassen. Außerdem habe ich ein geradezu elektrisierend unterhaltendes Werk über afrikanische Entdeckungen gelesen, Alan Mooreheads ‹*The White Nile*›, wirklich sehr gut. Was für Männer (und einige Frauen) waren das damals! Es handelt von der Erforschung des Oberlaufes und Quellgebietes des Nils, 1830–1900. Afrika ist immer noch so aufregend und neu. All das Sterben, Elend, Krankheit, Fieber, das Gefühl des Alleinseins – das sind Dinge, die erst in jüngster Zeit langsam verschwinden. Frustration und Unverständnis den Afrikanern gegenüber existieren immer noch allenthalben, wenn auch jetzt aus anderen Gründen. Es ist wirklich ein sehr gutes Buch, so lebendig wie es geschichtliche Bücher nur selten sind. Ich habe die ganze Woche durch gelesen, alles mögliche, bis mir fast die Augen aus dem Kopf fielen. Es war das Festessen nach einer Hungersnot, an der ich freilich, das muß ich zugeben, selbst schuld hatte.

Und mein Gobelin. Hab ich Dir von meiner neuesten Leidenschaft erzählt, von unserem langerwarteten Wandteppich? Leider bin ich nicht geschickt genug, meine eigenen Entwürfe zu machen, die richtige Wolle, Mengen, usw. auszusuchen, und muß alles nach dem Katalog zusammenstellen. Das heißt keine Einhörner, mittelalterlichen Damen, die die Laute schlagen oder Schlösser mit seltsamen Perspektiven. Ich hatte einen kleineren schon fertig, aus dem ich dann von einem der ausgezeichneten hiesigen Hindu-Schreiner eine Klavierbank habe machen lassen. Er ist sehr schön geworden, das muß ich schon selbst sagen. Gobelinarbeit ist unheimlich befriedigend und beruhigend, und es ist so einfach, so gedankenlos, daß man gar keine Fehler machen oder vergessen kann, was man gerade gemacht hat, wenn man die Arbeit oder die Zeit, in der man sie fertigstellen wollte, auch mal sechs Monate lange vergißt. Du solltest es lernen. So anspruchslos und beruhigend.

Christopher macht schöne Fortschritte auf dem Klavier, aber seine Leistungen in der Schule sind immer noch unmöglich, er ist so faul und scheint sich so gar nicht konzentrieren zu können. Es macht mich rasend, aber ich weiß wirklich nicht, was man da tun kann. Für sein Alter ist Julian etwas besser, aber er scheint doch in dieselbe Kerbe zu hauen. Ich wünschte, sie könnten verstehen, was für eine wundervolle Welt in Büchern auf sie wartet, sobald das Lesen leichter wird. Ich bin davon überzeugt, daß Christopher sich in einen Bücherwurm verwandelt, sobald er versteht, daß es nicht zähneknirschend, Wort für Wort, sondern Satz für Satz weitergeht. Aber es nützt nichts, sich darüber Sorgen zu machen.

Ich muß jetzt schließen; muß mich beeilen, weil ich helfen muß, die Sammelbüchsen fürs Rote Kreuz zum Tag der Flagge fertig zu machen. Ich weiß wirklich nicht, wie man sich für all solche Sachen engagieren kann, aber ich bin eine richtige Helen Hokinson geworden – freilich nur an der Oberfläche.

Liebe Euch allen,
Pat

Salt Lake City,
den 4. Juni 1963

Meine liebste Freundin,
all die Zeit und Muße haben mich nachlässig und faul gemacht, und es ist bestimmt eine Ewigkeit her, seit ich Dir geschrieben habe. Wir hatten eine endlose Serie von Krankheiten hier, Windpocken und

Erkältungen, für jedes Kind einzeln und Grippe für mich (zweimal). Eine kolossale Plage! Und jetzt geht auch diese Episode zu Ende, da Hans auf der Rückreise ist, und ich packe, um mich auf das nächste komische Zwischenspiel vorzubereiten, bevor wir wieder zu unseren vorgeschriebenen Pflichten zurückkehren.

Ich habe hier nur wenige alte Freunde gesehen. Ich bin jetzt schon daran gewöhnt, ohne sehr enge Freunde auszukommen, mit Ausnahme von Dir. Stolz bin ich freilich nicht darauf.

Reinhard und ich haben eine vergnügliche, anstrengende neunstündige Wanderung den Big Cottonwood hinauf gemacht. Meine staunende Ehrfurcht vor diesem herrlichen Land ist wiedererwacht. Wie ich dieses hervorspringende nackte Felsgestein der rauhen Klippen liebe. Man sieht die Struktur und gleichzeitig das, was sie bedeckt, den Wald, und beides ist großartig.

O Gott, wie ich wünschte, wir könnten näher zusammen sein. Der Tod von Papst Johannes hat mich sehr, sehr tief berührt.

Liebe,
Joyce

Eugene, Oregon,
den 22. Juli 1963

Meine liebe Freundin,
ich möchte wirklich nichts weniger, als die Verbindung zu Dir und Deinem täglichen Tun verlieren. Warte nicht, bis Du einen langen Safari-Brief oder auch nur einen kürzeren Brief voller Gedankenspiele schreiben kannst. Schick ruhig ab und zu einfach ein paar Fakten, wenn ich auch natürlich immer dankbar für Interpretationen bin. Wie ist Dein Sommer? Ist Dein Unterricht bei den Russen beendet, und fängst Du einen neuen Kurs an? Fühlst Du Dich heiß, träge, überschäumend, verzagt, fromm oder bist Du verliebt?

Ich bin so schlimm wie Du. Ich habe Dir schon lange keinen wirklichen Brief mehr geschrieben und habe noch nicht mal die Entschuldigung, daß ich viel zu tun habe. Denn dies sind die längsten Ferien, die ich seit Jahren hatte – kein Unterricht seit Mitte Dezember, dann sogar drei Monate Freiheit vom Eheleben. Nur ein dickes, fröhliches Baby unter dem blühenden Rotdorn stillen, dem Tschirpen der Zedernvögel lauschen, zuschauen, wie der Winterschnee Tag für Tag mehr von den Wasatch-Bergen verschwindet. Es war so angenehm, wirklich, wenn auch keineswegs besonders konstruktiv, außer daß es immer ein Gewinn ist, einmal nicht unter Druck zu stehen. Und Laura war die reinste Freude. Vielleicht hast Du inzwischen das Bild von ihr bekommen. Sie ist Reinhard so ähnlich, hübsch in genau derselben Art, fröhlich und so unermeßlich *gut.* Aber die Krankheiten grassierten im Frühling (hatte ich Dir schon erzählt?). Alles im Grunde Kleinigkeiten, aber zusammengenommen doch ziemlich zermürbend.

Also, Hans ist zurückgekommen, braungebrannt, etwas zu rundlich, viril und verzaubert von Florenz, wo er zwei anregende Wochen verbracht hatte. Er hatte sofort einen Frontalzusammenstoß mit Mutters Mißtrauen und Antipathie, was ihm natürlich alle Freude raubte. Aber sie kommt jetzt zurück, mit der Schönheit und der Muße unserer Zeit hier im pazifischen Nordwesten. Dies Land ist herrlich, und die Situation ist entspannt. Einen Tag verbringen wir an der spektakulären Küste, den nächsten in der echten Holzfällerwildnis. Nach Eugene wollten wir besonders, weil dort ein sehr lieber, begabter Freund von uns lebt, der hier an der Oregon-Universität den Lehrstuhl für Poetik hat. Wir erkunden die Gegend, schlafen im Zelt, angeln, spielen Tennis, und man spürt seinen Körper so schön dabei. Es ist wunderbar, *nicht* schwanger zu sein und sich so wohl zu fühlen. Ich versorge meine drei, aber ansonsten gibt es kaum einen Grund für irgendeine kompulsive Haushaltsarbeit usw. Also lese ich. Wir haben beide mit dem Rauchen aufgehört, und ich bin (wieder mal) drauf und dran, es mit dem Gedichteschreiben zu versuchen. Mein dichtender Freund redet mir zu, und ich weiß selbst, daß dies meine erfolgreichste Methode ist, das Beste aus mir herauszuholen und zu konfrontieren, zumindest das bißchen, was da ist.

Du fehlst mir weiterhin, und ich stelle mir immer vor, wie schön es wäre, wenn wir stundenlang zusammen sein könnten.

Viel Liebe,
Joyce

Dar-es-Salaam,
den 6. August 1963

Liebste Joyce,
wieder und wieder scheint es kaum glaublich, was für eine miserable Briefpartnerin ich bin. Teils habe ich viel zu tun, teils ist es ein Rückzug aus der Welt, teils bin ich momentan ganz benommen. Die Internationale Schule nimmt mir soviel Zeit und Energie, physisch und psychisch, daß ich schon seit Monaten keine anständige Frau und Mutter mehr sein kann. Aber das ist keine Entschuldigung.

Wir sind so stolz auf das, was wir hier für die und mit der Schule tun. Hatte ich im letzten Jahr viel davon erzählt? Es fing alles damit an, daß Philip und ich Vorsitzender und Sekretärin der Tanganyika Parents Association wurden (rate mal, wer was ist!). Es bestand hier ein ganz dringendes Bedürfnis nach einer englischsprachigen Grundschule, um die (noch) von der Regierung betriebenen zu ersetzen, die damals und jetzt (immer schneller) rapide in Effizienz und Standard abfielen. Mir fiel ein, daß ich einmal etwas über die hervorragende Internationale Schule in Genf gelesen hatte und schrieb, ganz spontan, an den Direktor und fragte an, ob sie uns Ratschläge geben könnten, wie man so eine Schule ins Leben rufen könnte, wir wären interessierte Eltern. Sie (er) konnten und taten es. Angefangen haben wir mit ein paar Broschüren und vereinzelten kleinen mimeographierten «Geschichten» von allen möglichen Schulen überall in der Welt, die unter ähnlichen Umständen wie wir angefangen hatten, freilich keine mit einer so großen potentiellen Schülerzahl.

Wir haben nahezu anderthalb Jahre gebraucht, aber jetzt stehen wir folgendermaßen da. Wir haben einen Vorstand mit Philip an der Spitze, sehr würdevoll in der Tat, dazu gehören Bankmanager, Botschafter, der Leiter von AID hier, ein Parlamentsmitglied, der Generaldirektor der Ostafrikanischen Division von Anglo-American Tobacco, der Generaldirektor von Tanganyika Shell usw. Von der amerikanischen Regierung haben wir $ 67000 bekommen, anscheinend das erste Mal in der Geschichte, daß die US-Regierung eine Schule in Übersee unterstützt hat, die nicht amerikanisch ist und auch nie werden wird; $ 6000 von der (britischen) Regierung Ihrer Königlichen Hoheit und $ 10000 aus verschiedenen Schenkungen von Industrien und Eltern, in Geld und Werten. Ein paar Darlehen sind dabei, aber es sind fast zu 100 Prozent direkte Schenkungen. Wir haben eine Direktorin (englisch), die uns von der Genfer Internationalen Schule zugekommen ist – sie war dort mehrere Jahre lang Leiterin der Junior Division –, dann haben wir vier Fakultätsmitglieder aus Übersee unter Kontrakt und etwa fünf hier angeworbene Lehrer.

Die ulkigsten Sachen sind uns in den Schoß gefallen. Monatelang haben wir überall in Dar-es-Salaam und Umgebung nach einem passenden Gebäude gesucht, bis eines Tages ganz unerwartet der Minister of Education Philip zu sich rief und ihm im Vertrauen mitteilte, daß uns die Regierung von Tanganyika, wenn wir 20000 Pfund Kapital aufbringen könnten, eine nagelneue vierzehnräumige Grundschule zum Selbstkostenpreis verkaufen würde, eine Schule, die im April fertig sein sollte (und fertig war). Der Grund dafür, daß die Regierung uns ihre Schule verkaufen wollte, war der, daß irgend jemand in einem schrecklichen Augenblick der Wahrheit entdeckte, daß sie am falschen Ort gebaut worden war – falsch für sie, aber genau richtig für uns. Kaum glaublich, aber um so besser für uns. Philip besprach die Sache mit dem Ausschuß und mit Repräsentanten der zukünftigen Geldgeber, die holten alle erst einmal tief Luft und gaben dann ihre Unterschrift – *ohne* Geld. Das kam erst, *nachdem* wir die Gebäude gekauft hatten, ein schreckliches Risiko! So haben wir also jetzt diese schöne, nagelneue Schule, zweckentsprechend gebaut, mit einem großen Spielplatz usw. 225 Kinder sind angemeldet, am 16. September ist die große Eröffnungsfeier, die Einrichtung schwimmt gerade – rechtzeitig, hoffen wir vertrauensvoll – aus den Staaten und England herüber, und 18 Nationalitäten erwarten den Tag mit Spannung. Außerdem stehen noch etwa 50 auf der Warteliste! Es ist alles fast zu schön.

Die ganze Sache hat endlich das Stadium erreicht, in dem es nichts mehr ausmachen würde, wenn Philip oder ich tot umfallen würden. Es läuft jetzt alles von selbst weiter, eine enorme Erleichterung. Wirklich ein Gefühl der Genugtuung, etwas in dieser Größenordnung praktisch aus dem Nichts geschaffen zu haben, etwas, von dem man hoffen kann, daß es weiterlebt und seine eigene Tradition und Aura erschafft. Wäre es nicht herrlich, wenn man in 20 oder 30 Jahren wieder herkäme (da es jetzt ja so aussieht, als ob wir alle noch existieren werden, abgesehen vom Lungenkrebs, seitdem der Vertrag zum Verbot von Atomtests unterzeichnet worden ist) und sehen könnten, wie alles noch gut und international funktioniert? Philip hat wirklich ein sagenhaftes Organisationstalent. Er sieht aber auch jede mögliche Gegebenheit voraus und schafft sie schon vorher aus dem Wege. Er hätte ein brillanter General – oder auch Verbrecher – werden können. In Wirklichkeit ist er ein brillanter Spezialist für Tropenkrankheiten. Heute nachmittag ist er gerade abgeflogen zu einem internationalen Kongreß in Edinburgh.

Der Tod von Papst Johannes hat mich auch bewegt. Ich war ungeheuer beeindruckt von seiner Heiligkeit und seinen Leistungen. Wenn jemals ein Mann geradewegs nach oben geflogen ist, unbelastet von Sünden, dann war er es. Aber ich tue nichts gegen meine eigenen Sünden. Ich stecke in einem Morast von Torheiten, in Verpflichtungen verwickelt, Versammlungen, Sachen, die getippt werden müssen, Philips Aufsätze zu redigieren, Leute müssen angerufen werden, gesellschaftliche Verpflichtungen (für die eine Woche, die wir im Juli glücklich hier weg waren, haben wir acht Einladungen ausgeschlagen!) und Leute, denen ich eine Einladung schulde.

Wir haben jetzt endlich und unwiderruflich unsere Entlassung aus dem tanganyikanischen Staatsdienst beantragt und haben keine blasse Ahnung, wo wir uns befinden werden (geographisch und finanziell), wenn im April unser Urlaub zu Ende geht.

So, jetzt werde ich das in einen Umschlag stecken und morgen abschicken und dasselbe in ein paar Tagen wiederholen, denn dies soll Dich nur mit ein paar Details auf dem laufenden halten, es sagt Dir ja nichts von dem, was ich denke und all dem Kran.

Alles Liebe,
Pat

Dar-es-Salaam,
den 23. September 1963

Liebste Joyce,
nur eine kurze Notiz zusammen mit den Zeitungsausschnitten vom *Tanganyika Standard* über die Eröffnung unserer Internationalen Schule. Wie ich Dir schon schrieb, dies ist es, was uns in den vergan-

genen Monaten so intensiv beschäftigt hat. Wir sind so stolz darauf. Wir haben nicht nur, wie der Leitartikel schreibt, Araber und Israelis Seite an Seite, sondern auch fünf russische Kinder (die Kinder von meinen Studenten aus der Botschaft), zwei Bulgaren, eine Menge Amerikaner und, wahrscheinlich für diese Zeit und diesen Ort am ulkigsten, ein halbes Dutzend Afrikanerkinder (Holländisch-Burisch-Südafrikaner, meine ich) und die drei Kinder des Königs (Mwambutsi) von Burundi. Alles sehr aufregend. Bis auf £ 8000 haben wir das nötige Geld zusammen, und letzte Woche haben wir also mit Tusch und Fanfaren eröffnet.

Ich habe ausgerechnet bei einem kommerziellen Bildungsinstitut in Oxford einen Fernkurs begonnen in der Absicht, als externe Studentin (Korrespondenzkurs) von der London University angenommen zu werden. Ich muß nämlich zuerst eine Aufnahmeprüfung für englische Universitäten bestehen und studiere also Latein, englische Geschichte, Französisch und englische Literatur. Latein ist grausig, aber alles andere macht Spaß, wenn auch enorm viel Arbeit. Aber ich muß einfach irgendein Diplom haben und mich für einen *richtigen* akademischen Beruf qualifizieren, ganz gleich, wo wir demnächst landen werden, dieses vorübergehende Jobbing geht einfach nicht mehr.

Aber meine Russen unterrichte ich immer noch, eine neue Gruppe, denn da ist ein ständiges Kommen und Gehen. Ich betrachte es als großen Sieg, daß wir sie in unsere Internationale Schule gekriegt haben (und in ihrem Fahrwasser sind auch die Bulgaren gefolgt). Ich mag sie wirklich unheimlich. Ich hab inzwischen eine Menge von zeitgenössischen russischen Kurzgeschichten gelesen und einen oder zwei Romane, schrecklich naiver Stil, aber vielleicht sind das auch bloß die holprigen Übersetzungen, voller Enthusiasmus und Idealismus, ungestüm und emotional, aber in der Thematik eigentlich doch ziemlich langweilig, außer, wenn sie sich mit dem Krieg beschäftigen (mit dem Zweiten Weltkrieg). Ich glaube, keiner von uns versteht wirklich ganz, wie schlimm der Krieg Rußland getroffen hat oder wie tief die Narben sind. Es ist schon ein merkwürdiges Völkchen, und ich möchte die Erfahrung mit ihnen nicht missen. Ganz besonders hat mich ein Autor von Romanen und Kurzgeschichten namens Solschenizyn beeindruckt. Hatte ich das schon erwähnt? Kennst Du ihn? Außerdem noch ein Romanautor namens Dudintsev. Bürokratie und das unglaubliche Leiden der Sowjetmassen unter Stalin, das scheinen ihre Hauptthemen zu sein.

Also was unsere Zukunftspläne betrifft, die sind immer noch ziemlich verschwommen. Bis jetzt sehen wir nur so weit voraus, daß wir wissen, wir schiffen uns am 22. Januar ein und werden mindestens 2 oder 3 Monate in unserem Haus in Sussex verbringen, und dann hoffen wir, noch eine Skireise und/oder ein paar Wochen in Paris einschieben zu können. Ich bin wieder bei der guten alten Alliance Française, um mein Französisch für den Fernkurs aufzupolieren. Ich versuche gerade, einen Roman von Mallet-Joris zu lesen (auf französisch), aber verstehe vorne und hinten nichts. Vielleicht würde ich es auf englisch auch nicht verstehen?

Muß Schluß machen und zu meiner Englischklasse. Schreib bitte und sag, daß Du mir meine Nachlässigkeit in den letzten paar Monaten verziehen hast. Ich hab mich auch nicht besonders wohl gefühlt, dauernd etwas mit dem Magen, aber ich hoffe, das wird bald besser. Keine Liebesgeschichten (wie langweilig), keine religiösen Verwirrungen, kein Garnichts, nur Arbeit, hektische Geselligkeit, der Korrespondenzkurs. Für dieses gesellschaftliche Leben bin ich einfach nicht geschaffen. Gott, es ist wirklich das schlimmste Leben, das man sich vorstellen kann, Diplomatenfrau zu sein. Ich verstehe nicht, wie die Leute das durchhalten können. Jeden Abend in der Woche ausgehen, dieselben alten Gesichter, dieselben langweiligen Konversationen, dasselbe leere, strahlende Lächeln.

Du hast nichts über Laura geantwortet. Wie geht's der Familie, wie geht's mit allem? Unterrichtest Du wieder? Gib mit all die neuesten Parolen.

Viel, viel Liebe, liebe Freundin,
Pat

Columbus,
den 28. September 1963

Liebe, gute Freundin,
ich bin säumig gewesen mit der Antwort auf Deinen Brief und habe keine angemessene Entschuldigung. Ich habe den ganzen Sommer

über Unmengen von Zeit gehabt und soviel Muße, daß ich ganz trunken war von der Schönheit, der Reichweite, der Großartigkeit von Oregon. Also habe ich an niemand geschrieben. Ich habe mein Baby in der Wildnis gestillt, habe am Strand geliebt, bin mit meinen Kindern die Sanddünen hinuntergerollt. Und ich habe Bücherberge gelesen, und ein paar davon schicke ich Dir – hoffentlich rechtzeitig, diesmal zu Weihnachten. Aber vor alledem ...

ICH BIN SO STOLZ AUF DICH!!

Das Foto vom kleinen Julian, wie er der Frau des Ministers für Bildung die Blumen gibt, war so lieb und rührend – der Anlaß so würdig. O Pat, was für eine gute Sache! In einer Dekade wird es Dir vielleicht sogar scheinen, daß von all den kleinen fehlgeschlagenen Versuchen, die man in der Jugend macht, um ein bißchen von dem immer noch vorhandenen Idealismus zu verwirklichen – daß dieser eine fruchtbare und hartnäckige Kreuzzug sich wirklich gelohnt hat. Schon allein zu wissen, daß die Schule eine Zukunft hat und eine Vielfalt von Studenten, daß sie wirklich *gebraucht* wird – wie gut, ein funktionierendes Symbol des Internationalismus gefördert zu haben. Ein Bravo, Dir und Philip! Es würde mich nicht wundern, wenn dies eher dazu beitragen würde, Eure Ehe zusammenzukitten als noch soviel Zweisamkeit um Mitternacht.

Ich will damit Sex nicht unterschätzen, aber es muß doch enorm belebend sein, wenn man so eine Leistung gemeinsam vollbracht hat. Stimmt das?

Wie lange werdet Ihr in Sussex bleiben? Du kannst das natürlich nicht beantworten, aber gib mir eine ungefähre Idee. Wie gern würde ich Euch besuchen!

Die Kinder sind alle ganz groß in Form – nur Andrea durchläuft jetzt eine gräßliche Phase, zweieinhalb und knallhart. Sie ist ein so extremes Kind, eine regelrechte Sarah Bernhardt, und das mag zwar Intelligenz und ganz sicher Vitalität bedeuten, geht einem aber auch ziemlich an die Nerven. Ich hatte wirklich gedacht, Reinhards Schönheit würde langsam schwinden, aber im Gegenteil, er wird immer schöner. Aber Laura ist ihm sehr ähnlich – und sie wird sich bestimmt sehr schön entwickeln (körperlich meine ich – also wirklich das Unwichtigste). Ja, Liebe, ein Ring mit einem Opal – das ist eine ausgezeichnete Idee.

Es gibt noch so viel zu schreiben – hoffentlich später in dieser Woche.

Alles Liebe,
Joyce

Dar-es-Salaam,
den 12. Oktober 1963

Liebe Säule,
ich freu mich so, daß Du einen schönen Sommer hattest. Nach den letzten Jahren hast Du das wohl verdient. Hoffentlich hast Du Dich inzwischen wieder an den ländlich-sittlichen Mittelwesten gewöhnen können. Ich schicke ein paar Fotos von unserer Eröffnungsfeier und dazu ein paar Zeitungsausschnitte. Über Deine Worte war ich ganz begeistert. Wir *sind* wirklich schrecklich stolz auf alles und geben das auch gern zu! Ein unerwarteter Bonus hat sich aus unseren Untersuchungen dieser Art von Erziehung ergeben: Philip ist drauf und dran, sich anders zu besinnen und die Kinder nicht ins Internat zu schicken, wenn es da, wo wir schließlich hinkommen, irgendeine Schule gibt, die unserer hier ähnlich ist.

Es sieht jetzt so aus, als ob wir etwa ein Jahr in England bleiben werden. Hast Du eigentlich schon mal an das gedacht, was ich Dir vorschlug, als ich bei Euch war, nämlich, daß Du Reinhard für die ganzen oder einen Teil der Sommerferien zu uns schicken könntest? Dieses Jahr wäre gerade richtig, und ich würde mich schrecklich freuen; ich möchte *so* gern, daß er und Christopher sich kennenlernen, und Reinhard ist jetzt alt genug, um etwas davon zu haben. Es gibt alle möglichen billigen Charterflüge für Kinder, um die Du Dich mal kümmern könntest, wenn Du glaubst, Dich von ihm trennen zu können! Wir würden ihn alle liebend gern bei uns haben. Als seine Patentante passe ich schon auf, daß er regelmäßig zur Sonntagsschule geht und sein Harfenspiel übt usw.

Keine Zeit für mehr, im Augenblick.

Viel, viel Liebe,
Pat

Columbus,
den 10. November 1963

Meine liebe, lange vernachlässigte Pat,
hätte ich doch nur eine so akzeptable Entschuldigung für mich und unsere Zeit wie Du mit der Internationalen Schule! Denn die Wochen und Monate gehen vorbei, und obwohl ich täglich an Dich denke, werden meine Briefe immer seltener. Hab noch ein wenig Geduld, dann können wir vielleicht unseren früheren Rhythmus wiederherstellen.

Außer dem Unterrichten, Ehefrau-und-Mutter-Spielen und dem Versuch, dieser miserablen örtlichen politischen Lethargie entgegenzuwirken, geht neuerdings ein ziemlich großes Stück meiner Zeit bei dem Versuch drauf, eine Freundin von mir, Frau eines Rechtsanwaltes und katholische Mutter von sechs Kleinen, am Selbstmord zu hindern. Sie hatte zwei schwere Krisen, nach denen sie jedesmal ins Krankenhaus mußte und Schocktherapie bekam, und diese Woche hatte sie wieder einen Rückfall. Sie verbrachte Stunde um Stunde bei mir, während ich neun Winzlinge versorgte, während sie die Gezeiten furchterregender physischer Manifestationen der Agonie unserer Zeit durchlebte. Hände und Gesicht erstarrten plötzlich zu Eis. Und dann die Umkehrung, ein heißes rotes Band erschien um ihren Hals (aber keine fliegende Hitze – sie ist 35). Sie ist jung und schön, und sie leidet an jener Krankheit, die mir als das ungeheuerlichste Leiden unserer erstickenden Zeit erscheint – Isolation. Sie ist ganz einfach ein Bündel freischwebender Ängste, hat wahnsinnige Angst, den Tag anzufangen, *allein* zu sein in ihrem Eigenheim am Stadtrand.

Ich habe einen sehr überzeugenden Artikel von Agnes de Mille gelesen, in dem sie den «Twist» als symptomatisch für unsere Zeit definiert (und ich bin überzeugt, alle Kunstformen sind es). Sie erwähnt, daß Tanz immer eine Ausdrucksform von *Gemeinschaft*, von kooperativer Bewegung war, daß der «Twist» dagegen isoliert-introvertierte sexuelle Beschäftigung ist. Sie hatte ihren Sohn, einen großen «Twister» (wie Reinhard) zu einem Square-Dance mitgenommen, wo er entsetzt war (aber später konvertierte) über die Anforderungen einer so kooperativen und gemeinschaftlichen Tanzform. Mir scheint, daß genauso wie das Menuett für das 18. Jahrhundert die gesellschaftliche Manifestation der Verführung nach den Regeln der Gesellschaft war, sozusagen, so ist vielleicht der Twist eigentlich bloß prahlerische öffentliche Masturbation. So kommt mir auch die *action*-Malerei vor. Das ist einzig und allein ein großartiges, eigenproduziertes «High» – für den Aktionskünstler. Da ist wirklich *keine* Absicht, ja nicht einmal ein Impuls zur Kommunikation vorhanden.

Was mich natürlich – nun, worauf schon, bringt? Mein jährliches Lamento über die Schwierigkeiten mit dem Sex. Natürlich beweist das nur, wie sehr man doch Teil seiner Zeit ist, und mit unentrinnbarer Logik ist daraus zu folgern, daß unsere Kinder es auch sein werden. Ach – ach! Pat – wenn ich diese zahllosen traurigen Erscheinungsformen der Isolation in der amerikanischen Gesellschaft betrachte und darüber nachdenke, dann könnte ich weinen. Und tu's auch. Die Minderheiten, die an den Rand gedrängten Alten, die Hausfrau in der Zwangsjacke, all die Jugendlichen, die ohne Abschluß die Schule verlassen, gelangweilt, verängstigt und gewalttätig, die paranoiden Rechten, die masturbierenden Künstler. Gott! Ich habe Ingmar Bergmans *Wie in einem Spiegel* gesehen, was im Grunde nichts anderes war als menschliche Isolation auf einen Filmstreifen gebannt. Ich frage mich, ob das in den unterentwickelten Ländern auch so schlimm ist?

Mir geht's gut, den Kindern auch. Reinhard ist richtig lesewütig, bei einem akademischen Leistungstest war er in der 99 Percentil-Gruppe im Lesen und Sprachfähigkeit; 96 Percentil in Mathe – auf dem Stand der Sechzehnjährigen. Es macht nichts, Pat. Ich nehme das nicht ernst. Diese Frühreife kommt mir immer weniger wichtig vor. Was mir viel mehr am Herzen liegt ist, daß ein Kind Güte und Freundlichkeit lernt und die Fähigkeit, auf andere einzugehen (und damit zu kommunizieren), zu sehen, bewußt zu sein! Das Baby ist himmlisch, wenn auch viel zu fett. Wann fahrt Ihr? Ich habe zur Abwechslung mal Euer Weihnachtspaket rechtzeitig abgeschickt, hoffe ich. Ja, ich denke schon daran, Reinhard zu Euch fliegen zu lassen – Gott segne Dich! –, aber ganz sicher bin ich noch nicht. Gib gut acht auf Dich.

Liebe, viel Liebe,
Joyce

Dar-es-Salaam,
den 26. November 1963

Liebste Joyce,
was ist da noch zu sagen? Ich kann mich nicht erinnern, jemals so unaufhörlich, so tief getrauert zu haben oder so viel Verlassenheit und Zukunftsangst durch den Verlust irgendeines Menschen gespürt zu haben wie jetzt, vier Tage nach diesem entsetzlichen und immer noch unglaublichen Verbrechen an Amerika, an der Menschheit, an uns allen.

Die Hohe Gedenkmesse hier in der Kathedrale, gestern nachmittag, war ein erschütterndes Erlebnis. Ich hatte gerade erst begonnen, mich ein wenig zu fassen, geschwächt wie ich war, und den Tränen Einhalt zu gebieten, aber die Messe, die ich so gut kenne, hat mich völlig entnervt. Präsident Nyerere weinte ganz offen, sämtliche Frauen waren in Tränen, die Kathedrale war vollgepackt mit allen Amerikanern, jedem einzelnen Diplomaten, dem gesamten Kabinett und anderen Wohl- (oder Böse-?)wollenden. Nicht abzuschätzen, wie groß sein Verlust ist. Ich kann nicht verstehen, wie das überhaupt geschehen konnte. Wenn wir diese entsetzliche schwarze Untat tun konnten und gleich am nächsten Tag mit der Gewalttätigkeit weitermachen, wohin soll das alles führen?

Wohin wird Johnson, schwach oder stark, wie sich ja herausstellen wird, uns führen? Ich habe schreckliche, tiefe Angst um mein Land. Du kannst Dir nicht vorstellen, was für eine Schockwirkung diese schreckliche traurige Sache auf die Engländer gehabt hat. Wir (Du weißt, wie schizophren ich in meinen Loyalitäten bin) empfinden tiefe Angst um die Zukunft, nicht, wie gesagt, wegen des Verlustes von Kennedy selbst, sondern wegen der Mächte des Bösen, die den Verlust verursacht haben und die in seiner Folge entfesselt werden könnten.

Dieser schöne, intelligente, mutige junge Mensch, gefällt mitten in der brillantesten Karriere, die das Leben zu bieten hat, seine schöne, hingebungsvolle Frau, noch kleine Kinder – ich kann es nicht ertragen, an sie zu denken und tue es doch ständig im Moment der schmerzlichen Erkenntnis, daß er tot ist. Es gibt ein Bild von ihr in der heutigen Zeitung, wie sie sich an Bobby Kennedys Hand klammert, ihr Gesicht ausdruckslos, nur erstarrtes Entsetzen, während sie zusieht, wie der Sarg aus dem Krankenhaus in

Dallas gebracht wird, wo dies Leben, das für uns alle so viel Gutes hätte schaffen können, so schnell ausgehaucht wurde. Das Blut, das ihren Rock bespritzte, ist das Blut aus jenem Leichnam, der unser aller höchste Hoffnung barg. Ich verspüre Scham, Trauer, sogar Schuld. Ich hasse Texas und die Texaner, ich verabscheue sogar mich selbst, weil ich mich manchmal selbst in Kleinigkeiten so habe hinreißen lassen, zu genau dieser Art von Impulsivität und Gewalttätigkeit, die für Amerika so charakteristisch ist, sinnlos, physisch, stumm, und ich bin von Haß erfüllt gegen diese vorsichtige, aristokratische, philosophische, geduldige Art und Weise, Probleme anzugehen. Aber es ist Haß, der ihn getötet hat (und wer weiß, was sonst noch?), und wenigstens muß sein Tod uns, seiner Generation, stets vor Augen bleiben als Symbol der Standhaftigkeit und des Mutes gegenüber allem, was das Schicksal uns noch auferlegen wird.

Ich bin wie gewöhnlich zur Sowjetbotschaft gegangen und habe unterrichtet. Der gesamte Stab der Botschaft wartete auf mich in der Empfangshalle. Ich blieb stehen, als ich zur Tür hereinkam, und fragte mich eine Sekunde lang, warum sie alle da waren. Dann kam der Botschafter, der langweilige kleine Mr. Timoschenko, auf mich zu und umarmte mich, ich brach erneut in Tränen aus, der ganze Haufen drängte sich um mich in einer großen Umarmung, und wir weinten alle und klopften einander in hilfloser Trauer auf die Schultern.

Ich bin zu geschockt und traurig, um weiterzuschreiben. Du weißt das Übrige. Neuigkeiten gibt es keine. Wir fahren in 8 Wochen ab. Du müßtest inzwischen Lauras Ring haben, ein Freund hat ihn in die Staaten mitgenommen und sollte ihn von da aus letzte Woche an Dich schicken.

Liebe, und Liebe –
wir müssen zusammenhalten,
Pat

Dar-es-Salaam,
den 3. Dezember 1963

Liebste Joyce,
warum schreibst Du mir nicht und teilst Deine Trauer, Deine Tränen mit mir? Ich bin sogar noch heute so benommen wie vor zehn Tagen. Ich kann mich nicht dazu durchringen, den Tatsachen ins Auge zu sehen. Mir ist, als ob ein Teil von mir in jenem Augenblick in dieser finsteren, öden, freudlosen Stadt gestorben sei. Mit Lord Hume sage ich «Sein Tod vermindert uns alle» und mit unserem lieben Adlai Stevenson «Jeder von uns, der ihn kannte, wird seinen Tod bis zum eigenen Todestag betrauern».

Was für eine Welt. Was für Kreaturen wir sind. Ich habe plötzlich das ganz schreckliche starke Verlangen, heimzukommen. Ich gehöre zu meinem Heimatland. Es braucht mich, und ich brauche es auch in dieser Stunde. Es ist, als ob diese Tat so eine Art Kriegserklärung gewesen wäre, und ich habe das Gefühl, ich muß nach Hause, muß meine geringen Fähigkeiten in den Dienst der Sache stellen.

Schreib mir doch. Ich fühle mich so verloren und deprimiert und heimwehkrank.

Liebe,
Pat

Columbus,
den 8. Dezember 1963

Liebe Pat,
geliebte Freundin in Zeit und Raum! Wie liebend gerne ich Dich in Trauer umarmen würde. O Pat, Deine Briefe haben so leidenschaftlich meine ebenso wie Deine Trauer und die Trauer von Millionen artikuliert. Du hast genau das ausgedrückt, was ich empfinde, wenn Du sagst, «ich habe noch nie so tief und so lange getrauert». Dazu kam eine Depression, die so intensiv war, daß ich nicht mehr richtig funktionieren konnte. Ich konnte an niemand schreiben, und erst jetzt, an Dich, fange ich wieder an zu artikulieren, mit dem Weinen aufzuhören und auch damit, daß ich in der Stille des Morgengrauens erwache – voll Schrecken oder Angst. Was wird aus uns werden? Der einzige erstaunliche und herzerwärmende, freilich keineswegs

versöhnliche, Aspekt von alledem ist die tiefe und echte Trauer überall in Amerika (o Amerika) und in der Welt.

Die Studenten, gewöhnlich aus reiner Ignoranz so apathisch und abgebrüht, sind tief bewegt. Nie habe ich intensiveren und offener zur Schau gestellten Kummer erlebt. Ein Student konnte nicht mehr an sich halten und weinte sich an meiner Schulter aus. Der schwarze Hausmeister starrte mich an, mit Tränen in den Augen und schüttelte volle 2 oder 3 Minuten lang den Kopf. Ansonsten konnten irritierte Studenten, die schon so indoktriniert waren, daß sie Kennedy für Satan und Goldwater für Gott hielten, plötzlich wieder klar sehen, in Proportion, aber in Trauer. Die alten Professoren, die guten, die ein Leben lang gegen Wahnsinn und Sinnlosigkeiten gekämpft hatten, standen gebeugt und erschüttert. Und natürlich hielt sich Jackie Kennedy so königlich wie Antigone. Ich habe noch nie, und ich meine wirklich *nie,* etwas so Eloquentes gesehen wie die Gesten dieser schönen Frau in ihrem Gram. Ihre Haltung, ihr Schmerz, ihr Bewußtsein der historischen Stunde, dieser Nation, ihrer Mutterschaft dieser zwei kleinen verletzten Kinder und ihr Bewußtsein als Ehefrau eines wirklich großen Mannes – all das schien sich in der Eleganz und vollkommenen Würde ihrer Haltung auszudrücken.Es war wahrhaft bemerkenswert.

Aber, oh! Das endlose Wochenende. Der Klang der Trommeln, das Schaukeln der Munitionswagen, das reiterlose Pferd. Mein Gott! Wir sind alle aus unseren alltäglichen Belanglosigkeiten herausgerissen und mitten in die Chronik der Geschichte hineingepflanzt worden, und einmal so dicht an den Abgrund geraten, kann ich nicht anders, als dies manchmal wie von einem Ort der Ewigkeit aus zu betrachten, es als eine der großen Tragödien der Vergangenheit zu bezeichnen. Ich liebe dich, meine liebe Freundin, und ich umarme Dich, über Meere, Länder und Völker hinweg.

Joyce

Dar-es-Salaam,
den 10. Dezember 1963

Liebste Joyce,
wenn mir nicht bald jemand von zu Hause schreibt, fange ich an zu denken, ich bin verrückt geworden oder werde es zumindest bald. Ich habe nicht einen einzigen Brief erhalten, weder von Verwandten noch Freunden, seit dem Attentat. Um Gottes willen *schreibe.* Ich bin, glaube ich, über den ersten entsetzlichen Schock hinweg. Vermutlich geht das allen so. Aber mir fällt kein anderes Ereignis in meinem eigenen Leben ein, abgesehen von den *persönlichen,* das so auf mich gewirkt hat, das mich so entschlossen gemacht hat, persönlich etwas gegen die Mächte zu tun, die das verursacht haben. Ich fühle mich mehr als Amerikanerin, verspüre mehr Heimweh, stärkeres persönliches Engagement und größere Verantwortlichkeit, als ich je für möglich gehalten hätte.

Wir sind natürlich jetzt in den Wehen des Aufbruches, wissen noch nicht, was die Zukunft für uns bereithält (oder auch *wo*), und Philip hat ein paar vorsichtige Anfragen aus den Staaten bekommen. Ich möchte ganz dringend wenigstens auf ein oder zwei Jahre nach Hause, und er weiß das und versucht sein Bestes, diesen vagen Möglichkeiten nachzugehen, aber es ist nicht sehr wahrscheinlich, daß er berufen wird, weil er nicht Amerikaner ist und sich auch nicht einbürgern lassen will. Aber wir werden ja sehen. Jedenfalls darf ich mich *nie* wieder in dieses selbstgefällige, freiwillige Exil à la Henry James begeben.

Ich glaube, es täte uns allen gut, wenn wir uns mal die Gewissensfrage stellen würden in bezug auf J. F. K.s Forderung nach persönlicher Hochleistung je nach den eigenen Fähigkeiten. Wenn wir stagnieren, sterben wir. Und wir bereiten den Untergang vor für unsere Kinder, wenn wir nachlässig und selbstzufrieden werden. Die Barbaren hämmern an die Tore von Rom. Werden wir sie eindämmen, Römer aus ihnen machen, das Imperium in Alarmbereitschaft versetzen? All dies und noch mehr.

Es ist ganz offensichtlich für Dich, daß ich zutiefst aufgerüttelt bin, bis in die Wurzeln meines Seins. Nicht zuletzt, glaube ich, durch Jackies unvergleichliche Leistung, wie in einer griechischen Tragödie – vornehm, unerbittlich, unentrinnbar in ihrem Ertragen des Unerträglichen. Sie steht auf einer Ebene mit Antigone oder Zenobia.

Jetzt muß ich wieder an meine lateinischen Deklinationen, die verdammte alte *Faerie Queene*, das Britannien der Angelsachsen und *Candide*, denken. Ich habe große Zweifel, daß ich je dieses elende Examen bestehen werde, aber versuchen werde ich es mit allen Kräften. Vielleicht nehme ich doch nicht Englisch als Hauptfach, wenn ich mich qualifiziere. Aber ich weiß nicht, was ich werden will, wenn ich groß bin! Nichts mit Naturwissenschaft, jedenfalls. Mein Kopf funktioniert nicht in dieser Richtung (funktioniert nicht, Punkt).

SCHREIB!

Liebe,
Pat

Dar-es-Salaam,
den 15. Dezember 1963

Liebste Joyce,
Dein Brief vom 9. ist heute morgen angekommen und hat einen Lichtstrahl geworfen. Ich bin so dankbar, daß ich Dich habe, um dies mit Dir zu teilen. So langsam kommen die Dinge in Fokus, aber es ist zu schmerzhaft, sich sehr lange und in die Tiefe gehend damit zu beschäftigen. Ich hab ein Notizbuch von vor drei oder vier Jahren gefunden, in dem ich etwas aufgeschrieben hatte, was Du damals möglicherweise ausgeschnitten und mir geschickt hattest (oder geschrieben). Damals stellte Adlai Stevenson den Kandidaten John Kennedy auf einer politischen Kundgebung vor und versuchte, den Unterschied zwischen sich und J. F. K. zu verdeutlichen, indem er sagte: «Vielleicht erinnert ihr euch, in klassischen Zeiten, wenn Cicero gesprochen hatte, sagten die Leute zueinander, ‹Wie gut er gesprochen hat!›. Aber als Demosthenes mit seiner Rede zu Ende war, sagten sie: ‹Laßt uns marschieren›.»

Genau das fühle ich. Ich will losmarschieren. Die Gedankenkette, die durch dies Ereignis in Bewegung gesetzt wurde, hat die geschlossenen Knospen meines Patriotismus und politischen Engagements in einer Weise zum Aufblühen gebracht, wie nur einmal zuvor (und da war es intellektuell, glaube ich, nicht emotional UND gleichzeitig intellektuell), und das war während des traurigen hektischen Herbstes der Stevenson-Kandidatur 1952. In diesen ersten paar Wochen nach dem Attentat habe ich mir unter Tränen immer wieder gesagt, ich will nach Hause, ich *muß* nach Hause, ich WERDE nach Hause gehen. Und so komme ich jetzt, meine liebste Freundin, zu meiner völlig unerwarteten und irgendwie phantastisch zufallsschwangeren Neuigkeit (fast wie bei Schiwago, all diese Koinzidenzen): Philip ist ein zweijähriges Stipendium in Boston angeboten worden, das im Mai nächsten Jahres beginnt! Ich bin in Hochstimmung und kann's kaum glauben, daß mein Gebet auf diese Weise beantwortet worden ist. Endlich werden meine Kinder sehen, wo ihre Wurzeln liegen. Ich kann endlich wirklich Neuengland kennenlernen – ich bin ja noch nie nördlich von New York City gewesen. Und vielleicht, *vielleicht* kann ich meinen B. A. zu Ende bringen.

Außerdem kann ich in der Wahlkampagne für Teddy arbeiten und Bostons intellektuelle Kostbarkeiten genießen. Dies ist natürlich eine große Ehre für Philip, und er ist hell begeistert.

Das ist alles so plötzlich und wundervoll und unerwartet, daß es jeden anderen Gedanken hinweggefegt hat (das heißt Goodbye Tanganyika, Hello England, zurück zur Zivilisation, eine rosige Zukunft mit der UNO). Ich will nur nach Hause kommen, meine Nomadenwurzeln wieder in Amerikas Boden zu versenken, tief von den heimischen Wassern zu trinken (an der Quelle der Freiheit, entschuldige das Klischee), und eine Weile nicht mehr an morgen denken. Ist das nicht seltsam, wie diese Nachricht nur wenige Tage nach meinem Brief eintraf, in dem ich Dir von meinem Heimweh und dem Verlangen nach meinem Heimatland schrieb? Ich sollte Dich (und mich selbst auch) warnen, daß es für ein paar Monate noch nicht ganz sicher ist. Es würde mir Herz und Seele brechen, wenn das nicht klappen sollte.

Liebe,
Pat

Columbus,
den 20. Dezember 1963

Liebe Pat, lieber Philip,
dieser Brief muß an Euch beide gehen, weil ich mich so für Euch beide freue und so stolz auf Dich bin, Philip. Was für eine großartige Schicksalswende für Euch.

Für uns übrigens auch. Ich bin entzückt über die Möglichkeit, daß wir uns wirklich wieder nahe sein werden und noch entzückter darüber, daß Deine Karriere diesen wohl verdienten Aufschwung nimmt, Philip. Allein schon diese Neuigkeiten sind ein veritables Weihnachtsgeschenk.

Und daß Ihr möglicherweise schon bald hier seid! Wir hatten gedacht, daß Reinhard Euch in Sussex besuchen würde, aber vielleicht können wir alle zusammen den *Long Trail* entlang wandern oder eine Kanufahrt nach Maine machen oder in Montreal Französisch sprechen oder trauernd zusammen Cape Cod aufsuchen. Daß Du durch unsere Tragödie Heimweh bekommen hast, Pat, das hat mich tief bewegt; daß Du heimkehren willst in Dein erratisches, träumendes, chaotisches Heimatland, daß Du es liebst – dies alles hat mich gerührt und mich so wünschen lassen, daß Du zurückkommen würdest. Ich bin *sehr* glücklich.

Alle Liebe und fröhliche Weihnachten,
Joyce

(*UNICEF-Karte – Bild mit vielen Schulkindern*)

Columbus,
Weihnachten 1963
(abgeschickt im Oktober)

Liebe Pat, Philip, Christopher und Julian,
hier habt Ihr viele, viele Patenkinder! Möge Euer Familienglück Euer letztes Weihnachtsfest dort in Afrika noch einmal hell aufleuchten lassen inmitten all der Düsternis und Verzweiflung. Ihr werdet in Dar durch Euer wundervolles Werk dort in Erinnerung bleiben. Vielen, vielen Dank für die Pakete, mit denen Ihr uns in solcher Überfülle bedacht habt, und für den ganz wunderschönen

Ring für Laura! Wie froh, wie unendlich froh ich bin, daß Du ihre Patin bist. Es bedeutet mir so viel. An Euch alle – hoffe ich, das kommende Jahr mit all seinen vielen Veränderungen wird Euch nur Gutes bringen.

Joyce, Hans, Reinhard, Andrea, Laura

Columbus,
den 14. Januar 1964
Amerika! Amerika!

Meine liebe, liebe Freundin,
wo wird Dich ein Geburtstagsbrief erreichen! Wird dies mein letzter Brief nach Afrika sein, das nun so lange Eure Heimat war? Ich habe Euer genaues Abfahrtsdatum nie erhalten und schon gar nicht die geplante Reiseroute, aber vielleicht seid Ihr schon weg, habt per Schiff den schönen Hafen von Dar-es-Salaam verlassen, habt die Mementos von neun Jahren in dieser neuen, hochstrebenden Nation mit Euch genommen. Wie sehr Ihr weinen werdet – «Für das Vergangene, das Gehende und das Kommende».

Werd nicht seekrank, Du sollst wissen, daß ich 29 Toasts auf Euch trinke und daß ich mir sehr gut vorstellen kann (so gut wie ich Dich immerhin zu kennen glaube), mit was für Gefühlen Du dort weggehst. Ein Epigramm des 20. Jahrhunderts: «Ich bin überzeugt von der Sinnlosigkeit des Lebens, aber ich habe nicht den Mut, zu meinen Überzeugungen zu stehen.»

Liebe,
Joyce

Dar-es-Salaam,
den 24. Januar 1964

Liebste und beste aller verständnisvollen Freundinnen,
Dein Brief kam heute nachmittag. Morgen fahren wir ab! Ich muß all Deine Fragen beantworten, aber zuerst (selbst vor unseren «revolutionären» Geschichten), Danke, Danke, für so ein hinreißendes Weihnachtspäckchen! Danke für *alles;* Du bist lieb und fürsorglich und aufmerksam.

Ich habe es letzte Woche, vor zehn Tagen, aufgegeben, mit meinem wirklich wilden Korrespondenzkurs fertigzuwerden (jetzt tief im Labyrinth lateinischer Verbkonjugationen), um ins Krankenhaus zu gehen und mir die Ballen abschnippeln zu lassen (oder, etwas feiner gesagt, ich hatte «eine orthopädische Operation zur Entfernung einer Knochenexostosis»), und drei Tage, nachdem ich aus dem Krankenhaus gekommen war – immer noch unbeweglich und mit Füßen wie Kürbissen, in Meter von Bandagen gewickelt – diese verdammte Revolution.

Ziemlich bitter war ich, zuerst bei dem Gedanken, zurückgelassen zu werden, langsam humpelnd, während der Mob alles vor sich her jagt, und zweitens, weil es so unfair war, daß ich nicht raus konnte, um etwas von der ganzen Aufregung mitzukriegen, bis sich dann herausstellte, daß dies «nur eine sehr *kleine* Revolution» war, wie eine kürzlich erst aus Südamerika angekommene Dame mit ätzendem Spott bemerkte.

Ich will hier gar nicht mit dem Warum und Wieso anfangen; das ist ohnehin nicht verständlich, wenn man nicht weiß, was vorangegangen ist, und das erzähle ich Dir alles, wenn wir uns sehen. Zurück zur Revolte: komische Geschichten, Schauergeschichten, unglaubliche Geschichten (Philip verbrachte Stunden, eingeschlossen in unserem Haus, zusammen mit dem Finanzminister, der zu verschreckt war, um allein in seinem eigenen Haus zu bleiben.). 36 Stunden lang wußte niemand, wo der Präsident war (und es weiß immer noch keiner – er verrät es nicht). Die ganze Angelegenheit war vorgeblich eine Revolte um Sold und Beförderungen, außerdem wollte man sämtliche britischen Offiziere absetzen (die von der britischen Army waren auf Wunsch der Regierung von Tanganyika hierher abgestellt worden!), so wurden also die piekfeinen britischen Offiziere mitten in der Nacht zusammengetrommelt und in ihren Pyjamas in ein Flugzeug gesteckt, damit die Meuterei anfangen konnte. Ihre Familien folgten am nächsten Tag, und weg waren sie, von Nairobi nach London. Jedenfalls haben uns die Ereignisse dieser Woche das Gefühl gegeben, daß wir uns in einem fremden Land befinden. Aber das mußte ja wohl schließlich so kommen. Ich meine, es *ist* ein fremdes Land, nicht wahr? Unter dem Kolonialismus hatte ich dieses Gefühl nie. Es ist einfach zu unglaublich für Worte.

Aber die «Volksrevolution» in Sansibar, letzte Woche, das war eine ganz andere Geschichte. Die Flüchtlinge hier berichten, daß es wirklich grauenhaft war, ein absolutes Massaker der Araber durch die Afrikaner, Haufen von unidentifizierten Leichen in Gräben geschmissen. Goanesen auf dem Weg zur Messe am Sonntag morgen ohne Grund und ohne Warnung niedergeschossen; ganze Familien (vorwiegend Araber) erstochen und niedergemetzelt auf abscheuliche Weise. Unser Schiff hielt sich außerhalb des Hafens von Dar-es-Salaam auf während der paar Tage, in denen der Hafen gesperrt war, und lief dann ein, aber in Sansibar wird es nicht wie sonst anlegen, denn Hafen und Flughafen dort sind, wie wir hören, noch weitere drei Wochen abgeriegelt.

Wir hören so entsetzliche Geschichten. Es heißt, der Hafen von Sansibar soll tagelang rot von Blut gewesen sein.

Danke für Deine Geburtstagsgrüße zum Neunundzwanzigsten. Muß meine schmerzenden Füße zu ihrer letzten afrikanischen Nachtruhe schleppen. Vielleicht komme ich eines Tages zurück. Afrika ist sehr gut zu mir gewesen. Ich lasse meine Jugend hier zurück, und ich verlasse den Ort, wo meine Kinder geboren wurden, mein erstes richtiges Heim, die Liebe meines Lebens, viel Kummer, viel Verwirrung. – Aber ich will jetzt nach Hause, nach Amerika.

Viel Liebe und wärmste Gedanken,
Pat

Sussex, England,
4. März 1964

Liebste Freundin, deren Verstehen und Liebe ich immer brauche, aber jetzt mehr denn je,

Du mußt jetzt Deine Lenden gürten (oder wie immer man das bei Frauen nennt) und Dich für einige stürmische Monate rüsten, nach einer so langen Windstille. Ja, liebe Freundin, die Verabredung, vor so langer Zeit mit Ian getroffen, wurde eingehalten. Unser Schiff erreichte die Themse mitten in einem Schneesturm, und nach den üblichen ermüdenden Formalitäten, die noch ermüdender als gewöhnlich waren, weil wir unser Auto an Bord hatten, gingen wir an Land und fuhren hier herunter, durch die liebliche schneebedeckte

Landschaft. Es war wundervoll, daß wir gleich ins warme, saubere Haus gehen konnten, unsere getreue Zugehfrau hatte alles für uns vorbereitet, sogar der Tee stand schon fertig auf dem Tablett.

Eine Stunde nach unserer Ankunft im Haus nahm ich den Telefonhörer ab und hörte die geliebte Stimme. Drei Jahre ist das her, und weißt Du, ich war versteinert vor Schreck wie ein Schulmädchen! Ich muß ziemlich abrupt und wenig mitteilsam gewesen sein, mit Philip im Nacken – Gott sei Dank haben die Engländer mit Zweitanschlüssen nichts im Sinn. Wir luden ihn fürs nächste Wochenende zu uns ein, in zehn Tagen, und er akzeptierte und zögerte einen Augenblick. Dann sagte er, also er habe *sein* Versprechen gehalten; er liebe mich noch immer, und – also einfach das, wirklich. Er arbeitet in London, während seine Frau und seine Kinder in Yorkshire wohnen, bis ihn seine Firma nach Übersee versetzt.

Also, so wunderschön es auch war, zu Hause zu sein, alte Freunde wiederzusehen usw., befand ich mich immer mehr in einem Zustand der Auflösung, bis er letzten Freitag ankam. Bis wir ihn am Bahnhof abholten, waren meine Knie längst zu Pudding geworden und mein Gehirn zu Sägemehl. Drei Jahre, Joyce, seitdem wir uns gesehen hatten, und mehr als zwei seit unserem letzten Briefwechsel, und ich hatte mich gerade gezwungen, an ihn nicht mehr als Zukunft, sondern als Vergangenheit zu denken. Ich wußte, daß ich ihn noch liebte und zweifellos immer lieben würde. Ich flirtete sogar mit dem Gedanken an einen anderen (noch nicht real existierenden!) Liebhaber, der mir helfen könnte, ihn aus meinem Herzen zu vertreiben. Ich hatte mich vor langer Zeit davon überzeugt, daß seine Gefühle für mich nicht so tief waren wie meine für ihn und daß das, was er vor vier oder fünf Jahren für mich gefühlt hatte, jetzt ganz sicher verschwunden sein müßte.

Ein Blick war alles, was ich und offensichtlich auch er brauchte. Wir verbrachten himmlische achtundvierzig Stunden, einfach wieder zusammen. Wir konnten sogar ein paar Stunden für uns allein stehlen, Philip schlug eines Morgens vor, ich sollte Ian die Sehenswürdigkeiten unseres Ortes zeigen, während er einiges zu schreiben hatte.

O Joyce – Du brauchst nur ein paar meiner alten Briefe zu finden, um zu sehen, was ich für ihn fühle und was für ein Mensch er ist. Ich kann einfach nicht ergründen, warum er mich liebt. Für mich ist er wie ein Gott, perfekt in jeder Hinsicht. Hier bin ich also, und zum erstenmal in elf Ehejahren werfe ich mich voll und ganz in eine Affäre mit heimlichen Stelldicheins und allem, was dazugehört. Ich habe schreckliche Angst davor, aber ich kann mir nicht helfen, und ich will es auch gar nicht anders. Ich vertraue ihm vollkommen und liebe ihn so wahrhaftig und tief, daß ich weiß, er wird uns schon irgendwie da hindurchhelfen. Heute konnten wir zum erstenmal allein zusammen sein. Philip und ich sind nach London gefahren, um ein Theaterstück zu sehen, und Ian hatte mir gesagt, wenn ich am frühen Nachmittag allein kommen könnte, wäre es möglich, daß er sich ein paar Stunden vom Büro freimachen könnte. Das habe ich also gemacht, und wir hatten zwei kristallen reine, gänzlich ungestörte Stunden für uns allein, das *allererste* Mal, daß wir das gemacht haben, dazu überhaupt die Möglichkeit hatten.

Gott, ich weiß einfach nicht, was ich tun soll. Nein, das ist albern, ich weiß sehr gut, daß ich ganz unfähig bin, irgendeinen anderen Weg zu gehen. Ich habe noch nie jemand gekannt, der sein persönliches Leben und seine innersten Gedanken und Gefühle so in sich verschließt, und doch sagt er mir immer wieder, daß ich mehr über ihn weiß, als irgendein Mensch auf der Welt. Ich wollte sagen, daß ich keine Ahnung habe, wie das Leben mit seiner Frau in den vergangenen paar Jahren gewesen ist, ziemlich grimmig, vermutlich (von meinem eigenen Eheleben ausgehend). Er hat mich einmal gefragt, ob ich je den Glauben an ihn verloren hätte wegen dieser verschiedenen Jobs, die er angefangen und wieder hingeworfen hätte, seit er Afrika und den Kolonialdienst verlassen hatte, und ich sagte, nein, niemals. Er sagte, also, dann bist Du die einzige. Das letzte, was er heute zu mir sagte, war, daß seiner Ansicht nach nur vier Menschen unrecht getan wurde. Ich frage, wem? Und er sagte, unseren Kindern. Dann gingen wir auseinander.

Dieses Wochenende und heute haben wir scherzend von unserem langen viktorianischen Verlöbnis geredet, von den 17 Jahren, von denen 5 schon vorbei sind. Nur noch 12 – ich wäre dann 45 und er 50. Und das soll ein Witz sein! Was mich ängstigt, ist nicht die Affäre selbst; wenn man sehr vorsichtig ist, wird man nicht «erwischt» (häßliches Wort mit häßlichen Konnotationen) und auch nicht der Gedanke, daß Liebe vergehen kann – sondern, daß er sich anders besinnen könnte, weil der Preis, den wir für eine frühere Ehe zahlen müßten, vielleicht doch zu hoch wäre. Ich weiß nur, im Augenblick würde ich sogar ohne Zahnbürste mitgehen, wenn er winken würde. Oh! Ich kann mir eine Zukunft ohne meine Kinder einfach nicht vorstellen, aber auch nicht die seiner Kinder ohne einen Vater, der Sorge ihrer Mutter allein überlassen. Und, Gott helfe uns, was würde das ihr und Philip antun.

Gott, was für ein wüstes Durcheinander ist aus meinem ordentlichen, peniblen, kleinen, vorgeplanten Leben plötzlich geworden. Ich erinner mich, daß Du mir einmal unter denselben Umständen gesagt hast, wie Du diese Unordnung haßt – und da steh ich nun, wieder in eine verwickelt. Oder vielleicht immer noch in dieselbe. Ich brauche Liebe! Ich will Liebe! Und ich bin mitten in meinem sehr schwierigen Korrespondenzkurs, damit ich mich als externe Studentin an der Londoner Universität immatrikulieren kann – aber vielleicht ist das jetzt kaum noch nötig, da wir definitiv in die Staaten gehen. Und dann kommt nächste Woche meine Mutter für fast vier Monate, und das ist ein Ganztagsjob. Ich hasse mich selbst dafür, aber schon bevor Ian es vorschlug, wußte ich, daß ich sie als «Deckmantel» benutzen würde, um hier und da einen Tag alle paar Wochen nach London zu kommen und ein paar kostbare Stunden zu stehlen, hin und wieder. Ich werde vermutlich nicht wagen, ihr die Wahrheit zu sagen. Sie betrachtet Ehebruch mit äußerster Mißbilligung. Sie betont immer wieder, daß sie ihre stets legalisiert hätte – alle vier –, und sie betet Philip an. Ich bin in einer schrecklichen Zwickmühle.

Hör mal, wenn Du mal eine Vorlesung über den russischen Roman hältst und Deine Studenten halten nichts von der Rolle, die der Zufall spielt, von dem weit über Zeit und Raum gespannten Handlungsbogen, dann lies ihnen einfach ein paar Absätze aus meinen Briefen vor. Ian nahm mich in den Arm und küßte mich in Hastings, diesem wirklich grausigen Badeort, und lachte laut los und meinte, er hätte das einfach nicht geglaubt, wenn ihm vor fünf Jahren jemand gesagt hätte, daß er mich in einer Seitenstraße von Hastings lieben würde (Hastings ist Zielscheibe zahlloser Witze über die Provinz, ähnlich wie Peoria). Also, da hast Du's. Ich spiele Scarlett O'Hara und weigere mich, überhaupt darüber nachzudenken, bis morgen, bis irgendwann.

Ich komme mir wirklich hundsgemein vor, wie ich hier mit Dynamit im Leben von anderen Menschen herumpfusche, aber ich kann einfach nicht anders. Ich habe nie gewußt, daß es so eine Liebe überhaupt geben kann. Ich glaube nicht, daß es für uns eine Zukunft gibt. Ich bin nicht britisch. Ich verabscheue das internationale Leben in Übersee, das er gerade im Begriff ist zu beginnen. Vielleicht wird er zuletzt noch geadelt? Und ich kann mich, ehrlich, nicht als Lady soundso sehen. Trotz des Trainings für diese Art von Leben, das ich in den vergangenen paar Jahren in Dar erhalten habe, weiß ich wirklich nicht, ob ich das Tempo, den Stress und diese Künstlichkeiten für immer mitmachen könnte. Ich würde Todesängste ausstehen, um ihn nicht zu enttäuschen; man würde mir keinen einzigen Fehler je verzeihen.

Ich bin jetzt wieder so glückselig und froh wie vor fünf Jahren, bin geradezu außer und über mir. Nie hätte ich gedacht, daß das Leben so etwas bieten könnte. Und diesmal habe ich irgendwie das Gefühl, daß es nicht verblassen oder hinweggerissen werden könnte, wie früher. Na ja, es ist noch sehr früh. Ich werde keine voreiligen Behauptungen aufstellen, bis weitere fünf Jahre ins Land gegangen sind.

Was mußt Du von mir denken, von mir, die so scheinheilig predigt, wenn sie zu einem tadellosen Leben gezwungen ist, und dann werfe ich mich diesem Mann, den ich anbete, in die Arme, diesem Mann, der mindestens vier anderen Menschen gehört (einschließlich seiner Mutter) und einem ganz anderen Leben, ich, die ich drei anderen Menschen gehöre und auch nicht frei bin, zu tun und zu lassen, was ich will? Urteile nicht zu hart über mich, Joyce, wenn die Welt um mich herum in Scherben fällt. Er ist Frühling und ewige Jugend, Fröhlichkeit und Liebe und tiefster Ernst im richtigen Moment. Er ist Ehre, Mut, Standhaftigkeit, Brillanz – d. h., er kommt so nah an Vollkommenheit ran, wie ich es im Leben wohl kaum noch einmal finden werde. Würdest Du, könntest Du das ignorieren oder Dich davon abwenden, wenn es Dir angeboten würde? Und in einer winzigen Ecke meines unlogischen Kopfes bohrt immer noch etwas – er hat unrecht. Ich könnte unmöglich all das sein, wofür er mich hält. Das Bild, das er sich von mir macht, wird eines Tages Flecke bekommen und was dann? Ein pechschwarzes Loch, ein unvorstellbarer Abgrund. Aber genug davon.

Es ist schrecklich kalt hier, kleine Schneewehen, die sofort wieder schmelzen; das Land ist herrlich grün, Schneeglöckchen und gelbe und lila Krokusse blühen, und die Glockenblumen fangen gerade an, herauszukommen.

Bitte schreib mir (zum American Express), und sag mir Deine Meinung, vernünftig oder unvernünftig, pro oder kontra. Ich weiß, ich bin verrückt. Ich habe jetzt drei Jahre lang diesen hübschen, ruhigen, glatten Kurs gehalten – kein Ärger, viel schwere Arbeit und jetzt, nur Wildheit und Schönheit und Liebe, und Gott allein weiß, was vor uns liegt. Muß jetzt schließen, es ist 3 Uhr morgens. Wir sind gerade aus dem Theater zurück, haben Uta Hagen und Arthur Hill in Albees *Wer hat Angst vor Virginia Woolf* gesehen – absolut furchterregend und umwerfend komisch und brillant. Ich schau mir diese hysterischen Szenen einer unglücklichen Ehe, in der die Fetzen nur so fliegen, fast mit Wehmut an, das ist besser als dieses lange kalte Schweigen und die totale Unterdrückung dessen, was man wirklich sagen will. Du mußt das Stück wenigstens lesen, wenn Du es nicht auf der Bühne sehen kannst.

Viel viel Liebe, liebste Joyce,
Pat

Sussex,
den 20. März 1964

Liebste Joyce,
also ich hab vorgestern beim American Express hereingeschaut, als ich in London war, aber kein Brief von Dir. Gott, wie wie *wie* sehr ich wünschte, Du wärst hier. Ich zerspringe fast vor Emotion, Verwirrung, Wildheit, Glück – noch nie habe ich so etwas erlebt (obgleich ich jeden Tag stundenlang sitze und Philips Manuskript tippe – das ist nämlich der Grund dafür, daß ich ab und zu mal allein einen Tag nach London darf, als Lohn für meine Arbeit). Nein, hab keine Sorge, liebe Freundin, nichts wird sich daraus ergeben, außer daß ich vielleicht irgendwo auf diesem Weg meinen Verstand verliere, aber was schert mich das. Nein, es ist nur für kurze Zeit; nicht, was man vorübergehend nennen würde, sondern eins dieser Dinge, die man erlebt und in sich aufnimmt und sein Leben lang behält.

In der ersten Hitze fliegen, wie immer, Gedanken an Heim, Kinder und Vernunft einfach aus dem Fenster, aber bei nüchternem Nachdenken meldet sich die strenge Pflicht doch wieder. Dennoch bin ich die Schwächere, und das ist gut so.

Und jetzt kann ich Dir berichten, daß es definitiv ist mit der Rückkehr nach den USA. Wir kommen für zwei Jahre nach Boston, Philip Mitte Mai, ich Anfang Juli, damit die Kinder hier noch fünf Wochen in der Schule bleiben können und in der Hoffnung, daß Philip uns eine Behausung finden kann. Ich bin fest entschlossen, in Boston auf irgendein College zu gehen und in unseren zwei Jahren dort meinen B. A. zu machen. Wir werden beide Kinder bei uns haben (noch kein Internat), und ich habe vor, in diesen zwei Jahren *la vie Bohème* zu leben, denn wir bezahlen unsere Überfahrt selbst und können es uns nicht leisten, außer einigen Büchern und unseren Perserteppichen alles mögliche hinüberzuschaffen. Was braucht man denn sonst schon? Vermutlich werden wir gerade genug zum Leben haben, aber ich habe nicht die Absicht, irgend etwas anderes zu tun, als wieder zu studieren, einigermaßen die Wohnung in Ordnung zu halten und mein Herz auf Eis zu legen.

Was für ein Schlamassel. Aber was auch geschieht, ich bedaure absolut gar nichts, keine einzige Minute, und ich kann mir auch nicht vorstellen, daß ich jemals wünschen würde, es wäre anders gekommen. Es wird schlimm werden, wenn ich England verlasse für ein paar Monate, aber wenigstens gehe ich auf ein neues, aufregendes Leben zu, und die Stadt und die Rückkehr zum College, das wird alles sehr helfen. Könnt Ihr, würdet Ihr uns diesen Sommer besuchen und ein bißchen bleiben? Kann Reinhard? Das war eine von Christophers ersten Fragen, als ich ihm sagte, daß wir wirklich nach Amerika gehen würden!

Niemals habe ich Dich nötiger gebraucht als jetzt. Ich bin in tausend Stücke zerrissen, nur noch ein Nervenbündel. Ich lebe nur, wenn wir zusammen sind und halte den Atem an, von einem Rendezvous zum anderen. Ach ja, das ist alles sehr seltsam und schwierig. Um Gottes willen verbrenn diese Briefe und antworte *nicht* darauf, außer, wenn Du mir zum American Express schreibst, und erwähne nichts davon zu Hans.

Viel, viel Liebe, muß Dich unbedingt sehen,
Pat

Columbus,
den 23. März 1964

Meine liebste belagerte Freundin,
passenderweise lausche ich gerade der Kreutzersonate an diesem milden Frühlingstage, und dabei denke ich ganz stark an Dich und die «schicksalhaften Zufälle» bei den Russen – und bei Dir. Seit Deinem letzten Brief denke ich an Dich intensiver, mit größerer Sorge und Liebe als je zuvor. Vielleicht wirst Du bestürzt sein über meine Reaktion, vielleicht erfreut oder abwechselnd beides.

Selbst aus meiner großen und die Dinge erleichternden Distanz heraus kann ich irgendwie keine Zurückhaltung raten, und meine Hauptreaktion ist Neid, nicht Mißbilligung. Ich bin manchmal so hoffnungslos *gelangweilt* von meinem undynamischen Mann und Leben und von der merkwürdigen Mischung aus Marktmentalität und Kultursnobismus – anscheinend eine Berufskrankheit des akademischen Künstlers. Ich kann hier nur einen so kleinen Teil meiner Erfahrungen und Fähigkeiten teilen und mitteilen, daß ich ganz sicher einer Liebe und einem Leben, die mich voll und ganz engagieren könnten und wollten, nicht widerstehen würde.

Aber ich bin in Haushalt und Mutterschaft nicht weniger eingebunden als Du, vielleicht sogar noch mehr. Ich glaube nicht, daß ich jemals das Sorgerecht für meine Kinder jemand anderem überlassen könnte, niemals, und die Frage, ob ich sie Hans jemals wegnehmen könnte, bleibt für mich auch noch offen. Und größere Fragen stellen sich dazwischen. Ich bin nicht so *sicher*, daß man wirklich ein «Recht» auf Glück hat, wie das hier so häufig interpretiert wird. Das Recht, gedankenlos mit dem Leben anderer umzugehen, meine ich, in einer letztlich skrupellosen Jagd nach dem Glück.

Liebe Pat – ich weiß nicht –, ich weiß nur, daß ein Teil meiner selbst darauf wartet, daß auch für mich ein solches Dilemma beginnt, und ich kann nicht sagen, was ich dann tun würde, noch was Du tun sollst. Ich wünsche Dir nur, daß Du NICHT so schrecklich leiden mußt, egal ob an Schuld oder an Deiner großen Entsagung. Et voilà – das tragische Dilemma. Möge das Osterfest doch irgendwie gesegnet und und irgendwie froh für Dich sein.

Ich bin ganz nah bei Dir,
Schreib.
Joyce

Columbus,
den 26. April 1964 (!)

Liebe Pat,
es ist so wunderschön, dieses Jahr, zu dieser Jahreszeit in Shakespeares England zu sein. Es ist seine einzige Hundertjahrfeier, die wir miterleben werden, und ich beneide Dich richtig, daß Du da sein kannst. Die Shakespeare-Briefmarken sind heute angekommen, von Reinhard gebührend bewundert.

Wenn Eure Zeitpläne sich nicht geändert haben, müßte Philip jetzt langsam, wenn auch noch vorläufig, an Abreise denken. Abgesehen von Eurer Ankunft müssen und werden wir ganz sicher Zeit miteinander verbringen. Es gibt allerlei Möglichkeiten. Reinhard rechnet fest darauf, mit den Jungen einige Zeit zu verbringen, und das müssen wir arrangieren.

Ist Deine Mutter gekommen, Pat? Und wie stehen die Jungen dazu, daß Ihr nach Amerika geht? Was uns betrifft, wir sind begeistert, daß Ihr kommt.
Und wir senden viel Liebe,
Joyce

Sussex,
den 9. Mai 1964

Liebste Joyce,
wie hinreißend, sich vorzustellen, daß wir und unsere Kinder diesen Sommer tatsächlich zusammen sein werden! Ihr müßt natürlich nach Boston kommen und so lange wie möglich bleiben. Aber ich fürchte, wir können diesen Sommer aus finanziellen Gründen nicht an Ferien denken, weil uns der Umzug soviel kostet. Philip will nichts davon hören, daß ich allein fahre, nachdem wir anderthalb Monate getrennt sind. Er haßt Trennungen. Aber wenn Ihr mit den Kindern kommt und eine Weile bleiben könnt, dann können wir wunderschöne Tage zusammen verleben, Ausflüge machen usw., wenn Du Dich mit der bescheidenen Behausung, die uns Philip bis dahin sicher gefunden hat, abfinden kannst.

Meine Mutter, die Kinder und ich fahren auf der alten *Sylvania* von Cunard und kommen am 7. Juli in N.Y.C. an. Wie schön wäre es, wenn Du am Dock stehen würdest, wenn wir ankommen! Ich krieg das große Zittern, wenn ich daran denke, mich auch nur für zwei Jahre in Amerika niederzulassen. Zehn Jahre, fast mein ganzes Leben als Erwachsene, bin ich weggewesen, und ehrlich gesagt, Joyce, ich fand es so laut und gräßlich wie vor drei Jahren. Ich habe auch Angst um die Kinder. Sie sind schrecklich naiv und unschuldig und abgeschirmt, so würde man das wohl nennen, von TV, Supermärkten, Reklame, Lärm, weißt Du. Ich bin vermutlich bloß ein Angsthase, eine ergraute alte Koloniale oder so was. Kannst Du Dir das vorstellen, zu diesem späten Zeitpunkt plötzlich kalte Füße zu bekommen!

Und zu allem anderen bringt mich meine Affäre des Herzens an den Rand einer milden Verrücktheit. Diese Seite der Angelegenheit (liebt er mich?) kannte ich bis jetzt noch nicht, aber ich merke, daß totale physische Kapitulation und Versklavung (wörtlich gemeint) mich in ein unbekanntes Land treiben, das ich mir in meinen wildesten Träumen nicht hätte vorstellen können. Öde, grauenhaft, einsam, totenstill und so furchterregend. Ich kann nur schweigend leiden und mich mit dem Gedanken trösten, daß man fünf Jahre ja kaum als kurze Begegnung oder oberflächliche Spielerei betrachten kann, aber Gott, es ist schwer, schwer, schwer.

Und er hilft mir überhaupt nicht. Die Trostworte, die ich brauche, kommen einfach nicht. *Warum* können Männer nicht Herz und Seele teilen, sondern nur ihre Körper? Ich leide so intensiv, daß es mir eine große Herzenserleichterung sein wird, wenn ich die Slums von Liverpools Dockbezirk (was für ein unpassendes Szenenbild für meinen einsamen Abschied) langsam in Englands Nebeln verschwinden sehe. Noch nie habe ich erlebt, wie solche Abgründe von Unvernunft oder einsam-unerklärlichem Elend auf so vollkommenes Glück und physische Ekstase folgen können.

Wenn das die wahre Liebe ist, dann möchte ich von jetzt an damit verschont bleiben. Es tut mir wahrhaft leid, wenn ich dies jemals im Leben über einen anderen Menschen gebracht haben sollte. Ich sage nicht, daß er mich nicht liebt; ich weiß nur nicht, ob er es auch weiterhin tun wird. Nun ja, es verblaßt.

Mutter und ich treffen uns übermorgen mit Philip in Paris und bleiben fünf Tage; er hatte dort geschäftlich zu tun. Ich bin seit 1958 nicht dagewesen. Alle sagen, daß de Gaulle alles ruiniert hat, aber ich kann das nicht glauben. Ich werde in die Rue Dupuytrens gehen und an Dich denken. So lange ist das alles her. Haben wir beide nicht allerhand durchgemacht, Du und ich, via internationale Post? Vier Kontinente, zahllose Länder und Krisen, neue ungenannte und jetzt zumeist vergessene Freunde, Geburten, Todesfälle, Krankheiten, Freude, Verzweiflung, Depressionen, Bücher, Musik – was da alles schon dringesteckt hat in unseren Lebensläufen. Und bald schon werden sie physisch wieder in Berührung kommen! Wie froh ich bin, daß Du Teil meines Lebens bist!

Meine Mutter ist gleichzeitig so rührend traurig und amüsant, mit ihrer Norman-Vincent-Peale-Philosophie und ihrem Talent, vergangene Defizite mit Halbwahrheiten und geschickten (wenn auch unbewußten) Veränderungen in Ton, Schattierung und Substanz zu überspielen. Mehr denn je ist mir heute klar, wie allein wir an diesem steinigen Ufer stehen, der wissende Prometheus. Wie olympisch das klingt!

Ich habe schlimme, schaudernde Vorahnungen, daß meine eigenen Kinder in 20 bis 30 Jahren auf diesen Höhen der Jugend stehen und hinunterschauen werden auf mich, selbstzufrieden in meiner eigenen schmutzigen kleinen Pfütze von Klischees, Lügen, uneingelösten Versprechen, zerbrochenen Hoffnungen, aussichtslosen Träumen, den ganzen Kram mit uralten Witzen überspielend und mit automatisch funktionierenden Antworten, und sie, die Kinder, traurig und hoffnungslos die Köpfe schüttelnd, schauen dennoch *ihrer* Zukunft entgegen – ganz anders wird die sein – und so weiter, ad infinitum. Ist es nicht immer so? Ich bin schon so lange so weit entfernt von meiner Familie, ich kann mich nicht erinnern, das je so stark herauskristallisiert zu haben, wie Du es, das weiß ich, empfindest. Und doch ist man mit diesen Seidenschnüren gebunden, jenen unheilvollen Samtfesseln, die einen am Ende vielleicht noch erwürgen.

Wie grauenhaft das alles ist; besser, man läßt die Kinder einen hassen und haut ab für immer, als daß sie einen bemitleiden und sich *verantwortlich* dafür fühlen, daß diese sichere kleine irreale Welt erhalten bleibt. Ugh.

Ich bin schrecklich dünn, rauche wie ein Schlot und kann nachts nicht schlafen. Aber zweifellos hört das alles auf, und ich nehme zu, wenn ich diese unglückselige Beziehung wieder abgebrochen habe.

Ich bete, *vorübergehend;* sonst, glaube ich, würde ich wirklich innerlich sterben. Also, es ist ein Uhr morgens, die einzige Zeit, in der ich jemals allein bin; Gott, was würde ich für eine Klosterzelle geben. Manchmal denke ich, die Belanglosigkeiten der täglichen Konversation machen mich langsam irrsinnig, zu allem anderen. Ich kann's nicht ERWARTEN, Dich zu sehen, mit Dir zusammen zu sein.

All meine tiefste Liebe,
Pat

Columbus,
den 15. Mai 1964

O meine gute, liebe Freundin,
wie gut, daß wir uns wirklich und wahrhaftig sehen können, trotz (ah, ja! Ich verstehe sehr gut) der häßlichen Realitäten des alltäglichen Amerika, trotz Deines unvermeidbaren Gefühls von Verlust und Verwirrung, wenn wir uns sehen werden.

Was wirst Du mir – was werde ich Dir zu erzählen haben? Ich bin plötzlich so angespannt, so nervös, daß ich schon zwei Tage lang nichts habe essen können. Dienstag bekam ich einen Telefonanruf, etwa um 3 Uhr nachmittags. Es war Jim Wild, den ich nie erwähnt habe, da ich ihn nur ganz flüchtig kannte. Er war in einer Bar, mußte mich ganz dringend sehen, bat mich zu kommen, er würde das Taxi bezahlen, einen Babysitter, was immer. Ich bin also hingefahren, und er wartete auf mich und war innerhalb von 10 Minuten so weit, daß er mir sagte, daß er mich liebe – daß er mich schon seit zwei Jahren liebt! Ich hatte gedacht, er wollte mir vielleicht von beruflichen Sorgen erzählen, von der Dissertationsmisere, vom Elend des Geschiedenseins oder sogar, daß er mich unwiderstehlich fände und mit mir schlafen wollte. Aber dies hatte ich nicht erwartet. Aber ich habe ihm geglaubt, so betrunken wie er war. Wer ist das also?

Das ist ganz einfach ein fünfunddreißigjähriger Klassikprofessor, geschieden wie gesagt, ein draufgängerischer, unbezähmbarer, etwas bombastischer, unglaublich eloquenter, keineswegs «perfekter Mann», aber auf jeden Fall ein Mann, den ich leidenschaftlich begehren könnte. Alle Mädchen in seinen Klassen sind verrückt nach ihm, und das Department hält ihn für brillant. Auch ich war zwei, fast drei Jahre lang recht neugierig auf ihn, hoffte immer, ihm im Korridor zu begegnen, habe auch ein paar Sachen für ihn ins Französische übersetzt. Er schien abwesend, irgendwie über allem schwebend, charmant, aber ein bißchen hochnäsig, und man konnte an ihn nie ganz herankommen.

Ich glaube, er ist in Wirklichkeit ein armer Teufel, unglaublich beißend, wenn besoffen, sensibel und scharfsichtig, wenn nüchtern. Er trinkt zuviel. Und ich habe nie, ich meine wirklich und wahrhaftig NIEMALS, auch nur geträumt, daß er mich im geringsten ungewöhnlich oder interessant fand.

Da war also dieser Nachmittag. Er meinte das wirklich – daß er mich liebe –, daß er «mich sofort heiraten würde», daß er «vollkommene Freude bei dem Gedanken an mich verspürte», daß «sein Bedürfnis, mit mir ins Bett zu gehen, geradezu schmerzhaft» sei, und daß er mich «unglaublich schön» fände, eine «phantastische Frau». Alles genug, um ein alterndes jugendliches Herz geradewegs in die Sünde hineinzukomplimentieren!

Also – Ihr Götter, Pat! Ist das Leben der Prozeß, durch den man emsig und mit aller Sorgfalt Frustrationen vermeidet, oder nicht? Ich kann Dir nicht sagen, obwohl Du es sicher genau weißt, was mein Körper im Augenblick mit mir macht. Ich kann kaum laufen vor unverblümter Geilheit!

Außerdem ist er Vater von drei kleinen Kindern. Im August geht er hier weg, um in Texas zu unterrichten, und er will mich nicht für eine Nacht – denn er will mich. Wenn ich also scheinheilig über Ehebruch predige, berücksichtige bitte Herz und Seele Deiner Freundin: Bei der nächsten Gelegenheit bin ich entweder im gleichen Augenblick dabei, mich im Schlafzimmer eines Mannes, das ich beinahe verpaßt hätte, auszuziehen, oder ich sehne mich zumindest danach, genau das zu tun. Und, wie Du Dir wenigstens selbst sagen kannst, Du hast fünf Jahre dazu gebraucht, mit oder ohne Nähe. Wenn ich *stark* bin, werde ich für diese Sache hier zwei Wochen brauchen. Weißt Du, Pat, trotz Deiner Warnungen und Deinem Kummer glaube ich, es wird passieren. Komischerweise hat Hans vor drei Jahren einmal gesagt, er hätte Angst vor diesem Mann. O Gott! O Leben!

Ich bin geehrt worden. Abgesehen vom obigen, meine ich. Ich

bin in die Abteilung für Komparatistik berufen worden. Ich habe einen neuen Rang als echtes, voll anerkanntes Mitglied der Fakultät. Ich habe einen Traumjob bekommen, um den ich mit einem ganzen Haufen von Männern konkurrieren mußte. Eine $ 600-Gehaltserhöhung (für akademische Kreise ist das sehr gut), und das bedeutet, nur neun Stunden Vorlesungen in der Woche. Keine Papiere (nach einer Dekade davon!). Keine Konferenzen mit Studenten! Und Berge von Prestige! Und am wichtigsten, die Möglichkeit, große Literatur zu lehren, ja Vorlesungen darüber zu halten. Ich brauchte mehr Courage, als ich zu haben glaubte, um mich vor den Leiter unseres Departments zu stellen und das zu fordern, was mir meiner Meinung nach zustand, nach Jahren unterbezahlter Arbeit und auf Grund meiner Fähigkeiten.

O Pat – ich habe unsere Geheimnisse für mich behalten und Deine Briefe auch. Wirst Du, würdest Du, könntest Du mal für zwei Tage auf die Kinder aufpassen, während ich für ein sündiges Wochenende mit meinem Paramour abschwirre? Wie lächerlich? Aber es ist mir ernst. Neuengland ist meine Falle, und deshalb bin ich so hingerissen davon! Du wirst schon sehen, was für ein schlechter Trost ich sein werde.

Immer,
Joyce

Wenn Du dies beantwortest, bitte p. Adr. English Department, O.S.U.

Columbus,
den 21. Mai 1964

Meine liebe, meine wirklich geliebte Freundin,
la femme adultère, les femmes adultères. Ah! Pat! Ich war noch näher an der Wahrheit als ich dachte in dem letzten hastigen Brief. Wenn Du also tatsächlich ungefähr zu der erwähnten Zeit eine Vision von mir in nie geahnter leidenschaftlicher Hingabe hattest, dann hast Du richtig gesehen. So bin ich im Augenblick also high vom Muskateller und versuche mich sehr sinnlich daran zu erinnern, wie schön das ist, wenn dieser Mann mich liebt, und dann versuche ich, die allabendlichen Aktivitäten durchzustehen, als da

sind – drei Kinder füttern und baden und mich der intellektuellen, oder semiintellektuellen Disziplin meiner Arbeit zu stellen. Mein Herz fühlt sich entblößt, und ich lebe nicht mit Schuldgefühlen, sondern mit der Angst, ich könnte nicht genug Zeit zum Sündigen haben, nicht lange genug, um dies wirklich wachsen zu lassen – der Beginn des Terrors, die weiblichen Vorängste – und was kommt jetzt? Ich denke auch an Dich und mit einem noch stärkeren Gefühl der Nähe und des Mit-Fühlens, wenn das überhaupt möglich ist. Ich habe wirklich Sehnsucht nach Dir, meine liebe, wahre, ehrliche Freundin. Ah, was soll aus uns beiden werden? Meine Affäre ist so viel weniger fundiert, weniger bewußt, so viel eher die «oberflächliche Liebelei», von der Du redest, und doch bin ich mir ironischerweise gar nicht so sicher, daß nicht doch Liebe daraus werden könnte, gegenseitige Liebe, oder sogar eine Ehe. Aber ich weiß so wenig von ihm. Du kennst Ian so gut. Aber er liebt mich wie ein Gott. Zehn Tage lang habe ich nichts als eine Orange zum Frühstück gegessen, und mit dem Rauchen habe ich auch wieder angefangen. Ich brauche anscheinend noch nicht mal Kaffee. In dieser unglaublich kurzen Zeit habe ich 8 Pfund abgenommen.

Im Gegensatz zu Dir bin ich mir noch nicht mal sicher, daß dies ein guter Mann ist oder auch ein begabter. Brillant, ja, aber das ist etwas anderes. Und im übrigen scheint er ein Mensch zu sein, dessen Beziehungen tragisch enden und der sich im Grunde irgendwie selbst haßt.

Und doch würdest Du ihn vielleicht mögen. Mit Hans kann ich so gar nichts anfangen. Er ist als Mensch so paralysiert und so gottverdammt passiv! Schlimmer noch, er ist wirklich ein hoffnungsloser Vater, besonders seinem Sohn gegenüber, daß ich glauben könnte, ganz ohne mir etwas vorzumachen, Reinhard wäre glücklicher ohne ihn. Harte Worte, wahre Worte.

Ich fühle, wie das ganze Elend der Verliebtheit zurückkommt und mich in meine Sehnsucht wie in einen Mantel hüllt, und die Agonie des Wartens – wann werde ich wieder bei ihm sein, nackt und allein – ist fast unerträglich.

Also, ich kann Dir alles erzählen und werde das zweifellos auch tun. Mein Herz ist Dir sehr nahe, Pat, und ich kann mir vorstellen, wie schmerzhaft alles für Dich ist. Es sind nur noch ein paar Tage, bis Philip abfliegt. Wieviel Freiheit hast Du dann in den kommenden Monaten? Wie oft kannst Du mit Ian zusammen sein?

Was für ein Geburtstagsgeschenk, vierunddreißig zu werden und endlich wieder geliebt und physisch begehrt. Schreib bitte, p. A: English Department.

Meine Liebe,
Joyce

Sussex,
den 9. Juni 1964

Liebste, liebste, einzige Joyce,
erst gestern hatte ich zum erstenmal seit einem Monat die Gelegenheit, allein nach London zu fahren und ging geradewegs zum American Express, wo ich *zwei* Briefe von Dir fand. Lieber Gott, was für seltsame Parallelen in unseren Leben! Oder ist das bei allen Frauen so und sie reden bloß nicht darüber? Ich kann nur sagen, ich bin mit Herz und Seele bei Dir. Ich hoffe nur, daß Du mit weniger Pein und innerem Aufruhr davonkommst als ich in den letzten fünf Jahren, besonders in diesen letzten Monaten. Und doch weiche ich der Liebe nicht aus. Dies ist der eine definitive Augenblick meines Lebens – eine Serie von Augenblicken, eine Kollektion von Stilleben.

Ich bin selbst so glücklich, daß ich mich wie in einem goldenen Traum bewege, und er ist so wundervoll und zum erstenmal in diesen fünf Jahren gibt er von sich selbst, ganz rückhaltlos und so freudig und mitteilsam, daß ich sogar über vergangene Scham oder Schuldgefühle hinaus bin, sogar über das Gefühl, daß ich in einem Delirium der Glückseligkeit zerspringen werde. Ich schwebe ganz einfach in einer verzauberten Welt. Im Juli wird alles zu Ende sein – ich nach Amerika, Ian nach Indien, auf seinen ersten Posten in Übersee.

Auf der anderen Seite scheint Philip in Boston zu schmachten, fühlt sich schrecklich einsam und bricht ohne mich völlig zusammen. Unser äußerliches gemeinsames Leben ist in den vergangenen paar Jahren endlich sehr zu einer geschlossenen Einheit geworden, mit all den Projekten, an denen wir zusammen gearbeitet haben und die uns als Team zusammengebracht haben. Er verläßt sich immer mehr auf mich, und wir sind glücklich und freundlich miteinander und teilen Witze, Freunde und private Geschäftigkeiten miteinander. Du weißt, was ich meine. Körperlich sind wir wie früher (wie immer, sollte ich sagen), praktisch zum Stillstand gekommen.

Und großartige Neuigkeit – Boston University hat mich angenommen! Ich bin also drauf und dran, meine Karriere als Amerikas älteste Studentin zu beginnen! Und ich kann diesen schauderhaften Fernkurs fallenlassen, Gott sei Dank.

Egal, was das Leben für mich noch bereithält, was immer auch kommt, nichts kann für mich das Image dieses Mannes verblassen lassen oder beeinträchtigen, noch werde ich bis an mein Lebensende jemals etwas anderes als Dankbarkeit dem Leben gegenüber empfinden für diese Verklärung – ganz wörtlich. – Ich bin ein anderer Mensch geworden in diesen fünf Jahren, ja sogar anders als vor drei Jahren oder sechs Monaten. Er wird immer ein Leitstern und ein Ziel und ein Prüfstein meines Lebens bleiben, auch wenn ich ihn nie wiedersehen sollte.

Ich mußte schließlich doch Mutter erzählen, daß ich einen Grund für meine Fahrten nach London hatte (ohne Einzelheiten), und sie ist ein absoluter Kumpel, was mich unheimlich überrascht hat, denn sie betet ja Philip an. Wir haben ja *so* wenig voneinander gehabt! Seit unserer Ankunft hier Mitte Februar, nur ein halbes Dutzend Abende zusammen – nicht sehr viel! Aber genug. Und nur noch ein- oder zweimal. Aber, Joyce, ich denke, auf der einen Seite so traurig, aber auf der anderen Seite auch mit einer Art verzweifelter Erleichterung, daß es keine Scheidungen geben wird. Ich kann mir einfach nicht vorstellen, daß ich die Maschinerie in Bewegung setzen könnte, die Philips Leben oder das Leben von Ians Frau ruinieren würde, von den Kindern gar nicht zu reden, und all der ganze Ärger am Rande. So habe ich alles in allem langsam den Gedanken an eine mögliche Permanenz aus Herz und Seele verbannen müssen und lebe mit dem, was ist (und ich bin dankbar dafür). So sei's.

Und was Dich betrifft, ich bin SO STOLZ AUF DEINEN AKADEMISCHEN ERFOLG! Wie mutig von Dir, in das Büro des Dekans zu marschieren und eine richtige Planstelle mit einem richtigen Gehalt und Zukunftsaussichten zu *fordern*, nach all diesen Jahren zermürbender Teilzeitarbeit, mit so schäbigen finanziellen und professionellen Kompensationen. Kannst stolz auf Dich sein, mutige Seele. Und Du hast es verdient. Wir sind anscheinend beide jetzt dabei, Neuland zu betreten, nicht wahr? Ich meine, ich denke auch an eine Art von beruflichem Ziel. Du bist jetzt schon da. Und beide sind wir Ehebrecherinnen, was immer das auch bedeutet.

Aber wie schön wäre es, wenn Du an der Boston University wärst, anstatt in Ohio, damit Du mir bis zum B. A. beistehen könntest. Weißt Du, manchmal habe ich furchtbare Angst, ich schaffe es nicht. Oh, ich freue mich so sehnsüchtig darauf, Dich BALD zu sehen! Bleib cool. Meine Liebe, mein Verständnis und jedes Gramm Mitgefühl, das ich besitze, sind Dir sicher.

Dir meine Liebe, immer liebste
Freundin,
Pat

Columbus,
den 11. Juni 1964

Meine liebste und treueste Freundin,
ich denke jeden Tag irgendwann an Dich, mit einer Mischung aus Empathie, die nur Du verstehen kannst, und Dankbarkeit. Diese letzten Tage in England müssen unerträglich schmerzhaft für Dich sein. Nur noch zwei Wochen, bis Dein Schiff abfährt, und durch was für verworrene und turbulente Gefühlsstürme Du Dich kämpfen mußt, das kann ich mir nur allzu gut vorstellen. Deine Briefe haben mich am letzten Tag im English Department erreicht, am letzten Tag, an dem ich ihm aus beruflichen Gründen im Korridor begegnen könnte, aus beruflichen Gründen und zweifellos mit einem schnell erkennbaren Glitzern von Begierde, Freude und privatem Verstehen im Auge. O Pat – liebe Pat –, wenigstens durch unseren Kummer und unsere Entsagungen halten wir doch eine gewisse Leichtigkeit der Kommunikation aufrecht, mit der wir einander unser Leben mitteilen – ein magerer Ersatz, ich weiß, für die Erfüllung, die jeder von uns zuteil würde, wenn wir, wie Du sagst, «die Maschinerie in Bewegung setzen würden, die das Leben all der anderen ruinieren würde» … Wie ernsthaft habt Ihr zwei das in Betracht gezogen? Habt Ihr es aufgegeben, überhaupt darüber zu sprechen? Na ja, mit Entfernung, Zeit, Studium an der B. U. (sei nicht albern, Du wirst Deine Sache großartig machen) und Deiner Rebellion gegen die Goldwater-Plattform kannst Du vielleicht das

Allerschlimmste aus dem Bauch kriegen. Dennoch wird so viel Schmerz übrigbleiben, und die Qual eines reduzierten, nur noch skeletalen Sexuallebens ist nur ein Teil davon.

Meine Manöver sind äußerst riskant. Jeder gestohlene Augenblick, jedes heimliche Entzücken ist das Resultat einer veritablen Tour de Force an Organisation. Es ist eine Tantalus-Situation. Ich bin fast davon überzeugt, daß es ein Zeichen der Qualität unserer Gefühle ist, daß sie den ungeheuren Schwierigkeiten, die wir überwinden müssen, um uns zu ihnen zu bekennen, standhalten. Wie Du sagst, es ist schwierig und schön zugleich. Vielleicht ist es gerade die ständige Unsicherheit, die unsere Gefühle so intensiv macht, wenn ich auch gerne glauben möchte, daß die Schönheit der Beziehung im Frieden einer Ehe noch leuchtender erblühen würde. Er leugnet das, versichert, daß er ein Biest sei, daß er unbeständig ist und zuletzt immer denen, die er liebt, weh tut. Und er trinkt auch Abend für Abend für Abend weiter. Wann immer ich kann, gehe ich glücklich mit ihm, trinke viel mehr, als Du mich je hast trinken sehen. Dennoch mach Dir meinetwegen nicht allzu viele Sorgen um diese Situation. Mal ganz ohne Haarspaltereien, ich habe wirklich lange genug gelebt, um einen echten Schuft zu erkennen, wenn ich einen sehe und auch, um von einer schmutzigen Natur abgestoßen zu werden. Aber Ex-Priester (und beinahe war er das einmal) schleppen zwangsläufig immer Ambivalenzen mit sich herum.

In diesem Mann existiert eine Schönheit, die mir unendlich kostbar ist, eine Schönheit, deren er sich gar nicht bewußt scheint, obwohl er es so nötig hätte, ihrer bewußt zu sein. Offensichtlich reagieren Menschen auf ihn mit einer Mischung von Mißtrauen, Ärger, Ergebenheit und Fleischeslust (seine Studentinnen sind verrückt nach ihm), aber nicht mit dem intelligenten Respekt und dem Entzücken, die er sich wünscht und die ich in Kopf und Bauch spüre.

Wenn ich könnte, würde ich Dich vom Schiff abholen und dann würden wir zwei alternden Demoiselles uns jede am Hals der anderen ausweinen. Dieses totale Vertrauen, diese Klarheit vollständigen Verstehens, Pat, dies gehört zu den wenigen Gewißheiten meines Lebens.

Liebe Freundin – schreib bald – laß mich wissen.
Joyce

Sussex,
den 14. Juni 1964

Liebste Joyce,
ach ja, Dein Glück entfaltet sich nun zum Zeitpunkt meines größten Leidens. Ich habe Schluß gemacht, ein für allemal. Bin ich wahnsinnig, bin ich völlig übergeschnappt? Ja, ja, ja. Aber ich konnte die Dichotomie in meinem Leben nicht länger ertragen, den Gedanken an die Schmerzen, die auf so viele Menschen zukommen würden, das schreckliche Unrecht, das ich Philip antat. Und mehr noch, der Gedanke, daß unsere physische Verzückung in diesem Frühling einen oder auch beide von uns dazu bringen würde, die Dinge auf die Spitze zu treiben. Fünf Jahre lang habe ich diese Agonie-Ekstase gehabt, noch einmal fünf Jahre davon könnte ich nicht ertragen. Wenn ich frei wäre, ja, aber nicht um den Preis dieses Betruges an Philip.

Wir haben in den letzten zwei oder drei Jahren wirklich angefangen, eine Ehe aufzubauen, *à convenance* freilich, ohne große Liebe, ohne Sex, aber mit Kindern, mit einer Zukunft, die zu bewältigen ist, und mit Treue und gegenseitigem Vertrauen. Ich kann einfach nicht weiterhin diesen Glauben und dies Vertrauen täuschen. Seltsam, wieviel stärker ich das gefühlt habe, sobald Philip fort war.

Wir haben uns noch einmal getroffen – dann habe ich geschrieben. Und das ist das Ende. Ich kann es kaum ertragen. Aber wenigstens habe ich es doch getan, und ich hoffe, ich bin stark genug, zu meiner Überzeugung zu stehen. Nein, darum brauche ich mir keine Sorgen zu machen. So wie ich ihn kenne, werde ich nie wieder von ihm hören. Er wird sich völlig aus meinem Leben zurückziehen, und das ist es dann. Physisch und seelisch bin ich wie ein Wrack, an irgendeine unbekannte namenlose Wüsteninsel gespült. Doch wie Helen Waddel den Abelard nach seiner Kastration sagen ließ: «Aber was ist die Sehnsucht des Fleisches schon verglichen mit der Sehnsucht der Seele.»

Ich bin nur dankbar bei dem Gedanken an die nächsten zwei Jahre in Boston und die harte Arbeit, die da vor mir liegt. Dienstag in zwei Wochen fahre ich. Mehr kann ich jetzt einfach nicht schreiben. Schreib hierher, bevor ich abreise. Ich hoffe, Dein *tendre* formuliert sich, aber bitte nicht bis zu der Auflösung, an der ich leide. Ich bin jetzt nur noch ein halber Mensch.

Viel halbe Liebe,
Halb-Pat (halb-gar auch, ich weiß)

Columbus,
den 25. Juni 1964

Meine liebe Pat,
all meine Liebe, all mein Verstehen und eine große Sehnsucht, Dich in der Nähe zu haben, wieder einmal die ganze Nacht durch zu reden. All meine Tränen und Frustrationen sind nichts, im Vergleich mit Deinen, und ich glaube nicht, daß ich unsere beiden Lieben vergleichen kann. Ich vermute, daß Jim Deinem Ian nicht das Wasser reichen kann. Es hat auch niemals eine zeitbedingte Möglichkeit zum Nachdenken und Abstandnehmen gegeben, kein einziges Mal. Ich habe eine Affäre; Du – eine wahre, gegenseitige Liebe, und darum scheint mir Deine Entsagung unglaublich heldenhaft. Meine Affäre wird bald vorüber sein, sobald er nach Texas geht, um dort zu lehren. Und er ist ein Mann, der mir weh tun würde, nicht nur die erträglichen kostbaren Schmerzen des Verlustes, sondern absichtliche, unnötige Schmerzen.

Es ist wahr, er bietet mir Eloquenz und Brillanz, aber auch eine scharfe Zunge, Gewalttätigkeit und auch schon mal Häßlichkeit (und er ist begehrenswert). Hans ist einfach neutral auf diesen Gebieten, aber er liebt mich. Wir haben eine liebe Familie; seine Stellung ist seit neuestem unkündbar, und er ist gerade zum Associate Professor befördert worden. Und wahrscheinlich werde ich ihn nie verlassen.

Du bist mir lieb und teuer,
Joyce

Nachwort

Aber Joyce verließ ihn doch. Jahre zuvor hatte sie geschrieben, «Um mich herum gehen Ehen in die Brüche». Jetzt waren wir dran. Fast eine Dekade später waren beide Verbindungen am Ende ihrer langen, gewundenen Pfade angelangt. Während dieser Jahre schrieben wir uns wie früher, aber wie unser Leben sich drastisch veränderte, so änderten sich die Briefe und schließlich auch unsere Freundschaft.

Wir begannen beide, wenn auch zögernd, unser Leben selbst in die Hand zu nehmen, was wir früher nicht getan hätten, obgleich wir das damals nicht erkannten. Die Ereignisse in unserem Leben machten solche Entscheidungen notwendig. Eine knappe Chronik der folgenden Jahre würde dies enthalten: zerbröckelnde Ehen, die schließlich in Scheidung enden; heranwachsende Kinder; sterbende Eltern; berufliche Kämpfe; Versuche, ein neues Leben aufzubauen, jede von uns auf ihre eigene Weise, in einer sich grundlegend verändernden Gesellschaft und in neuer Umgebung, Joyce im Westen, Pat im Nordosten.

Im ersten Jahr, nachdem Pat und Philip nach Boston übersiedelt waren, fanden mehrere kurze Besuche statt. Eine Woche, nachdem sie in ihr kleines Apartment in Boston eingezogen waren, kamen Joyce und Hans mit den Kindern. Es war das erste Mal, daß Joyce Pats Söhne sah, das erste Mal, daß sich die Kinder kennenlernten, das erste Mal, seit jenem kurzen Zusammentreffen vor zehn Jahren in Paris, daß sich die Männer wiedersahen.

Im folgenden Jahr kam es in Ohio zu einem weiteren, kurzen Wiedersehen und zu einem letzten im nächsten Sommer, als Joyce (allein) Pat in ihrem Haus in England besuchte. Dann zog Hans mit seiner Familie nach Kalifornien (wo Joyce heute noch lebt), und Pat zog mit ihrer Familie nach New York, nachdem sie (außer im Sommer) ihr Studium in Boston fortgesetzt hatte. Während all dieser Zeit schrieben wir uns getreulich weiter, aber die Offenheit und die Hinwendung zur anderen verringerten sich langsam, als das tägliche Leben immer schwieriger wurde und die Probleme so unlösbar wie eh und je schienen.

Therapeuten, Eheberater, Bücher, alle möglichen Experimente – nichts konnte die sexuellen Probleme in den beiden Ehen lösen. Pat nannte Joyce wieder ganz unverblümt Hans' «Fußmatte». Joyce war verletzt und meinte, sie sei gefühllos. Sie schrieb, daß sie einander gern hätten, sah aber die Dinge natürlich aus ihrer eigenen Perspektive. Sie bat Pat um Mitgefühl, als sie in Columbus in eine fast selbstmörderische Depression versank. Aus ihrer eigenen Erfahrung heraus konnte Pat nur sagen, daß etwas *tun*, egal was, die einzige Lösung sei. Keine der beiden schien die Situation der anderen gänzlich verstehen zu können.

Während unserer kurzen Besuche begannen wir zu ahnen, daß unsere Vorstellungen vom Leben letztlich weiter auseinanderklaffen würden als die 3000 Meilen, die uns bald trennen sollten. Unsere Entscheidungen bestätigten das. Pat stürzte sich in Arbeit und in die Kameradschaft von Menschen, mit denen sie in der Antikriegsbewegung und der neuen Frauenbewegung zusammenarbeitete. Joyce fing auch an, sich aus ihrer Ehe hinauszubewegen, aber ganz anders als Pat.Sie begann eine Beziehung mit einem anderen Mann und fand darin endlich die physische Befriedigung, die ihr in ihrer Ehe so lange versagt gewesen war. Während Pat wieder zum Universitätsstudium zurückkehrte, um schließlich zu promovieren, studierte Joyce Homer, schrieb wieder Gedichte und gab sich dem kontemplativen Leben hin.

Dennoch versuchten wir, uns nahe zu bleiben, denn es tat uns beiden weh, daß die Bande zwischen uns zu zerreißen drohten. So tauschten wir in unseren Briefen Ansichten über Politik und die Vietnam-Tragödie aus, über Kinder, unser Gefühl des Alterns, die Agonie der Zeit. 1967 schrieb Pat, «Zehntausend Reinhards und Christophers sind in diesem gottverlassenen Land in den Tod gegangen. Selbst die Kinder streiten sich endlos darüber im Garten unter dem Ginkgobaum, wo ich sie hören kann. Eine endlose, sterile Debatte, die schon bei den Siebenjährigen anfängt.» Unmittelbar vor ihrem vierzigsten Geburtstag schrieb Joyce, «Ich ignoriere diese klassische Welt der Reihenhäuser und Bungalows, in der wir leben. Aber die Kinder können das natürlich nicht. Und wenn ich an die schwindelerregenden Widersprüche unseres Wertsystems denke, denen sie ausgesetzt sind und sein werden, habe ich Angst. Wie kann man den Kindern nur helfen? Ich denke an Dich und Deine Jungen, an die vielen Kinder meiner Freunde und sehe soviel schmerzhaftes Herumtappen im dunkeln. Ich hoffe nur, sie schafft es, diese ganze liebe, rastlose, verschreckte Bande.»

Während unserer Scheidungsprozesse, die nur ein Jahr auseinanderlagen, setzten wir uns beide mit den quälenden Fragen nach dem Verlust des traditionellen Familienlebens auseinander und dem Gefühl des Versagens, das den meisten geschiedenen Männern und Frauen im Nacken sitzt. Außerdem hatten wir beide Angst, daß wir die möglichen Konsequenzen eines so unwiderruflichen Aktes gar nicht voraussehen könnten.

Joyce kam mit den Kindern nach Salt Lake City, um dort mit ihren kränkelnden Eltern deren goldene Hochzeit zu feiern und grübelte: «Es kommt mir doch sehr komisch vor, Familie und Ehe zu feiern, wenn ich meine gerade verliere. In drei Wochen werde ich mein vorläufiges Scheidungsurteil haben. Das bedeutet, daß ein Leben wirklich zu Ende ist, und ohne allzu törichte Nostalgie kann ich wohl sagen, daß dies wahrscheinlich die einzige Familie ist, die ich jemals haben werde – mit Schwangerschaften, kleinen Kindern und allem, was dazugehört.» Die Jugend ginge ohnehin vorüber, meinte Pat später darauf am Telefon, und *diese* Art von Familienleben ginge verloren, auch wenn man hundert Jahre lang verheiratet bleibe.

Dann begannen wir, uns in Krisenzeiten anzurufen, während der Zeit von Trennungen zum Beispiel, unmittelbar nach der Scheidung. Zwischen Tränen und Träumen gab es auch Grotesken. Eines Abends, kurz nach Joyces Trennung, nahm Pat um 3 Uhr morgens schlaftrunken den Telefonhörer ab und hörte ein unverständliches schluchzendes Gestammel. Schließlich brachte Joyce mühsam heraus, daß Hans in Abwesenheit der Familie das ehemalige Ehebett in zwei Teile gesägt hatte. Völlig verblüfft konnte Pat nur fragen, «Längs oder quer?» – «Diagonal!» sagte Joyce und schluchte noch lauter.

Und Pat, eines späten Abends hysterisch in New York, riß Joyce aus dem Schlaf, um lauthals am Telefon zu weinen: «Weißt Du eigentlich wie *schwer* es ist, eine von diesen verdammten Plastik-Schallplatten zu zerbrechen! Ich hab mir fast die Kniescheibe gebrochen, als ich *Jesus Christ Superstar* in Stücke zerbrechen wollte!» (eine Platte, die Philip kurz vorher als zarte Erinnerung an eine Frau gekauft hatte, mit der er dieses Musical gemeinsam besucht hatte).

Und so hielten wir die Verbindung aufrecht, wenn auch manchmal ein wenig zu locker und trotz gelegentlicher Mißverständnisse und verletzter Gefühle. Wir waren schon immer zwei ganz unterschiedliche Frauen gewesen, viel verschiedener, als uns bewußt war, bevor das Ende unserer Ehen jede von uns auf einen Weg brachte, der für die andere nicht nachvollziehbar war.

Pat genoß ihre privaten Freiräume und Unabhängigkeit unbändig. Sie schreib aus einer Sprach- und Gefühlshaltung heraus, die eine Dekade vorher völlig undenkbar gewesen wären: «Wie oft mußten wir zwei Dummköpfe immer wieder die gleichen Erfahrungen machen und das auch ehrlich zugeben, bis wir uns endlich am Arsch rissen, Ficken lernten (was für eine damenhafte Sprache in unseren Briefen, welche Euphemismen, wie tänzelten wir dauernd um den heißen Brei herum), unsere beschissenen Ehen endlich zum Fenster hinauswarfen und hohnlachend all den Bastarden dieser Erde zuriefen, ZUERST KOMM ICH! Und bis wir dann, meine Liebe, auch verdammt noch mal darauf bestanden, daß wir *wirklich* zuerst kommen, beim Ficken und im Leben, ho ho. Ich fühle mich heutzutage meistens so wohl, daß ich am liebsten fliegen würde, wenn ich auf meinem Weg zum Ph.D. und der Arbeitssuche nicht so fest am Boden verankert wäre.»

Joyce war nur wenig berührt von den politischen Themen der Frauenbewegung, für die sich Pat engagierte, sie war zu beschäftigt mit ihrem Innenleben. Die Fragen, die nicht nur durch unsere unterschiedlichen Entscheidungen, sondern auch durch unsere entgegengesetzte Einstellung zum Feminismus angeschnitten wurden, trennten uns immer wieder – in Briefen, Telefongesprächen und Besuchen in den siebziger Jahren – und bauten Barrieren zwischen uns auf. Joyce glaubte, daß die meisten Frauen sich immer als Mütter und daher auch als Ehefrauen definieren wollen. Sie fragte: «Und glaubst Du denn, daß das *Ideal* einer harmonischen Mann/Frau-Verbindung als Union der Gegensätze an sich schon falsch angelegt ist? Was immer die Antwort, mir scheint, das ist immer noch die glücklichste und befriedigendste Weise, dem Leben einen Sinn zu geben.»

Sie lebte nach ihrer Philosophie, obwohl die Beziehung, in der sie völlig aufging, auch ihre Schwierigkeiten hatte. «Das allerbeste in meinem Leben ist die intellektuelle, seelische und sexuelle Nähe, die ich in den letzten drei Jahren mit Daniel erlebt habe. Zwischen uns besteht eine fast morbide Intimität. Gerade das, was ich bei Hans so schrecklich vermißt habe, vor allem eine Freundschaft, in der ich ganz ich selbst sein kann, das existiert hier, allerdings um den Preis einer nahezu totalen Isolation von der Außenwelt. Ich beneide Dich um die Unterstützung und die Nähe Deiner Freundinnen, und ich weiß, daß ich sie zum Teil nicht habe, weil ich in der Bewegung nicht aktiv gewesen bin, zum anderen, weil ich einen Mann hatte, der meine engen Freundschaften mit Frauen von Herzen übelnahm. Aber seit zwei Jahren ist Daniel mein einziger Vertrauter. In dieser Intimität liegen für mich echte Werte. Ich weiß nicht, was ich ohne sie tun würde.»

Pat sah das anders. «Die Sache mit der ‹einen großen Liebe› ist ein Unglück für uns alle», schrieb sie. «Ich hatte in einer Frauenstudien-Vorlesung eine Studentin, die sagte, jede von uns Frauen hätte etwa seit dem achten Lebensjahr ein zwei Zoll großes junges Mädchen im Kopf, das jedesmal, wenn wir einem männlichen Wesen über vierzehn zum erstenmal begegnen, in unserem Gehirn nach vorne rennt, die Händchen faltet, ganz strahlende Augen bekommt und haucht: ‹Ist das der Richtige?› Es gibt einfach zu viele Männer, die ihre Beziehungen mit Frauen ausnutzen, alle möglichen Bedingungen erzwingen, Spielchen spielen, doppelzüngig reden und uns glauben machen, wir wären Idioten. Ich ziehe wirklich die Freundschaften vor, die ich in den Jahren gewonnen habe (und das sind tatsächlich vorwiegend solche mit Frauen). Sieh Dir doch die Prozession von Ex-Geliebten, Ex-Verlobten, Ex-Ehemännern oder auch nur Angeschwärmten einmal an, die wir hinter uns gelassen haben! Wie viele von ihnen sind uns heute auch nur noch einen Pfennig wert? Und was bleibt uns aus dieser Wüste von verausgabten Gefühlen, Tränen, Momenten der Ekstase, wenn nicht kostbare *Selbst*-Erkenntnis? Und sicherlich gibt es bessere Methoden zu lernen, wer und was man ist, als durch diese romantische Seifenoper, betitelt ‹Meine einzige große Liebe›. Und Du, meine älteste, liebste Freundin – was besteht da zwischen uns, wozu Hans oder Philip auch nur ein Iota beigetragen haben?»

Dieser Austausch wiederholte sich in den folgenden Jahren, aber offensichtlich hörten wir einander nicht sehr gut. Joyce schien mit der Substanz dessen, was Pat sagte, schon übereinzustimmen, nicht aber mit seiner Bedeutung. Sie antwortete immer, ja, der Preis ist sehr hoch. Ich leide wirklich an meinen Beziehungen mit Männern, aber das ist mir die Sache wert, im Vergleich zu der Einsamkeit, die Du doch fühlen mußt. Und Pat antwortete immer wieder, nein, Du hast unrecht. Da ist etwas ganz und gar faul an Beziehungen, die uns soviel Leid bringen. Und ich fühle mich nicht einsam; ich habe mich dafür entschieden, allein zu leben, und das ist nicht dasselbe.

Jede von uns war mutig in ihrer eigenen Weise; die Herausforderungen, die wir fürchteten, waren nicht die gleichen. Für jede war es schwierig, die Courage der anderen anzuerkennen, denn die lag jeweils auf Gebieten, für die sie selbst sich nicht interessierte oder wenn, dann nur zögernd. Pats gelegentlich schneidender feministischer Zorn wirkte abstoßend auf Joyce; daß Joyce sich so willig den traditonellen männlich/weiblichen Standards unterordnete, machte Pat wütend.

Aber veränderte Lebensumstände brachten mit der Zeit das gegenseitige Einfühlungsvermögen zurück, und wir erinnerten uns an alles, was wir über ein halbes Lebensalter hin geteilt hatten. Wir befanden uns nun in den mittleren Jahren und mußten beide zusehen, wie unsere Mütter eines langsamen, schmerzhaften Todes starben, Joyces an einer Reihe von brutal-entmenschlichenden Schlaganfällen, Pats in hilfloser Qual an Brustkrebs. Nachdem Joyces Mutter gestorben war, lebte ihr Vater nur noch wenige Monate, und sie ging nach Salt Lake City, um in seiner Sterbestunde bei ihm zu sein. Traurig schrieb sie: «Er zieht sich in sich selbst zurück. Zuerst hat er mich nicht erkannt, aber schließlich doch noch. O mein Gott, mir graut, wenn ich daran denke, was Du mit Deiner Mutter jetzt durchmachen mußt. Krebs ist so langsam und häßlich. Gestern und heute habe ich fast 12 Stunden bei ihm am Bett gesessen. Gott sei Dank weiß er, daß ich hier bin, aber ich kann sonst fast gar nichts tun, nur einfach dasein. Man kann nur bis zu einem gewissen Punkt weinen. Ebenso wie man geliebte und vertraute Objekte auch nur bis zu einem gewissen Punkt berühren oder eine geliebte Handschrift ungläubig anstarren kann. Ich dachte, ich würde mich allein hier im Haus sehr fürchten, aber das ist nicht so. Es ist eben zu Hause, gemütlich, aber ohne jene, die es so gemacht haben.»

Wir kannten unsere Eltern gut und weinten gemeinsam, telefonierten nach den Begräbnissen, versuchten zu verstehen, was das heißt, in den Vierzigern eine Waise zu sein, keine Schranken mehr zwischen sich selbst und dem Tod zu haben. Nach dem Tod von Joyces Mutter schrieb Pat über Wachsen und Altern und Tod. Sie zitierte aus Gerald Manley Hopkins' Gedicht *Spring and Fall* von der Notwendigkeit, Tod und Verlust zu akzeptieren als «die Pest, für die der Mensch geboren ist». Und sie klagte: «Ist das *wirklich* so? Ist es überhaupt eine Pest? Warum müssen wir gesegnet sein mit dem Wissen um unser wachsendes, verändertes Selbst und gleichzeitig verflucht, unsere eigene Sterblichkeit zu erkennen? Steckt nicht eine Lehre in dieser Trauer, in diesem unentrinnbaren Schmerz? Ich muß meine Kinder verlieren, oder sie mich. Ich muß Dich verlieren, oder Du mich. Eines Tages wird die Zeit kommen, wo die uns seit einem Vierteljahrhundert vertraute Handschrift von einer von uns nie mehr mit der Post erwartet werden kann. Dürfen wir wirklich nur das Gute zählen und nicht gegen dieses schreckliche Wissen um das unvermeidlich Kommende aufbegehren? Du und ich, wir haben unsere Schlachten mit Ehemännern, unsäglichen Ehen, Jobs, Gesundheit und der halbwegs anständigen Erziehung unserer Kinder gewonnen – und dennoch, trauern wir nicht um das, was vergangen ist?»

Erinnerungen aus den fünfundzwanzig Jahren geteilter Erfahrungen lebten wieder auf, als Pat beim Umzug von New York zu ihrem ersten Ganzzeitjob auf einen alten Koffer stieß. Sie entdeckte darin «eine enorme Schachtel mit Strickgarn, Mustern und Strickzeug. Ich sortiere jetzt schon seit Stunden alles in Häufchen auf dem Wohnzimmerteppich und kann mich nicht entscheiden, was ich damit machen will. Es beginnt (Du wirst die Notwendigkeit einer chronologischen Geschichte verstehen) mit einer Unze von der grauen Wolle, aus der ich (unter Deiner Anweisung) den Sweater für Philip gestrickt habe, als wir verlobt waren. Es endet mit ein paar Knäueln, aus denen Socken und ein paar professorale Strickwesten, wiederum für Philip, entstanden sind. Und dazwischen, Babywolle und Muster, Muster, Muster – für Deine Kinder und meine. Mein Gott, Joyce, es tut so weh. Wenn ich nicht so nachweihnachtlich pleite wäre, würde ich Dich jetzt anrufen und heulen. Du hast einen so großen Teil jener Dekade mit Arbeit verbracht und mit Krankheiten und Kinderkriegen und Umziehen in dieser ewigen Armut. Ich hab sie mit Stricken und Kinderkriegen verbracht, und mit dem Organisieren von Red-Cross-Feten und damit, daß ich sorgfältig feinste Manieren einstudiert habe für Leute, die mich tödlich langweilten und die ich ohnehin verabscheute. Was um Himmels willen ist damals bloß in meinem *Kopf* vorgegangen? Ich komme mir vor wie ein mittelalterlicher Astrologe, der mit der unwiderlegbaren Tatsache konfrontiert wird, daß Galileo recht hatte.»

Joyce erwiderte auf diese Erinnerungen sofort, aber weniger in Verwirrung über die Vergangenheit als mit Trauer über eine Gegenwart, in der sie nun allein stand, da sie mit Daniel gebrochen hatte. Sie sehnte sich nach «Gemeinschaft», aber nicht so sehr nach gesellschaftlicher Gemeinschaft wie nach dem traditonellen Familienleben, das jetzt für immer dahin war, mit erwachsenen Kindern, ohne Ehepartner. Pat hatte ihren Brief damit beendet, daß sie sagte: «Wir sind unser altes Selbst und unser neues Selbst, die Reise und, in der Tat, auch das Schiff, verkrustet mit den Entenmuscheln alter Liebesaffären, gelesener Bücher, gesehener Orte, besoffener und großartiger und fürchterlicher Parties, schlechter Zeiten mit Familien, Geburten und deren endlosen Konsequenzen. Ist es nicht seltsam, wenn man bedenkt, daß wir auch für andere Menschen Sandbänke und Entenmuscheln sind?»

Joyce schrieb zurück: «Du hast mich am Telefon gefragt, wie es für mich sein wird, wenn meine Kinder weg sind, und während ich Deinen Brief lese, muß ich darüber nachdenken – denn Deine sind es ja tatsächlich schon. Du mußt Dich jetzt schon an Familienlosigkeit gewöhnen; ich habe noch ein paar Jahre, obwohl es mir vorkommt, als wäre ich schon längst in dieser Situation, denn Hans ist ja schon so lange weg. Ich bin ein ziemlich mutiger Mensch, aber den Gedanken genieße ich nicht gerade. Die Plötzlichkeit, mit der sie gehen werden, macht mir angst, und doch scheint es Dich nicht zu quälen, und ich muß auch so werden. O Pat – all diese Jahre und Schicksale hinter uns. Du hast das schon sehr gut ausgedrückt mit Deiner Frage, ob es nicht erstaunlich sei, wenn man bedenkt, daß auch wir die Sandbänke und Entenmuscheln anderer Menschen sind.»

Aus unseren Kindern wurden junge Männer und Frauen, die miteinander und mit ihren Eltern befreundet blieben und die den schlimmsten Fallgruben, die jungen Menschen in den siebziger Jahren im Wege standen, entgehen konnten. Und wir zwei erkannten langsam, daß das, wonach wir uns so gesehnt hatten, Beständigkeit war; und wir waren beständig geblieben, trotz aller Differenzen, die uns manchmal zu trennen schienen. Wir haben beide gelernt, ehrlich zu sein und die Konsequenzen dieser Ehrlichkeit zu akzeptieren. Langsam und manchmal schmerzhaft haben wir auch verstehen gelernt, daß wir wahrscheinlich niemals in dem übereinstimmen werden, was uns zeitweilig getrennt hat. Aber wir stimmen darin überein, daß es nicht besonders wichtig ist. Getreue und liebende Freunde sind zu rar, als daß sie sich darüber zerstreiten sollten, was die eine oder die andere als richtige Lösung für die endlosen Schwierigkeiten des Lebens betrachtet.

Pat war sehr aufgewühlt, als sie die frühen Briefe zum erstenmal wieder las. «Was mich so tief bewegt, im Licht der mittleren Jahre, vieler Affären, dem Ende der Unschuld, zu vieler Ingmar Bergman-Filme, im Bewußtsein billiger Ausbeutung oder was immer – was mich also bewegt, ist diese enorme tiefe Quelle von Liebe und Zuneigung füreinander, das Vertrauen. Ich wette, daß nur wenige Beziehungen von solcher Tiefe und solchem Wissen voneinander und solcher Intensität eine Zeitspanne von der Jugend bis ins mittlere Alter hinein überlebt haben. Vielleicht ist der Grund dafür gerade auch die Art der Veränderungen, die sie überlebte? Wir waren beide in all diesen trübseligen Jahren so schrecklich einsam, trotz unserer Kinder, mitten im gesellschaftlichen Wirbel. Und aus dieser Leere heraus rief eine der anderen immer wieder zu: «Schreib! Schreib! Schreib!»

neue frau

Eine Auswahl

Simone de Beauvoir
Marcelle, Chantal, Lisa . . .
Ein Roman in Erzählungen (4755)

Toni Bentley
Tanzen ist beinahe alles
Selbstporträt einer Tänzerin des New York City Ballet (5177)

Marie Cardinal
Schattenmund (4333)
Der Schlüssel liegt unter der Matte (4557)
Die Irlandreise
Roman einer Ehe (4806)
Selbstgespräch mit Klytämnestra
Roman (5322)

Phyllis Chesler
Mutter werden
Die Geschichte einer Verwandlung (4655)

Judy Chicago
Durch die Blume
Meine Kämpfe als Künstlerin. Mit einem Vorwort von Anaîs Nin (5310)

Kate Chopin
Das Erwachen
Roman (4507)

Laurie Colwin
Eine altmodische Liebesgeschichte und andere sentimentale Stories (5282)

Liza Dalby
Geisha
Eine Amerikanerin erlernt den ältesten japanischen Frauenberuf (5557)